SANTOS
AO RITMO DA LITURGIA

José H. Barros de Oliveira

SANTOS
AO RITMO DA LITURGIA

4.ª edição revista

PAULUS

Pré-impressão:
PAULUS Editora

Impressão e acabamento:
www.artipol.net

Depósito legal: 391 601/15

ISBN: 978-972-30-1471-6

4.ª edição: abril de 2015

© PAULUS Editora, 2010
Rua D. Pedro de Cristo, 10
1749-092 LISBOA
Tel.: 218 437 620
editor@paulus.pt

Departamento Comercial
Estrada de São Paulo, 63
2680-294 APELAÇÃO
Tel.: 219 488 874
Fax: 219 488 875
apoiocliente@paulus.pt
www.paulus.pt

Todos os direitos reservados. Nenhuma parte desta publicação pode ser reproduzida ou transmitida de qualquer forma ou por quaisquer meios, eletrónicos ou mecânicos, incluindo fotocópias, gravações ou qualquer sistema de armazenamento e recuperação de informação sem permissão por escrito do editor.

Dedico este livro:
À Santíssima Trindade, fonte de toda a santidade;
A Jesus Cristo, o Santo por excelência;
A Maria, Rainha de todos os santos;
A todos os santos, conhecidos e desconhecidos;
Aos santos que ainda peregrinam nesta Terra.

SANTOS AO RITMO DA LITURGIA

Os santos nunca passam de moda, embora uns sejam mais conhecidos e mais venerados do que outros, conforme os diversos tempos e circunstâncias. Eles constituem um exemplo e um estímulo no nosso árduo caminhar para Deus. Por isso, conhecer e meditar a sua vida é sempre frutífero. Para facilitar o conhecimento das suas vidas, capaz de estimular a imitação, há muitos livros escritos ou virtuais (na Internet), apresentando-os ao longo do ano litúrgico, como a Igreja os celebra, ou por ordem alfabética (onomástica), ou ainda em monografias, mais ou menos volumosas, sobre cada um deles.

Por nossa parte, já publicámos o livro *Santos de todos os tempos*[1] onde se optou por apresentá-los por ordem cronológica, partindo de Jesus Cristo, Maria, os Apóstolos, até aos santos contemporâneos, como a beata Teresa de Calcutá ou outros ainda a caminho dos altares. Tal distribuição permitia partir das raízes da santidade, vendo a árvore a crescer, frondosa, até aos nossos dias. Mas tal ordem dificultava seguir o ritmo litúrgico, conforme a Igreja os vai celebrando ao longo do ano. Assim, neste novo livro optou-se pela ordem litúrgica, desde 1 de janeiro até 31 de dezembro.

No livro anterior, além da biografia, das lições a tirar e de alguma citação, apresentava-se ainda a liturgia do dia (oração e leituras) e a Palavra de Deus em relação ao santo. Neste novo

---

[1] PAULUS Editora, 2003.

livro só consta a biografia (mais ou menos desenvolvida, conforme a importância do santo ou a sua atualidade), as lições ou propósitos a tirar e alguma citação ou pensamento, quando é do próprio santo ou a ele referente. Mas enquanto no livro anterior só constavam os santos principais, neste novo livro são referidos praticamente todos os santos celebrados universalmente pela Igreja, como memória obrigatória ou facultativa, aludindo-se ainda a alguns santos ou beatos recentemente canonizados, como o nosso São Nuno de Santa Maria, ou outros mais modernos, como Santo Padre Pio, beata Isabel da Trindade, beato Charles de Foucauld, beato João XXIII, beata Teresa de Calcutá, beata Alexandrina de Balasar. Podia mesmo pensar-se num santo para cada dia, mas tornava o livro mais extenso, além de dispersar a atenção do mistério central cristológico que a liturgia celebra ao longo do ano, sobretudo no tempo forte da Quaresma e da Páscoa (por isso é que nos meses de março e de abril constam menos santos).

Referem-se ainda as festas cristológicas ou marianas, quando são celebradas em dia próprio, como Santa Maria Mãe de Deus (1 de janeiro), Assunção de Nossa Senhora (15 de agosto), Todos os Santos (1 de novembro), Imaculada Conceição (8 de dezembro), Natal (25 de dezembro). Comentam-se outrossim as solenidades móveis, como o Corpo de Deus, o Coração de Jesus, o Cristo Rei, que encerra o Tempo Comum. Não constam os domingos, a não ser quando transitam de um dia ferial para o domingo seguinte, como a solenidade da Epifania. Para os domingos já tínhamos escrito *Boa Nova do Domingo*[2] em 4 volumes (ciclo do Natal, ciclo da Páscoa, Tempo Comum I, Tempo Comum II).

Em alguns dias celebra-se mais de um santo. Pode fazer-se memória de algum deles no dia seguinte ou no anterior. Outros dias não têm nenhuma memória obrigatória ou facultativa. Pode insistir-se em algum santo da semana mais significativo.

---

[2] Edições do Seminário do Coração de Maria, Carvalhos, Vila Nova de Gaia.

Santos ao ritmo da Liturgia

Todavia, não esquecer que, se por um lado os santos são exemplos vivos de Jesus Cristo e nos dão grandes lições, não se deve perder de vista o Santo por excelência, o próprio Jesus Cristo, e a Sua Palavra, sobretudo durante os tempos fortes da Páscoa e do Natal e respetiva preparação: Quaresma e Advento.

No final do livro constam dois apêndices: no primeiro são apresentados alguns "santos" ainda não canonizados oficialmente, mas certamente a caminho dos altares; são sobretudo figuras atuais, como o Papa João Paulo II, e alguns portugueses, como o Padre Américo ou o Padre Cruz, seguindo também a ordem do calendário litúrgico. No segundo apêndice consta a indicação de alguns santos patronos ou padroeiros. Segue-se o índice alfabético (que permite facilmente encontrar o santo pretendido) e o índice litúrgico. Para a realização deste trabalho, consultámos sobretudo *Santos de cada dia*[3] (em 3 volumes) do padre José Leite e ainda a breve introdução que a Liturgia das Horas e o Missal Popular faz a cada santo.

Enfim, há santos de todas as grandezas e feitios e para todos os gostos: santos mártires, santos confessores, santas virgens; santos crianças, santos jovens, santos adultos, santos anciãos; santos pais, santas mães, santos esposos, santos filhos; santos homens, santas mulheres; santos com saúde e santos com doenças; santos equilibrados e alegres e santos neuróticos ou deprimidos; santos reis, santos ciganos, santos indígenas; santos casados e santos solteiros; santos da primeira hora, da segunda hora e da última hora; santos de primeira, de segunda e de terceira categoria; santos médicos, advogados, artistas, desportistas, jornalistas; santos mais dedicados aos doentes, aos pobres, aos escravos, aos leprosos, ao ensino, à evangelização; santos educadores e educandos; santos intelectuais (doutores) e santos iletrados (ignorantes); santos missionários, santos de convento, santos do deserto, santos de família; santos leigos, santos diáconos, presbíteros, bispos e Papas; santos pobres, santos remediados e santos ricos; santos negros, santos bran-

---

[3] Edições do Apostolado da Oração.

cos, santos amarelos; santos asiáticos, santos americanos, santos africanos, santos europeus; santos populares e santos mais desconhecidos. Por isso, há santos protetores ou padroeiros de tudo. Assim os queiramos invocar e sobretudo imitar.

Eis um desafio a sermos também nós santos. Fica o repto, tanto mais que a única maneira de ser cristão é ser santo, nem que seja de uma estrela, se não se pode ser de cinco. E ser santo é essencialmente seguir e imitar Jesus Cristo. Todos os santos foram beber à mesma fonte e inspirar-se no mesmo Senhor. Por isso é justo conhecê-los e imitá-los, pois cada um deles, a seu modo, é uma epopeia ou poema de amor a Deus e ao próximo, reflete um raio do esplendor de Cristo.

Se cada criança que nasce é sinal de que Deus não se esqueceu dos homens, cada santo que sobe aos altares é sinal de que Jesus Cristo está vivo para sempre. Segundo o teólogo Urs von Balthasar, os santos constituem o comentário mais importante ao Evangelho, a sua contínua atualização, um caminho seguro de acesso a Jesus Cristo. Todos eles (mesmo Maria, a Santíssima e Rainha de todos os santos) remetem-nos para o Modelo supremo. Cada um deles copia mais um ou outro traço do Exemplar único que é Jesus Cristo, o Santo dos santos, o Santo por antonomásia.

Fica aqui a minha singela homenagem a todos os santos, neste ano de graça 2010 em que termina o Ano Sacerdotal, no 150.º aniversário da morte do Cura d'Ars (tantos santos sacerdotes como ele!), depois de ter sido celebrado também o Ano Paulino e a canonização de São Nuno de Santa Maria, em 2009. Tanta beleza que encheu e continua a encher o mundo, constituindo um repto a todos os cristãos, apontando mais alto e glorificando a Deus.

Assim terminava a Introdução à 1.ª edição. A partir da 2.ª edição foram corrigidos alguns lapsos involuntários e acrescentados mais alguns eleitos de Deus recentemente beatificados, em particular as portuguesas Madre Clara e Madre Rita de Jesus. Também foram retirados do apêndice "A caminho dos altares" alguns candidatos a santos que, entretanto, já foram beatificados, como o Papa João Paulo II ou Clara Badano, e que passam a constar no dia em que a sua memória litúrgica é celebrada.

Santo Agostinho interpelava-se (e desafia-nos): «Se tantos e tantas puderam ser santos, porque não eu?» Segundo o grande escritor Bernanos, «cada vida de santo é como um novo florescimento da primavera». E o Papa Bento XVI comparou o jardim da santidade a um jardim botânico cheio de cores e de variegadas formas, convergindo numa grande sinfonia de beleza ao Criador que, em Jesus Cristo, é o modelo acabado de santidade, a suprema beleza.

PADRE JOSÉ H. BARROS DE OLIVEIRA

1 de janeiro

SANTA MARIA, MÃE DE DEUS
ANO NOVO, VIDA NOVA, DIA DA PAZ

Reflexão

A Igreja deseja iniciar o Ano Novo pelas mãos de Maria, celebrando particularmente a sua maternidade divina, na oitava do Natal. Mas outros dois temas se impõem à nossa consideração: a Paz, no Dia Mundial da Paz, e o Tempo, no início de um novo ano.

Maria, Mãe de Jesus e nossa Mãe

Ainda em ambiente natalício, a Igreja coloca sob a proteção de Maria o novo ano. Ela está presente desde as primeiras páginas da Bíblia (a Mulher que esmagará a cabeça da serpente: G<small>N</small> 3) até às últimas (a luta entre a Mulher e o dragão: A<small>P</small> 12), passando pelo núcleo central que é o Evangelho, onde a Mulher prefigurada no Antigo Testamento aparece com um rosto concreto – a Virgem de Nazaré que Deus, por desígnios insondáveis, chamou a ser Mãe do Verbo Encarnado, Jesus Cristo.

Maria está presente ao longo de toda a vida de Jesus e da Sua Igreja, até ao fim dos tempos. Ela é a aurora de um novo mundo que começou por Cristo, com Cristo e em Cristo e terá a sua plenitude no fim dos tempos quando Jesus entregar todas as coisas ao Pai, que será tudo em todos. Além de conceber e dar à luz o Salvador, ela leva o Menino ao Templo para o apresentar ao Pai do Céu; aos doze anos novamente estão no Templo e o Jovem fica a ensinar os doutores, vindo ela para trás à Sua procura; no início da vida pública está com Ele em Caná e "arranca-Lhe" o primeiro milagre; intervém algumas vezes na vida pública; finalmente encontramo-la ao pé da Cruz, onde o Senhor no-la entrega como Mãe, e no Cenáculo, pedindo e recebendo, juntamente com os Apóstolos, a vinda do Espírito Santo que os lança na aventura do Reino de Deus até ao fim dos tempos, estando ela sempre presente como Mãe da Igreja.

As poucas vezes que Maria falou, foram palavras magníficas e cheias de densidade: «Faça-se em mim segundo a Tua palavra!»; «A minha alma glorifica o Senhor!»; «Filho, porque procedeste assim connosco!»; «Fazei tudo o que Ele vos disser!» Foram mesmo estas as últimas palavras de Maria (nas bodas de Caná) apontando e remetendo tudo para o seu Filho, como continua ainda a fazer, qual sinaleira de Deus apontando sempre para Cristo, o único Salvador do mundo, sendo ela o oratório por excelência onde podemos sempre encontrar o Senhor.

Invocada que é hoje particularmente como Mãe de Jesus (nossa Mãe e Mãe da Igreja), podemos considerar o primeiro dia do ano, juntamente com o Natal, como a festa da maternidade por excelência, honrando, em Maria, todas as mães que o sabem ser (quanto heroísmo e generosidade!) e mesmo aquelas que o não sabem ser, chegando até a matar o filho nas suas entranhas. Neste dia da vida por excelência, como é triste pensar em tantos abortos e infanticídios! Que Maria ensine a todas as mães a missão sublime da maternidade.

Glória a Deus e Paz na Terra!

Por vontade do Papa Paulo VI, desde 1968 começou a celebrar-se neste dia o Dia Mundial da Paz, como augúrio de um novo ano e de uma nova era de paz. Cada ano o Santo Padre emite uma mensagem especial, porque a paz tem muitos nomes, muitos amigos e inimigos. Jesus é o Príncipe da Paz, a nossa Paz; Maria é a Rainha da Paz. Que eles obtenham a paz de consciência para cada coração, a paz das famílias e das comunidades, a paz das sociedades e das nações, a paz do mundo inteiro. Paz das armas mas também das consciências, paz interior, de onde brotará a paz exterior. Aceitemos a Paz do Senhor: «Dou-vos a Minha paz, não se perturbe o vosso coração!»

A paz esteja connosco. Paz connosco, paz com os outros, paz com a Natureza, paz com Deus. Felizes os que promovem a paz – é uma das bem-aventuranças.

Ano novo, vida nova – o tempo e a vida

No início de um novo ano, com mais 12 meses, 52 semanas, 365 dias, 8760 horas, 525 600 minutos e mais de 31,5 milhões de segundos, que vamos fazer do tempo? Que fará o tempo (e a vida) de nós? Depende muito da nossa vontade. Deus quer ajudar. Façamos um balanço do ano passado para agradecer o bem e corrigir o mal, e um programa para o novo ano. Ano novo, vida nova! Com Jesus e com Maria pode ser um ano de paz interior e exterior, um ano de graça e de salvação. Viva a esperança e a confiança!

Lições / Propósitos

1) Entrar no novo ano pelas mãos de Maria e continuar a ela sempre unidos;
2) ser pessoas pacificadas e pacificadoras: felizes os que promovem a paz;
3) aproveitar e viver bem o tempo que é graça, amor e salvação.

Citações / Pensamentos

❏ «Maria, antes de conceber corporalmente o seu Filho, Deus e Homem, concebeu-O em espírito.» (SÃO LEÃO MAGNO, Sermões)

❏ «É necessário voltar sem descanso às verdades fundamentais sobre o homem, se queremos servir a grande causa da paz na Terra [...]. A guerra é sempre feita para matar: é destruição de vidas concebidas no seio das mães; a guerra é contra a vida e contra o homem.» (PAPA JOÃO PAULO II)

❏ «Ó herdeiro da Eternidade, eu pretendo só sugerir-te de prestar atenção a esta Hora que passa: a Hora que passa!» (LÉON BLOY)

2 de janeiro

SÃO BASÍLIO e SÃO GREGÓRIO
Bispos e doutores da Igreja
HINO À AMIZADE, À SABEDORIA, À SANTIDADE

Biografia

Estes dois grandes santos e doutores, cuja celebração ocorre logo no início do novo ano (Basílio morreu mesmo no dia 1 de janeiro), ainda em ambiente natalício, são o modelo mais acabado de uma santa amizade e por isso são celebrados conjuntamente. São Basílio, denominado Magno, irmão de São Gregório Nisseno (não confundir com o São Gregório que hoje celebramos), nasceu em Cesareia da Capadócia (Turquia) pelo ano de 330. São Gregório, denominado "o teólogo", devido à sua eloquente doutrina, nasceu pela mesma altura, perto de Nazianzo, sendo de família de eclesiásticos. Estudaram juntos em diversas cidades, como Atenas, nascendo daí uma grande e perene amizade, exaltada por São Gregório. Ambos eram dotados de uma cultura invulgar, estimulando-se mutuamente a progredirem na ciência e sobretudo na santidade, a partir da vida monástica.

São Basílio, homem prático e aguerrido, defendeu particularmente a Igreja contra os arianos, e foi um grande bispo de Cesareia, quer pela pregação quer pela caridade, fundando hospitais, orfanatos, etc., vindo a morrer em 379. Ainda hoje a Catedral de São Basílio ocupa um lugar nobre no Kremlin, em Moscovo.

São Gregório Nazianzeno deixou comentários admiráveis sobre a Palavra de Deus, muitas cartas e ainda belas poesias, vindo a morrer em 389 ou 390.

Podíamos lembrar também o irmão de São Basílio, São Gregório de Nissa, embora seja celebrado a 9 de março. Com os outros dois formam a tríade dos "Capadocianos". Foram assim caracterizados: «Basílio era o braço que atua, Gregório de Nazianzo a boca que fala e Gregório de Nissa a cabeça que pensa.»

Lições / Propósitos

1) Amizade a toda a prova, como instrumento de crescimento na sabedoria e na virtude;
2) solicitude pelo Povo de Deus, particularmente pelos mais pobres;
3) vida de oração e de ascese, como base do ministério e da caridade;
4) dedicação à sabedoria e à ciência, posta ao serviço da verdade.

Citações

❏ «Lutávamos entre nós, não para ver quem era o primeiro, mas para ver quem cedia ao outro a primazia; cada um de nós considerava como própria a glória do outro. Parecia que tínhamos uma só alma em dois corpos... Uma só tarefa e um só objetivo havia entre ambos: aspirar à virtude, viver para as esperanças futuras... Não permitais, Senhor, que no último dia nos sintamos expulsos e arrancados deste mundo contra a vontade, como costuma suceder aos que se entregam aos prazeres do mundo e da carne; pelo contrário, caminhemos pronta e alegremente para a vida bem-aventurada e eterna, que está em Cristo Jesus Nosso Senhor.» (SÃO GREGÓRIO DE NAZIANZO, *Sermões*)

❏ «O amor de Deus não se aprende com normas e preceitos. Assim como não é preciso ensinar-nos a gozar da luz, a desejar a vida, a amar os pais ou educadores, assim também, e com maior razão, o amor de Deus não procede de uma disciplina exterior; na própria constituição natural do homem está inserida, como em germe, uma força espiritual que contém em si a capacidade e a necessidade de amar. Esta força espiritual inata é depois cultivada diligentemente e alimentada sabiamente na escola dos preceitos divinos que, com a ajuda de Deus, a conduz à perfeição. [...] Que há de mais admirável que a beleza divina? Que pensamento é mais agradável e suave que a magnificência de Deus? [...] Como são inefáveis e inenarráveis os esplendores da beleza divina!» (SÃO BASÍLIO MAGNO, *Regra monástica*)

3 de janeiro

SANTÍSSIMO NOME DE JESUS
AO NOME DE JESUS TODOS SE AJOELHEM

Reflexão

Conforme a lei judaica, o Menino foi circuncidado oito dias após o nascimento e «deram-Lhe o nome de Jesus» (Lc 2,21), conforme tinha sido anunciado pelo anjo a Maria, e que significa "Deus salva" (da mesma raiz que Javé). Nome suave, mais doce do que o mel; nome forte, mais poderoso do que a morte; nome luminoso, mais esplendoroso do que o sol; nome belo, mais lindo do que toda a Natureza; nome famoso, mais conhecido do que todos os reis da Terra. Muitos santos se deliciaram nos lábios e no coração pronunciando e amando tão lindo nome. É nome que salva e diante do qual «se dobre todo o joelho no Céu, na Terra e sob a Terra» (Fl 2,10).

Jesus tem muitos outros nomes, uns de tratamento mais humano (Amigo, Irmão, Companheiro, Esposo da alma), outros com carácter mais bíblico/teológico (Cristo, Emanuel, Salvador, Redentor, Senhor, Verbo de Deus, Filho de Deus), mas Jesus ou Jesus Cristo é o mais delicioso e saboroso. Devíamos invocá-l'O frequentemente: nas horas boas, para as exaltar mais e agradecer tão doce presença, e nas horas más, para afugentar a tristeza e as tentações diabólicas. «Porque todo aquele que invoca o nome do Senhor será salvo.» (Rm 10,13) «E tudo o que fizerdes através de palavras ou ações, fazei-o em nome do Senhor Jesus, dando graças a Deus Pai por meio d'Ele.» (Cl 3,17)

Lições / Propósitos

1) Ter sempre o doce nome de Jesus na boca e sobretudo no coração;
2) invocá-l'O sobre nós, sobre as pessoas e sobre o Universo;
3) nunca invocar o santo nome de Deus e de Jesus em vão.

6 de janeiro (ou domingo depois do ano novo)

EPIFANIA DO SENHOR
VIRÃO ADORÁ-LO TODOS OS POVOS DA TERRA

Reflexão

Duas breves notas sobre o sentido desta festividade e as lições que os Magos nos dão.

Manifestação a todos os povos – Salvador Universal.
Historicamente, esta festa precedeu a do Natal e é ainda a principal festividade natalícia para os cristãos ortodoxos. Trata-se da Manifestação ou Aparição (é isso que significa o vocábulo grego *epifania*) do Senhor aos gentios e a todos os povos. Ele é o Salvador Universal, a revelação do «mistério escondido» desde todos os tempos e agora manifestado, como diz São Paulo. A narração evangélica é descrita de modo simbólico. O mais importante é promover a revelação do Senhor ao Mundo, à Igreja e a cada um de nós. Deus quer revelar o Seu Filho a todos os povos, pois Ele é o único Salvador, a única Luz (simbolizada na estrela) que deve guiar a Humanidade ao longo de todos os tempos até à parusia. Ele "revela-Se" de muitos modos: através dos sacramentos, da Sua Palavra, do próximo e das suas necessidades e carinhos, da Natureza, dos acontecimentos... A Igreja, por sua vez, é também revelação de Deus e portadora da Luz que é Jesus, que deve anunciar e levar sempre e em toda a parte. Também cada um de nós tem de deixar-se penetrar por essa luz e, por sua vez, revelá-la ou transmiti-la aos outros, isto é, ser epifania de Deus.

Deixar-se guiar alegremente pela luz da fé.
Podemos tirar algumas lições das figuras enigmáticas e simbólicas dos Magos: 1) abandonaram tudo e puseram-se a caminho, com coragem, sacrifício e persistência, em busca do

Messias; 2) atentos aos sinais, seguiram a estrela, sentindo nisso enorme alegria; 3) não foram de mãos vazias, mas levaram ofertas simbólicas referentes à realeza (ouro), à divindade (incenso) e à morte de Jesus (mirra); 4) reconheceram e adoraram o Menino; 5) regressaram por outro caminho (quando nos encontramos com Deus descobrem-se caminhos novos, longe do mal). Ao contrário, Herodes sentiu-se perturbado, encheu-se de inveja e de ciúmes, teve medo, usou de dolo e hipocrisia e perseguiu Jesus, matando todos os meninos da Sua idade. Ainda hoje há quem busque sinceramente o Senhor, quem O odeie e persiga (na pessoa dos cristãos e da Igreja), para além dos indiferentes, que são a maioria.

Lições / Propósitos

1) "Partir" cada dia em busca do Senhor, guiados pela estrela da fé, esperança e caridade;
2) deixar que Cristo Se revele em nós para O podermos revelar aos outros, sentindo-nos missionários.

Domingo após o dia 6 de janeiro

BATISMO DO SENHOR
«ESTE É O MEU FILHO MUITO AMADO – ESCUTAI-O!»

Reflexão

Falando do Batismo do Senhor, temos em mente também o nosso próprio Batismo:

1. *Batismo de Jesus no Jordão e na Cruz.*
O ritual do Batismo de Jesus no Jordão, realizado por João Batista, pode ter diversos significados: 1) dar cumprimento às

profecias; 2) sujeitar-se à vontade do Pai que Se revela e O assume como «Seu Filho muito amado», manifestando-se também o Espírito em forma de pomba (teofania trinitária); 3) gesto de penitência e humilhação por parte de Cristo; 4) santificar a água pelo Seu contacto, tornando-a vivificante; 5) prefigurar o grande Batismo no Calvário: «Devo ser batizado com um batismo, e como estou ansioso até que isso se cumpra» (Lc 12,50) – do Seu peito aberto na Cruz jorrou uma nova água; 6) dá início à vida pública, sendo consagrado e enviado pelo Espírito, iniciando a Sua missão de Servo sobre quem repousa o Espírito, levando a justiça e a paz às nações e a todos libertando.

2. *O nosso Batismo como consagração e missão.*

Pela negativa, o Batismo purifica-nos do pecado original (mergulhamos como homens velhos – a palavra grega *baptismo* significa imersão, mergulho – e renascemos novas criaturas). Pela positiva: somos consagrados e tornados filhos de Deus: templos do Espírito e de toda a Santíssima Trindade; membros de Cristo, incorporados n'Ele, comortos e corressuscitados com Ele; tornamo-nos ainda membros do Corpo Místico de Cristo que é a Igreja, arca de salvação, povo santo, herdeira do Reino.

Lições / Propósitos

1) Batismo do Senhor como protótipo do nosso Batismo: consagração para a missão;
2) como Jesus, o cristão deve "passar fazendo o bem" e a todos libertando do mal;
3) honrar o nome de cristão por palavras e obras, longe da omissão e da indiferença.
---

7 de janeiro

SÃO RAIMUNDO DE PENHAFORTE
Presbítero
SACERDOTE HUMILDE, SÁBIO E APOSTÓLICO

Biografia

Raimundo nasceu no castelo de Penhaforte, perto de Villafranca, Barcelona. Cedo se doutorou em cânones e foi mestre em Bolonha. Entrou na Ordem dos Pregadores (Dominicanos). Trabalhou em Roma e apresentou ao Papa uma compilação de decretos que foi a base da legislação eclesiástica durante séculos. O Papa quis nomeá-lo bispo, mas ele humildemente declinou. Foi mestre geral da sua ordem, mas não descansou enquanto não conseguiu a renúncia. Comunicou com São Tomás de Aquino sugerindo-lhe que redigisse um manual apologético para os missionários, estando assim na origem da *Summa contra gentiles*. Na realidade, a sua preocupação missionária principal era a conversão dos infiéis e de facto levou muitos a abraçar a fé, chegando a fundar uma escola de línguas orientais, sobretudo de árabe e de hebraico, para que os missionários pudessem dialogar com muçulmanos e judeus e fossem peritos no Alcorão e no Talmude. Trabalhou também na fundação e promoção da Ordem das Mercês (Mercedários), que se dedicava à redenção dos cativos. Morreu a 6 de janeiro de 1275. Assistiram ao seu funeral bispos e reis.

--- Lições / Propósitos ---

1) Humildade e simplicidade, nunca se deixando iludir pelas honras do mundo;
2) sabedoria e ciência postas ao serviço do bem comum;
3) missionário, preocupado sobretudo com a conversão dos infiéis.

10 de janeiro

BEATO GONÇALO DE AMARANTE
Presbítero
EVANGELIZADOR E AMIGO DOS POBRES

Biografia

Gonçalo, de linhagem nobre, nasceu em Tagilde, perto de Guimarães, em princípios do século XIII, quando a nação portuguesa dava os primeiros passos. Foi ordenado sacerdote em Braga, ainda muito novo. Parte em peregrinação para Roma e daí para a Terra Santa. Regressado ao seu país, entrou na Ordem dos Dominicanos e dedicou-se à pregação, a partir de Amarante, onde se instalou, assim como ao serviço dos pobres e deserdados. Aí morreu em 10 de janeiro de 1262, segundo se crê, onde foi sepultado. Começaram a acorrer muitos devotos, atraídos pelos seus numerosos milagres. A sua fama chegou mesmo ao Brasil, dedicando-lhe o padre António Vieira um ardente sermão onde se refere aos seus milagres e o considera, segundo a tradição, o construtor da ponte sobre o rio Tâmega.

Lições / Propósitos

1) Pastor solícito do seu povo, servindo-lhe em abundância a Palavra de Deus;
2) amigo dos pobres e dos aflitos procurando ajudar a todos;
3) peregrino na Cidade Eterna e na Terra Santa, donde volta mais convertido ao Senhor.

Citação

❏ «Orava continuamente; mas porque, de ordinário, para remediar os trabalhos humanos, não bastam as mãos ociosas, posto que levantadas a Deus[...] resolveu-se ao que nunca se atreveram os braços poderosos dos reis, que foi meter debaixo dos pés dos passageiros a braveza e fúria do Tâmega, que a tantos tinha tragado. [...] A ele recomendam os pastores os gados, os lavradores as sementeiras; a ele pedem o Sol, a ele a chuva. E o santo, pelo império que tem sobre os elementos, a seu tempo e fora de tempo os alegra com o despacho de suas petições.» (PADRE ANTÓNIO VIEIRA, *Sermões*)

13 de janeiro

SANTO HILÁRIO DE POITIERS
Bispo e doutor da Igreja
DEFENSOR DA FÉ NA DIVINDADE DE CRISTO

Biografia

Padre da Igreja do Ocidente, Santo Hilário nasceu em Poitiers, França, no ano de 315, de uma nobre família pagã, chegando à luz da fé através de muitas trevas. Angustiava-o o sentido da existência, não se conformando com o pensamento de que o homem fosse apenas um condenado à morte. Providencialmente veio-lhe à mão a Bíblia (Antigo Testamento), ficando particularmente admirado com a definição que Deus dá de Si mesmo a Moisés: «Sou Aquele que sou.» Voltou-se assim para Deus, afirmando: «É necessário crer n'Ele, senti-lo, adorá-lo e falar d'Ele.» Começou também a ler o Novo Testamento, entusiasmando-se particularmente com o Evangelho de São João, que inicia com a Encarnação do Verbo de Deus. Pediu o Batismo aos trinta anos e pouco tempo depois é eleito pelo povo e pelo clero bispo de Poitiers. Lutou contra o arianismo (heresia que não reconhecia propriamente a divindade de Cristo), o que lhe valeu o desterro pelo imperador Constâncio, a quem Hilário não temeu, estando disposto a dar a vida para defender a verdade. Morreu em 367, sendo considerado o "Atanásio do Ocidente".

Lições / Propósitos

1) Busca incansável da verdade e do sentido profundo da vida;
2) pastor solícito do seu povo e defensor da divindade de Cristo contra os hereges;
3) coragem a toda a prova, lutando intrepidamente pela integridade da fé católica.

Santos ao ritmo da Liturgia

Citação

❏ «Ó Cristo, que és o verdadeiro astro do dia[...]. Tu que brilhas mais do que o sol, Tu que és pleno dia e luz soberana, vem, ilumina o íntimo do meu coração![...] Ó Cristo, tem compaixão dos que remiste!»
(SANTO HILÁRIO DE POITIERS, *Hinos*)

15 de janeiro

SANTO AMARO
Abade
HOMEM DA ORAÇÃO E DO SILÊNCIO

Biografia

Amaro ou Mauro nasceu em Roma, de família nobre. Ainda criança, foi entregue aos cuidados de São Bento e rapidamente se tornou num modelo para os outros monges. São Gregório Magno louva o seu amor à oração e ao silêncio. Conta-se que fez milagres, como salvar alguém de perecer afogado, tendo para isso de caminhar sobre as águas. Supõe-se que foi ele que ficou a substituir São Bento em Subiaco, quando este se retirou para o monte Cassino. Teria ainda levado os Beneditinos para as Gálias. Veio a falecer pelo ano de 584. Além de ser celebrada a sua memória nos Beneditinos, as dioceses de Braga e de Angra também lhe prestam um culto especial.

Lições / Propósitos

1) Dedicado à oração e à contemplação;
2) atento ao serviço dos irmãos e à propagação da Ordem Beneditina.

25

17 de janeiro

SANTO ANTÃO
Abade
DESERTO FECUNDO

Biografia

Antão nasceu no Alto Egito em 250 ou 251 de uma família cristã abastada. Pelos vinte anos morreram-lhe os pais e herdou grandes bens. Entrando numa igreja, ouviu as palavras de Jesus dirigidas ao jovem rico: «Se queres ser perfeito vai, vende o que tens, dá o dinheiro aos pobres e terás um tesouro no Céu.» (Mt 19,21) Assim fez, distribuindo pelos habitantes da região as propriedades herdadas (possuía trezentos campos). Vendeu também os móveis e distribuiu pelos pobres, reservando apenas uma pequena quantia para sustentar a irmã menor. Mas tendo entrado de novo na igreja ouviu ler no Evangelho: «Não vos preocupeis com o dia de amanhã.» Então, até o pouco que guardara distribuiu pelos pobres, confiando a irmã a uma comunidade de virgens consagradas.

Em seguida retirou-se para a Tebaida, no deserto da Líbia, onde viveu, na penitência e na contemplação, para além dos cem anos, renunciando continuamente a si mesmo, lutando contra as forças do mal, orando e amando Deus e os irmãos. Isso trazia-lhe grande alegria e aconselhava também os seus seguidores, que foram numerosos, a viverem na alegria, na presença do Senhor: «Servi o Senhor com santa alegria e caminhai sempre na Sua presença.»

Este "amigo de Deus", como lhe chamavam, morreu em 356, na "juventude" dos seus cento e cinco anos, sinal de que o deserto e a austeridade de vida não lhe fizeram mal. Anos antes, por inspiração divina, tinha ido visitar São Paulo eremita, que vivia isolado no deserto, também já adiantado em idade (morreu com uns cento e treze anos e é celebrado no dia 15 de janeiro), encontrando-o quase moribundo e dando-lhe sepultura digna.

É representado geralmente com um porco ao lado, sinal do demónio, que o tentou muito. Mas o povo considerou-o também advogado dos animais, rezando-lhe pela sua cura. Posteriormente, dada a confusão entre Antão (que em italiano se diz António) e o nosso Santo António de Lisboa, foi este considerado também advogado dos animais.

Lições / Propósitos

1) Escuta atenta da Palavra de Deus logo disposto a pô-la em prática;
2) desprendimento total dos bens materiais em ordem a possuir os bens eternos e sobretudo a Deus, suma riqueza;
3) contemplação e oração, vivendo em contínua intimidade com o Senhor, meditando na Palavra de Deus, pela qual pautava a sua vida;
4) penitência e austeridade, fazendo do deserto o lugar da sua luta contra todas as paixões; apesar disso, vivia em santa alegria;
5) preocupação com os outros, a todos acolhendo e aconselhando, reunindo à sua volta numerosos discípulos.

Citação

❏ «Trabalhava com as suas próprias mãos, pois ouvira a palavra da Escritura: "Quem não quiser trabalhar, não coma." Do fruto do seu trabalho destinava uma parte para comprar o pão que comia; o resto distribuía-o pelos pobres. Rezava constantemente, pois aprendera que é preciso rezar interiormente sem cessar; era atento à leitura e nada lhe esquecia do que tinha lido na Escritura; tudo retinha de tal maneira que a sua memória acabou por substituir o livro.» (SANTO ATANÁSIO, *Vida de Santo Antão*)

20 de janeiro

SÃO SEBASTIÃO
Mártir
SOLDADO DE JESUS CRISTO

Biografia

Segundo as chamadas *Atas de Santo Ambrósio* (de autor desconhecido do século v e de valor histórico duvidoso), Sebastião serviu o exército romano como capitão da guarda pretoriana no tempo de Diocleciano. Com desejos de testemunhar a sua fé, veio de Milão para Roma, onde grassava a perseguição aos cristãos, que ele procurou socorrer. Devido à sua fé, foi perseguido (antes tinha caído nas graças do imperador), atado a uma árvore e trespassado de setas. Quando já o julgavam morto, abandonaram-no, mas uma mulher piedosa, vendo que ainda vivia, levou-o para sua casa e cuidou-lhe das feridas. Mal refeito, Sebastião apresentou-se de novo ao imperador para condenar a sua impiedade, dizendo-lhe que não temia morrer por causa de Cristo. Então foi vergastado até à morte. Pode afirmar-se que sofreu um duplo martírio. Isso aconteceu em princípios do século IV, na mesma perseguição que vitimou tantos outros mártires, como São Vicente e provavelmente Santa Inês. Os cristãos sepultaram-no no cemitério *Ad Catacumbas*, na Via Ápia, e começaram logo a venerá-lo. A sua devoção é muito popular e é invocado particularmente contra as pestes. Ainda hoje persistem rituais simbólicos que se reportam a intercessões passadas, como é o caso da "festa das fogaças" em Santa Maria da Feira.

Santos ao ritmo da Liturgia

― Lições / Propósitos ―――――――――――――――――――――

1) Fé intrépida de mártir, não temendo a morte mais cruel para testemunhar a Jesus Cristo;
2) jovem leigo destemido, totalmente votado à causa de Deus e dos irmãos na fé;
3) constância no meio das provações, não se deixando atemorizar pelas perseguições.

Citação ―――――――――――――――――――――――――

❑ «Sebastião compreendeu que em Milão não haveria luta ou ela seria insignificante. Partiu para Roma, onde grassavam severas perseguições por causa da fé; aí foi martirizado, isto é, aí foi coroado. [...] Quantos há que em segredo todos os dias são mártires de Cristo e dão testemunho do Senhor Jesus.» (SANTO AMBRÓSIO, *Exposição sobre o salmo 118*)

21 de janeiro

SANTA INÊS
Virgem e mártir
AMOR MAIS FORTE DO QUE A MORTE

Biografia

Inês, menina romana com cerca de doze ou treze anos, sofreu o martírio na perseguição de Diocleciano, talvez no final do ano 305; outros apontam meados do século III. Segundo a tradição, fugiu de casa dos pais para ir proclamar, junto das autoridades, a sua fé. Condenada ao fogo, saiu ilesa e foi depois degolada como um cordeiro (Inês provém do latim *agnus*, que significa cordeiro; também pode derivar do grego *hagnes*, pura). Efetivamente, foi mártir da fé e da castidade. A fraqueza humana foi substituída pela força de Deus. Num tempo de grandes perseguições, com muitos mártires, o martírio cruel e a coragem invencível desta adolescente deu ainda mais força aos cristãos. O Papa São Dâmaso adornou o seu sepulcro com versos, e muitos Santos Padres, a começar por Santo Ambrósio, celebraram os seus louvores. São Jerónimo afirmava que «em breve, todas as línguas cantariam a vida de Santa Inês».

Segundo a Tradição, fundada nos escritos dos Santos Padres, desde cedo Inês se consagrou a Cristo, não querendo mais ninguém como esposo. Apesar de ser tentada pelos modos mais infames e perversos, sendo exposta nua diante de jovens impudicos, diz-se que milagrosamente os seus cabelos cobriram a sua nudez. Depois de sujeita a outros tormentos, foi degolada. Em sua honra se ergueu uma igreja no estádio de Domiciano ou Circo Agonal (atualmente Praça de Navona, no centro de Roma); na cripta desta igreja encontra-se o lugar onde teria sido tentada e torturada. O seu crânio está exposto à veneração numa capela lateral da igreja.

Lições / Propósitos

1) Fé intrépida de mártir, não temendo a morte mais cruel, mantendo-se fiel até à morte;
2) castidade ou pureza a toda a prova, consagrada que estava ao seu único Esposo, Jesus Cristo;
3) criança ou adolescente com mais determinação e coragem do que os adultos.

Citação

❏ «Celebramos uma virgem; imitemos a sua integridade. Celebramos a mártir; ofereçamos sacrifícios. Celebramos Santa Inês. Conta-se que teria sofrido o martírio com doze anos. [...] Em corpo tão pequeno, haveria sequer espaço para os sofrimentos? Mas aquela que quase não tinha tamanho para ser ferida pela espada, teve forças para vencer a espada. [...] Inês permanece impávida entre as mãos dos cruéis algozes, imóvel perante o pesado e estridente arrastar das cadeias. [...] Nenhuma noiva se adiantaria para o leito nupcial com aquela alegria com que a virgem avançou para o lugar do suplício, levando a cabeça enfeitada não de tranças, mas de Cristo, e coroada não de flores mas de virtudes. [...] Quantas ameaças do algoz para que ela se atemorizasse, quantas seduções para que se convencesse, quantas promessas para que o desposasse! Mas a sua resposta foi esta: "É uma ofensa ao Esposo fazer-se esperar. Aquele que primeiro me escolheu para si, esse é que me receberá. Porque demoras, verdugo? Pereça este corpo que pode ser amado por quem eu não quero." Levantou-se, rezou, inclinou a cabeça (para ser degolada). [...] Tendes numa única vítima dois martírios: o da pureza e o da fé. Permaneceu virgem e foi mártir.» (SANTO AMBRÓSIO, *Tratado sobre as virgens*)

22 de janeiro

SÃO VICENTE
Diácono e mártir
PERSEVERANÇA E FIDELIDADE ATÉ À MORTE

Biografia

Depois de São Sebastião, celebramos outro mártir durante a perseguição de Diocleciano e de Maximiano. Começaram por atacar os cristãos do exército, passando depois, pelo ano de 303, a atingir o clero, seguindo-se os fiéis, como já tinha feito Valeriano, em meados do século III. Nessa altura, foi o diácono Lourenço, juntamente com o Papa Sisto II, a dar testemunho firme da sua fé; agora é Vicente, diácono de Saragoça (Espanha) que, juntamente com o seu bispo Valério, morre mártir, em Valência, no meio de indizíveis sofrimentos, humanamente insuportáveis, a ponto de, como diz Santo Agostinho, que enalteceu o seu martírio em vários sermões, parecer que era outra pessoa a sofrer. Na sequência de Estêvão, em Jerusalém, e de Lourenço, em Roma, Vicente põe em grande relevo o valor do ministério diaconal na Igreja. Assim, desde o século IV que os cristãos associam, numa mesma homenagem, os três grandes diáconos mártires.

Segundo a tradição, Vicente era filho de família ilustre e cristã. O bispo Valério chamou-o para seu colaborador, no ministério da palavra. Chegou a perseguição e foram levados de Saragoça para Valência, onde foram martirizados, uma vez que se negavam, apesar de aliciados de diversos modos, a renegar a sua fé e a entregar os livros religiosos. Vicente passou por todos os tormentos, desde o ecúleo (cavalete de tortura), aos garfos, terminando no fogo. Colocado numa grelha ao rubro e com ferros candentes, resistiu sempre, mesmo quando os algozes avivavam as feridas deitando-lhe sal. Todo queimado e semimorto, foi lançado no mais profundo da masmorra, onde um anjo o veio confortar: «Levanta-te, ínclito mártir, e une-te como companheiro nosso aos coros celestiais.» Vicente restabeleceu-se totalmente como se nada tivesse acontecido, a ponto de o carrasco acabar por deitá-lo num leito fofo, gozando com ele; mas foi assim que o santo partiu para Deus. Depois lançaram o cadáver fora para que fosse pasto das aves e feras, mas, segundo a tradição, um corvo velou por ele. Então lançaram-no ao mar, mas também este o depositou na praia, vindo os cristãos dar-lhe sepultura.

Depois da sua morte contaram-se muitas lendas, como a do corvo ou a da trasladação do seu corpo até Lisboa, através de Faro. Na realidade, é padroeiro do Patriarcado de Lisboa, onde se supõe terem chegado as suas relíquias (em 2004, Lisboa celebrou os 1700 anos do seu martírio), e da diocese do Algarve. De facto, os seus restos mortais podiam ter sido trazidos até aqui, quando os árabes tomaram conta de Espanha. O mais importante e seguro é a firmeza da sua fé até à morte, dando glória a Deus e honrando o próprio nome, que significa "Vencedor" ou "Invicto".

Lições / Propósitos

1) Fé intrépida de mártir e fidelidade até à morte (uma morte santa!), não temendo o sofrimento mais cruel, mantendo-se sempre fiel a Jesus Cristo;
2) diácono destemido, totalmente votado à causa do Evangelho e ao serviço dos irmãos;
3) constância invencível no meio de tantas tribulações, não se deixando atemorizar nem pelo fogo.

Citação

❏ «Se neste martírio se considera a capacidade humana de o suportar, o facto torna-se incompreensível; mas se se reconhece o poder divino, nada tem de espantoso. Era tanta a crueldade que afligia o corpo do mártir e tanta a tranquilidade que transparecia na sua voz, era tanta a dureza com que eram maltratados os seus membros e tão grande a segurança que ressoava nas suas palavras, que poderia parecer que, de algum modo maravilhoso, enquanto Vicente suportava o martírio, fosse torturada pessoa diferente da que falava. [...] A carne era torturada e o Espírito falava; e enquanto o Espírito falava, não só era vencida a impiedade, mas também era confortada a fraqueza.» (SANTO AGOSTINHO, *Sermões*)

24 de janeiro

SÃO FRANCISCO DE SALES
Bispo e doutor da Igreja
PASTOR DEVOTO E APOSTÓLICO

Biografia

Eis um santo que muito inspirou outros, como Santa Joana Francisca, baronesa de Chantal que, após a morte do marido, se consagrou totalmente a Deus, fundando, juntamente com São Francisco, a Ordem da Visitação. Inspirou também, de modo particular, São João Bosco que deu aos membros da congregação, por ele fundada, o nome de Salesianos.

Francisco nasceu no Castelo de Sales, em Saboia (França), em 1567, de pais distintos e virtuosos. Enviaram-no a estudar no colégio dos jesuítas, em Paris, onde entrou na Congregação de Nossa Senhora, consagrando-lhe a sua virgindade, apesar de todas as tentações. O demónio quis mesmo persuadi-lo de que estava condenado e de que nada valia a devoção. Mas ele confiou no Senhor e, de regresso à sua terra, foi ordenado sacerdote, trabalhando afincadamente pela restauração da fé católica na sua pátria, abalada com o protestantismo (calvinismo) que de todas as maneiras procurava dificultar o seu trabalho e o perseguia.

Eleito bispo de Genebra (Suíça), apesar da sua resistência, mostrou-se verdadeiro pastor e modelo para todos, instruindo com os seus sermões e os seus escritos, de grande valor espiritual, particularmente *Introdução à vida devota* e *Tratado do amor de Deus*. Todos o admiravam e vinham ouvir os seus prudentes conselhos e aprender a sua mansidão (apesar de, por temperamento, ser irascível).

Morreu em Lião (França) a 28 de dezembro de 1622, sendo a sua última palavra o doce nome de Jesus. Foi sepultado definitivamente em Annecy, a 24 de janeiro de 1623, onde tinha passado a maior parte da sua vida. É padroeiro dos jornalistas e dos escritores. O Papa Pio IX declarou-o doutor da Igreja.

Lições / Propósitos

1) Sacerdote e bispo exemplar, cheio de fé, devoção e zelo apostólico, a todos procurando instruir e converter;
2) homem de grande mansidão, simplicidade, prudência e atenção a todos;
3) escritor espiritual de grande profundidade, cuja doutrina se tornou clássica.

Citação

❏ «A devoção deve ser exercida de maneira diferente pelo fidalgo e pelo operário, pelo criado e pelo príncipe [...]. Pergunto-vos, Filoteu, se estaria certo que um bispo quisesse viver na solidão como os Cartuxos, que os casados não quisessem amealhar mais que os Capuchinhos. [...] A devoção não prejudica ninguém quando é verdadeira, antes tudo aperfeiçoa e consuma [...]. Todas as verdadeiras joias lançadas no mel se tornam mais brilhantes, cada qual segundo a sua cor; assim também cada um se torna mais agradável e perfeito na sua vocação se esta for conjugada com a devoção: a atenção à família torna-se mais paciente, o amor entre marido e mulher mais sincero, mais fiel o serviço que se presta ao príncipe, e mais suave e agradável o desempenho de todas as ocupações [...]. Onde quer que estejamos, podemos e devemos aspirar à vida perfeita.» (São Francisco de Sales, *Introdução à vida devota*)

25 de janeiro

CONVERSÃO DE SÃO PAULO
«QUEM ÉS TU, SENHOR?
QUE QUERES QUE EU FAÇA?»

Biografia

É quase impossível pensar a Igreja de Jesus Cristo sem esta figura enigmática e fantástica que é Paulo. Por isso, a sua conversão também foi espetacular, obra absoluta da graça de Deus, como o Apóstolo reconhecia. Ele não foi Apóstolo da primeira hora nem seguiu Cristo como discípulo, enquanto o Senhor viveu na Terra, mas a si mesmo se apelidava de Apóstolo por antonomásia. De facto assim é reconhecido na Igreja, logo a seguir a Pedro, a quem o Senhor entregou as chaves do Seu Reino. Paulo foi chamado expressamente pelo Senhor

Ressuscitado para levar o Seu Nome até aos pagãos, para abrir a Igreja a todos os povos.

A festa do Apóstolo celebra-se em finais de junho, juntamente com a de Pedro (ver 29 de junho). Hoje a Igreja recorda a sua conversão, o que não acontece com nenhum outro apóstolo ou santo, pois esse facto (narrado diversas vezes em At 9; 22; 26 e ainda em Gl 1), acontecido quando ia a caminho de Damasco para nova perseguição aos cristãos, marca indelevelmente a Igreja nascente e o Cristianismo ao longo de todos os séculos. De repente, Saulo dá uma volta de cento e oitenta graus e, de perseguidor da Igreja, torna-se seu arauto principal, espalhando o nome de Jesus até à morte, que sofre em Roma cerca do ano de 65.

Há muitos séculos que se celebra neste dia a sua conversão, coincidindo com uma trasladação do seu corpo. A Igreja encerra também neste dia o oitavário de oração pela união dos cristãos, uma vez que Paulo lutou sempre pela unidade das comunidades cristãs de então que já eram minadas por diversas divisões.

— *Lições / Propósitos*

1) Conversão fulminante, mantendo-se o convertido fiel a Jesus Cristo até à morte;
2) Apóstolo por excelência ao serviço exclusivo do Reino de Deus;
3) apaixonado por Jesus Cristo, a Quem entregou totalmente a sua vida.

Citação

❏ «O que o homem é, quão grande é a dignidade da nossa natureza e de quanta virtude é capaz a criatura humana, Paulo o mostrou mais do que qualquer outro. [...] Avançava ao encontro da humilhação e das ofensas que tinha de suportar por causa da pregação, com mais entusiasmo do que pomos nós em alcançar o prazer das honras; punha mais empenho na morte do que nós na vida. [...] Só se alegrava no amor de Cristo, que era para ele o maior de todos os bens. [...] Considerava como jogos de crianças os mil suplícios, os tormentos e a própria morte, contanto que pudesse sofrer alguma coisa por Cristo. [...] Peço-vos que não vos limiteis a admirar este tão ilustre exemplo de virtude: imitai-o. Só assim poderemos ser participantes da sua glória.» (São João Crisóstomo, *Homilias*)

26 de janeiro

SÃO TIMÓTEO E SÃO TITO
Bispos
NÃO TE ENVERGONHES
DE TESTEMUNHAR JESUS CRISTO

Biografia

Timóteo era filho de pai gentio e de mãe judia, sendo educado nas Sagradas Escrituras. Converteu-se ao Cristianismo pela pregação de Paulo, que o elogia em diversas epístolas. Foi um companheiro inseparável dos trabalhos apostólicos, das confidências e dos sofrimentos do Apóstolo. Paulo impõe-lhe as mãos e consagra-o bispo, deixando-o a presidir à Igreja de Éfeso, onde os problemas eram muitos, exortando-o a conservar o depósito da fé com toda a firmeza. Paulo ou um seu discípulo dirige-lhe duas cartas de grande valor, a segunda já a partir da cadeia de Roma, podendo ser considerada como o seu testamento espiritual. Em Éfeso, Timóteo também deve ter conhecido São João, supondo-se que este se refere a Timóteo quando se dirige ao «anjo» de Éfeso no Apocalipse. Certamente morreu mártir no seu posto de trabalho.

Por seu lado, Tito era gentio, desconhecendo-se a sua origem. Converteu-se ao Cristianismo certamente também pela pregação de Paulo, que o trata com carinho por «filho» e «irmão». Foi enviado pelo Apóstolo a dissipar mal-entendidos e a apaziguar discórdias, sobretudo em Corinto. Além de negociante, era também organizador de novas Igrejas. Supõe-se que presidiu à Igreja de Creta. Recebeu também uma carta de Paulo, ou de um dos seus discípulos, exortando os cristãos a viverem em santidade aguardando a manifestação do Senhor. Morreu com idade avançada, desconhecendo-se o modo.

> **Lições / Propósitos**
>
> 1) Grandes missionários impulsionados pelo exemplo de Paulo;
> 2) notáveis colaboradores do Apóstolo, cumprindo fielmente as suas determinações;
> 3) fiéis ao seu ministério e a Jesus Cristo, dando d'Ele testemunho na vida e na morte.

27 de janeiro

SANTA ÂNGELA MERICI
Virgem
EDUCADORA DA JUVENTUDE POBRE

Biografia

Ângela nasceu no norte de Itália, perto de Veneza, em 1470, ficando órfã muito cedo, sendo confiada, com a irmã, a um tio. As duas manas eram conhecidas como «as duas rolinhas» de Salo, terra onde viviam. Mas a irmã faleceu muito nova e ela passava todos os dias pelo cemitério. Entretanto, resolveu dedicar-se à educação das meninas pobres, instigada por uma visão que teve. Peregrinou à Terra Santa, mas perdeu a vista na viagem. Todavia, recuperou-a milagrosamente. Em ação de graças empreendeu nova peregrinação, agora a Roma, onde o Papa aprovou a sua obra – um instituto para educação das raparigas pobres, iniciado em Bréscia. Numa visão apareceu-lhe Santa Úrsula, daí terem sido chamadas Irmãs Ursulinas. Pode ser considerado o primeiro instituto religioso de ensino na Europa. Ângela morreu em 27 de janeiro de 1540, sendo canonizada em 1807.

Lições / Propósitos

1) Entrega da vida a Jesus Cristo, desde tenra idade;
2) sensibilidade para cuidar e educar a juventude;
3) rodear-se de outras colaboradoras para continuar a sua obra de educadora.

Citação

❏ «Suplico-vos que leveis gravadas na mente e no coração cada uma das vossas filhas. [...] Também vos deveis esforçar por tratar a todas com a maior suavidade possível, fugindo sobretudo de tentar obter alguma coisa pela força: Deus deu a cada um o livre-arbítrio e a ninguém quer constranger, mas somente propõe, convida e aconselha.» (SANTA ÂNGELA MERICI, *Testamento espiritual*)

28 de janeiro

SÃO TOMÁS DE AQUINO
Presbítero e doutor da Igreja
DOUTOR ANGÉLICO, POÇO DE SABEDORIA

Biografia

Tomás nasceu em Aquino (Itália) pelo ano de 1225, de família abastada e nobre, os condes de Aquino, último filho de doze irmãos. Os primeiros estudos realizou-os com os monges beneditinos no Mosteiro de Monte Cassino. Continuou-os em Nápoles, onde entrou na Ordem Dominicana ou dos Pregadores, apesar da tenaz oposição da família, que chegou mesmo a tentá-lo, introduzindo-lhe no quarto uma mulher provocadora, que ele escorraçou com um tição ardente. Partiu para Paris e Colónia, onde completou os estudos, tendo como mestre São Alberto Magno. Foi insigne professor e deixou uma vasta obra filosófico-teológica, síntese insuperável entre a filosofia grega,

particularmente aristotélica, e a revelação cristã. A sua obra magna é a *Summa Theologiae*.
Morreu em Fossanova a 7 de março de 1274 (ainda não completados os cinquenta anos), quando se dirigia para o Concílio de Lião. A sua memória celebra-se a 28 de janeiro, dia em que o seu corpo foi trasladado para o convento dominicano de Tolosa.
Tomás de Aquino marca um ponto culminante na ciência eclesiástica. Mas além de filósofo e teólogo (é patrono de todas as escolas católicas) foi homem simples e bom (conta-se que os companheiros até o "gozavam", persuadindo-o de que viram um boi a voar, dizendo ele que era mais fácil acreditar nisso do que ver um monge a mentir), grande pregador e sobretudo um homem de oração, um místico (compôs diversos hinos de grande elevação, sobretudo ao Santíssimo Sacramento), enfim, um santo, modelo do verdadeiro teólogo que sabe e ensina, mas sobretudo que vive o mistério de Deus. Quase ao findar da vida, teve uma intensa iluminação interior durante a celebração da Eucaristia e a partir daí deixou de escrever e de pregar, porque considerava tudo como um nada frente à realidade de Deus.

— *Lições / Propósitos* —

1) Amor supremo ao estudo e à busca da «sublime verdade» que é Deus, sendo modelo de todos os verdadeiros intelectuais e particularmente dos teólogos;
2) pregador insigne que transmitia aos outros a verdade passada pela vida;
3) homem puro, caridoso, desprendido, contemplativo.

Citação —

❏ «Que necessidade havia para que o Filho de Deus sofresse por nós? Uma necessidade grande e, por assim dizer, dupla: para remédio contra o pecado e para exemplo do que devemos fazer. Foi em primeiro lugar um remédio, porque na Paixão de Cristo encontramos remédio contra todos os males em que incorremos por causa dos nossos pecados. Não é menor a utilidade que tem como exemplo. Na verdade, a Paixão de Cristo é suficiente para orientar toda a nossa vida. Quem quiser viver em perfeição, basta que despreze o que Cristo desprezou na Cruz e deseje o que Ele desejou. Nenhum exemplo de virtude está ausente da Cruz – caridade, paciência, humildade, obediência, desprezo pelas honras da terra.» (SÃO TOMÁS DE AQUINO, *Comentários ao Credo*)

31 de janeiro

SÃO JOÃO BOSCO
Presbítero
PAI E MESTRE DA JUVENTUDE

Biografia

Trata-se de um grande santo que, através dos seus filhos e filhas (os Salesianos e as Salesianas), continua ainda a marcar a educação da infância e da juventude. João nasceu a 16 de agosto de 1815 perto de Castelnuovo, Turim (Itália). Na sua infância, por ser órfão de pai desde os dois anos, sofreu privações, mas foi educado cristãmente pela mãe, que incutiu nos filhos o temor de Deus e a consciência da Sua presença, bem como a devoção a Maria (Nossa Senhora Auxiliadora). Desde tenra idade que João se mostrou líder entre os colegas ensinando-os a rezar e instruindo-os na fé. Já jovem, para atrair outros jovens, fundou a «Sociedade da Alegria» e uma espécie de academia de artes e letras, além de usar o desporto e a música (cantava bem e tocava diversos instrumentos). Sendo inteligente e de grande memória, queria estudar, mas dada a pobreza da mãe viu-se obrigado a ganhar para isso como empregado e passando por diversas profissões.

Finalmente foi ordenado sacerdote, tornando-se D. Bosco, continuando a centrar todas as suas energias na educação da juventude, particularmente dos mais pobres e provenientes do meio operário. Criou para tal *oratórios festivos*, onde os jovens aprendiam (escolas profissionais de artes e ofícios) e se divertiam. Não faltaram as tribulações e contratempos, mas era confortado pelo Céu, confiando sempre na Providência, nos limites da prudência humana. A mãe veio viver com ele para Turim, tornando-se mãe de muitas crianças órfãs.

Inspirou-se para a sua obra em São Francisco de Sales, que tomou como protetor e modelo de mansidão e caridade. Para continuar o seu trabalho pastoral e social fundou a Sociedade de São Francisco de Sales (Salesianos) que, juntamente com o ramo feminino – Filhas de Maria Auxiliadora, que fundou coadjuvado por Santa Maria Domingas Mazzarello –, continua ainda hoje a desenvolver em todo o mundo benemérita ação em favor da juventude. A alegria principal de D. Bosco foi ver surgir entre a juventude por ele cultivada também um santo – São Domingos Sávio – que morreu apenas com quinze anos e de quem escreveu a biografia.

No seu apostolado deu grande importância à imprensa, distribuindo muitas folhas volantes e chegando a fundar uma fábrica de papel; ele mesmo escreveu vários livros e opúsculos para a educação da fé. São-lhe atribuídos muitos milagres e são famosos também os seus sonhos e pressentimentos (a nova capital do Brasil – Brasília – foi construída no lugar por ele sonhado).

Morreu a 31 de janeiro de 1888. Pio XI canonizou-o em 1934 declarando que «o sobrenatural nele quase se tornara natural, e o extraordinário coisa comum». No centenário da sua morte, João Paulo II afirmou ser ele «um exemplo eminente do amor preferencial pelos jovens, especialmente pelos que vivem em dificuldade». É patrono dos educadores, das escolas de artes e ofícios, do cinema e mesmo dos prestigitadores (pois também se servia dessa arte para atrair os jovens). Eis um dos seus pensamentos que bem o caracteriza: «O melhor que temos a fazer neste mundo é fazer o bem, andar contentes e deixar cantar os pássaros.»

― *Lições / Propósitos* ―
1) Total dedicação às crianças e jovens, particularmente aos mais pobres, evangelizando-os e apoiando-os socialmente;
2) homem de Deus, confiado sempre na Providência, para além de todos os obstáculos;
3) homem inteligente, de visão ampla, alegre, resistente às provações;
4) fundador de duas congregações religiosas que continuam a sua obra em favor da juventude mais carenciada.

Citação

❏ «Se queremos ser amigos do verdadeiro bem dos nossos alunos e encaminhá-los para o cumprimento dos seus deveres, importa, antes de mais, que nunca vos esqueçais de que sois representantes dos pais desta querida juventude; esta juventude que foi sempre o terno objeto das minhas preocupações, dos meus estudos, do meu ministério sacerdotal e da nossa Congregação Salesiana. Quantas vezes, na minha longa carreira, me tive de convencer desta grande verdade: é mais fácil encolerizar-se do que ter paciência, ameaçar uma criança do que persuadi-la; direi mesmo que é mais cómodo para a nossa impaciência e para a nossa soberba castigar os recalcitrantes do que corrigi-los, suportando-os com firmeza e benignidade. [...] Olhemos como filhos nossos para aqueles sobre os quais exercemos alguma autoridade. Ponhamo-nos ao seu serviço como Jesus, que veio para obedecer e não para dar ordens, envergonhando-nos de tudo o que nos possa dar a aparência de dominadores; e se algum domínio exercemos sobre eles, há de ser apenas para os servir melhor. [...] Em certos momentos muito graves, ajuda mais uma recomendação a Deus, um ato de humildade perante Ele, do que uma tempestade de palavras, que só fazem mal a quem as ouve e de nenhum proveito servem para quem as merece.»
(São João Bosco, *Cartas*)

2 de fevereiro

APRESENTAÇÃO DO SENHOR
«LUZ PARA TODOS OS POVOS»

Reflexão

Festa vulgarmente conhecida como Nossa Senhora das Candeias ou Candelária, mas trata-se essencialmente de uma festa cristológica – mais do que a Purificação ritual de Maria, quarenta dias após o parto, é a Apresentação de Jesus ao Pai no

Templo, onde o velho Simeão O declara como «Luz das Nações». No Oriente é designada festa do «Encontro». Importante é valorizar o significado da luz e da procissão luminosa como caminhada do Povo de Deus, à luz de Cristo, em demanda da Terra Prometida. Esta festa tem ao mesmo tempo um tom gozoso (alegria de Maria oferecendo ao Pai o seu Filho, e júbilo de Simeão e Ana) e doloroso (no ofertório de Maria vislumbra-se já a Cruz e por isso Simeão fala de uma espada que há de trespassar o coração da Mãe). Estão presentes as três gerações: o Menino Jesus; Sua Mãe e São José; os santos velhinhos Simeão e Ana (que representam os avós).

Dois temas podem centrar a nossa atenção:

1. *Consagração de Jesus ao Pai e revelação da Sua missão.* Jesus é o Ungido do Pai para salvação do mundo, Luz dos povos a fim de que ninguém mais caminhe nas trevas. Mas é também «sinal de contradição», exigindo um pronunciamento, uma atitude decisiva, não podendo ninguém ficar indiferente.

2. *Atitudes de Maria e de Simeão.* Maria oferece o seu Filho ao Pai, gesto que se prolonga até à Cruz, até ao fim dos tempos, gesto que se repete particularmente na hora da Eucaristia, onde o altar são os braços de Maria. Por seu lado, o velho Simeão, «homem justo e piedoso» (como a velha Ana, que «servia a Deus noite e dia»), esperava a «consolação de Israel» e recebe o Menino nos braços proclamando-O «Luz das nações» e glória do Povo de Deus. Depois deste jubiloso encontro, há tanto tempo esperado (Simeão simboliza toda a expectativa da humanidade), pode morrer em paz, porque os seus olhos viram a Salvação.

Lições / Propósitos

1) Jesus veio para ser «Luz das nações» – devemos deixar-nos iluminar e ser portadores dessa Luz diante de todos os povos;
2) Jesus é «sinal de contradição», sendo proibido «servir a dois senhores»;
3) com Cristo, ofereçamo-nos diariamente ao Pai pelas mãos de Maria.

Citação

❏ «Todos nós que celebramos e veneramos com tanta piedade o mistério do Encontro do Senhor, corramos para Ele com todo o fervor do nosso espírito. Ninguém deixe de participar neste Encontro, ninguém se recuse a levar a sua luz. [...] Caminhemos empunhando as lâmpadas. Acorramos trazendo as luzes, não só para indicar que a luz refulge já em nós, mas também para anunciar o esplendor maior que dela nos há de vir. Por isso, vamos todos juntos, corramos ao encontro de Deus.»
(São Sofrónio, *Sermões*)

3 de fevereiro

SÃO BRÁS
Bispo e mártir
MÉDICO MILAGROSO

Biografia

As atas do seu martírio não merecem grande credibilidade, por serem escritas séculos depois da sua morte, mas a verdade é que fizeram deste santo um dos mais populares, sobretudo na Idade Média, chegando até nós com a mesma popularidade, sendo-lhe dedicadas muitas festas e igrejas. Segundo a lenda, os seus pais eram abastados e ele estudou Medicina. Mas tendo-se convertido ao Cristianismo, deu-se à vida de oração e penitência, retirado do mundo. Quando morreu o bispo de Sebaste, na Arménia, elegeram-no a ele como novo pastor. Continuou a viver no deserto, mas vinha à cidade pastorear o povo e diz-se que fazia muitos milagres.

A perseguição aos cristãos por parte de Licínio atingiu também o bispo, que foi submetido às maiores torturas, lançado num lago gelado e por fim degolado, por volta de 315. Por lhe terem cortado o pescoço, tornou-se advogado das doenças de garganta ou então devido a ter livrado, segundo se conta, uma criança de morrer com uma espinha atravessada na garganta. O povo arménio, de onde era natural o santo, dominado pela Turquia, muito sofreu, particularmente depois da Grande Guerra Mundial, pela sua fidelidade a Cristo, e continua ainda a sofrer. Oxalá São Brás lhe traga finalmente a paz e a independência a que tem direito, bem como a todos os povos em guerra e escravizados.

Lições / Propósitos

1) Grande fortaleza no martírio, preferindo morrer a atraiçoar a sua fé;
2) zelo pastoral e caridade para com todos, particularmente para com os mais pobres;
3) oração e penitência numa vida retirada do mundo para maior contacto com Deus.

4 de fevereiro

SÃO JOÃO DE BRITO
Mártir
O SÃO FRANCISCO XAVIER PORTUGUÊS

Biografia

João Heitor de Brito nasceu em Lisboa a 1 de março de 1647, último filho de família nobre, a ponto de o pai ser enviado como governador para o Brasil, vindo aí a falecer. Foi educado na corte do rei D. João IV, mas não se deixou iludir pelas grandezas mundanas, antes vivia piedosa e castamente, sendo objeto de gozo e maus-tratos por parte dos colegas, o que lhe valeu o apelido de "mártir", quase a pressagiar o seu fim. Entrou na Companhia de Jesus aos dezasseis anos, apesar da oposição da família, e ordenou-se sacerdote. O seu desejo era partir para as missões, entusiasmado sobretudo com o exemplo de São Francisco Xavier. Assim, embarcou para as missões do Maduré, via Goa, na Índia (na sequência do grande São Francisco Xavier, sendo por isso denominado "o Xavier português", ultrapassando-o no martírio), onde muito sofreu com o clima e perseguições (sobretudo porque contactava com os "intocáveis" ou proscritos da sociedade), estando a ponto de ser martirizado, depois de sujeito a dolorosas provas, não fosse a intervenção do príncipe hindu, que ficou impressionado com a sua doutrina.

Em 1688 foi enviado à Europa como Procurador das Missões. O rei D. Pedro II acolheu-o benevolamente prometendo apoiá-lo nas missões, mas depois não o queria deixar partir, preferindo que ficasse na corte como precetor dos filhos. Mas ele resistiu, apesar de saber o que o esperava, e de novo partiu para a Índia, em 1690, para junto dos povos do Maravá. Voltaram as perseguições, particularmente porque defendia a indissolubilidade do matrimónio, sendo degolado (além da cabeça, cortaram-lhe as mãos e os pés) em Oriur (ao sul da Índia) a 4 de fevereiro de 1693. Foi canonizado por Pio XII a 22 de junho de 1947. A sua estátua encontra-se, entre outros santos portugueses, na colunata do Santuário de Fátima. É padroeiro secundário da cidade de Lisboa e patrono da Província Portuguesa da Companhia de Jesus.

Lições / Propósitos

1) Dedicação total à causa do Evangelho, ardente zelo apostólico e missionário, à custa da própria vida;
2) defesa intransigente da moral católica e da indissolubilidade do matrimónio;
3) desprendimento das honras terrenas, preferindo antes a vida austera por causa do Reino.

José H. Barros de Oliveira

Citação

❏ «Olhai para o jovem missionário, para o heroísmo da sua ação, que se dilata no meio dos povos infiéis: ação esplêndida, ação destemida, ação fecunda. Seria necessário não ter ideal algum no coração para não sentir o entusiasmo que suscita a narração da sua vida tão ardente, para não experimentar, com um sentimento de santa inveja, o desejo de participar em tão árduas canseiras evangélicas e de alcançar os seus merecimentos na medida das próprias forças.» (Pio XII, na canonização)

5 de fevereiro

SANTA ÁGUEDA
Virgem e mártir
MANIFESTAÇÃO DA BONDADE DE DEUS

Biografia

Segundo a tradição, Águeda ou Ágata (que em grego significa "boa", "bondosa") descendia de família nobre e sofreu o martírio em Catânia (Sicília) durante a perseguição de Décio, pelo ano de 250. As atas do seu martírio são muito posteriores e sem grande fundamento histórico. Antes de morrer, foi submetida a muitos tormentos, como o fogo e o corte dos seios. Mas ninguém conseguiu demovê-la da sua fé no seu Senhor. Segundo a tradição, Águeda dirigiu-se para o martírio cheia de alegria e confiança, como se fosse para uma festa nupcial, ao mesmo tempo que orava ao Senhor para que a fortalecesse e fizesse chegar à pátria celeste.

O seu culto propagou-se desde a Antiguidade por toda a Igreja, a começar por Constantinopla e Roma, e o seu nome foi inserido no Cânone Romano (1.ª anáfora da Missa), ao lado de

Luzia, também virgem e mártir siciliana, e das romanas Inês e Cecília. Durante a perseguição de Décio, muitos apostataram, sobretudo os que ocupavam cargos oficiais. Por isso, o testemunho de jovens corajosas é mais de realçar. Os habitantes de Catânia sempre recorreram a Santa Águeda, sobretudo durante as erupções do vulcão Etna; por seu intermédio, a lava teria parado de ameaçar as populações.

Lições / Propósitos

1) Fé e amor inquebrantável ao Senhor, consagrando-se a Ele quer na vida quer na morte;
2) coragem a toda a prova no martírio, tendo sofrido mil sofrimentos e tribulações, mas sem nunca pactuar com as seduções e ameaças dos carrascos;
3) defesa da sua virgindade, sempre fiel ao Esposo-Cristo.

---

6 de fevereiro

SÃO PAULO MIKI e COMPANHEIROS
Mártires
PRIMÍCIAS DO CRISTIANISMO JAPONÊS

Biografia

Paulo Miki nasceu no Japão por volta de 1565. Entrou na Companhia de Jesus e pregou o Evangelho com grande fruto aos seus concidadãos. No meio da perseguição aos cristãos foi preso com vinte e cinco companheiros, entre os quais se contavam missionários europeus franciscanos e jesuítas, mas sobretudo leigos japoneses catequistas, intérpretes, médicos e mesmo crianças e adolescentes entre os doze e os quinze anos: Luís, André e Tomé. Um – Gonçalo Garcia, irmão franciscano – era filho de pai português e de mãe indiana, sendo o primeiro santo canonizado nascido na Índia.

Depois de muitos maus-tratos foram conduzidos a Nagasáqui (cidade mais tarde mártir da bomba atómica) onde foram crucificados a 5 de fevereiro de 1597, depois de terem sido expostos à irrisão pública. Do alto da cruz, Paulo exortava a todos a serem fiéis ao Evangelho e perdoava aos seus carrascos. Todos estavam alegres e cantavam. Alguns recitavam salmos que tinham aprendido na catequese. Após a crucifixão, a alguns cortaram a cabeça ou trespassaram o coração. Mais uma identificação com Cristo, como dizia Paulo Miki:

> Eu tenho agora a mesma idade com que Jesus Cristo morreu; estou também sentenciado à morte numa cruz; só me resta a fortuna de morrer no mesmo dia em que morreu o meu divino Mestre.

De facto, morreram numa sexta-feira no lugar depois chamado monte dos Mártires.

Ainda no Japão, na primeira metade do século XVII, na sequência de muitas perseguições aos cristãos, outros mártires deram testemunho de Cristo com a própria vida. Entre 1633 e 1638 uma grande perseguição, também em Nagasáqui, fez mais de cem mártires, com São Lourenço Ruiz à frente, um pai de família filipino. Foram canonizados por João Paulo II em 1987. Ainda na primeira metade do século XVII, mais 188 cristãos (entre os quais apenas cinco eram religiosos e todos os outros leigos) sofreram o martírio (famílias inteiras foram assassinadas, queimadas ou crucificadas), sempre em Nagasáqui, sendo beatificados em novembro de 2008.

Juntamente com tantos mártires do Japão, contam-se outros na China, no Vietname, na Coreia (como São André Kim e companheiros) e noutras partes do Extremo Oriente, cuja força no martírio nada fica a dever aos mártires do Ocidente, antigos ou modernos.

Entre tantos mártires japoneses, figuram alguns portugueses, como o beato Francisco Pacheco e outros companheiros mártires. Francisco era natural de uma família nobre de Ponte de Lima, onde nascera em 1565 (a sua memória é recordada na diocese de Viana do Castelo e foi-lhe erigida uma estátua na igreja matriz de Ponte de Lima). Partiu como missionário jesuíta para Goa e depois para o Japão. Tendo sido denunciado por pregar o Evangelho, foi lançado a uma fogueira em 20 de junho de 1626.

Outro mártir português no Japão foi o beato Domingos Jorge, natural de Aguiar de Sousa, mas que cedo foi para o Japão, onde protegia os missionários (jesuítas). Isso levou-o a ser condenado e morto na fogueira em Nagasáqui, a 18 de novembro de 1619. Anos depois condenaram também à morte a sua mulher e filho com apenas quatro anos. Trata-se de um leigo e de uma família corajosa.

Refira-se ainda o beato Vicente de Santo António, nascido em Albufeira em 1590. Fez-se sacerdote na Ordem dos Agostinhos e partiu para as missões, primeiro do México e depois do Japão, seduzido por tantos mártires. Fez-se caixeiro viajante para poder entrar nas casas a evangelizar e a confortar os perseguidos. Foi descoberto, preso e condenado diversas vezes a banhos de água a ferver e depois ao fogo, a 3 de setembro de 1629. A sua memória é celebrada na diocese do Algarve a 7 de setembro.

Lições / Propósitos

1) Generosidade total entregando a vida por causa de Cristo e do Evangelho;
2) ardente zelo apostólico e missionário, para além de todos os riscos;
3) morte com alegria, apesar de todos os tormentos, e a todos perdoando.

Citação

❏ «Quando as cruzes foram levantadas, foi coisa admirável ver a constância de todos. [...] O nosso irmão Paulo Miki, vendo-se elevado diante de todos a uma tribuna que nunca tivera, começou por afirmar aos circunstantes que era japonês e pertencia à Companhia de Jesus, que ia morrer por haver anunciado o Evangelho, e que dava graças a Deus por lhe conceder tão elevado benefício. [...] Alguns repetiam com rosto sereno: "Jesus, Maria"; outros exortavam os presentes a levarem uma vida digna de cristãos; e por estas e outras ações semelhantes demonstravam que estavam prontos para a morte.» (*História do martírio de São Paulo Miki e Companheiros*)

José H. Barros de Oliveira

7 de fevereiro

CINCO CHAGAS DO SENHOR
CORAÇÃO ABERTO A TODOS

Reflexão

As cinco Chagas do Senhor ou as feridas que Lhe ficaram nas mãos, nos pés e no lado trespassado pela lança (há também devoção a outras Chagas, como as dos ombros ou a da face ferida nas quedas) e com as quais se manifestou aos Apóstolos, após a Ressurreição, convidando mesmo o incrédulo Tomé a meter a mão no Seu peito aberto, foram sempre muito veneradas pelos portugueses, como se pode deduzir da onomástica e da literatura, a começar por Camões, que n'*Os Lusíadas* (I,7) relaciona as armas da bandeira nacional com as Chagas de Cristo:

> Vede-o no vosso escudo, que presente
> Vos amostra a vitória já passada,
> Na qual vos deu por armas e deixou
> As que Ele para si na Cruz tomou.

Dada esta devoção ancestral, os Papas, a partir de Bento XIV, concederam a Portugal uma festa particular que veio a ser fixada neste dia.

Lições / Propósitos

1) Venerar as Chagas do Senhor como símbolo perene do Seu sofrimento por amor, até à morte de Cruz;
2) peito aberto para refúgio perene daqueles que sofrem e n'Ele encontram consolação;
3) dignificar o crucifixo que eventualmente trazemos ao peito ou exposto em lugar público.

Citação

❏ «Surge uma pergunta: Como pôde o corpo incorruptível conservar as cicatrizes dos cravos e ser tocado por mão mortal? Não é caso para espanto, pois trata-se de pura condescendência da parte de Cristo. [...] Quis manifestar-se deste modo, para que acreditassem na ressurreição e soubessem que era Ele mesmo que fora crucificado, e não outro, quem tinha ressuscitado. Por este motivo conserva na ressurreição os estigmas da cruz.» (São João Crisóstomo, *Homilias*)

8 de fevereiro

SANTA JOSEFINA BAKHITA
Virgem
ESCRAVA LIBERTADA POR CRISTO

Biografia

Josefina é verdadeiramente uma santa muito especial e pode servir de conforto a quantos sofrem tantas desventuras da vida, já desde a infância. Nasceu no Sudão (África), cerca de 1870, de pais pagãos. Foi raptada (como já tinha sido uma irmã sua) aos nove anos. Os raptores puseram-lhe o nome de Bakhita, que quer dizer ironicamente "com sorte", "afortunada". Na realidade foi uma criança muito infeliz. Conseguiu fugir mas foi apanhada por outros que a venderam a um oficial turco, cuja esposa foi para a nossa jovem uma tirana.

Posteriormente foi comprada pelo cônsul italiano em Cartum, que a levou para Itália e ofereceu a um amigo que a iniciou na fé católica. Em Veneza foi educada também pelas Irmãs Canossianas que conseguiram declará-la não já escrava, mas pessoa livre, para não ter de regressar a África. Em 1890 foi batizada com o nome de Josefina Bakhita e anos mais tarde professou os votos como religiosa canossiana, vivendo em humildade e simplicidade, dedicada ao apostolado e à caridade. Celebrou os cinquenta anos de vida consagrada em 1945. Morreu com fama de santidade a 8 de fevereiro de 1947. Foi beatificada e canonizada por João Paulo II.

Lições / Propósitos

1) Sofrer com paciência e esperança as tribulações da vida;
2) viver em humildade, servindo a Deus e aos irmãos em simplicidade;
3) protetora de todos os deserdados da sorte: escravos, exilados, perseguidos.

---

10 de fevereiro

SANTA ESCOLÁSTICA
Virgem
VOOU PARA DEUS COMO UMA POMBA

Biografia

Irmã de São Bento, Escolástica nasceu em Núrsia, Úmbria (Itália), cerca do ano de 480. Desde jovem progrediu nos caminhos da virtude. Sabendo que o seu irmão se tinha retirado para viver em maior intimidade com Deus, distribuiu os bens que possuía e foi no seu encalço. São Bento encontrava-se já em monte Cassino, depois de ter deixado Subiaco. Ela pediu-lhe para ficar sob a sua orientação espiritual. Foi feita uma cela não longe do mosteiro e a sua fama atraiu outras donzelas.

Assim nasceu mais uma ordem, que chegou a ter milhares de conventos espalhados pelo Ocidente.

A santa encontrava-se anualmente com o irmão para dar conta da sua vida espiritual e falar de Deus. Numa última visita, quando o santo ia retirar-se, ela pediu-lhe para ficar aquela noite com ele louvando a Deus. Tendo o santo recusado – é São Gregório Magno que conta –, levantou-se semelhante tempestade que teve forçosamente de ficar. Passados dias, viu a alma da sua irmã subir ao céu em forma de pomba. Escolástica faleceu por volta de 547.

Lições / Propósitos

1) Consagração total a Deus, na oração e no louvor;
2) grande amizade entre irmãos, ajudando-se mutuamente no crescimento espiritual;
3) obteve uma santa morte, voando ao encontro de Deus.

---

11 de fevereiro

NOSSA SENHORA DE LURDES
REVELAÇÃO DA IMACULADA CONCEIÇÃO

Reflexão

Em 1858, a Virgem Imaculada apareceu à menina Bernardete na gruta de Massabielle, perto de Lourdes, no sul de França. Maria manifestou-se como Imaculada, declarando «Eu sou a Imaculada Conceição», quatro anos após a proclamação do dogma da Imaculada por Pio IX (1854), e apelou os pecadores à conversão, despertando ao mesmo tempo na Igreja um grande movimento de oração, penitência e caridade, particularmente para com os doentes.

Foram 18 as aparições, desde 11 de fevereiro até 16 de julho, a última coincidindo com a festa de Nossa Senhora do Carmo. Maria apareceu algumas vezes sorrindo (em Fátima mostrava-se mais triste). As mensagens não são muito ricas de conteúdo, salvo o apelo constante a rezar e a fazer penitência pelos pecadores. O núcleo central é a manifestação de Maria como Imaculada, a Virgem toda pura e sem pecado que vem socorrer os pecadores. Entretanto, Lourdes tornou-se um centro de grandes peregrinações, sendo milhões as pessoas que lá acorrem todos os anos. Entre os peregrinos célebres contam-se o Papa João Paulo II e Bento XVI, que esteve lá em maio de 2008, encerrando assim a comemoração dos cento e cinquenta anos das aparições.

Bernardete tinha nascido em 1844, chamando-se Maria Bernarda (Bernardete é o diminutivo). Foi pastora e, para fugir à curiosidade dos fiéis, entrou numa ordem religiosa em Nevers, aos vinte e dois anos, vindo a falecer treze anos depois, sofrendo pacientemente as doenças e as provações das superioras. Morreu a 16 de abril de 1879 e a sua memória litúrgica é celebrada a 18 de fevereiro.

O Papa João Paulo II instituiu em 1993 o Dia Mundial do Doente, fixando-o neste dia 11 de fevereiro, em que acorrem tantos enfermos a Lourdes. O doente é a imagem mais viva de Jesus, a ponto de São Camilo de Lélis lhe apetecer ajoelhar diante dos doentes para lhes pedir o perdão dos pecados, vendo neles o próprio Cristo. Visitemos e confortemos também os doentes, pois é uma das Obras de Misericórdia. E dêmos graças a Deus pela nossa saúde, tentando preservá-la, evitando excessos no comer e no beber, descansando o suficiente. E quando a doença nos bater à porta, unamo-la à Cruz do Senhor.

Podia fazer-se uma breve reflexão sobre a doença em três tempos: 1) todos somos doentes pois há muitas classes de doença: física (pode sofrer-se dos pés à cabeça), psíquica (neuroses, depressões, solidão, dependência da droga ou do álcool, etc.) e espiritual (o pecado, o remorso); 2) sentido e atitudes frente ao sofrimento: uns arrastam a cruz e revoltam-se (como o mau ladrão), outros levam-na com mais ou menos resignação (como o bom ladrão), e outros abraçam-se generosamente à cruz, unidos à do Senhor (como o próprio Jesus e Maria). Todos sofrem, mas de modo diferente; 3) dar graças a Deus pela saúde: um modo de o fazer é tentar preservá-la (não abusando do que a pode prejudicar, pelo contrário, dispondo dos meios de a manter; mas, se a doença se instala, dada a fragilidade humana, portar-se à altura). Outro modo de agradecer é visitar e confortar os que sofrem.

Infelizmente, há também os que se aproveitam da doença alheia para ganhar dinheiro, não só alguns abusos médicos mas também seitas que simulam "milagres" à custa de extorquir dinheiro ao pobre paciente. Milagres só Deus faz e podem acontecer. Mas grande milagre é já aceitar generosamente o sofrimento, unindo-o à Cruz do Senhor e transformando-o assim em redenção.

Lições / Propósitos

1) Maria manifesta-se de preferência aos mais pobres e simples, como são as crianças;
2) Maria confirma a sua Imaculada Conceição, que anos antes tinha sido declarada como dogma;
3) rezar e sofrer pela conversão dos pecadores e dar toda a atenção aos pobres e doentes.

14 de fevereiro

SÃO CIRILO, monge, e SÃO METÓDIO, bispo
MISSIONÁRIOS DOS POVOS ESLAVOS

Biografia

Metódio e seu irmão Constantino (impôs-se a si mesmo o nome de Cirilo, que significa Luz) eram filhos de um alto funcionário de Bizâncio que trabalhava em Tessalónica. Foi aqui que nasceram os dois irmãos cerca do ano de 825. Depois de terem estudado em Constantinopla, foram enviados pelo patriarca Fócio à Morávia, onde tiveram grande sucesso apostólico, bem como na península dos Balcãs, e traduziram a Bíblia para o eslavo, celebrando também a liturgia nesta língua. Devido a dissidências com os missionários latinos, foram chamados a Roma, onde foram recebidos com honras. Constantino morreu pouco depois em Roma, a 14 de fevereiro de 869, depois de ter professado como monge sob o nome de Cirilo. Quanto a Metódio, o Papa sagrou-o bispo e enviou-o como legado de todos os eslavos, tendo ele continuado a evangelização apesar de muitos entraves, devido a intrigas mesquinhas. Morreu em Velehrad (República Checa) em 885.

Estes dois missionários foram declarados pelo Papa João Paulo II, em 1980, copadroeiros da Europa, juntamente com São Bento e ainda Santa Catarina de Sena, Santa Brígida e Santa Benedita da Cruz (Edith Stein). Cirilo e Metódio fazem a unidade entre o Ocidente e o Oriente. Em 1985, o Papa, celebrando a sua festa, falou da «atualidade eclesial da obra genial e grandiosa de evangelização» empreendida por eles numa época em que «a velha civilização sucumbia» e onde as tensões entre o Ocidente e o Oriente se tornaram divisão. Eles construíram pontes entre os dois blocos e podem dar uma nova força ao ecumenismo e à união da Europa.

— *Lições / Propósitos*

1) Missionários dos povos eslavos;
2) homens de grande cultura e abertura, símbolos do ecumenismo;
3) homens de oração enquanto monges e como missionários.

17 de fevereiro

SANTOS FUNDADORES DOS SERVITAS
LOUVEMOS OS HOMENS GLORIOSOS

Biografia

Os sete santos fundadores da Ordem dos Servitas de Nossa Senhora eram ricos mercadores de Florença que, por volta de 1233, sentindo o apelo de Maria, decidiram distribuir os bens pelos pobres e ir viver como eremitas no monte Senário, dedicados especialmente à veneração e culto da Santíssima Virgem, particularmente das suas dores. Posteriormente, concluíram que não podiam ser unicamente contemplativos e dedicaram-se à pregação por toda a Toscana, e depois pela Itália e outras nações, fundando a Ordem dos Servos de Maria (Servitas) para mais facilmente atingirem os seus objetivos.

Celebra-se hoje a sua memória, porque se supõe que neste dia morreu o último destes servos de Deus e de Maria – Santo Aleixo – no ano de 1310.

— *Lições / Propósitos*

1) Vida de oração em união com Maria, Senhora das Dores;
2) evangelização, a começar pelos povos vizinhos;
3) desprendimento, deixando os bens da Terra para seguir os bens do Céu.

José H. Barros de Oliveira

18 de fevereiro

SÃO TEOTÓNIO
Presbítero e religioso
COFUNDADOR DO MOSTEIRO
DE SANTA CRUZ DE COIMBRA

Biografia

São Teotónio nasceu em Ganfei (Valença) por volta de 1082. Aprendeu a doutrina e as primeiras letras com os Beneditinos e depois com o seu tio, bispo de Coimbra. Quando este faleceu, veio para Viseu (diocese que nessa altura dependia da de Coimbra), onde foi ordenado sacerdote, passando mais tarde a prior da Sé. Assaltado por desejos de peregrinar, pôs-se a caminho da Terra Santa. Regressando a Viseu, deu-se à pregação e ao cuidado dos pobres e enfermos. Entretanto, voltou a Jerusalém, visitando, emocionado, os lugares sagrados. Quando tencionava empreender uma terceira viagem, foi convidado para fundar em Coimbra, juntamente com outros religiosos e a convite do bispo, uma nova ordem de cónegos regulares de Santo Agostinho.

Começaram a erguer o Mosteiro de Santa Cruz em 1131 e no ano seguinte dezenas de monges iniciavam a vida religiosa sob a orientação de Teotónio, que não cessou de a todos edificar com a sua vida austera, humilde, dedicada aos pobres, sob a proteção de Maria, por quem nutria carinhosa devoção. São--lhe atribuídas virtudes miraculosas de que teria beneficiado o próprio rei D. Afonso Henriques, que tinha em grande apreço o nosso santo. Foi admirado por todos, incluindo o grande São Bernardo de Claraval.

Nos últimos anos da sua vida dedicou-se mais expressamente à oração e contemplação (rezava diariamente todo o saltério), vindo a falecer a 18 de fevereiro de 1162. Tantos eram os prodígios operados por seu intermédio que foi logo canonizado no ano seguinte. São Teotónio é padroeiro principal da diocese de Viseu e padroeiro secundário de Coimbra e de Viana do Castelo.

Lições / Propósitos

1) Sacerdote exemplar, dedicado à pregação, à oração e ao serviço do povo de Deus;
2) vida de humildade e austeridade, cheia de meditação e de contemplação;
3) amor terno a Maria;
4) dedicação generosa aos pobres e aos enfermos;
5) peregrino à Terra Santa, para seguir mais de perto as pegadas do Senhor.

José H. Barros de Oliveira

20 de fevereiro

BEATOS FRANCISCO E JACINTA MARTO
VIDENTES DE FÁTIMA

Biografia

Francisco e Jacinta Marto eram dois irmãos dos onze filhos de Manuel Marto e de Olímpia de Jesus. Juntamente com a prima Lúcia, viram Nossa Senhora na Cova da Iria no ano de 1917. Francisco nasceu a 11 de junho de 1908 em Fátima, no lugar de Aljustrel, vindo a falecer a 4 de abril de 1919. Jacinta nasceu a 10 de março de 1910, morrendo num hospital de Lisboa a 20 de fevereiro de 1920. Os seus restos mortais repousam na Basílica de Fátima (a primeira vez que Jacinta foi exumada, a sua cara mantinha-se incorrupta).

Francisco era uma criança discreta e conciliadora, enquanto Jacinta era mais viva e alegre. A mãe educou-os com ternura, mas ao mesmo tempo com firmeza. Dedicavam-se à pastorícia, juntamente com a prima Lúcia. Crianças simples mas corajosas. Jacinta foi a primeira, a 13 de agosto de 1917, a resistir às autoridades para não dizer o segredo, mesmo sob ameaça de ser queimada viva numa caldeira de azeite a ferver. Foi confortada pelo irmão, que lhe disse para não ter medo e que passou a seguir pela mesma prova, seguindo-se a Lúcia.

Faziam heroicos sacrifícios para a sua idade, devendo Nossa Senhora muitas vezes proibi-los para não afetarem a saúde. Rezavam mas, por sugestão de Jacinta, simplificavam as coisas, e assim o terço era rezado apenas com as palavras iniciais: Ave Maria, Santa Maria, deixando mais tempo para a brincadeira. Mas o Espírito Santo e Maria já os preparavam para voos mais altos. Jacinta desejava ardentemente receber «o Jesus escondido» na Eucaristia. Um dia, na sua oração, teve uma visão de um homem vestido de branco a sofrer muito, visão que depois João Paulo II interpretou como referindo-se a ele mesmo e ao atentado de que foi vítima. Antes de morrer em Lisboa, com uma pleurisia purulenta, Jacinta tinha consciência de que Maria não a deixaria abandonada: «Nossa Senhora deve vir buscar-me para o Céu.»

Francisco sofria com paciência (da broncopneumonia) «para consolar Nosso Senhor» e «pela conversão dos pecadores». Já antes se dava a muitos pequenos sacrifícios com estas intenções em mente. Tinha também uma tendência mística, isolando-se para rezar e contemplar. Passava horas perdidas diante do sacrário em companhia de «Jesus escondido». Morreu pacificado, depois de se ter confessado e confortado com a Primeira Comunhão, encandeado pelo resplendor de Deus: «Olhe, mãe, que bela luz!»

Antes das aparições de Nossa Senhora, o anjo (que se declarou como Anjo de Portugal) veio prepará-los. «Rezai, rezai muito!» – assim foram convidados na primavera de 1916 – «De tudo podeis oferecer sacrifícios.» No outono, o anjo aparece novamente com a Hóstia e o Cálice: após prostração em adoração, dá a comungar à Lúcia a hóstia e partilha pela Jacinta e pelo Francisco o cálice, de qualquer modo antecipando a comunhão sob as duas espécies.

Na primeira aparição de Maria (13 de maio de 1917), a Senhora, depois de os acalmar («Não tenhais medo!») e de dizer que vinha do Céu, prometendo também levá-los para o Céu, manda-lhes rezar o terço e avisa-os ao mesmo tempo que os conforta: «Tereis muito que sofrer, mas a graça de Deus será o vosso conforto.» A 13 de julho (como em junho) insiste na oração do terço e mostra-lhes o Inferno, visão que muito os atemoriza e onde sentem a necessidade de rezar pelos pecadores. Pede-lhes também para se consagrarem ao Seu Coração Imaculado e que o Papa consagre a Rússia. A 13 de agosto os videntes estão presos, dispondo-se a morrer, mas não conseguindo as autoridades arrancar-lhes o segredo. A Virgem aparece no dia 19 nos Valinhos dizendo-lhes para continuarem a rezar o terço e que em outubro faria um milagre. A 13 de setembro dá-se novamente o diálogo e Lúcia pede alguns favores e curas. Finalmente, a 13 de outubro Nossa Senhora declara-se como «a Senhora do Rosário», anuncia o fim da guerra e pede que «não ofendam mais Nosso Senhor, que já está muito ofendido». Quando se retira em direção ao Céu, dá-se o milagre do Sol que dança no espaço, conforme o sinal prometido para que todos acreditassem. De facto, este fenómeno muito intrigou os mais de 50 000 presentes e continua ainda sem uma explicação cabal. Os pastorinhos entretanto veem aparecer a Virgem, com São José e o Menino abençoando o mundo.

Além da dimensão religiosa das aparições, chamando incessantemente, na linha evangélica, à oração e à conversão, e da revelação do Coração de Maria como refúgio dos pecadores, e da devoção eucarística, Fátima tem também uma vertente política: as aparições deram-se em plena Grande Guerra e quando surgia o comunismo, prometendo Nossa Senhora a paz e a conversão da Rússia se os homens se voltassem para Deus e o mundo fosse consagrado ao Seu Coração Imaculado. Efetivamente, o comunismo veio a ruir em 1989, dando já antes sinais de fraqueza, principalmente na Polónia, terra do Papa João Paulo II, onde o catolicismo foi sempre forte. Mesmo em Portugal, Fátima foi sempre um apelo religioso mas também um arauto da liberdade e um baluarte contra as forças do mal, sendo isso mais visível no pós 25 de abril, particularmente no 25 de novembro de 1975, quando o comunismo poderia ter saído vitorioso.

Francisco e Jacinta foram beatificados por João Paulo II a 13 de maio de 2000, aquando da sua terceira deslocação a Fátima, estando presente a irmã Lúcia (que veio a falecer a 13 de fevereiro de 2005 e que certamente será também glorificada). Dia memorável para Portugal, para a Igreja e para as crianças (a quem estão também abertas as portas da santidade), não apenas pela beatificação dos dois pastorinhos, mas porque foi revelado nessa data o famoso segredo de Fátima que dá conta dos sofrimentos da Igreja e do Santo Padre (particularmente de João Paulo II, com o atentado de que foi vítima a 13 de maio de 1981).

Santos ao ritmo da Liturgia

Lições / Propósitos

1) Vida de intimidade com Deus e com Nossa Senhora, através da oração, da contemplação e da adoração diante de «Jesus escondido»;
2) generosidade nos sacrifícios para «consolar Nosso Senhor» por tantas ofensas dos pecadores;
3) sensibilidade aos apelos de Nossa Senhora crescendo a passos largos na santidade, apesar da sua tenra idade.

Citações

❏ «De novo a Santíssima Virgem se dignou visitar a Jacinta para lhe anunciar novas cruzes e sacrifícios. Ela deu-me a notícia e dizia: – "Disse-me que vou para Lisboa, para outro hospital; que não te torno a ver, nem os meus pais. Que depois de sofrer muito morro sozinha. Mas que não tenha medo; que Ela lá me vai buscar para o Céu." E, chorando, abraçava-me e dizia: "Nunca mais te torno a ver! Tu lá não me vais visitar. Olha, reza muito por mim que morro sozinha." Até que chegou o dia de ir para Lisboa; sofreu horrivelmente. Abraçava-se a mim e dizia, chorando: "Nunca mais te hei de tornar a ver! Nem a minha mãe, nem os meus irmãos, nem o meu pai. Nunca mais hei de ver ninguém! E depois morro sozinha!" Não penses nisso, dizia-lhe eu. Mas ela: "Deixa-me pensar, porque quanto mais penso mais sofro; e eu quero sofrer por amor de Nosso Senhor e pelos pecadores. E depois não me importo! Nossa Senhora vai-me lá buscar para o Céu."» (*Escritos de Lúcia*)

❏ «Já me falta pouco tempo para ir para o Céu. Tu ficas cá para dizeres que Deus quer estabelecer no mundo a devoção ao Imaculado Coração de Maria. Diz a toda a gente que Deus nos concede as graças por meio do Coração Imaculado de Maria; que lhas peçam a Ela; que o Coração de Jesus quer que, a Seu lado, se venere o Coração Imaculado de Maria; que peçam a paz ao Imaculado Coração de Maria, que Deus lha entregou a Ela. Se eu pudesse meter no coração de toda a gente o lume que tenho cá dentro do peito a queimar-me e a fazer-me gostar tanto do Coração de Jesus e do Coração de Maria!» (Palavras de Jacinta a Lúcia, antes de ir para o hospital)

José H. Barros de Oliveira

21 de fevereiro

SÃO PEDRO DAMIÃO
Bispo e doutor da Igreja
COLABORADOR DOS PAPAS

Biografia

Pedro nasceu em Ravena (Itália) no início do século XI, de uma família modesta e numerosa. Inicialmente dedicou-se ao ensino. Como prior do mosteiro fomentou a vida religiosa através da evangelização, sendo impulsionado pelo grande amor a Nossa Senhora e levando uma vida de grande austeridade. Escreveu muitas cartas, opúsculos e livros, sendo o mais célebre o *Livro de Gomorra*, onde verbera particularmente os abusos do clero daquele tempo. Em época difícil foi ótimo colaborador dos Papas na reforma da Igreja. Foi eleito cardeal e bispo de Óstia, embora se tivesse manifestado renitente. Faleceu em 1072, sendo colocado no seu túmulo o epitáfio escrito por ele mesmo:

> O que tu és, já eu fui; o que eu sou, tu o serás. Peço que te lembres de mim. Tem piedade das cinzas de Pedro que jaz aqui. Reza, chora e pede a Deus que se compadeça dele.

Muito cedo começou a ser venerado como santo. É invocado particularmente por aqueles que sofrem de insónias e enxaquecas, porque ele mesmo sofria desses males.

Lições / Propósitos

1) Grande zelo pelo bem da Igreja num tempo em que havia tanto desleixo e escândalo;
2) terno amor a Nossa Senhora, que o guiava na sua vida apostólica;
3) grande austeridade e rigor consigo e com os outros.

22 de fevereiro

CÁTEDRA DE SÃO PEDRO
SÍMBOLO DA UNIDADE NA IGREJA

Reflexão

Esta festa já era celebrada neste dia em Roma no século IV para significar a unidade da Igreja, fundada sobre Cristo, Pedra Angular, que a quis assentar sobre as colunas dos Apóstolos, e em particular sobre Pedro a quem chamou "pedra" (*kefa*), entregando-lhe as chaves do Reino e prometendo que as forças do Mal não sairiam vencedoras, através dos tempos. A cadeira é símbolo de autoridade no julgamento e na doutrina e por isso em cada diocese a cadeira ou cátedra do bispo se encontra na catedral.

A Cátedra de Pedro em Roma, na Basílica de São Pedro no Vaticano, é a Cátedra das cátedras. Bernini esculpiu-a na chamada «glória de Bernini» sustentada por quatro Padres da Igreja (dois do Oriente e dois do Ocidente) que praticamente não lhe tocam, mantendo-se ela graças ao poder do Espírito Santo. O Concílio Vaticano II afirmou que «o romano pontífice, como sucessor de Pedro, é perpétuo e visível fundamento da unidade, não só dos bispos, mas também da multidão dos fiéis» (LG, n.º 23). Amar e aceitar o magistério do Papa é a melhor maneira de honrar a Cátedra de Pedro.

Lições / Propósitos

1) Igreja una, santa, católica e apostólica, cujo centro é representado pelo sucessor de Pedro, o bispo de Roma;
2) permanecer sempre unidos a Pedro e, através dele, a Cristo seguindo o Seu magistério;
3) rezar pelo Santo Padre e pelas suas intenções.

23 de fevereiro

SÃO POLICARPO
Bispo e mártir
FIEL ATÉ À MORTE

Biografia

Policarpo (que significa "muito fruto") pode ser considerado a última testemunha do tempo apostólico, pois foi discípulo de João (evangelista) de quem ouviu falar de Jesus, Verbo da Vida que o discípulo amado tinha tocado, ouvindo-o falar também insistentemente do mandamento novo do amor. Santo Ireneu afirma que ele não só foi ensinado pelos Apóstolos e conversou com muitos que tinham conhecido em vida a Jesus Cristo, mas deveu aos mesmos Apóstolos a sua eleição para bispo de Esmirna.

Morreu pelo ano de 155, após um longo episcopado e com mais de oitenta anos, queimado vivo no anfiteatro de Esmirna (Turquia), para onde tinha sido nomeado bispo pelo próprio João, que havia fundado essa comunidade. Supõe-se que é ele o anjo (bispo) de Esmirna a quem João se dirige, no Apocalipse, de forma muito elogiosa. Foi imolado na presença do povo, dando provas de grande coragem e serenidade, louvando o Senhor, que o achou digno de «participar no cálice de Cristo» na esperança da ressurreição. Segundo a carta dos cristãos de Esmirna, que relataram a sua morte, quando o procônsul o pressionava para renegar a Cristo, ele respondeu:

> Há oitenta e seis anos que sirvo a Cristo e não recebi d'Ele senão benefícios. Como poderei então maldizer o meu Rei e Salvador?

Foi amigo de Santo Inácio de Antioquia, hospedando-o quando este viajava para Roma para ser lançado às feras. Policarpo também tinha ido a Roma encontrar-se com o Papa para falar de questões como a festa da Páscoa, confirmando então muitos irmãos na fé.

Lições / Propósitos

1) Vida santa e morte ainda mais exemplar, sendo fiel até à morte ao seu Senhor, louvando-O mesmo no meio da fogueira;
2) exemplo de um idoso que serviu sempre o Senhor e não desmereceu à hora da morte;
3) sentido de hospitalidade;
4) solicitude pela igreja local, como bispo, e ainda pela Igreja universal, sempre em comunhão com o sucessor de Pedro.

---

4 de março

SÃO CASIMIRO
PRÍNCIPE BONDOSO E ZELOSO

Biografia

Filho de Casimiro IV, rei da Polónia, Casimiro nasceu em 1458. Desde novo que manifestou inclinação para as coisas de Deus, menosprezando as da corte; fazia penitências voluntárias e dedicava-se à oração. Bondoso por natureza, atendeu particularmente os pobres: o povo chamava-lhe "defensor dos pobres", segundo afirmou um autor quase contemporâneo. Praticou com todo o denodo a virtude da castidade. Dedicou-se à promoção da fé. A sua força e o zelo vinham-lhe particularmente da devoção à Eucaristia e a Nossa Senhora. Morreu tuberculoso em 1484, com apenas vinte e seis anos. Foi declarado padroeiro da Polónia.

José H. Barros de Oliveira

Lições / Propósitos

1) Humildade e simplicidade, atendendo particularmente aos mais pobres;
2) varão apostólico preocupado com a expansão da fé;
3) terna devoção à Eucaristia e à Mãe de Deus.

---

7 de março

SANTA PERPÉTUA e SANTA FELICIDADE
Mártires
DUAS MÃES CORAJOSAS

Biografia

Perpétua e Felicidade sofreram o martírio em Cartago, em 203, durante uma perseguição. Foram presas, juntamente com três outras pessoas, quando ainda eram catecúmenas, recebendo o Batismo já na cadeia. Perpétua tinha um filho ainda de peito e Felicidade estava grávida, mas deu à luz antes de sofrer o martírio. Uma vaca furiosa arremeteu contra elas e depois com a espada deram-lhe o golpe final. Um escritor do tempo que narrou este martírio termina exclamando: «Ó martires, cheios de força e de ventura! Verdadeiramente fostes chamados e eleitos para glória de Javé.»

Lições / Propósitos

1) Coragem de duas mães que não hesitaram em derramar o seu sangue por Cristo;
2) capacidade de juntar o Batismo de água com o Batismo de sangue.

---

8 de março

SÃO JOÃO DE DEUS
Religioso
LOUCO PELOS DOENTES E PELOS POBRES

Biografia

João Cidade nasceu em Montemor-o-Novo a 8 de março de 1495. Ainda criança, levado por um impulso interior, foi para Espanha. Fez de pastor e meteu-se em aventuras militares que quase lhe custaram a vida. Entretanto peregrinou até Santiago de Compostela e depois passou pela sua terra, mas já ninguém o conhecia, pois os pais tinham falecido. Mais tarde dirigiu-se a Ceuta onde serviu uma família portuguesa, trabalhando depois para a sustentar. Voltou a Espanha e com cerca de quarenta e dois anos fixou-se em Granada. Ouvindo um sermão de São João de Ávila, que passou a ser seu diretor espiritual, ficou muito emocionado e tomou atitudes mais próprias de um demente, pelo que foi internado e recebeu açoites, como nessa altura tratavam os loucos, supondo-os possessos. João revolta-se contra tais tratamentos e aí começou a dedicar-se aos enfermos (mentais). Anos depois, após ter observado os restos mortais da imperatriz Isabel, mulher de Carlos V, resolveu entregar-se todo a Deus.

Fundou em Granada um pequeno hospital, em 1539, apesar dos contratempos, que se tornou um modelo para a época. Começaram a chamá-lo João de Deus. Mais tarde mudou para um lugar mais espaçoso graças aos benfeitores e às esmolas. Pedia com o pregão: «Irmãos, fazei bem a vós mesmos.» E o seu grito ou convite era: «Eia, irmãos, vamos servir os pobres!» A sua caridade ia além do hospital: procurava mães adotivas para as crianças abandonadas, dava trabalho aos ociosos para os livrar dos perigos, atacava a prostituição arranjando às pobres mulheres meios de subsistência. Teve gestos heroicos, como o arriscar a vida para salvar os doentes do Hospital Real, em chamas, ou lançando-se ao rio para salvar um jovem. Morreu, com as forças alquebradas, a 8 de março de 1550 (ano em que nasce São Camilo de Lélis, outro apóstolo dos doentes), no dia em que completava cinquenta e cinco anos. Morreu de joelhos, ficando hirto nessa posição, com o crucifixo entre as mãos. Repousa na Basílica de São João de Deus em Granada. Foi canonizado em 1690. Leão XIII, em 1886, declarou-o patrono dos hospitais e dos doentes e Pio XI, em 1930, proclamou-o, juntamente com São Camilo de Lélis, padroeiro dos enfermeiros e das suas associações. Por ocasião do quinto centenário do seu nascimento (em 1995), os bispos portugueses escreveram uma nota pastoral sobre este santo português realçando o seu processo de conversão e a sua total doação aos mais carenciados como pai dos pobres e dos doentes, terminando com um apelo a uma maior solidariedade no Portugal de hoje para com os mais desfavorecidos.

A sua obra foi continuada pela Ordem Hospitaleira de São João de Deus (Irmãos de São João de Deus), iniciada pelos seus colaboradores. Em Itália são conhecidos pelo nome de *fate bene fratelli* porque pediam dizendo: «Fazei bem, irmãos!» No século XIX a ordem esteve quase a extinguir-se, mas foi restaurada pelo padre Bento Menni, que a fez prosperar em Espanha e também em Portugal, onde tinha sido extinta, mas que revigorou em 1893 com a Casa de Saúde do Telhal. O padre Menni, hoje canonizado como santo, fundou também uma congregação religiosa feminina (Irmãs Hospitaleiras do Sagrado Coração de Jesus). Os irmãos hospitaleiros, juntamente com as irmãs, cuidam de uma grande parte dos doentes mentais em Portugal.

―― *Lições / Propósitos* ――

1) Total dedicação aos mais pobres e enfermos, confiado sempre na Providência;
2) espírito de aventura, mas sempre em busca da vontade de Deus;
3) disposição para ajudar em tudo a todos, mesmo as prostitutas e marginalizados.

Citação

❏ «Se considerarmos atentamente a misericórdia de Deus, nunca deixaremos de fazer o bem de que somos capazes; com efeito, se damos aos pobres por amor de Deus aquilo que Ele próprio nos dá, Ele promete-nos o cêntuplo na felicidade eterna. Feliz pagamento, ditoso lucro! [...] Vêm aqui (a Granada) tantos pobres, que até eu me espanto como é possível sustentar a todos; mas Jesus Cristo a tudo provê e a todos alimenta. [...] Estou aqui muito empenhado e prisioneiro por amor de Jesus Cristo.» (SÃO JOÃO DE DEUS, *Cartas*)

9 de março

SANTA FRANCISCA ROMANA
Religiosa
MÃE DOS POBRES E DOS DOENTES

Biografia

Francisca nasceu em Roma em 1384, de família nobre. Embora pensasse consagrar-se totalmente ao Senhor desde menina, por vontade do pai casou em tenra idade e teve três filhos, tendo dois deles falecido muito novos. Ajudou com os seus bens e com a sua dedicação muitos pobres e doentes, numa época cheia de calamidades e epidemias, e com Roma saqueada e dividida entre duas facções. Não se limitava a servi-los quando lhe vinham bater à porta, mas ia ao encontro deles nos hospitais ou nas ruas. Além da caridade, refulgiu noutras virtudes, como a humildade e a paciência, para suportar todas as tribulações do tempo e da família. São-lhe atribuídos muitos milagres e a capacidade de penetrar nos segredos do além. Viu o Mistério de Deus e o seu anjo da guarda; também tinha visões sobre o Inferno e o Purgatório. Fundou a Congregação das Oblatas Beneditinas. Morreu em 1440.

José H. Barros de Oliveira

Lições / Propósitos

1) Dedicação generosa aos mais pobres e doentes, indo mesmo ao seu encontro;
2) contemplação dos mistérios de Deus e das verdades eternas;
3) bondade, humildade e paciência no meio de tantas tribulações.

Citação

❏ «Deus pôs à prova a paciência de Francisca, não apenas nos bens exteriores da sua fortuna, mas quis experimentá-la também no seu próprio corpo, por meio de graves e constantes doenças com que foi atingida; mas nunca se observou nela movimento algum de impaciência. [...] Deus dotara-a de tão grande amabilidade que todo aquele que tivesse ocasião de tratar com ela se sentia dominado pela sua estima e bondade e se tornava dócil à sua vontade. Havia nas suas palavras tanta eficácia de força divina, que com breves frases aliviava os aflitos e doentes, sossegava os inquietos, acalmava os iracundos, reconciliava os inimigos.» (*Vida de Santa Francisca Romana*)

---

17 de março

SÃO PATRÍCIO
Bispo
EVANGELIZADOR E TAUMATURGO

Biografia

Patrício nasceu no País de Gales (Grã-Bretanha) por volta de 385. Com dezasseis anos foi sequestrado por piratas, que o levaram para a Irlanda, onde é vendido como escravo, tornando-se pastor. Depois de alguns anos consegue fugir para casa dos pais. Posteriormente, movido por uma inspiração interior para evangelizar a Irlanda, desce à França, estudando em alguns mosteiros. Foi ainda a Itália. Sentindo-se impulsionado a regressar à Irlanda, aí realiza um grande trabalho de evangelização, começando pelos chefes, sendo-lhe atribuídos milagres e diversas lendas. Morreu perto de Down, em 461. É padroeiro da Irlanda.

Lições / Propósitos

1) Grande evangelizador, cheio de zelo apostólico;
2) dedicado à oração e contemplação;
3) amigo do seu povo, a quem procurava ajudar.

---

18 de março

SÃO CIRILO DE JERUSALÉM
Bispo e doutor da Igreja
EVANGELIZADOR E DEFENSOR
DAS VERDADES DA FÉ

Biografia

Cirilo nasceu pelo ano de 315. Foi ordenado sacerdote e bispo de Jerusalém, certamente a sua cidade natal. Opôs-se firmemente à heresia do arianismo (professada pelo sacerdote Ário de Alexandria), sendo por isso diversas vezes condenado ao exílio. Foi um grande impulsionador do catecumenato como preparação para o Batismo, escrevendo muito sobre catequese catecumenal e batismal. São famosas as suas *24 Catequeses* pregadas na Basílica do Santo Sepulcro; nas últimas refere-se aos sacramentos, particularmente à Eucaristia, podendo deduzir-se que nessa altura os fiéis comungavam na mão. Morreu em 386.

José H. Barros de Oliveira

> **Lições / Propósitos**
> 1) Defensor da pureza da fé, o que lhe valeu a perseguição;
> 2) catequista do povo, particularmente na preparação dos catecúmenos para o Batismo.

19 de março

SÃO JOSÉ
Esposo de Maria
GUARDA FIEL DE JESUS E DE MARIA

Biografia

José significa, no hebraico, "Deus ajuda" ou "Deus acrescenta" (outro filho aos já nascidos). Era descendente da tribo de Judá e pertencia à casa de David. Apesar de ter sangue real nos seus antepassados, exercia a modesta profissão de carpinteiro em Nazaré. A Bíblia só afirma que ele era esposo de Maria e apenas fala dele algumas vezes, nunca na primeira pessoa, a significar o seu lugar secundário no mistério da Encarnação, embora providencialmente chamado para proteger Maria e Jesus, sendo considerado como Seu pai natural, mas na realidade era apenas pai legal.

José (talvez lá pelos vinte anos, mas sempre jovem, e não velho como o representam muitas vezes) tornou-se noivo-esposo de Maria ou ela estava "comprometida" com ele (o noivado era um compromisso definitivo, mas a noiva ficava ainda algum tempo em casa dos pais), no entanto ainda não coabitavam quando ela ficou grávida pelo poder do Espírito Santo. Por isso ele estranhou e pensou repudiá-la em segredo, mas não o fez, pois o anjo de Deus explicou-lhe o mistério (nada sabemos se

Maria também lhe falou no que se passava tão misteriosamente ou se preferiu ser Deus a "defendê-la"). Tratava-se realmente de um grande mistério, a primeira e a única vez acontecido na História, de alguém ser concebido sem colaboração de homem. Já havia mitos sobre o nascimento virginal dos deuses e de alguns personagens importantes. Mas o que tinha sido sonhado e desejado pôde acontecer um dia, por intervenção direta de Deus, pois o Menino a nascer era verdadeiramente o Filho de Deus. Jesus não é filho natural de José mas sim do Pai celeste (gerado desde toda a eternidade pelo Pai e gerado no seio de Maria, na «plenitude dos tempos», por intervenção do Espírito Santo) e Maria foi sempre Virgem; José nunca a «conheceu» (expressão bíblica para significar a relação sexual). Mateus (1,25) afirma que não a conheceu «até que deu à luz o seu filho». Significa que a conheceu maritalmente depois do nascimento de Jesus? Não. A expressão grega "até" tem apenas um sentido afirmativo no presente, devendo o versículo traduzir-se: «E sem que antes a tivesse conhecido, ela deu à luz o filho.» Portanto, o evangelista afirma que Maria era virgem quando nasceu Jesus, sem fazer qualquer outra afirmação quanto ao futuro. Mas é fé da Igreja, baseada no conjunto da Palavra de Deus e na Tradição, que assim continuou toda a vida.

José, tendo compreendido, na medida do possível, o mistério, trouxe Maria para casa, viveu virginalmente com ela, garantindo a sua honra, subsistência e proteção civil. Passado pouco tempo deslocou-se a Belém para se recensear com Maria, uma vez que eram da casa de David. Aconteceu que se completaram ali os dias de Maria e, não tendo encontrado outro lugar, ela deu à luz o seu Filho "Primogénito". Lucas (2,7), chamando-lhe «primogénito», dá-lhe um título legal e cristológico, sem estar a indicar que tivesse mais filhos, mas simplesmente que esse era o primeiro. Também a fé nos diz que Jesus foi filho único de Maria, e quando o Evangelho fala de "irmãos" de Jesus trata-se de parentes próximos, provavelmente sobrinhos de José, pois a linguagem bíblica tanto chama assim os irmãos como os primos ou outros familiares próximos; aliás, estes "irmãos" de Jesus nunca são chamados filhos de Maria.

Após o nascimento de Jesus, os pastores e os Magos encontram José ao pé da esposa e do Menino. Passados quarenta dias, conforme a lei, José vai com Maria ao Templo de Jerusalém para que ela seja purificada e para apresentar Jesus ao Senhor. Aí encontram o velho Simeão e ficam admirados com o que ele diz. Depois de cumprida a lei, regressam a Nazaré da Galileia, onde o Menino ia crescendo em todos os aspetos. Isto segundo Lucas, mas Mateus diz que tiveram de fugir para o Egito para escapar às iras de Herodes, que queria matar o Menino. Quando Herodes morreu, iam para regressar à Judeia, mas, temendo Arquelau, voltaram para Nazaré. Todas estas deslocações eram conduzidas por José, avisado em sonhos.

Desde Nazaré, os pais do Menino iam todos os anos a Jerusalém para a festa da Páscoa, certamente levando também Jesus. Aos doze anos, Ele ficou entre os doutores ouvindo-os e instruindo-os sobre a vinda do Messias. Quando os pais se deram conta de que não voltava com a caravana, regressaram, cheios de ansiedade, a Jerusalém, encontrando-O no Templo. A mãe repreendeu-O: «Olha que o Teu pai e eu, aflitos, Te procurávamos!» Jesus explicou-lhes o Seu comportamento e regressaram a Nazaré e Ele era-lhes «submisso» e «crescia em sabedoria, em estatura e em graça, diante de Deus e dos homens» (cf. Lc 2,41-52).

Depois do Evangelho da infância, nada mais sabemos de José. Os evangelistas referem-se a ele mais algumas vezes unicamente para dizerem que Jesus era, «como se supunha», «filho de José» (Lc 3,23) ou «filho do carpinteiro» (Mt 13,55). No silêncio da família de Nazaré, José viveu em íntima união com Maria e com Jesus até à sua morte, que se supõe ter acontecido antes da morte de Jesus.

Nos primeiros séculos, José passou praticamente despercebido no culto, que estava todo centrado no mistério de Cristo. Mas os Padres da Igreja enalteceram já a sua virgindade (São Jerónimo), a sua missão de pai protetor de Jesus (Santo Agostinho), os seus sofrimentos e alegrias (São João Crisóstomo). O seu culto começou no Oriente, supondo-se que Santa Helena lhe tenha dedicado uma igreja em Belém no século IV.

No Ocidente, o culto é mais tardio, tendo sido divulgado, a partir do século XII, pelos Beneditinos e Carmelitas. No século XVI, Santa Teresa de Ávila contribui grandemente para o culto e devoção ao santo, escrevendo: «Não me lembro de me ter dirigido a São José sem ter obtido tudo o que pedia.» Não apenas os Carmelitas, mas ainda outras congregações religiosas, masculinas e femininas, se colocaram sob a proteção de São José. Foi declarado por Pio IX padroeiro da Igreja universal. Leão XIII e Bento XV recomendaram aos fiéis a devoção a São José. Pio XII estabeleceu, em 1955, a festa de São José operário, no dia 1 de maio. O mais importante é imitá-lo para ele nos ensinar a imitar Jesus (mesmo nas suas imagens, é inseparável de Jesus) e Maria.

— Lições / Propósitos

José, apesar da discrição com que aparece no Novo Testamento, pois o centro absoluto é Jesus (mesmo Maria tem lugar discreto), é um modelo acabado de virtudes em relação a Deus, à família, ao trabalho – homem de Deus, da família e do trabalho:

1) homem «justo», chama-lhe o evangelista Mateus, servo «fiel e prudente», conforme canta o prefácio da Missa. «Justo» significa justificado e santificado por Deus, sempre disposto a fazer a vontade do Pai, cumprindo a sua missão em plena fidelidade e prudência, vivendo sempre da fé, esperança e caridade, confiando só e inteiramente na Providência;
2) homem de oração, do silêncio, da intimidade, sempre unido a Jesus e a Maria, em contemplação contínua, um místico, adorando a Deus em espírito e verdade;
3) homem casto, humilde, simples, sumamente respeitador de Jesus e de Maria, procurando sempre, com simplicidade, o último lugar, desaparecendo para que os outros pudessem aparecer (sentindo, como o Batista, a respeito de Jesus, que «é preciso que Ele cresça e eu diminua»);
4) homem do sacrifício, todo serviçal, ciente de que a sua missão era servir e não ser servido, não se furtando a afrontar todas as dificuldades para cumprir a sua missão, protegendo e fugindo com Jesus e Maria para o Egito (pode ser considerado protetor dos emigrantes e mais ainda dos fugitivos e exilados);

5) marido e pai exemplar, sumamente respeitador e servidor da esposa, pai legal pressuroso e amoroso de Jesus, com quem vivia em doce intimidade (na sua festa celebra-se o Dia do Pai, como poderia ser o "Dia do Marido");
6) trabalhador modesto mas honrado e diligente, santificando-se através do labor de cada dia no sustento da família, embora sempre na pobreza (é padroeiro dos trabalhadores e no Dia do Trabalhador ou Festa do Trabalho, no dia 1 de maio, a Igreja celebra também São José operário);
7) homem da missão cumprida, da vocação plenamente realizada, morrendo em paz nos braços de Jesus e de Maria (é padroeiro e advogado dos moribundos).

Enfim, ele é o patrono da Igreja (protetor providencial de Cristo, continua a sê-lo do Seu Corpo místico), da família (sobretudo das famílias mais pobres), dos pais e maridos, dos educadores, dos trabalhadores, dos emigrantes e exilados, dos moribundos, dos que confiam na Providência.

Citação

❏ «Tomei por advogado e senhor o glorioso São José e encomendei-me muito a ele. [...] Não me recordo até agora de lhe ter suplicado coisa que tenha deixado de fazer. É coisa de espantar as grandes mercês que Deus me tem feito por meio deste bem-aventurado santo e dos perigos de que me tem livrado, tanto no corpo como na alma. A outros santos parece ter dado o Senhor graça para socorrerem numa necessidade; deste glorioso santo tenho experiência que socorre em todas. [...] Quem não encontrar mestre que lhe ensine oração, tome a este glorioso santo por mestre e não errará no caminho.» (SANTA TERESA DE ÁVILA, *Livro da Vida*)

23 de março

SÃO TURÍBIO DE MONGROVEJO
Bispo
PASTOR E DEFENSOR DOS INDÍGENAS

Biografia

Turíbio nasceu perto de Valladolid (Espanha) em 1538. Doutorou-se em Direito em Salamanca. Partiu para o Peru como bispo de Lima, evangelizando com grande zelo e sendo defensor aguerrido dos direitos dos povos indígenas, o que lhe valeu muitas perseguições. Todas suportou com paciência e bondade, morrendo em 1606.

Lições / Propósitos

1) Grande pastor e evangelizador, cheio de zelo apostólico pelo seu povo;
2) defensor acérrimo dos povos autóctones humilhados pelos colonizadores;
3) humilde e paciente diante das perseguições de que foi alvo.

José H. Barros de Oliveira

25 de março

ANUNCIAÇÃO DO SENHOR
«O VERBO FEZ-SE CARNE E HABITOU ENTRE NÓS»

Reflexão

Nove meses antes do Natal, em plena Quaresma (excecionalmente já no Tempo Pascal), celebramos esta festividade cristológica e ao mesmo tempo mariana. Na «plenitude dos tempos» (Gl 4,4), tendo Deus outrora falado pelos profetas, como diz o início da Carta aos Hebreus, nos últimos tempos resolveu falar-nos pelo Seu próprio Filho, Jesus Cristo, que encarnou no seio da Virgem Maria. Deus respeitou a liberdade de Maria e como que lhe pediu autorização para encarnar. Ela, esclarecidas as dúvidas pelo arcanjo Gabriel, mensageiro de Deus, deu o seu sim generoso: «Faça-se!» E deu-se o prodígio mais maravilhoso e impensável da História: o Verbo de Deus fez-se Homem, Emanuel, Deus connosco para nos salvar.

Lições / Propósitos

1) Contemplar o mistério supremo e inaudito da Encarnação do Verbo de Deus;
2) admirar ao mesmo tempo a humildade e a grandiosidade de Maria, Mãe de Deus;
3) como Maria, dizer sempre sim ao Senhor para com Ela anunciar Cristo ao mundo.

Citação

❏ «A humildade foi assumida pela majestade, a fraqueza pela força, a mortalidade pela eternidade. [...] Numa natureza perfeita e integral de verdadeiro homem nasceu o verdadeiro Deus, perfeito na Sua divindade, perfeito na Sua humanidade. [...] Aquele que é Deus verdadeiro é também verdadeiro homem; e não há ficção alguma nesta unidade, porque n'Ele é perfeita respetivamente a humildade do homem e a grandeza de Deus. Nem Deus sofre mudança com esta condescendência da Sua misericórdia, nem o homem é destruído com a elevação a tão alta dignidade.» (SÃO LEÃO MAGNO, *Cartas*)

2 de abril

SÃO FRANCISCO DE PAULA
Eremita
A HUMILDADE EM PESSOA

Biografia

Francisco nasceu em Paula, na Calábria (Itália) em 1416. Recebeu o nome de Francisco, dada a grande devoção dos pais pelo Pobre de Assis, que diversas vezes o protegeu. Desde cedo revelou grande amor a Deus. Homem de profunda humildade, era muito admirado pelo Papa. Na sequência da sua vida eremítica, fundou uma ordem religiosa chamada Os Mínimos, pois consideravam-se os mais pequenos e humildes de todos. Morreu em Tours (França) em 1508. A ele se atribuem muitos milagres.

Lições / Propósitos

1) Oração e contemplação dos mistérios de Deus, longe do mundo;
2) grande humildade, simplicidade e pobreza, apesar dos seus muitos dotes.

SANTO ISIDORO
Bispo e doutor da Igreja
PASTOR E MESTRE

Biografia

Santo Isidoro, nascido entre 560/570, era de ascendência hispano-romana, por parte do pai, e talvez de origem bárbara por parte da mãe. O pai vivia em Cartagena, onde nasceram os irmãos mais velhos, também eles ilustres santos – Leandro, Fulgêncio e Florentina –, mas certamente Isidoro já nasceu em Sevilha, para onde tinham vindo os pais. Estes morreram novos, sendo Isidoro educado com rigor e vigor pelos irmãos, sobretudo por Leandro, o mais velho. Quando Leandro, que era bispo de Sevilha, morreu, por volta do ano 600, sucedeu-lhe Isidoro, que continuou a organização da Igreja de Espanha no reino visigótico culminando sobretudo no IV Concílio de Toledo (633).

Durante o seu episcopado de trinta e cinco anos dedicou particular atenção à formação do clero e do povo cristão pela pregação e ainda pela instrução dos mais novos. Fundou um colégio onde ele mesmo ensinou. Tratava-se de uma inovação no tempo. Isidoro, que possuía uma grande cultura (apesar de a lenda dizer que inicialmente teve grandes dificuldades nos estudos) e uma grande biblioteca, escreveu uma vintena de livros onde sobressaem as *Sentenças* e sobretudo as famosas *Etymologiae*, que tentam inventariar todo o saber humano de então, dando-lhe a sua própria contribuição. O seu vasto saber teve grande influência durante toda a Idade Média. Isidoro morreu em Sevilha a 4 de abril de 636, depois de ter recebido o rito comovente da Penitência, mas o seu corpo encontra-se em Lião desde o século XI.

Os Padres do VIII Concílio de Todelo chamaram-no «doutor insigne», «o varão mais sábio dos últimos séculos, cujo nome deve ser pronunciado com reverência». Foi denominado também «o último Padre da Igreja do Ocidente». Mas não foi apenas um grande organizador da Igreja e um grande sábio. Foi também homem de meditação e de oração intensa, além de outras virtudes humanas e cristãs. Um texto antigo diz que

> foi generoso nas esmolas, insigne na hospitalidade, sereno de coração, verdadeiro nas palavras, justo nos juízos, assíduo na pregação, afável na exortação, habilíssimo em ganhar almas para Deus, cauteloso na exposição das Escrituras, sábio no conselho, modesto no vestir, sóbrio no comer, pronto a dar a vida pela verdade e eminente em todo o género de bondades.

Por vezes, Santo Isidoro é confundido pelo povo com outro Santo Isidoro ou Isidro, também ele espanhol, denominado o lavrador, por ser de ascendência pobre, e que morreu em 1130. É festejado sobretudo em Madrid, de onde é padroeiro. A sua memória litúrgica celebra-se a 15 de maio.

Lições / Propósitos

1) Bom pastor pelo exemplo e pelos escritos, sendo um grande sábio e escritor;
2) dado à caridade para com o próximo e à evangelização do povo;
3) exemplo de oração, meditação e penitência.

5 de abril

SÃO VICENTE FERRER
Presbítero
PREGADOR INSIGNE E TAUMATURGO

Biografia

Vicente nasceu em Valência (Espanha) em 1350. Entrou ainda jovem na Ordem dos Pregadores (Dominicanos) onde ensinou Teologia. Viveu a grave crise da Igreja com o Cisma do Ocidente e foi chamado pelo Papa a Avinhão, trabalhando pela unidade. Adoeceu e curou-se miraculosamente, sentindo-se chamado por Deus a evangelizar. Grande pregador, percorreu muitas regiões de Espanha, França, Itália e Suíça, defendendo a fé e reformando os costumes. Organizava procissões de penitência para levar os pecadores à conversão. A si mesmo se atribuía o título de «anjo do Apocalipse» e frequentemente pregava sobre o Juízo final, que considerava iminente. Multidões o ouviam durante horas seguidas e muitos milagres lhe foram atribuídos, mesmo depois de morto, tendo grande fama de taumaturgo. Morreu em Vannes (França) em 1419. Foi canonizado poucos anos após a sua morte (1455).

Lições / Propósitos

1) Pregador incansável, chamando todos à conversão;
2) homem de grande austeridade e penitência;
3) trabalhou e sofreu pela causa da paz e da unidade no seio da Igreja e do mundo.

7 de abril

SÃO JOÃO BATISTA DE LA SALLE
Presbítero
EDUCADOR DOS POBRES

Biografia

João Batista de la Salle nasceu em Reims (França), em 1651, de família conceituada, e estudou na Sorbonne. Ordenado sacerdote, dedicou-se especialmente à educação das crianças, abrindo principalmente escolas para os pobres. Com os seus colaboradores fundou a Congregação dos Irmãos das Escolas Cristãs para continuar a sua missão de educador. Começou pela educação dos próprios mestres (professores) a quem exigia doze virtudes: gravidade, silêncio, discrição, prudência, sabedoria, paciência, reserva, bondade, zelo, vigilância, piedade e generosidade. De facto, preocupou-se também com a formação dos educadores. Fundou escolas normais, mas ainda institutos técnicos e profissionais, antecipando-se em muito aos tempos. Mandou também lecionar em língua vernácula quando até então se usava o latim. Teve muito que sofrer por causa de invejas e más interpretações dos seus adversários, mas tudo venceu com coragem. Morreu em Rouen em 1719.

Lições / Propósitos

1) Educador teórico e prático, particularmente dos mais desfavorecidos;
2) convicção de que não é possível praticar uma boa educação sem bons educadores.
---

11 de abril

SANTO ESTANISLAU
Bispo e mártir
BOM PASTOR E AMIGO DOS POBRES

Biografia

Estanislau nasceu perto de Cracóvia, Polónia, por volta de 1030. Filho da nobreza, foi estudar para Paris. Entretanto os pais morreram tendo ele legado muitos bens. Mas distribuiu-os aos pobres; foi ordenado sacerdote e depois nomeado bispo de Cracóvia, contra a sua vontade. Foi bom pastor do seu povo, dando atenção particular aos mais pobres. Na defesa dos bons costumes criticou o próprio rei, déspota, sensual e desrespeitador dos compromissos matrimoniais. Estava lavrada a sua sentença de morte, executada, dizem, pelo próprio rei, que o feriu de morte em 1097, quando estava a celebrar a Santa Missa, mutilando depois o cadáver.

Lições / Propósitos

1) Bom pastor do seu povo, dando especial atenção aos pobres e ao clero;
2) coragem para defender a moral católica mesmo contra os poderosos, à custa da própria vida.

13 de abril

SÃO MARTINHO I
Papa e mártir
DEFENSOR DA VERDADE E DA JUSTIÇA

Biografia

Martinho nasceu em Tódi, na Úmbria (Itália). Foi ordenado sacerdote e posteriormente eleito Papa, num período difícil. Condenou a heresia do monotelismo que afirmava uma só vontade divina em Cristo, não admitindo a vontade humana. Por ordem do imperador foi preso e levado para Constantinopla, sendo sujeito a duros sofrimentos e condenado à morte. Mas por intervenção do Patriarca foi-lhe comutada a pena e transferido para Quersoneso, na Crimeia, onde escreveu algumas cartas sobre o sentido do sofrimento e a coragem para o suportar. Aí morreu em 656.

―― *Lições / Propósitos* ――

1) Coragem para defender as verdades da fé, mesmo à custa da própria vida;
2) total confiança no Senhor que vela pelos que sofrem por causa da justiça e da verdade.

José H. Barros de Oliveira

21 de abril

SANTO ANSELMO
Bispo e doutor da Igreja
SÁBIO E MÍSTICO

Biografia

Anselmo pode ser considerado o iniciador do pensamento medieval. Nasceu em Aosta, no Piemonte, em 1033, e desde pequeno que sonhava subir às mais altas montanhas para encontrar Deus. Mas a juventude marcou-o também com crises. Tendo morrido a mãe, e sendo o pai muito severo, resolveu sair de casa dirigindo-se para França, sem intenções de regressar. Seis anos viveu lá estudando e também na "procura do prazer". Entretanto, bateu à porta do mosteiro beneditino de Le Bec, na Normandia, para completar os seus estudos, resolvendo finalmente fazer-se monge. Tinha então vinte e sete anos.

Foi professor distinto, escrevendo diversas obras teológicas e místicas. Mais tarde foi nomeado abade, distinguindo-se pela mansidão e bondade. Em 1093 foi consagrado bispo de Cantuária (Inglaterra), sucedendo ao seu mestre Lanfranc que tinha ido para lá também do mosteiro de Le Bec. Lutou para libertar a Igreja do poder civil, pois dizia: «Deus não ama nada tanto como a liberdade da Sua Igreja.» Procurou, primeiro a bem, opor-se às ambições do monarca inglês, mas não o conseguindo, excomungou-o, o que lhe valeu o desterro, vivendo em França e em Itália. Por ocasião da morte de Guilherme II regressou a Cantuária, mas colidiu de novo com o seu sucessor e foi novamente desterrado. Porém, o povo exigiu o seu regresso, o que lhe permitiu permanecer em Cantuária até à morte. Os dois últimos anos passou-os gravemente doente, lamentando não poder celebrar a Eucaristia e vivendo em grande austeridade. Adormeceu no Senhor a 21 de abril de 1109.

Além de muitas qualidades humanas, como a simpatia, Anselmo foi um intelectual, um filósofo-teólogo, e sobretudo um homem sedento de Deus. «Ser tão perfeito que não se pode conceber nada de melhor.» A vida deve ser passada a procurar compreender aquilo em que se acredita: «Não quero compreender para crer, mas crer para compreender, pois sei muito bem que sem a fé não compreenderia nada de nada.» Deseja penetrar as profundidades do mistério divino, não para satisfazer o apetite de conhecer, mas para descobrir o sabor inefável da Verdade. Por isso rezava assim: «Ó Deus, eu Te peço, faz que Te conheça, que Te ame, que encontre a minha felicidade em Ti.» E exortava a todos a «entrar na celazinha do coração, retirando daí tudo o que não seja Deus, tudo o que não ajude a buscá-l'O».

Lições / Propósitos

1) Busca incessante de Deus, mais à luz da fé do que da inteligência;
2) fortaleza para libertar a Igreja do poder civil, o que lhe valeu o exílio;
3) grandes qualidades humanas, sobretudo de mansidão e simpatia.

Citação

«Encontraste, minha alma, o que buscavas? Buscavas a Deus e verificaste que Ele está acima de todas as coisas e nada melhor do que Ele se pode pensar: que Ele é a vida, a luz, a sabedoria, a bondade, a eterna felicidade e a feliz eternidade; e que Ele é tudo isto em toda a parte e sempre. [...] Peço-Vos, meu Deus: fazei que eu Vos conheça e Vos ame, para encontrar em Vós a minha alegria. Dessa felicidade prometida tenha fome a minha alma e sede a minha carne. Todo o meu ser a deseje, até que chegue um dia a entrar na alegria do meu Senhor.» (Santo Anselmo, *Proslógion*)

José H. Barros de Oliveira

23 de abril

SÃO JORGE
Mártir
GUERREIRO DE DEUS

Biografia

Pouco se sabe da vida de São Jorge, martirizado provavelmente na Palestina em finais do século III. Os Orientais chamavam-lhe «o grande mártir». Já no século IV era venerado. O seu culto propagou-se pelo Oriente e depois pelo Ocidente, através das Cruzadas, principalmente em Inglaterra, de onde viria também parar a Portugal. A partir daí, em vez do grito guerreiro «por São Tiago», passou a usar-se em Portugal «por São Jorge». Segundo a lenda, venceu o dragão (a quem eram sacrificadas raparigas, mesmo a filha do próprio rei) trespassando-o com a lança. É patrono dos escuteiros.

Lições / Propósitos

1) Mártir pelo nome de Jesus;
2) forte nos combates contra o mal.

24 de abril

SÃO FIEL DE SIGMARINGA
Mártir
ARAUTO E MÁRTIR DO EVANGELHO

Biografia

Fiel nasceu em 1578 em Sigmaringa (Alemanha do Sul). Estudou Filosofia e Advocacia mas, deixando tudo, ingressou nos Frades Menores Capuchinhos, entregando-se a uma vida austera de penitência e de oração. Ordenado sacerdote, dedicou-se com toda a alma à pregação do Evangelho, o que levou a Sagrada Congregação da Propaganda da Fé a encomendar-lhe a missão de confirmar a Récia na verdadeira fé. Foi perseguido pelos calvinistas, que lhe iam armando ciladas a fim de o matar. O santo não se perturbou; apenas começou a assinar: «Irmão Fiel que dentro em breve será pasto dos vermes.» De facto, infligiram-lhe um golpe, caindo ele por terra exclamando: «Meu Jesus, tende piedade de mim! Santa Maria, Mãe de Deus, assisti-me!» Um segundo golpe e punhaladas acabaram por matá-lo, em 1622, na Suíça, quando contava apenas quarenta e cinco anos de idade.

Lições / Propósitos

1) Mártir pela causa da verdadeira fé e pelo nome de Jesus;
2) fortaleza a toda a prova, não temendo dar o sangue pelo Evangelho;
3) amor aos pobres, a todos procurando agradar.

José H. Barros de Oliveira

24 de abril

SÃO BENTO MENNI
Presbítero
MISERICÓRDIA DO CORAÇÃO DE JESUS

Biografia

Bento Menni nasceu em Milão (Itália) em 1841. Entrou na Ordem Hospitaleira de São João de Deus e mais tarde foi enviado para restaurar a sua Ordem em Espanha e em Portugal. Em Espanha fundou, juntamente com mais duas santas mulheres, Maria Josefa e Maria Angústias, em 1881, a Congregação das Irmãs Hospitaleiras do Sagrado Coração de Jesus, que se dedica particularmente a cuidar das mulheres deficientes mentais (uma «loucura», segundo dizia o fundador) como os Irmãos de São João de Deus tratam dos deficientes. Bento Menni veio a Portugal em 1894 e fundou a Casa de Saúde da Idanha, a primeira das casas das Irmãs Hospitaleiras no nosso país. Segundo inspiração do fundador, o carisma das irmãs inspira-se no Coração de Cristo que, como indicam as suas constituições, «passou pela Terra como Divino Samaritano da humanidade, fazendo o bem a todos e sarando os enfermos». Nas suas cartas, apelidava Jesus de médico, medicina, bálsamo, remédio e cura e queria que Ele fosse a única inspiração para tratar dos doentes. E dizia: «Estou convencido de que o essencial é amar a Jesus e ao próximo por amor de Jesus.»

Ele sentia ligado o seu coração ao Coração de Jesus por um "telefone" e exortava também as irmãs a utilizar tão bela "invenção". E era a sua constante união com este Coração Divino do Bom Samaritano que o levava a sentir ternura pelos doentes. Contemplando continuamente a misericórdia e compaixão do Senhor, aprendeu também a ter compaixão para com todos os que sofrem, e a servi-los. Só assim é possível também às Irmãs e Irmãos Hospitaleiros tratar com carinho os doentes mentais.

No Coração de Jesus encontrou também Bento Menni «apoio e descanso» nas horas da tribulação e incompreensão, sempre cheio de confiança na entrega sem limites à Sua misericórdia. E o caminho mais direto para esse Divino Coração é Maria, que vai buscar ao coração do seu Filho as graças que derrama sobre nós. Assim, escrevia numa das suas muitas cartas: «Sinto uma doçura dentro de mim a dizer-me: Não te perturbes, não te aflijas; confia em Jesus e Maria, e tudo será para o maior bem.»

Faleceu em Dinan (França) a 24 de abril de 1914, num hospital da congregação por ele fundada. Foi beatificado em 1985 pelo Papa João Paulo II e canonizado pelo mesmo Pontífice em 21 de novembro de 1999.

Lições / Propósitos

1) Amor entranhado ao Coração de Jesus de onde extraía total confiança e inspiração para ter misericórdia dos que sofriam;
2) total dedicação aos doentes mentais, confiado sempre no Coração de Cristo;
3) fundador de uma congregação religiosa feminina benemérita na assistência a mulheres com doenças do foro psiquiátrico.

Citação

❏ «Levantemos o coração para Jesus, e descansemos no bondoso Coração d'Aquele que diz: "Vinde a Mim todos os que estais oprimidos sob o peso das penas e angústias e Eu vos aliviarei." [...] Somos pobres e miseráveis; porém, Jesus constitui a nossa fortaleza e alegria. Descansemos n'Ele: o Seu coração será o lugar do nosso repouso. Ali encontraremos paz, ali o remédio para os numerosos defeitos e pecados, ali a saúde, a luz, a força. [...] Quanto mais miseráveis somos, mais direito temos a esperar na bondade do Coração de Jesus, que se expõe para que descansemos n'Ele. Ele quer fazer connosco prodígios de misericórdia. [...] O Divino Coração quer que tenhamos n'Ele uma confiança sem limites e que descansemos n'Ele com inteira tranquilidade.» (BENTO MENNI, *Cartas*)

José H. Barros de Oliveira

25 de abril

SÃO MARCOS
Evangelista
«PROCLAMAI A BOA NOTÍCIA!»

Biografia

Os Atos dos Apóstolos e as Cartas de São Paulo deixam-nos adivinhar a importância de Marcos na Igreja primitiva. Partindo de Jerusalém, onde João Marcos tinha uma casa à disposição dos Apóstolos, e talvez mesmo de Cristo, vai anunciar a Boa Nova na companhia de seu primo Barnabé e de Paulo. Depois de um desacordo entre Barnabé e Paulo, continua a sua missão com Barnabé. Mais tarde colabora em Roma com Paulo e Pedro, durante a sua prisão. Inspira-se na catequese de Pedro para escrever o seu Evangelho, o primeiro a ser escrito em grego e o mais sintético, onde Marcos imprime o seu estilo vivo, concreto, direto. Apresenta o lado humano de Jesus que Se compadece, Se admira, Se indigna, tem medo e sente angústia. Pretende apresentar a Boa Nova de Jesus Cristo, filho de Deus (Mc 1,1).

Atribui-se a São Marcos a fundação da Igreja de Alexandria, onde teria sido sepultado. A Igreja copta do Egito refere-se à pregação de São Marcos chamando-lhe o «contemplador de Deus». São Marcos é também muito venerado noutras partes, particularmente em Veneza, na grande catedral de belos mosaicos erguida em sua memória, onde repousam, desde o século IX, os seus restos mortais.

— *Lições / Propósitos* —

1) Desde cedo, Marcos seguiu Jesus (mesmo nas horas difíceis, como na Sua prisão, supondo-se que era ele o jovem que seguia Jesus envolto num lençol – Mc 14,51-52) e depois os Apóstolos, tendo a sua mãe a casa à disposição da primeira comunidade;

2) com Paulo e com Barnabé e depois com Pedro torna-se missionário não se furtando a qualquer sacrifício para anunciar a Boa Notícia de Jesus Cristo, dando também apoio aos Apóstolos, sobretudo durante a prisão de Pedro e de Paulo em Roma;
3) não apenas se torna missionário pela Palavra falada mas também da Palavra escrita, inspirando-se sobretudo na catequese de Pedro, a Boa Notícia de Jesus Cristo, escreve o seu Evangelho de uma forma concisa e concreta, mostrando Jesus na Sua Humanidade, apesar de ser Filho de Deus (a melhor homenagem que podemos prestar a Marcos é ler e praticar o seu Evangelho).

28 de abril

SÃO PEDRO CHANEL
Mártir
VIDA SACRIFICADA PELA MISSÃO

Biografia

Pedro Chanel nasceu em Cuet (França) em 1803. Foi ordenado sacerdote diocesano, mas entrou pouco depois na Sociedade de Maria (Maristas), partindo como missionário para a Oceânia, conforme o seu desejo. Conseguiu converter alguns nativos, apesar de todas as dificuldades, mas provocou o ódio dos sicários e dos "bruxos", que o mataram à pancada na pequena ilha Fotuna (Polinésia) em 1841, apenas com trinta e oito anos.

Lições / Propósitos

1) Mártir pelo desejo de dar a conhecer o Senhor aos pagãos;
2) fortaleza a toda a prova, enfrentando todas as dificuldades pela causa do Evangelho.

28 de abril

SÃO LUÍS MARIA GRIGNION DE MONTFORT
Presbítero
GRANDE DEVOTO DE MARIA

Biografia

Luís Maria nasceu em Montfort (França) em 1673. Grande pregador popular, evangelizou sem descanso o norte de França. O Papa nomeou-o «missionário apostólico» para poder evangelizar mesmo em território jansenista. Fundou uma congregação masculina – Companhia de Maria (Monfortinos) – e outra feminina, Filhas da Sabedoria. Foi um grande devoto de Maria e propagou a sua devoção, pondo-se sempre sob a sua maternal proteção e escrevendo lindamente sobre Ela. O seu livro mais famoso, *Tratado da Verdadeira Devoção à Santíssima Virgem Maria*, inspirou muitos devotos de Maria, por exemplo o Papa João Paulo II, mesmo no lema *Totus tuus*. Morreu em 1716, ainda jovem, entoando um cântico que costumava cantar nas missões.

— Lições / Propósitos

1) Grande pregador popular, fundando uma congregação para continuar a sua obra;
2) devoção terna a Maria, que o protegia e inspirava na sua missão.

28 de abril

SANTA JOANA BERETTA
Leiga
MÃE QUE DEU A VIDA PELA FILHA

Biografia

Caso raro ou único na história da Igreja: na elevação aos altares de uma esposa e mãe, estiveram presentes o marido e os filhos. Aconteceu com Joana, uma mãe que preferiu morrer para que a sua filha vivesse.

Gianna Beretta Molla nasceu a 4 de outubro de 1922 em Magenta, diocese de Milão (Itália), a décima de treze filhos (dois deles sacerdotes e uma religiosa) de uma família abastada, mas muito piedosa. Desde que fez a Primeira Comunhão, continuou a ir à Missa diariamente, a fazer as suas orações, a meditação e a oração do terço. Ao mesmo tempo era ativa na Ação Católica, sendo durante muito tempo a presidente, e muito sensível aos problemas dos pobres, fazendo também parte das Conferências Vicentinas. Gostava da arte e do desporto, ao mesmo tempo que estudava tirando o curso de Medicina e Cirurgia, com especialização em Pediatria. Tinha um grande apreço pela sua profissão, como um sacerdócio, pois no doente servia Jesus. Tratava as crianças com carinho dando conselhos de higiene às mães e dissuadindo-as de abortar. Era amável mas de carácter forte, dizendo: «O que é, é; o que não é, não é.»

Ia crescendo espiritualmente e em 1946 redige o lema de toda a sua vida: «Decidi firmemente viver a cada instante a vontade de Deus, e vivê-la com alegria.» A certa altura pensou em ir trabalhar para o Brasil, onde missionava um seu irmão médico e sacerdote, e chegou a estudar o português, pensando também tornar-se religiosa. Entretanto, um prestigiado engenheiro já de quarenta anos, também muito religioso e militante na Ação Católica, pede-lhe namoro. Ela aconselha-se e vai a Lourdes «para perguntar a Nossa Senhora o que deve fazer: ir para as missões ou casar-se». Acabou por convencer-se de que a sua vocação era o Matrimónio e acedeu ao pedido do engenheiro Pedro Molla. Enquanto noivos, trocavam cartas de grande beleza e afeto, dispostos ambos ao amor e à pureza. Nos seus apontamentos espirituais tinha escrito a jovem médica, pondo-o agora em prática: «O nosso corpo é sagrado, o nosso corpo é o instrumento ligado à alma para fazer o bem. Como guardar a pureza? Circundando o nosso corpo com a sebe do sacrifício. A pureza torna-se beleza. A pureza torna-se liberdade.» Quis um lindo vestido branco de noiva não só para simbolizar a sua virgindade, mas também, como explicou à irmã, para fazer depois uma casula para algum filho seu que desejasse ser padre. Casaram em 1955, presidindo à cerimónia o padre José, irmão da noiva, que exortou o casal à santidade.

Joana teve os três primeiros filhos sempre com partos difíceis. Na quarta gravidez manifestou-se nela uma doença cancerosa (um grande fibroma) que não lhe permitiria levar a gestação até ao fim, pondo-se o dilema da morte do filho, abortando, ou da morte da mãe. Ela sem hesitação escolheu o sacrifício da sua vida em favor do filho, dizendo aos seus colegas médicos: «Se tiverdes de decidir entre mim e a criança, nenhuma hesitação: exijo que escolhais a criança; salvai-a!» Um médico judeu ainda a operou, sempre fiel à sua vontade, acabando por exclamar: «Eis a mãe católica!»

A criança acabou por nascer em 21 de abril de 1962 e foi batizada com o nome da mãe – Joana. A mãe morreu uma semana mais tarde, a 28 de abril, com trinta e nove anos de idade. Até ao fim sofreu calmamente, recusando qualquer calmante, apesar das dores indizíveis, para poder manter a lucidez e rezar, repetindo frequentes jaculatórias: «Jesus, eu amo-Te!» Segundo o testemunho de um prelado, ela «morreu como viveu, como santa. Mártir do dever e do amor, imolou-se sobre o altar da maternidade cristã, dando à sociedade de hoje uma prova tangível de que ainda não desapareceu a era dos santos.» Paulo VI recordou-a mais tarde como «mãe que para dar a vida

a seu filho sacrifica, com meditada imolação, a própria vida».
No seu túmulo foi escrita uma recomendação do Apocalipse:
«Sê fiel até ao fim!», que ela cumpriu plenamente. Foi beatificada por João Paulo II a 24 de abril de 1994 e canonizada a 16 de maio de 2004, estando presente o marido (com noventa e um anos) e os filhos. Olhando para esta santa mãe, como é doloroso pensar no aborto! Que ela livre as mães da tentação de abortar e interceda por aquelas que já o fizeram!

Lições / Propósitos

1) Exemplo preclaro de mãe, preferindo antes morrer do que sacrificar a filha, dando a vida pela vida;
2) esposa exemplar, tendo preparado o Matrimónio com grande responsabilidade, e vivendo-o ainda melhor;
3) modelo de médica, dedicada totalmente à sua profissão, amando particularmente as crianças e suas mães;
4) exemplo de mulher de oração e de ação apostólica e social, sempre mergulhada em Deus e atenta à evangelização e às necessidades do próximo.

Citação

❏ «Faço o santo propósito de fazer tudo por Jesus: cada obra, cada dor, ofereço tudo a Jesus. Faço o propósito, para servir a Deus, de não ir ao cinema sem antes saber de que filme se trata, se é modesto e não escandaloso ou imoral. Prometo antes morrer do que pecar mortalmente... Rezo ao Senhor para que me faça compreender a Sua grande misericórdia. Quero obedecer e estudar, mesmo sem vontade, por amor de Jesus (alguns propósitos depois de um retiro aos dezasseis anos) [...]. O apóstolo, antes de tudo, põe-se de joelhos... Não deveria haver nenhum dia na vida de um apóstolo que não compreenda um tempo determinado para o recolhimento aos pés do Senhor... Antes da ação, elevemos a alma a Deus... Quanto mais se sente o desejo de dar muito, tanto mais é preciso recorrer à fonte que é Deus.
Entreguei-me ao Senhor contra a terrível sentença da ciência médica que diz: "ou a vida da mãe ou a da criança". Confio em Deus, mas agora compete-me cumprir o meu dever de mãe. Renovo a oferta da minha vida. Estou pronta para tudo, contanto que se salve o meu filho.»
(JOANA BERETTA, *Escritos*)

José H. Barros de Oliveira

29 de abril

SANTA CATARINA DE SENA
Virgem e doutora da Igreja
MÍSTICA E PADROEIRA DA EUROPA

Biografia

Santa Catarina de Sena (linda cidade no centro de Itália e terra de outros santos, como São Bernardino) é uma grande mulher e uma grande santa que, embora só tivesse vivido trinta e três anos (tantos como Jesus – morreu gritando "sangue, sangue, sangue", desejando unir-se à Paixão do Senhor), teve grande influência a nível da Igreja. A sua vida intensa pode resumir-se no amor a Deus, na contemplação de Cristo na Cruz (sentia-se «totalmente escondida nas Chagas de Cristo crucificado» e recebeu d'Ele os estigmas da Paixão) e no serviço à Igreja, que ela considerava «a grande ponte sobre o mundo».

Nasceu em 1347, com outra irmã gémea (que morreu quase logo), sendo a vigésima quarta filha do casal, que lhe deu o nome de Catarina (provém do grego *kathara* que significa "pura"), preanunciando a sua pureza e doçura. Logo aos seis anos teve a primeira visão de Jesus e no ano seguinte desposou-se misticamente com Ele. Aos vinte anos, enquanto rezava no dia de Carnaval, Jesus apareceu-lhe e entregou-lhe o anel nupcial, "desposando-a na fé". Os pais queriam casá-la, mas ela resistiu e rapou o cabelo, acabando por entrar na Ordem Terceira de São Domingos. Muito cedo se dedicou totalmente ao serviço do Senhor elevando-se a altos voos místicos, mas sempre com os pés assentes na terra, sabendo bem conciliar Marta e Maria.

Dedicou-se às obras de misericórdia, como servir nos hospitais dos leprosos. Sofreu também com as lutas entre as diversas cidades italianas e tentou apaziguar as discórdias, como anjo de paz. Sofria com a presença do Papa (que ela chamava «o doce Cristo da terra») em Avinhão, a que se seguiu o grande Cisma do Ocidente, a degradação dos costumes por parte do clero (a quem ela não hesitava em chamar à ordem). Ao Papa Gregório XI foi-lhe dizer que devia «vigiar o seu rebanho do alto das colinas de Roma e não desde Avinhão». E agarrou-o quase pela mão para o trazer para Roma, o que conseguiu, apesar da resistência deste. O Papa seguinte, Urbano VI, chamou-a para Roma. Era o amor à Igreja que a devorava, pois dizia ao Senhor: «Que me serviria ter a vida se o Teu povo vive na morte?»

Morreu em 1380 e encontra-se sepultada em Roma, na Igreja de Santa Maria Sopra Minerva, dos Dominicanos. Ela cumpriu bem o que tinha escrito: «A vida é uma ponte; atravessa-a mas não fixes nela a morada.» Disse ainda: «Cristo é a ponte, a única ponte que liga a Terra e o Céu; fora disso é o abismo.» Transmitiu algumas das suas vivências místicas e realizações apostólicas em alguns escritos. Por mérito próprio e num tempo de promoção da mulher, Paulo VI declarou-a doutora da Igreja (1970) e João Paulo II nomeou-a, em 1999, copadroeira da Europa, resolvendo colocar a Europa «sob a proteção de três mulheres: Santa Brígida da Suécia, Santa Catarina de Sena e Santa Teresa Benedita da Cruz (Edith Stein), três grandes santas, três mulheres que se distinguiram pelo amor ativo à Igreja de Cristo e pelo testemunho prestado à Sua Cruz.»

— Lições / Propósitos

1) Vida mística de intimidade com o mistério trinitário de Deus, presente na sua "cela" interior, contemplando particularmente a Paixão do Senhor e refugiando-se nas Suas Chagas;
2) grande devoção à Eucaristia, chegando mesmo a viver fisicamente deste alimento celeste;
3) amor terno e forte à Igreja, ao Santo Padre e aos sacerdotes;
4) promotora da paz e dada às obras de misericórdia.

José H. Barros de Oliveira

Citação

❏ «Vós, Trindade eterna, sois como um mar profundo, no qual quanto mais procuro mais encontro, e quanto mais encontro mais cresce a sede de Vos procurar. Saciais a alma mas de um modo insaciável porque, saciando-se no Vosso abismo, a alma permanece sempre faminta e sedenta de Vós, ó Trindade eterna, desejando ver-Vos com a luz da vossa Luz. Saboreei e vi com a luz da inteligência, ilustrada na vossa Luz, o Vosso abismo insondável, oh Trindade eterna, e a beleza da vossa criatura. [...] Conheci que estais enamorado da beleza da vossa criatura. Oh abismo, oh Trindade eterna, oh Divindade, oh mar profundo! Que mais me podeis dar do que dar-Vos a Vós mesmo? Sois um fogo que arde sempre e não se consome. [...] Espelhando-me nesta luz, conheço-Vos como sumo bem, o bem que está acima de todo o bem, o bem feliz, o bem incompreensível, o bem inestimável, a beleza sobre toda a beleza, a sabedoria sobre toda a sabedoria.» (SANTA CATARINA DE SENA, *Diálogo da Divina Providência*)

30 de abril

SÃO PIO V
Papa
PROMOTOR DA REFORMA TRIDENTINA

Biografia

Antonio Ghisleri nasceu em Alexandria, na Lombardia (Itália), em 1504, filho de um lavrador, tendo guardado ovelhas na infância. Entrou na Ordem dos Pregadores (Dominicanos) e ensinou Teologia. Eleito bispo, e depois nomeado cardeal, manteve uma vida simples e austera, mesmo quando foi nomeado Papa em 1566. Deu grande impulso à reforma da Igreja, iniciada no Concílio de Trento, promoveu a propagação da fé e reformou o culto divino, sendo-lhe devido o Missal que leva o seu nome. Publicou ainda o Breviário e o Catecismo. Ordenou que a *Suma Teológica* de São Tomás de Aquino fosse estudada nas universidades católicas. No campo político teve algumas polémicas com os poderes temporais, mostrando-se sempre inflexível na defesa dos direitos da Santa Sé. A ele se deve também de algum modo a vitória das forças cristãs contra os turcos em Lepanto (1571), atribuindo-se a vitória às suas orações e à invocação da Senhora do Rosário. Foi ele que, em agradecimento à Virgem, instituiu a festa da Senhora do Rosário (ver 7 de outubro). Morreu a 1 de maio de 1572, depois de uma peregrinação esforçada às sete basílicas romanas. Está sepultado na Basílica de Santa Maria Maior.

Lições / Propósitos

1) Grande reformador do culto divino e impulsionador da propagação da fé;
2) vida de santidade, de humildade e de austeridade;
3) defensor dos interesses da Igreja e da civilização cristã.

---

1 de maio

SÃO JOSÉ OPERÁRIO
MODELO DO TRABALHADOR CRISTÃO

Reflexão

O primeiro dia de maio – para além de iniciar o mês de Maria – é celebrado socialmente como o dia ou a festa do trabalhador, dando azo no passado, e ainda atualmente, a manifestações e reivindicações. A Igreja quis associar-se à festa do trabalho, dando-lhe um cariz cristão. Por isso, Pio XII, em

1955, colocou esta festa sob a proteção de São José (ver 19 de março), pois ninguém melhor que ele soube compreender e viver a sublimidade do trabalho. Operário durante toda a vida, teve a seu lado a trabalhar o próprio Jesus, filho de Deus. O trabalho, se for realizado honestamente e associado à obra redentora de Cristo, dignifica a pessoa humana, aperfeiçoa a Natureza, serve os irmãos e dá glória a Deus (cf. GS, n.º 67). Drama é o desemprego.

Lições / Propósitos

1) Dignidade e sublimidade do trabalho, se realizado com reta intenção e altruísmo;
2) trabalhar sempre com os olhos postos em Jesus, Maria e José, trabalhadores humildes e honrados no âmbito da Sagrada Família;
3) respeitar e ajudar todos os trabalhadores, principalmente os mais humildes, nunca explorando e sempre pagando o justo salário.

---

1 de maio

SÃO RICARDO PAMPURI
Religioso
MÉDICO DO CORPO E DA ALMA

Biografia

Hermínio Pampuri (na profissão religiosa mudou o nome para Ricardo) nasceu em 1897 perto de Pavia (Itália), sendo o décimo de onze filhos de um casal exemplar. Tendo perdido a mãe aos três anos e o pai aos dez, foi acolhido por uns tios. Desde a infância participava diariamente na Eucaristia, fazia parte da Ação Católica e de outras obras de apostolado. Terminado o curso liceal entrou na Faculdade de Medicina da Universidade de Pavia. Em 1917, em plena Grande Guerra, teve de interromper o curso porque foi incorporado no exército nos serviços de saúde. Acabou por terminar o curso e começou o trabalho como médico. Escreveu a uma irmã missionária no Egito:

> Reza para que a soberba, o egoísmo ou qualquer paixão não me impeçam de ver sempre nos doentes Jesus Cristo que sofre. Curá-l'O, confortá-l'O... com este pensamento no coração como deve parecer suave e profundo o exercício da minha profissão de médico!

Assim, não admira que o começassem a chamar "médico santo", "médico dos pobres", "médico da caridade". Só pagava a consulta quem pudesse, pois aos pobres era ele que, além de não cobrar nada, lhes pagava os remédios.

Para se dedicar mais exclusivamente ao amor de Deus e do próximo, em 1927 entrou na Ordem dos Irmãos de São João de Deus dizendo que «se queria fazer santo», «colocando-se completamente nas mãos de Jesus e de Sua Mãe Santíssima». Foi autorizado a continuar a sua missão como médico, não desdenhando inclusive o trabalho de varrer as instalações, o que escandalizava os colegas. Respondia que tudo é grande quando se faz por amor de Deus.

Morreu de uma pleurisia a 1 de maio de 1930, com apenas trinta e três anos, como Jesus, despedindo-se de todos os que o visitavam dizendo: «Adeus, até ao Céu!» No seu túmulo pode ler-se esta inscrição: «No mundo e no claustro, angelicamente puro, eucaristicamente piedoso, apostolicamente operante.» Foi canonizado a 1 de novembro de 1989 por João Paulo II, dois anos depois de ter canonizado outro médico, São José Moscati.

Lições / Propósitos

1) Exemplo de leigo e de religioso comprometido com Deus e com os homens, particularmente com os doentes, vendo neles a imagem de Cristo;
2) homem de grandes virtudes humanas e cristãs, como a simplicidade, o desprendimento, a caridade, a pureza, o amor à Eucaristia;
3) modelo para os médicos que devem fazer da medicina uma missão e um apostolado.

José H. Barros de Oliveira

Citação

❏ «Os santos são nossos irmãos e, de um modo particular, filhos prediletos da Igreja. Neles o Senhor nos mostra admiravelmente reflexos e raios da Sua infinita perfeição e santidade, quer pelo seu ardor abrasado no apostolado heroico, quer pelo odor puríssimo da sua vida angélica. Mesmo olhando para a Terra, vemos nela refletido o Céu: fixando os irmãos santos, vemos neles a presença e a virtude e contemplamos uma imagem admirável do Pai do Céu.» (*Escritos de Ricardo Pampuri*)

2 de maio

SANTO ATANÁSIO
Bispo e doutor da Igreja
DEFENSOR DA DIVINDADE DE CRISTO

Biografia

Atanásio nasceu em Alexandria no final do século III, vindo a falecer em 373, após um longo episcopado e muitas tribulações pela causa da fé. Uma grande heresia surgiu no Oriente que abalou os fundamentos da Igreja: o sacerdote Ário negou a divindade de Cristo. A Igreja reuniu-se em Concílio, em Niceia (325), e condenou tal heresia, defendendo que Jesus é «Deus, nascido de Deus, gerado, não criado, consubstancial ao Pai». Mas a crise continuou, dividindo a Igreja, e os arianos pareciam levar a melhor. Em contrapartida, surgiram grandes defensores da verdadeira doutrina. O bispo Atanásio, de Alexandria, foi o maior. Homem de baixa estatura, mas altamente inteligente e destemido, chegou mesmo a enfrentar o imperador.

Em quase meio século de episcopado (328-373) foi desterrado cinco vezes, passando dezassete anos no exílio, mas nunca esmoreceu no combate, quer na prática pastoral, a exemplo do Bom Pastor, quer na doutrina sobre a divindade de Cristo e a divinização do cristão, pois «Deus fez-Se homem para que o homem seja divinizado». Exaltou ainda o estado de virgindade e a vida eremítica. São Gregório Nazianzeno faz dele o seguinte panegírico: «Louvar Atanásio é louvar a própria virtude. Não celebra a virtude quem narra uma vida que realizou todas as virtudes?» O cardeal Newman ousou afirmar: «Este homem extraordinário é, a seguir aos Apóstolos, o instrumento principal de que Deus Se serviu para fazer conhecer ao mundo a verdade.»

— *Lições / Propósitos*

1) Intrépido defensor da fé católica, mesmo à custa de todos os sofrimentos;
2) bom pastor sempre próximo do seu povo na vida e na doutrina;
3) apaixonado de Jesus Cristo, onde ia beber a força no meio de todas as tribulações.

3 de maio

SÃO FILIPE e SÃO TIAGO
Apóstolos
«SENHOR, MOSTRA-NOS O PAI!»

Biografia

Segundo a Tradição, aquando da dedicação da basílica romana dos Doze Apóstolos, foram depositadas sob a altar as relíquias de São Filipe e de São Tiago, o Menor. Daí a razão de, no Ocidente, se celebrarem estes dois Apóstolos na mesma festa.

Filipe era de Betsaida, como Pedro e André. Com eles foi discípulo de João Batista, antes de se encontrar com Jesus. O Evangelho de São João refere-se a ele em circunstâncias muito especiais: é ele quem traz Natanael a Jesus; é a ele que Jesus interpela antes de multiplicar os pães; é ele que pede para Jesus Se dar a conhecer a um grupo de gentios que manifestou vontade de O conhecer; mas sobretudo é ele que, na Última Ceia, mostra o desejo de ver o Pai, respondendo-lhe Jesus que quem O vê, vê o Pai.

São-lhe atribuídos dois livros apócrifos: o Evangelho de Filipe e os Atos de Filipe. Nada sabemos da sua vida pós--pentecostal. Segundo uma antiga tradição, levou a Boa Nova à Frígia, Ásia Menor, onde terá sido martirizado.

Quanto a Tiago, filho de Alfeu (não o confundir com Tiago, o maior), alguns querem identificá-lo, mas sem bom fundamento, com o "irmão do Senhor", isto é, primo de Jesus, figura de primeiro plano na Igreja de Jerusalém, a quem Jesus apareceu após a ressurreição. É a este Tiago, o Menor, que a Tradição atribui uma carta que consta no Novo Testamento, logo após as Cartas de São Paulo, onde se chama a atenção para a prática das boas obras como manifestação da fé, onde se avisam os ricos contra os perigos em que incorrem e onde se fala da Unção dos Enfermos. No ano de 62 foi precipitado pelos judeus do Templo abaixo, morrendo depois lapidado, como Estêvão.

Lições / Propósitos

De Tiago, nada sabemos, a não ser que foi um dos Doze. De Filipe podemos tirar alguns ensinamentos:

1) Serve de intermediário na vocação de Natanael, apresentando-o a Jesus (também nós devemos apresentar outros ao Senhor);
2) apresenta a Jesus o desejo de uns gentios que gostariam de O conhecer (o mesmo podemos fazer nós);
3) mostra desejos de ver o Pai, tanto teria ouvido Jesus falar n'Ele; Jesus assegura-lhe (e a todos nós) que Ele é a imagem do Pai.

6 de maio

SÃO DOMINGOS SÁVIO
ADOLESCENTE SANTO

Biografia

Domingos Sávio nasceu em Riva de Chieri (norte de Itália) a 2 de abril de 1842, filho de pais humildes, mas muito religiosos. Já aos cinco anos não faltava à Missa, servindo como acólito, e apenas com sete anos fez a Primeira Comunhão, considerando esse «o dia mais belo» da sua vida. Adotou como lema «antes morrer que pecar». Aos dez anos ingressou no Oratório que D. Bosco tinha fundado em Turim. O santo (que mais tarde lhe escreve a biografia a chorar de emoção) ficou impressionado com um menino tão afável e religioso. Pouco tempo depois consagrou-se de corpo e alma a Maria: «Ó Virgem Maria, eu vos ofereço o meu coração. Fazei que ele seja sempre vosso.» Um ano antes de morrer fundou a Companhia da Imaculada, juntamente com alguns colegas do Oratório, onde se professava terna devoção a Maria e amor a Deus e ao próximo. Uma palestra de D. Bosco sobre a santidade fê-lo acelerar ainda mais os seus percursos nos caminhos de Deus.

Sentindo o apelo de João Batista à penitência, iniciou a sua penúltima Quaresma a jejuar todos os dias a pão e água. D. Bosco proibiu-o, dada a sua saúde frágil, mas ele encontrou outros processos para se mortificar, como passar frio na cama. Novamente descoberto e proibido, mortifica-se através do silêncio, nunca se queixando de nada. Devido à sua fraqueza e às penitências que se impunha, além do seu desejo contínuo de santidade que o fazia viver em grande tensão, a sua saúde piorou e os médicos aconselharam a mudança de ares. Apesar de sofrer muito por ter de deixar o Oratório, o pai veio buscá-lo em princípios de março de 1857, despedindo-se ele definitivamente do seu pai espiritual, D. Bosco. Efetivamente, morreu logo a seguir, a 9 de março, despedindo-se dos pais e dizendo: «Oh que linda coisa estou a ver!»

Em 1933, o Papa Pio XI declarou-o venerável resumindo a sua vida em três palavras: «Pureza, Piedade, Apostolado.» Foi beatificado por Pio XII em 1950, propondo-o como protetor da juventude, e o mesmo Papa canonizou-o a 13 de junho de 1954, dia de Santo António, enchendo-se Roma de jovens para celebrarem um colega que ainda não tinha completado quinze anos quando partiu para o Céu. Embora tivesse morrido a 9 de março, é celebrado na Congregação Salesiana a 6 de maio.

Lições / Propósitos

1) Precocidade e total generosidade nos caminhos da santidade;
2) exemplo de pureza, piedade e penitência;
3) terno amor a Maria, que o lançava na santidade e também no apostolado entre os colegas.

Citação

❏ «Propósitos que eu, Domingos Sávio, fiz no ano de 1849 quando recebi pela primeira vez Jesus, aos sete anos de idade: 1) confessar-me-ei com muita frequência e receberei a Sagrada Comunhão sempre que o confessor me permitir; 2) quero santificar os dias de festa; 3) os meus amigos serão Jesus e Maria; 4) antes morrer que pecar.»

10 de maio

SÃO DAMIÃO DE VEUSTER
Presbítero
APÓSTOLO DOS LEPROSOS

Biografia

Damião de Veuster, sacerdote flamengo, da Congregação dos Sagrados Corações de Jesus e de Maria, morreu entre os leprosos da ilha "maldita" de Molokai (Hawai), leprosos que serviu voluntariamente durante doze anos, limpando-lhes as chagas, distribuindo remédios e dando-lhes sobretudo conforto espiritual, até que contraiu também a doença.

O padre Damião nasceu a 3 de janeiro de 1840 na Flandres (Bélgica) e morreu a 15 de abril de 1889, com o corpo desfigurado pela doença, mas com a alma branca. Dizia dos leprosos: «São horrorosos à vista, é verdade, mas têm uma alma resgatada pelo precioso Sangue de Cristo»; por isso, «fiz-me leproso com os leprosos para os ganhar todos para Jesus Cristo». Foi sepultado junto aos seus irmãos de desventura. Em 1936, os seus restos mortais foram transladados para Lovaina, na Bélgica.

Foi beatificado por João Paulo II em maio de 1994 e canonizado por Bento XVI em outubro de 2009. A memória litúrgica é celebrada no dia 10 de maio, data da sua chegada a Molokai.

Outro apóstolo dos leprosos, desta feita em Madagáscar, foi o jesuíta polaco padre Beyzym, que morreu também contaminado pela doença em 1912 e que foi beatificado por João Paulo II a 18 de agosto de 2002. Muitos outros sacerdotes têm devotado a vida a estes doentes, já acarinhados por Cristo, como lemos no Evangelho, como o jesuíta padre Ruiz, que desde a "Casa Ricci" de Macau remodelou muitas leprosarias na China.

Entre os leigos, conta-se sobretudo Raul Follereau que dedicou também a vida a estes pobres de Cristo, em África, sendo igualmente considerado "pai dos leprosos" e inspirando muitas outras pessoas a entregar a vida a esta causa, desafiando sobretudo os jovens a saírem do seu egoísmo e a serem generosos.

Lições / Propósitos

1) Imensa generosidade, entregando a vida ao serviço dos mais desgraçados;
2) missionário em terras longínquas e difíceis.

12 de maio

BEATA JOANA DE PORTUGAL
Virgem
DESPREZO DAS VAIDADES TERRENAS

Biografia

Joana nasceu a 6 de fevereiro de 1452, filha do rei D. Afonso V. Desde cedo manifestou grande inclinação para as coisas de Deus, desprezando as grandezas da coroa. A mãe, D. Isabel, faleceu tinha ela quinze anos, levando-a a assumir o seu papel. Na ausência do pai e do irmão, dirigiu algumas vezes prudentemente o governo do reino. Era de grande formosura e muitos pintores a retrataram. Foi pedida em casamento por diversos príncipes europeus, mas recusou. Dava-se antes à penitência e ao cuidado dos pobres, servindo-os diligentemente.

Movida por ideais mais altos, pelos vinte anos recolheu-se no Convento de Odivelas passando, no ano seguinte, para o Convento Dominicano de Jesus, em Aveiro, para se entregar mais intensamente à vida contemplativa e de penitência, apesar da sua saúde frágil. Aí vem a falecer a 12 de maio de 1490. É padroeira desta cidade e da respetiva diocese.

Lições / Propósitos

1) Desprezo das grandezas da coroa, apreciando apenas as coisas de Deus;
2) dedicação e amor aos pobres, que procurava servir da melhor forma;
3) vida de contemplação e de austeridade, toda entregue a Deus.

---

13 de maio

NOSSA SENHORA DE FÁTIMA
APELO MATERNO À CONVERSÃO E À ORAÇÃO

Reflexão

Fátima é uma freguesia do concelho de Vila Nova de Ourém, distrito de Santarém e diocese de Leiria-Fátima. Em 1917, em plena Grande Guerra, tornou-se célebre pelas aparições da Virgem Maria a três crianças – Lúcia, Francisco e Jacinta – respetivamente com dez, nove e sete anos, que viviam no lugar de Aljustrel, e que no dia 13 de maio, pelo meio-dia, se encontravam no lugar da Cova da Iria com o rebanho. A Virgem continuou a aparecer até outubro, sempre no dia 13, exceto em agosto, quando apareceu nos Valinhos no dia 19, visto no dia 13 os videntes terem sido presos.

A Mãe de Deus serviu-se destes pastorinhos para apelar de novo, na linha do seu Filho, à conservação da fé (num tempo em que se difundia o ateísmo), à conversão e à fuga ao pecado: «Não ofendam mais a Deus Nosso Senhor!» Como meios pediu insistentemente a penitência, a oração (particularmente a recitação do terço), a reparação (comunhão reparadora) e a consagração pessoal e do mundo ao seu Coração Imaculado.

As aparições de Nossa Senhora foram precedidas e preparadas, no ano anterior (1916), por três aparições do anjo, mais tarde chamado o Anjo de Portugal, aos pastorinhos, ensinando-lhes a oração:

> Meu Deus, eu creio, adoro, espero e amo-Vos. Peço-Vos perdão para os que não creem, não adoram, não esperam e não Vos amam.

Na última aparição, na Loca do Cabeço, o mensageiro celeste ensinou-lhes outra oração:

> Santíssima Trindade, Pai, Filho, Espírito Santo, adoro-Vos profundamente e ofereço-Vos o preciosíssimo Corpo, Sangue, Alma e Divindade de Jesus Cristo, presente em todos os sacrários da Terra, em reparação dos ultrajes, sacrilégios e indiferenças com que Ele mesmo é ofendido. E pelos méritos infinitos do Seu Santíssimo Coração e do Coração Imaculado de Maria, peço-Vos a conversão dos pobres pecadores.

Depois, levantando-se, tomou de novo na mão o Cálice e a Hóstia e deu-lhes a comunhão sob as duas espécies. Por isso Fátima, além de ser um lugar mariano, é também um lugar eucarístico e adorador do mistério trinitário. Nesse sentido, há adoração perpétua ao Santíssimo Sacramento e foi erigida uma basílica em honra da Santíssima Trindade.

Depois do ciclo angélico preparatório e do ciclo mariano, propriamente dito, pode ainda falar-se de um ciclo cordimariano. Em diversas visões ou aparições posteriores a Lúcia, Nossa Senhora pediu a consagração do mundo e em particular da Rússia ao seu Imaculado Coração e ainda a comunhão reparadora nos primeiros sábados, que já tinha anunciado na aparição de julho.

O culto de Nossa Senhora de Fátima, depois de aprovado pelo bispo da diocese, foi mais tarde confirmado por Roma.

Santos ao ritmo da Liturgia

Pio XII consagrou pela primeira vez o mundo ao Coração de Maria, em 1942, e em 1952 a Rússia, inspirado pela mensagem de Fátima. O Papa Paulo VI repetiu esta consagração em 1964 e veio a Fátima como peregrino a 13 de maio de 1967 (50.º aniversário das aparições), definindo Fátima como «mensagem evangélica de oração e penitência». Maior impulso e visibilidade lhe deu o Papa João Paulo II, que veio a Fátima por três vezes: em 1982 (um ano após o atentado para agradecer a vida e renovar a consagração do mundo e da Rússia ao Coração de Maria), em 1991 (dez anos após o atentado) e em 2000 (para beatificar Francisco e Jacinta e "revelar" ou interpretar o famoso "segredo" de Fátima).

Fátima continua a ser um facho de luz sobre a Igreja e sobre toda a Humanidade, pois transcende a dimensão puramente religiosa, adquirindo também uma dimensão política, sobretudo porque Nossa Senhora pediu a conversão da Rússia e de facto o "muro" comunista ruiu inesperadamente em 1989. Também o Portugal político está indelevelmente ligado a Fátima, não só porque Nossa Senhora nos protegeu durante a Segunda Guerra Mundial, mas também porque, em 1975, um ano após a "revolução dos cravos", nos livrou de sermos dominados por ideologias ateias.

Lições / Propósitos

1) Apelo veemente à conversão, na linha evangélica, através dos meios tradicionais da penitência e da oração, e ainda da comunhão reparadora e da consagração ao Coração de Maria;
2) espiritualidade predominantemente cordimariana, eucarística e trinitária;
3) dimensão eclesial mas também política, nacional e internacional.

José H. Barros de Oliveira

14 de maio

SÃO MATIAS
Apóstolo
AGREGADO AO COLÉGIO APOSTÓLICO

Biografia

Só conhecemos São Matias pelo relato que os Atos dos Apóstolos fazem da sua eleição apostólica, após a Páscoa, para substituir Judas Iscariotes (eis a razão por que celebramos a sua festa no Tempo Pascal ou no Pentecostes). O discurso de Pedro, antes da eleição, demonstra a importância dos Doze como fundamento da Igreja. Esta escolha realiza-se após oração ao Senhor (como Ele tinha rezado antes de escolher os Doze), e sob a autoridade de Pedro, que podia proceder à escolha diretamente mas preferiu delegar em todo o colégio apostólico, que, por sua vez, segundo costume judaico, lançou sortes, onde Deus Se manifestaria. A condição principal é que os candidatos (foram apresentados dois: José Barsabás e Matias) tivessem privado com o Senhor a fim de poderem testemunhar a Sua ressurreição.

São João Crisóstomo, numa das suas homilias, comenta esta passagem do primeiro capítulo dos Atos dos Apóstolos dizendo que Pedro podia ter procedido à eleição sozinho, mas absteve-se disso para não mostrar favoritismo e porque ainda não tinha recebido o Espírito. A condição para serem eleitos é que tivessem sido testemunhas oculares ou vivido com Jesus para testemunharem a Ressurreição, não interessando muito o anteriormente acontecido. Crisóstomo nota ainda que os Apóstolos não se julgavam dignos de fazer a eleição por si mesmos e por isso desejaram ser esclarecidos por algum sinal.

Não se sabe onde e como morreu São Matias, mas a Tradição aponta para o seu martírio na Etiópia.

> *Lições / Propósitos*
>
> 1) Matias seguiu Jesus desde o início da Sua vida pública, participou certamente na missão dos 72 e foi testemunha da morte e ressurreição do Senhor;
> 2) foi apresentado juntamente com outro discípulo e escolhido, sinal das suas qualidades e da dedicação total ao Senhor;
> 3) quando eleito para fazer parte do Colégio Apostólico dos Doze, entrega-se totalmente ao ministério da Palavra dispondo-se a seguir o Mestre até à morte.

18 de maio

SÃO JOÃO I
Papa e mártir
VÍTIMA DA PREPOTÊNCIA

Biografia

João nasceu na Toscana (Itália) e veio para Roma, distinguindo-se na ciência e na piedade. Foi eleito Papa em 523. Empenhou-se pelo bem da Igreja; encomendou ao monge Dinis, o Pequeno, o estabelecimento da data do nascimento de Cristo; preparou o que viria a ser o canto gregoriano. O rei ostrogodo Teodorico, que tinha abraçado a heresia ariana, enviou-o como delegado a Constantinopla junto do imperador Justino, católico, que tinha mandado entregar as igrejas dos arianos aos católicos e pretendia expandir o seu poder para Ocidente. O Papa foi recebido com honras em Constantinopla (era a primeira vez que um Papa saía de Roma) e não pôde em consciência demover o imperador das suas ideias. De regresso a Roma, o rei ariano Teodorico, não satisfeito com a missão diplomática do Papa, mandou-o encarcerar em Ravena, onde morreu à fome e à sede em 526, apenas com dois anos e meio de pontificado.

> *Lições / Propósitos*
> 1) Bom pastor que honrou a Cátedra de Pedro;
> 2) mártir por causa da verdade, não se vergando diante do poder.

20 de maio

SÃO BERNARDINO DE SENA
Presbítero
NOME DE JESUS NA BOCA E NO CORAÇÃO

Biografia

Bernardino nasceu em Massa Marítima, perto de Sena (Itália) em 1380. Perdeu os pais muito novo, mas cresceu rapidamente na virtude, amando particularmente a pureza e não suportando afrontas contra ela (mesmo já de idade foi tentado por uma senhora, mas começou a vergastar-se a si mesmo, levando a tentadora a desistir). Ia buscar essa força à terna devoção à Santíssima Virgem. Durante uma peste que acometeu a cidade, ajudou todos os doentes que podia, com caridade heroica. Entrou na Ordem dos Frades Menores (Franciscanos), tendo nela um papel importante na reforma. Diz-se que mandou para a sua ordem cerca de dois mil noviços. Grande e zeloso pregador, percorreu praticamente toda a Itália anunciando o Evangelho, apelando à conversão e à reforma da Igreja.

Propagou a devoção ao Nome de Jesus. A ele se deve o monograma IHS (que alguns leem "Jesus Hóstia Santa", outros "Jesus dos Homens Salvador", mas que é simplesmente as três primeiras letras em grego do nome de Jesus, monograma que depois veio a ser adotado pelos Jesuítas). Escreveu vários tratados de Teologia. O Papa quis elegê-lo bispo, mas ele declinou humildemente o convite. O seu zelo e a condenação que fazia do luxo e do pecado valeu-lhe suspeitas de alguns teólogos e das autoridades romanas, sendo até acusado de herético, mas tudo suportou com paciência, firmeza e humildade. Morreu em Áquila em 1444, deitado no chão sobre cinza. Poucos anos após a morte foi logo canonizado. Na visita ao seu túmulo, na igreja dos franciscanos de Áquila, muitos têm recebido graças e milagres.

Lições / Propósitos

1) Grande devoto do nome dulcíssimo de Jesus e de Maria;
2) pregador insigne do Evangelho, percorrendo a Itália a anunciar o Reino de Deus;
3) homem de caridade, oração, humildade, penitência.

José H. Barros de Oliveira

21 de maio

SÃO CRISTÓVÃO MAGALLANES e COMPANHEIROS
Mártires
CORAGEM PARA ENFRENTAR A PERSEGUIÇÃO

Biografia

Cristóvão nasceu em 1869 no México. Foi sempre um jovem exemplar e entrou no seminário, sendo ordenado sacerdote. Dedicou-se em particular à formação de outros sacerdotes e foi missionário entre os indígenas do seu país. Grande devoto de Maria, propagou a devoção do rosário. Em 1917 começou no México a perseguição à Igreja e aos sacerdotes, em particular, recrudescendo cada vez mais. Foi fuzilado em 25 de maio de 1927, manifestando grande serenidade, dando força aos outros e perdoando aos carrascos. O Papa João Paulo II canonizou-o em maio de 2000, juntamente com outros vinte e quatro companheiros mártires, a maior parte sacerdotes, mas também alguns leigos.

Lições / Propósitos

1) Fidelidade total a Cristo e à Igreja, mesmo à custa da vida;
2) formador de sacerdotes e missionário entre os mais pobres;
3) devoto de Maria, tendo particular devoção ao rosário.

22 de maio

SANTA RITA DE CÁSSIA
Religiosa
SANTA DAS CAUSAS IMPOSSÍVEIS

Biografia

Trata-se de uma santa muito popular, Santa Rita de Cássia, mas cuja vida anda envolta em lenda. Nasceu em Cascia (Itália) em 1381, já em avançada idade dos pais, que tinham pedido a Deus um filho. Puseram-lhe o nome de Margherita (Margarida), sendo chamada pela abreviatura, Rita. Cedo se quis consagrar a Deus, mas os pais casaram-na com um nobre de carácter violento que muito a fez sofrer. No entanto, suportou tudo com paciência, durante os dezoito anos que viveu com ele, antes de ser assassinado pelos inimigos, já quando estava em vias de conversão. Os dois filhos pensaram vingar a morte do pai e ela pediu a Deus que antes os levasse para Ele a permitir tal vingança. Assim aconteceu e novo luto a atingiu.

Desprendida dos laços familiares, quis realizar o sonho da sua adolescência, consagrando-se totalmente a Deus. Mas as religiosas agostinhas só lhe abriram a porta quando ela, recorrendo aos santos da sua devoção, se encontrou miraculosamente dentro das portas do convento. Lá viveu em grande austeridade, na oração e meditação da Paixão do Senhor, vertendo muitas lágrimas nessa meditação, chegando a sentir na cabeça os espinhos da coroação e ficando a testa marcada com uma chaga que exalava um cheiro nauseabundo que muito a fazia sofrer, obrigando-a a viver retirada da comunidade. Mas o Senhor começou a fazer, por sua intercessão, muitos milagres, acorrendo gente de toda a parte. Consta que também um rei português, certamente D. João V (século XVIII), pediu a sua intercessão e foi curado de um olho; em agradecimento contribuiu para a restauração do mosteiro, onde se encontra uma lápide atestando o acontecimento.

Morreu a 22 de maio de 1457. Continua a fazer milagres em abundância, sendo considerada advogada das causas perdidas e dos impossíveis.

Lições / Propósitos

1) Grande paciência no casamento, aturando um marido irascível, podendo ser considerada advogada das esposas sacrificadas e sofredoras de maus-tratos;
2) unida à Paixão do Senhor, na meditação, mortificação e ainda nos estigmas que sentiu na fronte;
3) modelo de oração e de caridade, atendendo a todos os que vinham pedir-lhe socorro.

---

25 de maio

SANTA MARIA MADALENA DE PAZZI
Virgem
MÍSTICA INSPIRADA PELO ESPÍRITO

Biografia

Maria Madalena de Pazzi nasceu em Florença em 1566, de família ilustre. Teve uma boa educação cristã, dedicando-se desde menina à oração e à penitência. Dizia que a mãe lhe "sabia" a Jesus quando vinha da comunhão. Foi-lhe permitido comungar aos dez anos e desde então consagrou a sua virgindade ao Senhor, considerando-se Sua esposa. Entrou nas Carmelitas com dezasseis anos e no dia da profissão esteve várias horas em êxtase. Levou uma vida oculta de oração e penitência (vivendo muito tempo a pão e água) e dirigiu as suas irmãs em religião pelos caminhos da perfeição, sendo mestra de noviças e superiora. Muitas vezes exclamava: «Ó amor, ó amor!» e repetia como São Paulo: «Eu vivo, mas já não sou eu quem vive, é Cristo que vive em mim!» Apesar de toda a mística, sofreu durante anos tentações horríveis, indo muitas vezes abraçar-se a uma imagem de Nossa Senhora. Repetia: «Não morrer mas sofrer.» Entretanto, voltou a calmaria e a paz. Servia as suas irmãs, sobretudo as doentes, com extremo carinho e sacrifício. Preocupou-a sobretudo a reforma da Igreja, rezando e sacrificando-se por essa intenção. Recebeu de Deus muitos dons extraordinários, deixando-se conduzir sempre pelo Espírito de Deus, que a introduziu no mistério da Santíssima Trindade. Morreu em 1607.

Lições / Propósitos

1) Vida escondida com Cristo em Deus, sob o olhar de Maria, sempre conduzida pelo Espírito;
2) vida de oração, sacrifício e caridade para com as irmãs doentes;
3) zelo pela Igreja de Deus rezando e sacrificando-se por ela.

Citação

❏ «Verdadeiramente admirável sois Vós, ó Verbo de Deus, no Espírito Santo, ao fazer que Ele se infunda de tal modo na alma, que ela chegue a unir-se a Deus, conheça a Deus, saboreie Deus, e em nada se alegre fora de Deus. [...] Repousais nas criaturas que se predispõem com pureza a receber em si, pela comunicação dos vossos dons, a vossa própria semelhança. Repousais nas almas que recebem em si os efeitos do Sangue do Verbo e se tornam habitação digna de Vós. Vinde, Espírito Santo, venha a união do Pai e o beneplácito do Verbo. Vós, Espírito de verdade, sois o prémio dos santos, o refrigério das almas, a luz das trevas, a riqueza dos pobres, o tesouro dos que amam, a abundância dos famintos, a consolação dos peregrinos; enfim, Vós sois Aquele que contém em si todos os tesouros.» (SANTA MARIA MADALENA DE PAZZI, *Escritos*)

José H. Barros de Oliveira

26 de maio

SÃO FILIPE NÉRI
Presbítero
SANTO DA ALEGRIA E DA CARIDADE

Biografia

Filipe Néri nasceu em Florença (Itália) em 1515 e desde cedo se revelou devoto e alegre, sendo denominado de *"Pippo bono"* (Filipe bom). Ainda jovem, dirigiu-se para Roma onde contactava com os jovens, feito pregador ambulante (chamavam-no "o apóstolo de Roma"), servia os doentes nos hospitais, visitava os presos e a todos procurava confortar, levando uma vida de grande perfeição cristã, apesar da sua juventude. Foi ordenado sacerdote em 1551. Dedicou-se ainda mais ao apostolado entre os jovens e criou uma associação em favor dos doentes pobres.

Fundou com sacerdotes seculares a Congregação do Oratório (assim denominado porque aí se rezava e cantava) com o objetivo de se dedicar à instrução espiritual, ao canto e às obras de caridade. Dizia que «é possível restaurar as instituições humanas com a santidade, mas não restaurar a santidade com as instituições». Foi grande o seu amor ao próximo, procurando servir a todos com alegria, simpatia e simplicidade. Nos últimos anos adoeceu, mas tudo suportou com alegria e dizia: «Vós, Senhor, na Cruz, e eu numa cama limpa, cómoda, com tanta gente à minha volta para curar-me.» Quando lhe traziam a comunhão, exclamava: «Cá está o meu remédio!» Morreu em 1595. Verificou-se depois que tinha um coração mais volumoso do que o normal e foi de facto um grande coração para Deus e para o próximo.

— Lições / Propósitos

1) Santo da alegria que é fruto do Amor e ao Amor conduz, dom do Espírito de Deus de que ele tinha consciência e sabia agradecer;
2) santo da caridade, a todos procurando ajudar, sobretudo aos doentes;
3) santo da juventude, fazendo-se jovem entre os jovens, instruindo--os, ajudando-os e encaminhando-os para Deus.

27 de maio

SANTO AGOSTINHO DE CANTUÁRIA
Bispo
EVANGELIZADOR DA INGLATERRA

Biografia

Agostinho era prior do Mosteiro de Santo André, em Roma, quando foi enviado pelo Papa São Gregório Magno, em 596, para evangelizar a Inglaterra, juntamente com outros quarenta monges. A Inglaterra, embora tivesse recebido o Cristianismo desde os primeiros séculos, paganizou-se com a chegada dos Saxões. Agostinho foi bem recebido pelo rei de Kent e ordenado bispo de Cantuária. Fundou diversas igrejas e converteu muitos à fé, sucessos que alegraram o Papa que, entretanto, enviou novos missionários. Morreu em 604 ou 605.

— Lições / Propósitos

1) Monge tornado missionário, dedicando-se de alma e coração à causa da evangelização;
2) tato político para negociar com as autoridades em favor do Evangelho.

31 de maio

VISITAÇÃO DE NOSSA SENHORA
«A MINHA ALMA GLORIFICA O SENHOR!»

Reflexão

O mês de Maria encerra com esta linda festa em honra da Mãe de Deus. Já grávida de Jesus, Maria pôs-se a caminho «apressadamente», não temendo obstáculos e sacrifícios, apesar do seu estado delicado, para visitar e ajudar a sua prima Isabel, que ia ser mãe de João Batista. Pode dizer-se que foi a primeira procissão do Corpo de Deus, a primeira visita do Senhor ao Seu Povo; Ele continua a visitar-nos sobretudo à hora da Eucaristia, onde nos sentimos também "cristóforos".

Maria é levada ainda pela alegria de compartilhar com a prima as «maravilhas» que o Senhor nela operou. Nesse encontro de duas mães e de dois meninos, João exultou no seio materno e Isabel saudou Maria efusivamente, proclamando-a «bendita entre as mulheres e bendito o fruto do seu ventre». Então Maria prorrompeu no seu hino de gratidão, o *Magnificat*, que é também uma exaltação dos pobres e um aviso aos poderosos e orgulhosos; um hino de algum modo "revolucionário".

Lições / Propósitos

1) Alegria efusiva de duas mães que traziam no ventre dois bebés maravilhosos;
2) sentido de serviço de Maria, que não olha a sacrifícios para ir ajudar a sua prima;
3) gratidão a Deus das duas mães que se saúdam, levando Maria a cantar o seu *Magnificat*.

Domingo a seguir à Santíssima Trindade

SANTÍSSIMO CORPO E SANGUE DE CRISTO
MISTÉRIO DE AMOR E DE COMUNHÃO

Reflexão

A instituição da Eucaristia já foi celebrada solenemente na Quinta-Feira Santa, mas em tom menor, dado o ambiente da Semana Santa e a aproximação à Sexta-Feira da Paixão. Por isso, já a partir do século XIII se começou a celebrar a Solenidade do Corpo do Senhor com manifestações exteriores de júbilo, principalmente solenes procissões. Também em Portugal esta festa tem grande tradição.

Podemos refletir sobre este grande Mistério de Fé em três tempos:

1. *O que é a Eucaristia?* Não é fácil falar de mistério tão sublime; melhor é vivê-lo, adorar e amar. Mas em algumas palavras ousamos balbuciar o mistério: é o sacrifício do Senhor, em forma de banquete, memorial e sacramento da Sua Páscoa. É o *Sacrifício pascal do Senhor* que, de modo sacramental, pode estar presente para toda a humanidade e em todos os tempos; sacrifício incruento representado (não no sentido teatral, mas tornado novamente presente) sob a forma de *Banquete sagrado* onde os comensais se sentem em intimidade com o Senhor da mesa ou o "Servente", que é ao mesmo tempo alimento ("sacro convívio"). É *Memorial do Senhor*, onde não se recorda apenas o que foi praticado por Ele há dois mil anos, mas se atualiza e realiza o mesmo e único Sacrifício da Cruz, até que Ele venha (dimensão escatológica). Tudo sob a forma sacramental – *Santíssimo Sacramento*. Em todo o caso, mais do que tentar compreender, melhor é amar, receber, corresponder, viver a Eucaristia.

2. *Que efeitos (consequências)* produz em nós? Une-nos intimamente ao mistério da morte e ressurreição do Senhor, faz-nos permanecer em contínua comunhão com Ele, coloca-nos em atitude de ação de graças (*Eucaristia* é uma palavra grega que significa precisamente "ação de graças"), torna-nos santos em contacto com as realidades mais sagradas, alimenta-nos no nosso peregrinar a caminho do Reino (é Pão do Céu), purifica-nos e cura-nos das feridas do pecado (é Remédio Santo), compromete-nos com os irmãos levando-nos a repartir também com eles o nosso pão, prepara-nos para a vinda definitiva do Senhor, faz-nos ver o mundo, de alguma forma, todo "consagrado", através das espécies do pão e do vinho. Em síntese: a Eucaristia produz efeitos em nós individualmente, em relação aos outros e em relação ao mundo (efeito "ecológico"). Atendendo à liturgia da Palavra, devíamos continuar a valorizar e a alimentar a nossa mente com a Palavra de Deus ao longo do dia. Conforme os três tempos principais da Eucaristia, propriamente dita – ofertório, consagração, comunhão – devemos continuar a oferecer-nos totalmente a Deus, deixar-nos consagrar pelo Espírito e darmo-nos também em "comunhão" aos nossos irmãos.

3. *Que disposições (atitudes)* devemos ter? Antes da celebração eucarística, devemos preparar-nos, pensando nela e vivendo dignamente a vocação cristã, de coração limpo, pois o nosso coração vai ser tabernáculo de Deus. Durante a celebração procuremos estar atentos ao que se passa na mesa da Palavra e do Pão, cheios de alegria e ação de graças após a comunhão. Depois da celebração continuar em ação de graças e em pureza de vida, unidos aos nossos irmãos e repartindo com eles também o nosso pão material e espiritual. E não esquecer que Jesus continua presente no Sacrário, sempre à nossa espera – é triste ver os cafés e os estádios cheios e as igrejas vazias, sem adoradores fiéis. Ao menos espiritualmente devemos ter o coração sempre junto do Senhor. Enfim, digamos que a Hóstia tem forma de Coração e vice-versa – é o Coração amoroso de Jesus que Se entrega totalmente a nós, Amor em alta tensão ou em extrema condensação. Saibamos retribuir com amor total. Amor com amor se paga.

— *Lições / Propósitos*

1) "Eucaristizar", "pascoalizar" e "parusiar" (de parusia, vinda do Senhor) a nossa vida;
2) viver em contínua comunhão, adoração e ação de graças ao Senhor;
3) viver unidos a todos os irmãos, partilhando também com eles o nosso pão.

Sexta-feira após a oitava do Corpo de Deus

SAGRADO CORAÇÃO DE JESUS
PEITO RASGADO DE DOR E AMOR

Reflexão

Na sexta-feira (não a imediata, mas a seguinte) após a celebração do Corpo de Deus, celebra a Igreja a Solenidade do Coração de Jesus, quase a indicar que a Hóstia tem forma de Coração ou que é o Coração de Cristo que palpita na Eucaristia. Efetivamente, todas as vezes que celebramos a Missa, celebramos o Coração quente e doloroso do Senhor, sacrificado e trespassado de amor e compaixão pela Humanidade. Melhor símbolo não há para exprimir tanto amor e imolação: «Não há maior prova de amor do que dar a vida pelos amigos.»

Esta celebração litúrgica arranca sobretudo das revelações de Jesus a Santa Maria Margarida Alacoque (ver dia 16 de outubro): «Olha, filha, o Meu coração que tanto tem amado os homens, e que só recebe ingratidão; tu, ao menos, procura consolar-Me.» Anda Cristo com o coração nas mãos e poucos O querem acolher! Destas revelações surgiu a devoção da comunhão reparadora nas primeiras sextas-feiras. Numa das revelações, Jesus dizia a Santa Margarida Maria: «Comungarás todas as primeiras sextas-feiras de cada mês.»

Numa altura em que reinava o jansenismo (século XVII), que apregoava o medo de Deus em vez do amor, o Senhor quis manifestar-Se como ternura maternal, pois o coração é o símbolo mais belo da mãe. Outros santos realçaram esta devoção, como Santo Afonso Maria de Ligório, que afirmou: «A devoção ao Coração de Jesus é a mais bela e a mais sólida devoção do Cristianismo.» A beata Maria do Divino Coração (ver dia 8 de junho), religiosa alemã do Bom Pastor, que viveu e morreu em Portugal, em finais do século XIX, estimulou o Papa a consagrar o mundo ao Coração de Jesus.

Também os sumos pontífices prestaram a mais terna devoção ao Coração de Jesus, sobretudo a partir de Leão XIII que insistiu nos dois atos fundamentais desta devoção: consagração e reparação. Pio XII produziu uma bela encíclica (*Haurietis aquas – Bebereis as águas*) onde fala sobre os «infinitos tesouros de caridade» do Coração de Cristo. João Paulo II dedicou também grande atenção ao Coração de Jesus, a começar pelas primeiras encíclicas sobre Cristo, «Redentor do Homem», e sobre o Pai, «Rico em misericórdia».

Este dia já vem sendo celebrado como jornada de santificação dos sacerdotes e mais relacionado ficou quando o Papa Bento XVI declarou o ano de 2009-2010 (a partir de 19 de junho de 2009, Solenidade do Coração de Jesus) como Ano Sacerdotal, decorrendo os 150 anos da morte do Cura d'Ars, São João Maria Vianney (ver dia 4 de agosto), que foi proclamado «padroeiro de todos os sacerdotes».

— *Lições / Propósitos* —

1) Coração amoroso e compassivo, rico em ternura e perdão;
2) Coração manso e humilde, que se propõe como modelo;
3) Coração doloroso e ofendido, que pede reparação por tanta ingratidão.

Sábado a seguir ao Coração de Jesus

CORAÇÃO IMACULADO DE MARIA
«O MEU IMACULADO CORAÇÃO TRIUNFARÁ!»

Reflexão

Ontem celebrámos o Coração de Jesus, hoje o Coração de Maria. Dois corações num só. Dois corações a pulsar em uníssono, afinados pelo mesmo amor a Deus e aos homens. O Coração de Jesus bateu dentro do Coração de Maria e Maria ouviu o coração de seu Filho palpitar no Seu seio virginal, acertando o Seu Coração pelo d'Ele e desejando que façamos o mesmo. Tal devoção arranca já do Evangelho, pois «Maria meditava tudo no seu coração». Mas esta devoção e sobretudo a sua celebração litúrgica teve grande impulso com São João Eudes (século XVII; ver dia 19 de agosto) que já celebrava com os seus religiosos o Coração de Maria. Posteriormente outros santos cultivaram e propagaram tal devoção e celebração, sobretudo Santo António Maria Claret (ver dia 24 de outubro) que pode ser considerado precursor cordimariano de Fátima e por isso a sua estátua se encontra no interior da basílica.

Com as aparições de Fátima (ver dia 13 de maio) dá-se uma explosão desta devoção. O cardeal Cerejeira afirmou que «a missão especial de Fátima é a difusão no mundo do culto ao Imaculado Coração de Maria». O mesmo prelado centrava a mensagem de Fátima na «manifestação do Coração Imaculado de Maria ao mundo atual, para o salvar».

Maria afirmou em Fátima, a 13 de junho, que «Jesus quer estabelecer no mundo a devoção ao meu Imaculado Coração». E em julho repetiu o mesmo, dando a entender que os destinos do mundo e das pessoas parecem depender do Seu Coração amoroso. Deus quer conceder as graças e a paz por meio deste Coração, como dizia Jacinta. Nas aparições em Fátima, e posteriormente a Lúcia, o Coração de Maria manifesta-se como «refúgio e caminho» que conduzirá a Deus. Mesmo a conversão da Rússia ficou pendente da consagração do mundo ao Coração de Maria, desejo que os últimos pontífices cumpriram. Enfim, o que mais se realça em Fátima é a consagração ao Coração da Mãe e a reparação por tantos pecados. Deste espírito reparador, por vontade de Maria expressa a Lúcia, surgiu a devoção da comunhão nos cinco primeiros sábados, melhor, em todos os primeiros sábados.

Lições / Propósitos

1) Consagrar-se e consagrar a família e o mundo ao Coração de Maria;
2) reparar, particularmente através da comunhão, tanta ofensa a esse Coração;
3) viver e propagar a devoção ao Coração de Maria para que o mundo tenha mais amor e mais paz.

---

1 de junho

SÃO JUSTINO
Mártir
O SOFRIMENTO GARANTE A SALVAÇÃO

Biografia

São Justino é um filósofo leigo, cujos ensinamentos são autoridade, sendo considerado um Padre da Igreja. Nasceu numa família pagã, chegando à fé pelos trinta anos, depois de um longo percurso intelectual, ajudado pela graça. Nasceu em Naplus ou Siquém (Samaria), em princípios do século II. Desde cedo foi seduzido pela filosofia, percorrendo várias escolas, sobretudo de inspiração platónica, sedento de verdade, até encontrar Cristo pelo ano de 130.

A sua conversão ao Cristianismo deveu-se também ao exemplo de tantos mártires que via serem sacrificados em nome da fé. Por isso escreveu ao próprio imperador defendendo os cristãos que «vivem na carne, mas não segundo a carne; perseguidos pelo mundo, a todos amam [...]; são martirizados até à morte, e a morte dá-lhes vida; pobres que são, enriquecem a muitos outros; falta-lhes tudo, e tudo possuem em abundância; são tratados com desprezo e nisto se sentem honrados».

Depois da conversão fixou-se em Éfeso e posteriormente em Roma, onde abriu uma escola e escreveu *Diálogo com Trifão* e as suas famosas *Apologias*. Aí encontramos a descrição mais antiga sobre a administração do Batismo e sobre a Eucaristia dominical. Foi denunciado como cristão e compareceu, juntamente com mais seis cristãos, diante do tribunal, onde defendeu intrepidamente a sua fé, acabando por ser flagelado e decapitado pelo ano de 165, sob o domínio do imperador Marco Aurélio.

--- Lições / Propósitos ---

1) Fé intrépida de mártir, preferindo morrer a atraiçoar a verdade;
2) amor à sabedoria, que buscou inicialmente nos filósofos, mas que só encontrou em Jesus Cristo;
3) leigo totalmente comprometido, na doutrina e na vida, com a Igreja de Jesus Cristo.

Citação

❏ «Aqueles homens santos foram presos e levados ao prefeito de Roma, chamado Rústico. Estando eles diante do tribunal, o prefeito Rústico disse a Justino: "Primeiramente manifesta a tua fé nos deuses e obedece aos imperadores." Justino respondeu: "Não podemos ser acusados nem presos por obedecer aos Mandamentos de Jesus Cristo, nosso Salvador." Rústico perguntou: "Que doutrina professas?" Justino disse: "Procurei conhecer todas as doutrinas, mas acabei por abraçar a doutrina verdadeira dos cristãos, embora ela não agrade àqueles que vivem no erro." [...] Glorificando a Deus, os santos mártires saíram para o lugar do costume, e ali foram decapitados e consumaram o seu martírio dando testemunho da fé no Salvador.» (*Atas*, martírio de São Justino e companheiros)

2 de junho

SÃO MARCELINO E SÃO PEDRO
Mártires
MORTOS PELA CAUSA DA FÉ

Biografia

Marcelino era sacerdote e Pedro exercia a ordem menor de exorcista. Sofreram o martírio durante a perseguição de Diocleciano, pelo ano de 304, como foi atestado pelo Papa São Dâmaso. Foram decapitados num bosque, perto de Roma, e os seus corpos enterrados e escondidos para não serem venerados. Mas foram descobertos e sepultados no Cemitério *Ad Lauros* na via Labicana. Sobre o seu túmulo foi construída posteriormente uma basílica. O nome destes dois mártires consta no cânone romano da Missa.

Lições / Propósitos

1) Defesa intrépida da fé, mesmo à custa da própria vida;
2) Deus acaba sempre por glorificar os Seus mártires.

3 de junho

SÃO CARLOS LWANGA e COMPANHEIROS
Mártires
CORAGEM DE JOVENS AFRICANOS

Biografia

Quase ao findar do século XIX houve grandes perseguições aos cristãos no Uganda, às ordens do rei Mwanda que, além de odiar os cristãos, tinha maus instintos sexuais. Alguns dos perseguidos eram funcionários da corte ou mesmo adjuntos do rei. Entre tantos mártires (católicos e anglicanos) sobressaem Carlos Lwanga e Matias Kalemba e os seus vinte companheiros, que se mostraram tão corajosos na fé como os antigos mártires africanos de Cartago ou do Egito, ou como os mais recentes, por exemplo, de Angola ou de Moçambique, que continuaram e continuam a dar a vida generosamente pela causa do Evangelho.

Os mártires do Uganda eram na maior parte jovens católicos entre os dezasseis e os vinte e quatro anos, havendo um com treze anos, recém-batizados ou mesmo catecúmenos que foram batizados antes do suplício. Uns foram decapitados, outros queimados, vivos ou mortos, através de processos bárbaros por não terem cedido às ordens iníquas e impúdicas do rei. Entre outras "calúnias" eram identificados como "homens de oração"! O martírio deu-se entre os anos de 1885-1887. Foram canonizados por Paulo VI a 18 de outubro de 1964, aquando da sua visita ao Uganda.

José H. Barros de Oliveira

> **Lições / Propósitos**
>
> 1) Testemunho (isso significa "martírio") heroico destes africanos, na maior parte jovens;
> 2) fidelidade não apenas à fé professada mas também à castidade, não cedendo aos instintos depravados do rei;
> 3) morte com alegria, apesar de todos os tormentos, e a todos perdoando.

Citação

❏ «Estes mártires africanos acrescentam ao álbum dos vencedores, chamado *Martirológio*, uma página ao mesmo tempo trágica e grandiosa, verdadeiramente digna de figurar ao lado das célebres narrações da África antiga, as quais, nestes tempos em que vivemos, julgávamos, por causa da nossa pouca fé, que nunca mais viriam a ter semelhante continuação. [...] Estes mártires africanos dão sem dúvida início a uma nova era. Oxalá não seja de perseguições e lutas religiosas, mas de renovação cristã e cívica.» (PAULO VI, na homilia da canonização destes mártires)

3 de junho

SÃO JOÃO DIOGO
Leigo
ÍNDIO QUE VIU NOSSA SENHORA

Biografia

João Diogo foi o primeiro índio a ser canonizado. O seu nome indígena era Cuauhtitlantoadzin (que significa "aquele que fala como águia"), pois tinha nascido em Cuauhtitlan, no México. Foi batizado já quando tinha cinquenta anos, recebendo o nome de Juan Diego no Batismo. A partir daí tornou-se não apenas um bom índio, mas um bom cristão, um homem fervoroso, dado à oração e à caridade, percorrendo muitos quilómetros para participar na Eucaristia e instruir mais a sua fé. Em 9 de dezembro de 1531, quando se dirigia como de costume à Missa, na localidade de Tepeyac, ouviu uma voz que o chamou carinhosamente pelo nome: «Juanito, Juan Dieguito!» Ele olhou para o céu e reconheceu Nossa Senhora, que muito amava, tratando-a também carinhosamente como «Senhora, minha pequena», «Senhora, minha filha, a mais pequena das minhas filhas», «Senhora, minha patroa», «belíssima Senhora». Ela revelou-se como Mãe de Deus e Senhora da misericórdia, manifestou o desejo de ter ali um templo para poder derramar as suas graças sobre aquele povo. Mandou-o ao bispo, que não acreditou e pediu um sinal. Voltando desanimado para casa, viu o seu tio com uma terrível peste, às portas da morte.

Entretanto, a Senhora apareceu-lhe de novo, disse-lhe que o tio ficou curado e mandou-o colher flores no cimo da colina. Ele sabia que em dezembro era impossível encontrar lá flores, mas na realidade encontrou rosas trazidas recentemente de Castela, todas perfumadas. Colheu e levou ao bispo como sinal. De repente, este ajoelha-se. Maior prodígio era que o pobre índio levava no seu manto bem impressa, como se da melhor fotografia a cores se tratasse, a imagem da Virgem Santa, com o seu rosto de mansidão e as mãos erguidas. Analisado posteriormente mais em pormenor este prodígio, podia ver-se nos olhos de Maria o reflexo de João Diogo. O bispo ajoelhou-se, guardou a preciosa relíquia, pediu perdão pela sua descrença e deu logo ordens para começar a construção de uma ermida. Em 1566 esse lugar começou a chamar-se Guadalupe (na linguagem indígena, Cuatlaxupen). Hoje ergue-se aí uma grande basílica em honra da Senhora de Guadalupe, que rivaliza com Lourdes ou com Fátima como grande santuário mariano onde acorrem multidões de fiéis. A imagem de Nossa Senhora de Guadalupe esteve presente na batalha de Lepanto contra os turcos. João Paulo II chamou-lhe "Mãe da América".

João Diogo morreu a 3 de junho de 1548 com setenta e quatro anos de idade, depois de ter percorrido os caminhos da santidade. João Paulo II beatificou-o em 1990 e canonizou-o em 31 de julho de 2002, precisamente na cidade do México, na Basílica de Guadalupe, onde se deslocou pela segunda vez.

> *Lições / Propósitos*
>
> 1) Exemplo de humildade e de simplicidade posta generosamente ao serviço de Deus e de Maria;
> 2) dado à oração e à participação na Eucaristia, para além de todos os sacrifícios;
> 3) terna e filial devoção a Maria, que a ele se manifestou e, através dele, ao mundo.

3 de junho

BEATO JOÃO XXIII
Papa
AR FRESCO NA IGREJA ATRAVÉS DO CONCÍLIO

Biografia

À morte de Pio XII, que sucedeu a outros grandes pontífices, a Igreja gozava mais ou menos de paz (salvo as perseguições nos países comunistas) e era respeitada. Difícil era encontrar um sucessor à altura. Apareceu o bom Papa João XXIII, considerado como Papa de transição, mas que marcou indelevelmente a Igreja, sobretudo através da convocação do Concílio Vaticano II, inaugurado a 11 de outubro de 1962 e concluído (já com Paulo VI) a 8 de dezembro de 1965, que significou um abrir as portas da Igreja ao mundo e um *aggiornamento* da mesma Igreja a partir de dentro.

Apesar da sua simplicidade e bonomia, que lhe mereceu o nome de "bom Papa João", não era de modo algum ingénuo, mas clarividente e arrojado. Outro grande mérito, relacionado com o Concílio, foi o movimento ecuménico de aproximação aos irmãos separados, que convidou também para estarem presentes no Concílio. O seu lema era «procurar o que une e não o que divide». Nas dificuldades maiores dizia a brincar: «Falarei disso com o Papa.» Mas acrescentava: «Bom, uma vez que sou Papa, falarei disso com Deus.»

Angelo Roncalli nasceu em Sotto il Monte (norte de Itália) a 25 de novembro de 1881, sendo o quarto de catorze irmãos. Entrou no Seminário de Bérgamo e foi ordenado em 1904. Foi professor no seminário, sargento-enfermeiro e tenente-capelão durante a Grande Guerra, depois bispo, visitador e delegado apostólico na Bulgária, Turquia e Grécia, núncio em Paris (durante os horrores da Segunda Guerra Mundial – sendo núncio e em estreita colaboração com Pio XII, salvou muitos judeus da perseguição nazi) e Patriarca de Veneza. Eleito Papa a 28 de outubro de 1958. Na sua simplicidade e humildade, e ligado às raízes, declarou: «Vou chamar-me João. Este nome é para mim doce, por ser o nome de meu pai, e suave por ser o padroeiro da humilde paróquia em que recebi o Batismo.»

Um dos seus méritos principais foi a publicação de duas encíclicas sobre a questão social, abrindo novas perspetivas num tempo conturbado para o mundo e para a Igreja. São elas *Mater et Magistra* (1961), renovando a doutrina social da Igreja, e *Pacem in Terris* (1963), dirigida pela primeira vez não apenas aos cristãos, mas «a todos os homens de boa vontade», sobre as exigências da justiça e da liberdade em ordem a obter a paz.

Faleceu a 3 de junho de 1963, aos oitenta e um anos. Dias antes tinha confiado: «O segredo do meu ministério está no Crucifixo que sempre quis ter diante da minha cama. [...] Estes braços abertos foram o programa do meu pontificado.» Tinha dito também: «Nasci pobre, sempre fui pobre e quero morrer pobre.» Este Papa bom e bonacheirão que a todos cativou e abraçou, este pontífice que só desejava ser humilde pároco de aldeia e viver à maneira franciscana, mas que a Providência chamou a diplomata e a sumo pontífice, foi beatificado por João Paulo II a 3 de setembro de 2000 e aguarda-se para breve a sua canonização.

> **Lições / Propósitos**
>
> 1) Papa bom, simples e humilde, que cativou grandes e pequenos dentro e fora da Igreja;
> 2) iniciador do Concílio Vaticano II, que significou um novo Pentecostes na Igreja;
> 3) grande coração ecuménico também aberto aos problemas sociais.

Citação

«A fim de imitar mais o Cristo Senhor e de a Ele parecer mais com as minhas ações, quero e escolho a pobreza com o Cristo pobre antes que as riquezas; as afrontas com o Cristo coberto de opróbrios antes que as honras; e desejo passar por insensato e louco por Cristo.» (João XXIII, *Diário*)

5 de junho

SÃO BONIFÁCIO
Bispo e mártir
MISSIONÁRIO DOS POVOS GERMÂNICOS

Biografia

No início do século VII, o Papa Gregório Magno enviou monges romanos a evangelizar a Inglaterra (ver dia 27 de maio – Santo Agostinho de Cantuária). Um século mais tarde, é um monge inglês, chamado Winfrido, nascido por volta de 675, que é chamado, por sua vez, a evangelizar a Germânia. É mais conhecido com o nome de Bonifácio ("o que faz o bem") que lhe deu o Papa Gregório II, incumbindo-o, desde 719, de evangelizar toda a Germânia, sobretudo a Frísia. Por todo o lado fundava novas igrejas e mosteiros (o mais famoso dos quais é o de Fulda, onde repousam os seus restos mortais). Nomeava bispos locais, mas ele continuava missionário itinerante, apesar de ter sido nomeado bispo de Mogúncia e mais tarde de Utreque (Holanda). Além da Alemanha, evangelizou e reorganizou a Igreja dos Francos, na Germânia romana, onde o Cristianismo tinha caído em decadência sob Carlos Martel. Já idoso, voltou à Frísia, onde sofreu o martírio, tendo sido massacrado em Dokkum (Holanda), em 754, por um bando de pagãos, juntamente com 52 dos seus companheiros.

Lições / Propósitos

1) Missionário incansável dos povos germânicos;
2) mártir por amor do Evangelho, disposto desde cedo a dar a vida por Cristo;
3) homem de oração e meditação (quando o mataram tinha junto a si um livro de Santo Ambrósio sobre as vantagens da morte).

6 de junho

SÃO NORBERTO
Bispo
FUNDADOR DA ORDEM PREMONSTRATENSE

Biografia

Norberto nasceu na Renânia (Alemanha) por volta de 1085, numa família de alta linhagem. Viveu uma juventude mundana, segundo dizia, «como cidadão de Babilónia, escravo do prazer e prisioneiro dos seus caprichos», apesar de ser cónego de Xanten e desempenhar um cargo eclesiástico junto do imperador

Henrique V. Converteu-se verdadeiramente a Deus aos trinta e quatro anos, após um grande temporal onde escapou por milagre à morte, caindo um raio à frente do seu cavalo, abrindo grande fosso. Começou então uma vida nova de penitência e apostolado. Depois de ter sido ordenado sacerdote, pôs-se a pregar aos próprios colegas para os trazer também a uma vida conforme o Evangelho, o que lhe valeu inimizades, levando-o a deixar a Alemanha. Partiu então sem destino preciso, acabando por se fixar numa floresta perto de Laon, num lugar designado Premonstrado (1120). Fundou uma comunidade de cónegos regulares com a regra de Santo Agostinho, que tinha como objetivo a regeneração do clero através da vida comum, a celebração do ofício divino e a evangelização do povo. Queria o clero «casto e pobre» e que procurasse «seguir as Sagradas Escrituras e ter Cristo por guia». Após alguns anos foi eleito bispo de Magdeburgo, dedicando-se ainda mais à reforma da Igreja, indo buscar coragem à Eucaristia e à sua devoção particular a Maria. Diz-se que nele brilhava a fé, como em Bernardo a caridade. Morreu a 6 de junho de 1134, após doença prolongada.

Lições / Propósitos

1) Conversão radical e imediata a Deus, à imagem de São Paulo, após um acontecimento marcante;
2) fuga às glórias mundanas para se dedicar totalmente à glória de Deus;
3) fundador de uma ordem religiosa para regenerar o clero e evangelizar.

8 de junho

BEATA MARIA DO DIVINO CORAÇÃO
Virgem
CONFIDENTE DO CORAÇÃO DE JESUS

Biografia

A beata Maria do Divino Coração nasceu em Münster (Alemanha), em 1863, de uma família nobre (no mundo era condessa Droeste de Vischering). Desde pequena sentiu a dita, como ela mesma confessava, de ser filha da Santa Igreja. Com vinte anos consagrou-se totalmente ao Senhor pelo voto de castidade. Anos depois entrou na Congregação do Bom Pastor e professou no ano de 1891. Foi enviada para Portugal em 1894. Depois de alguns meses passados em Lisboa, chegou ao Porto como superiora do Recolhimento do Bom Pastor na Rua do Vale Formoso (Paranhos), vendo-se em dificuldade com as dívidas e com outros desconfortos, como o frio. Em maio de 1896 caiu de cama com uma doença paralisante que lhe causou dores atrozes; imolou-se pelos pecadores, pelos sacerdotes, pela Igreja e por Portugal. Morreu a 8 de junho de 1899, na véspera da festa do Coração de Jesus, com apenas trinta e cinco anos. Dias depois, o Papa Leão XIII, por influência dela, consagrava o mundo ao Coração de Jesus, considerando isso como «o ato mais grandioso do seu pontificado».

Esta humilde e santa freira deixou um rasto de fé e de caridade para com os mais desprotegidos, e de coragem no sofrimento, oferecendo-se ao Senhor como vítima. Foi confidente do Coração de Jesus. Está sepultada no Santuário do Coração de Jesus, em Ermesinde. O Senhor tinha-lhe pedido: «Deves erigir-Me aqui um lugar de reparação, e Eu farei dele um lugar de graças.» Na verdade, é um lugar de adoração e reparação onde o Coração de Jesus continua a derramar abundantes graças. Foi beatificada por Paulo VI em 1975.

José H. Barros de Oliveira

> **Lições / Propósitos**
>
> 1) Consagração total ao Coração amoroso de Jesus como vítima de reparação;
> 2) fortaleza no sofrimento oferecendo-o pelos pecadores e pelos sacerdotes;
> 3) entrega generosa ao serviço dos mais pobres no corpo e na alma.

9 de junho

SANTO EFRÉM
Doutor da Igreja
DIÁCONO AO SERVIÇO DA VERDADE

Biografia

Efrém nasceu em Nísibe, no Iraque, pelo ano de 306. Converteu-se ao Cristianismo em jovem. Emigrou depois para Edessa (Síria). Por humildade, nunca quis ser ordenado sacerdote, mas apenas diácono. Dedicou-se à ciência teológica (fundou uma escola) e à evangelização, apesar da sua vida de asceta. Escreveu diversas obras onde combateu os erros do seu tempo. Afirma São Jerónimo que em algumas igrejas, após a leitura da Sagrada Escritura, se liam as obras de Efrém, dada a sua clareza e verdade. Compôs vários hinos em honra da Santíssima Virgem (era grande a sua devoção à Mãe de Deus) e dos santos, sendo chamado «cítara do Espírito Santo». Foi proclamado doutor da Igreja. Morreu em 373.

> **Lições / Propósitos**
>
> 1) Vida de dedicação à contemplação, à teologia e à pregação;
> 2) escritor insigne, expondo e defendendo a verdade católica contra os erros;
> 3) terna devoção à Mãe de Deus, dedicando-lhe vários cânticos.

10 de junho

SANTO ANJO DA GUARDA DE PORTUGAL
PROTETOR DESTA NAÇÃO CRISTÃ

Reflexão

Entre Deus e os homens vai um abismo imenso, de algum modo superado com a Encarnação do Verbo de Deus. Jesus é a ponte, o Pontífice maravilhoso entre o Céu e a Terra, entre Deus e os homens. Mas a Igreja acredita também que acima dos homens, dependentes de Deus, existem outras criaturas ou espíritos que denominamos de anjos. Eles vivem inteiramente dedicados ao louvor e ao serviço de Deus. Se pouco sabemos da sua natureza, conhecemos melhor as suas missões (a palavra grega *angelos* significa "enviado", "mensageiro"), sobretudo tratando-se dos três arcanjos Miguel, Gabriel e Rafael (ver dia 29 de setembro).

Para além das grandes missões ou intervenções na história da Salvação, como por exemplo a Anunciação do arcanjo Gabriel a Maria, a fé cristã crê ainda que cada pessoa tem o seu anjo da guarda (ver dia 2 de outubro) e também cada nação. O Anjo de Portugal teve um maior incremento com as aparições do anjo em Fátima (ver dia 13 de maio) preparando as aparições de Maria. Ele mesmo se revelou como "anjo da paz" e "anjo de Portugal". O Papa Pio XII mandou inserir esta comemoração no nosso calendário litúrgico.

Lições / Propósitos

1) Como os anjos, devemos louvar e servir ao Deus Vivo;
2) fazer que Portugal seja verdadeiramente digno do anjo que o protege.

11 de junho

SÃO BARNABÉ
Apóstolo
CHEIO DO ESPÍRITO SANTO E DE FÉ

Biografia

José, com o cognome de Barnabé (que significa "filho da consolação", "o que sabe consolar e exortar"), era um judeu da tribo de Levi nascido em Chipre. Vivendo em Jerusalém, tornou-se cristão certamente logo após o Pentecostes, tomando a vida cristã a sério, tendo-se despojado do seu campo em favor da comunidade (At 4,36-37) e pondo-se ao serviço dos Apóstolos e da evangelização, merecendo por isso também o título de «Apóstolo», como o designa Paulo, e assim se manteve na liturgia, embora não tivesse sido dos Doze nem conhecesse pessoalmente o Senhor. Faz jus ao seu nome de pacificador, pois vemo-lo nos Atos dos Apóstolos assumir esse papel, embora também se tivesse desentendido com Paulo, por causa de Marcos (At 15,36-40).

Não obstante, a sua vida anda ligada à de Paulo, sendo garante da sua conversão em Jerusalém e indo buscá-lo de Tarso para Antioquia, partindo depois os dois em missão com ótimos resultados (a ponto de alguns os tomarem como deuses), mas também com perseguições. Depois da primeira viagem apostólica, encontram-se no primeiro Concílio de Jerusalém, sendo elogiados pelos Apóstolos. Não chegam a empreender juntos a segunda viagem apostólica, por se terem desentendido, coisas humanas, como diz São Jerónimo. Lucas caracteriza-o como «homem de bem, cheio de Espírito Santo e de fé», não se podendo elogiar melhor este pregador do Evangelho. Supõe-se que morreu mártir em Chipre, sua terra de origem. É-lhe atribuída uma carta apócrifa – Epístola de São Barnabé.

> *Lições / Propósitos*
>
> 1) Um dos seus grandes méritos foi "promover" Paulo, junto dos Apóstolos, e com ele se tornou "apóstolo", "profeta e doutor", feito verdadeiro missionário, não se furtando a qualquer sacrifício para anunciar a Boa Notícia de Jesus Cristo;
> 2) sob inspiração divina, Lucas caracteriza-o como «homem bom, cheio do Espírito Santo e de fé», qualidades que lhe devíamos pedir;
> 3) como o nome indica, Barnabé foi um homem pacífico e pacificador (por exemplo, em Antioquia consegue que judeus e gregos vivam unidos), cumprindo a bem-aventurança que declara felizes os que promovem a paz e a reconciliação.

13 de junho

SANTO ANTÓNIO DE LISBOA
Presbítero e doutor da Igreja
SANTO DE TODO O MUNDO

Biografia

Observamos em Santo António mais um santo que enche as medidas, à dimensão do mundo (Leão XIII chamou-lhe «o santo de todo o mundo»), tão universal como São Francisco, sendo um dos seus primeiros seguidores. É também o maior santo português ou, pelo menos, o mais conhecido.

Nasceu em Lisboa de família nobre por volta de 1191 (1195?), recebendo no batismo o nome de Fernando. Desde menino professou singular devoção a Nossa Senhora e ainda adolescente tomou o hábito dos cónegos regrantes de Santo Agostinho, em São Vicente de Fora. Em breve transitou para o Mosteiro de Santa Cruz de Coimbra onde estudou e foi ordenado sacerdote. Aí começou a ter contacto com os frades menores, que o encantaram com a sua pobreza e simplicidade, e não demorou a ingressar na Ordem Franciscana, apesar das oposições, tomando o nome de António (como era conhecido no ermitério dos Olivais), com a intenção de se dedicar à evangelização. O que mais o levou a fazer-se franciscano foi o martírio de cinco frades que tinham partido deste convento, vindos de Itália, para evangelizar Marrocos, mas que foram martirizados. Impressionado com as relíquias que chegaram a Coimbra em 1220, deixou o ermitério e rumou ao norte de África na ânsia de pregar também a fé aos muçulmanos e dar a vida por Cristo. Mas a doença não lhe permitiu permanecer por muito tempo em Marrocos e teve de regressar novamente a Portugal.

Porém, uma tempestade atirou o barco para as costas da Sicília donde passou à Itália. Foi nesta nação que desenvolveu o seu apostolado, percorrendo também, entre 1223 e 1226, o sul de França, verberando os erros dos albigenses. Os biógrafos denominam-no «martelo dos hereges». Regressou a Itália, onde continuou a sua pregação ardente, sempre alimentada principalmente com a Sagrada Escritura. Escreveu vários sermões, cheios de sabedoria e de unção espiritual, e foi o primeiro professor de Teologia da sua ordem. Estava igualmente atento à miséria do seu tempo e aos males sociais que o afligiam, denunciando a usura, a prisão por dívidas, a exploração dos pobres. O povo tinha-o em tão grande consideração que lhe cortava pedaços do hábito para levar como relíquia.

Morreu a 13 de junho de 1231 em Pádua, ao norte de Itália, exclamando: «Vejo o meu Senhor!» As crianças e o povo gritavam: «Morreu o santo! Morreu Santo António!» Segundo a tradição, os sinos tocaram também em Lisboa anunciando a sua morte. Encontra-se sepultado e é venerado em Pádua, conservando-se a sua língua incorrupta.

Muitos milagres lhe são atribuídos, como receber nos braços o Menino Jesus, curas e até ressurreição de mortos, advogado das causas e dos objetos perdidos, casamenteiro, fazer ajoelhar um macho diante do Santíssimo Sacramento, não lhe fazer mal o veneno ingerido, pregar num lugar e ser ouvido noutro, pregar aos peixes quando os homens se recusaram a ouvi-lo, etc. Mas o maior milagre é ele mesmo, o seu amor apaixonado a Deus e ao próximo. O Papa canonizou-o poucos meses após a morte. Em 1934 foi declarado padroeiro secundário de Portugal e em 1946 doutor da Igreja. Pio XII nessa altura chamou-o «astro rutilante» que iluminou o mundo inteiro com «luz fulgidíssima». Quando em 1981, ao completarem-se 750 anos da sua morte, se abriu o túmulo, os especialistas, analisando os ossos, concluíram que teria vivido cerca de quarenta anos (em todo o caso, vida breve mas longa santidade) e por isso teria nascido talvez em 1191 e não em 1195, como geralmente se crê; notou-se também grande saliência nos joelhos supondo-se que passou muitas horas ajoelhado, tendo ainda os ossos das pernas muito desenvolvidos, sinal de ter andado muito.

Os bispos portugueses, no 8.º centenário do seu nascimento (1995) dedicaram-lhe uma nota pastoral, considerando-o um grande mestre espiritual, um obreiro da Europa, um português universal, um santo para os jovens, um inspirador da nova evangelização. O padre António Vieira dedicou-lhe nove inflamados sermões. Santo António inspirou muitos santos, mas também poetas, folclore, a linguagem (exemplo disso são alguns dizeres: «nem Santo António te vale», «é como pregar aos peixes», etc.). Teve mesmo um posto no exército português, de quem é patrono, entre tantos outros que se reclamam do seu patronato, pois ele é santo de tudo e de todos.

Lições / Propósitos

1) Amor apaixonado a Jesus Cristo e a Maria Santíssima;
2) homem místico vivendo da oração e da devoção;
3) insigne pregador da Palavra de Deus, disposto a dar a vida pela causa do Evangelho;
4) amigo dos pobres e de todas as vítimas das injustiças;
5) desprendido dos bens da terra, amante da pobreza voluntária;
6) homem europeu e universal.

José H. Barros de Oliveira

Citação

❏ «A linguagem é viva quando falam as obras. Cessem, portanto, as palavras e falem as obras. De palavras estamos cheios, mas de obras vazios. [...] Inflamemo-nos com as línguas de fogo que são os louvores de Deus, a fim de que, inflamados e iluminados nos esplendores da santidade, mereçamos ver a Deus trino e uno.» (Santo António de Lisboa, *Sermões*)

19 de junho

SÃO ROMUALDO
Abade
MONGE REFORMADOR

Biografia

Romualdo nasceu em Ravena em meados do século x, tempo difícil e de relaxamento para a Igreja. Andou desorientado na juventude, mas converteu-se pelos vinte anos quando viu o pai a matar um parente em duelo. Retirou-se para um mosteiro perto de Ravena mas, procurando maior austeridade, foi para Veneza e depois para os Pirenéus. Voltou a Itália e começou a fundar pequenos mosteiros (mais de uma centena). Um certo Máldolo cedeu-lhe um terreno que foi o primeiro mosteiro destes monges que vestiam de branco, designados Camaldulenses (nome derivado do campo de Máldolo).

Romualdo preferia o deserto ou o ermitério aos claustros, admitindo que inicialmente os monges pudessem viver em comunidade (cenobitas), quase como estágio, antes de partirem para a solidão. Recomendava aos anacoretas:

> Vive na tua cela e considera-a como paraíso; afasta toda a recordação do mundo; fixa o teu pensamento na meditação [...]. Persevera

com temor na presença divina, como quem está diante do Rei; renuncia a ti mesmo, e sê como criança, contente unicamente com a graça de Deus.

Este santo trabalhava e rezava muito, dormia pouco e nem se lavava (podia ser patrono dos *hippies*). Os monges que o seguiam não conseguiam acompanhar tanta austeridade e muitos adoeciam. Como diz São Pedro Damião, que conta a sua vida:

> Era arrebatado frequentemente a tão elevado grau de contemplação que, derramando abundantes lágrimas e inflamado no fogo do amor divino, tinha exclamações como esta: «Jesus, meu amado Jesus, para mim mais doce do que o mel, desejo inefável, doçura dos santos, suavidade dos anjos.»

Foi com esta jaculatória nos lábios que entregou a sua alma ao Criador em 1027.

Lições / Propósitos

1) Entrega total ao Senhor, em contemplação, vivendo na solidão;
2) reformador da Igreja num tempo de grande laxismo.

---

20 de junho

BEATAS SANCHA, MAFALDA e TERESA
FILHAS DE UM REI DA TERRA E DO REI DOS CÉUS

Biografia

As beatas Sancha, Mafalda e Teresa eram filhas de D. Sancho I, dedicando-se totalmente a Deus, através de caminhos diferentes mas convergentes.

Sancha foi desde a infância modelo de virtude. Quando o pai lhe deu a posse de Alenquer, foi viver para lá, construindo mosteiros e igrejas. Aí levou uma vida monacal consagrada ao serviço de Deus. Posteriormente construiu o Mosteiro de Celas (Coimbra), onde tomou o hábito de monja cisterciense, levando uma vida de austeridade, vindo a falecer a 13 de março de 1229.

Mafalda casou com D. Henrique, rei de Castela. Mas, devido a impedimento de consanguinidade (ou talvez menoridade ou morte do marido), voltou para casa antes de consumar o matrimónio. Tornou-se cisterciense no Mosteiro de Arouca, vivendo uma vida de santidade e entregando todos os seus bens para obras de beneficência. Morreu a 1 de maio de 1256.

Teresa era a primogénita e, por isso, apesar de contrariada, foi dada pelo pai em casamento a D. Afonso, rei de Leão, de quem teve três filhos. Porém, declarada a nulidade do matrimónio, retirou-se para o Mosteiro de Lorvão, que restaurou e onde reuniu um grupo de monjas cistercienses, tomando ela própria o hábito. Aí morreu santamente a 17 de junho de 1250.

Lições / Propósitos

1) Menosprezo dos bens da Terra e das honras da corte;
2) vida consagrada totalmente a Deus na oração e pobreza;
3) dedicação aos pobres e às obras de beneficência.

21 de junho

SÃO LUÍS GONZAGA
Religioso
MODELO DA JUVENTUDE PURA E GENEROSA

Biografia

Luís nasceu em Castiglione, perto de Mântua (Lombardia, Itália), a 9 de março de 1568, filho de príncipes. Educado cristãmente sobretudo pela mãe, desde cedo mostrou grande inclinação para a vida religiosa, apesar do seu temperamento um tanto colérico e impaciente. Dos catorze aos dezasseis anos viveu em Madrid, como pajem de honra de um príncipe, não se iludindo com o ambiente mundano, antes continuando a praticar duras penitências e jejuns (com algumas atitudes exageradas) e a dar-se longamente à oração, sendo grande devoto da Eucaristia e de Maria, querendo ser missionário a exemplo de Francisco Xavier.

Aos dezassete anos, tendo finalmente vencido a resistência do pai, que não o queria ver religioso, renunciou ao principado em favor do irmão e ingressou na recém-criada Companhia de Jesus, estudando Teologia no Colégio Romano. Mas os livros não o fazem esquecer a caridade, entregando-se ao serviço dos enfermos nos hospitais, a braços com uma epidemia de peste, vindo a contrair a doença que o levou à morte a 21 de junho de 1591, com apenas vinte e três anos. Repetia frequentemente: «Antes morrer que pecar!» Foi beatificado logo em 1606, podendo ainda a mãe (a quem Luís tinha escrito uma carta comovente para que não chorasse a sua morte) assistir à glorificação do filho. São Luís foi declarado patrono da juventude, sobretudo dos que lutam por serem puros como ele.

Lições / Propósitos

1) Modelo de castidade e de caridade, morrendo ao serviço dos doentes;
2) jovem de oração e de contemplação;
3) dado à penitência, particularmente ao jejum, e vivendo em grande austeridade, apesar das seduções da corte.

Citação

❏ «A vossa carta encontrou-me ainda vivo na região dos mortos, mas agora espero ir em breve louvar a Deus eternamente na região dos vivos. [...] Muito grande deve ser a alegria de Vossa Senhoria pela graça que Deus vos concede na minha pessoa, chamando-me à verdadeira alegria e dando-me a segurança de O não poder perder jamais. Confesso-vos, ilustríssima senhora, que me perco e arrebato na contemplação da divina bondade, mar sem praia e sem fundo, que me chama a um descanso eterno por um trabalho tão breve e tão pequeno. [...] Considerai bem e ponde todo o cuidado em não ofender esta bondade de Deus, como certamente aconteceria se viésseis a chorar como morto aquele que vai viver na contemplação de Deus e que maiores serviços vos fará com as suas orações do que em esta terra vos prestava. A nossa separação será breve; lá no Céu nos tornaremos a ver; lá seremos felizes e viveremos para sempre juntos, porque estaremos unidos ao nosso Redentor. [...] Digo tudo isto para que Vós, senhora minha mãe, e toda a família, aceiteis a minha morte como um dom precioso da graça.» (São Luís Gonzaga, carta a sua mãe)

22 de junho

SÃO JOÃO FISHER
e SÃO TOMÁS MORO
Mártires
DEFENSORES DO MATRIMÓNIO INDISSOLÚVEL

Biografia

João Fisher nasceu em 1469 em Inglaterra. Estudou em Cambridge. Ordenou-se sacerdote e foi confessor da mãe do rei. Assim pôde ter influência na corte a favor do catolicismo. O rei nomeou-o para tomar parte no 5.º Concílio de Latrão, mas não chegou a ir, juntamente com Erasmo, a quem tinha convidado como seu teólogo e que dizia dele: «Não há homem mais sábio nem prelado mais santo.» O rei nomeou-o bispo apenas com trinta e cinco anos. Ele evitou as honras e visitava de modo particular os pobres e os doentes. Opôs-se com as suas obras a Lutero, que o atacou, e ele contra-atacou, não poupando também os defeitos da Cúria Romana.

Entretanto, o rei Henrique VIII apaixonou-se por Ana Bolena, dama de honra da sua esposa Catarina de Aragão, e pretendia que o bispo Fisher advogasse a causa do divórcio, recusando-se ele terminantemente, estando disposto «a sacrificar a própria vida». O rei começou a persegui-lo até lhe dar a morte em 1535. O bispo preparou-se, despediu-se do povo dizendo: «Vim aqui para morrer pela fé da Igreja Católica e de Cristo», e rezou até que foi decapitado. A cabeça esteve exposta na torre/ponte de Londres.

Tomás Moro nasceu em 1478 de família burguesa. Estudou em Oxford. Foi também amigo de Erasmo, trabalhando com ele em alguns livros e traduções. O seu livro mais célebre é a *Utopia* (literalmente significa "sem lugar"). Casou, mas ficou viúvo, poucos anos depois, e com quatro filhos, a quem educou numa fé viva, tornando a sua casa quase um convento. Entretanto gozava de grande prestígio jurídico e político, escolhendo-o o rei como seu chanceler, já na mira para que o pudesse defender no seu pedido de divórcio. Mas ele escusou-se, dizendo que eram assuntos canónicos e eclesiásticos, até que renunciou ao cargo. Apesar de tudo, foi convidado a assistir ao novo casamento, recusando novamente, começando aí a perseguição do rei. Foi encarcerado e supliciado a 6 de julho de 1535, como Fisher tinha sido a 22 de junho. Não cedeu a pressões, mesmo da família, que o queria salvar. Dirigiu a palavra aos presentes: «Morro leal a Deus e ao rei, mas a Deus antes de tudo.» Rezou e abraçou o algoz gracejando com ele, e assim foi degolado. Foi canonizado, juntamente com João Fisher, em 1935 por Pio XI.

— *Lições / Propósitos*

1) Coragem e firmeza até à morte na defesa da sua consciência;
2) defensores corajosos da indissolubilidade do Matrimónio;
3) dedicação à ciência e à sabedoria com um grande espírito humanista.

Citação

❏ «Não quero desconfiar, minha Margarida, da bondade de Deus, por mais débil e fraco que eu me sinta. [...] Estou inteiramente convencido de que, sem culpa minha, Deus não me abandonará. Por isso, com toda a esperança e confiança me entregarei totalmente nas mãos de Deus. [...] Está pois tranquila, minha filha, e não te preocupes comigo, seja o que for que me aconteça neste mundo. Nada pode acontecer-me que Deus não queira. E tudo o que Ele quer, por muito mau que nos pareça é, em verdade, muito bom.» (Carta de São Tomás Moro à filha, escrita no cárcere)

24 de junho

SÃO JOÃO BATISTA
PRECURSOR E PROFETA DO SENHOR

Biografia

João (que significa "Deus agracia" ou "favorecido por Deus"), foi o nome dado pelo próprio anjo aos seus pais, Zacarias e Isabel. Foi profetizado que muitos se alegrariam no seu nascimento, pois ele seria grande diante do Senhor e cheio do Espírito Santo. Os pais eram estéreis, já adiantados em idade, mas Deus prometeu-lhes um filho. Zacarias não quis acreditar na promessa de Deus, mas depois encheu-se de alegria, confirmou o nome do menino e cantou um hino ao Senhor (*Benedictus*). Isabel concebeu e, quando foi visitada por Maria, também ela grávida de Jesus, João saltou de alegria no seu seio e Isabel saudou, exultante, Maria, elogiando a sua fé, enquanto Maria prorrompeu num hino de gratidão ao Senhor (*Magnificat*). O menino nasceu e «crescia, o seu espírito robustecia-se, e vivia em lugares desertos, até ao dia da sua apresentação a Israel» (Lc 1,80).

Chegada a altura de iniciar a preparação para a vinda do Messias, começou a percorrer a região do Jordão pregando um Batismo de penitência e recorrendo ao profeta Isaías para proclamar: «Preparai o caminho do Senhor!» E exortava veementemente o povo à conversão, com expressões fortes que escandalizavam os fariseus e o próprio Herodes, a quem censurou também por ter casado com a cunhada, e que por isso o mandou prender e mais tarde degolar.

Entretanto, Jesus apresenta-Se no Jordão para ser batizado por ele. Depois de recusar por não se sentir digno, João acede e testemunha que o Espírito desceu sobre Jesus. Mas, dada a sua personalidade forte e a convicção de que o Reino de

Deus viria em poder e força, inicialmente teve dificuldades em reconhecer em Jesus, manso e humilde de coração, o Messias esperado. Mandou-Lhe, por isso, mensageiros, a perguntar se era Ele realmente o Messias. Jesus respondeu com as obras, citando o profeta Isaías. Reconhecida a presença do Messias, João, que não era a luz, mas tinha vindo para testemunhar a luz, apontou-O como o «Cordeiro de Deus que tira os pecados do mundo» e mandou que os seus discípulos seguissem Jesus.

Agora podia desaparecer pois era necessário que Jesus crescesse e ele diminuísse, uma vez que nem digno era de Lhe desatar as sandálias. Não se sabe os contactos que continuou a ter com Jesus que, entretanto, o elogiou como homem corajoso e não «cana agitada pelo vento», considerando-o «o maior» na transição entre o Antigo e o Novo Testamento. Também não se sabe se João se inspirou na doutrina dos essénios e se fazia parte desta comunidade. A verdade é que foi verdadeiramente um homem à altura da sua missão extraordinária (cf. *Boa Nova do Domingo, vol. 3.º – Tempo Comum I*).

―― *Lições / Propósitos* ――――――――――――――――

João é um modelo capaz ainda hoje de entusiasmar jovens e menos jovens. Modelo de personalidade forte (de antes quebrar que torcer, de árvore bem enraizada e não de cana agitada pelo vento) e de homem santo. É pena os cristãos terem devoção a todos os santos e muitas vezes esquecerem João Batista, ou só se lembrarem dele na festa popular para a folia, esquecendo as suas virtudes humanas e espirituais, dignas de serem imitadas:

1) alegria de João, que exultou ainda no seio materno e que trouxe alegria aos pais e a todos os que se alegraram com o seu nascimento;
2) crescimento em todos os sentidos, robustecendo-se no corpo e na alma;
3) solidão e penitência: retirou-se para o deserto, para preparar a sua missão, onde vivia em grande austeridade; comia e vestia com moderação e rigor, vivendo em virgindade, jejum e oração;
4) verdade e humildade: disse a todos o que tinha que dizer e de si mesmo afirmou que não era o Messias nem se sentia digno de se aproximar d'Ele, só desejando que Ele crescesse enquanto ele desaparecia;

5) coragem diante de tudo e de todos, dizendo aos fariseus verdades duras, mesmo a Herodes que por isso o mandou prender e matar;
6) testemunho e martírio: veio para dar testemunho da luz e assim fez, logo a partir do Batismo de Jesus, testemunhando que Ele era o Filho de Deus. O seu último testemunho foi o martírio (mártir significa precisamente "testemunha");
7) vocação cumprida: desde o seu nascimento suscita interrogações («Que virá a ser este menino?») e desde sempre a mão de Deus estava com ele e ele foi sempre coerente e fiel com a sua vocação, que desempenhou na perfeição como precursor e testemunha de Jesus Cristo, dando a vida pela verdade, prenunciando também a morte de Jesus.

Enfim, João pode ser modelo para os jovens, para os ascetas, para os pregadores (que nunca devem recuar perante o anúncio forte da verdade), para os ecologistas e vegetarianos (viveu no deserto a sol aberto, alimentando-se com o que a natureza dava). Modelo para todos os cristãos que devem ser, como ele, precursores de Jesus e testemunhas da verdade.

26 de junho

SÃO JOSÉ MARIA ESCRIVÁ
Presbítero
FUNDADOR DO OPUS DEI

Biografia

José Maria Escrivá, sacerdote espanhol, nasceu em Barbastro em 1902. Quando se encontrava a estudar Direito Civil em Madrid, ao mesmo tempo que exercia o apostolado sacerdotal num bairro pobre da periferia, teve a inspiração de fundar o Opus Dei (Obra de Deus). Apostou nos leigos (particularmente intelectuais e homens de negócios), atuando sempre com muita discrição, o mesmo acontecendo ainda hoje com os membros da obra. Impulsionou a santificação pelo/no trabalho ou no cumprimento do dever. Escreveu diversos livros de espiritualidade, sendo o mais famoso o *Caminho*, que continua a orientar espiritualmente muita gente.

Instalou-se em Roma em 1946, embora tivesse viajado muito por todo o mundo, para impulsionar a obra. Morreu repentinamente a 26 de junho de 1975, lançando um olhar para um quadro de Nossa Senhora.

Foi rapidamente beatificado e depois canonizado a 6 de outubro de 2002 por João Paulo II. Este Papa também tinha aprovado, em 1982, a Prelatura da Santa Cruz e o Opus Dei (os seus membros têm um bispo próprio).

Lições / Propósitos

1) Insistência na santificação no/pelo trabalho e pelas práticas de devoção tradicionais;
2) zelo apostólico, centrando a sua vida religiosa na Eucaristia e em Maria.

---

27 de junho

SÃO CIRILO DE ALEXANDRIA
Bispo e doutor da Igreja
DEFENSOR DA ORTODOXIA DA FÉ

Biografia

Cirilo nasceu em 370 e inicialmente dedicou-se à vida monástica. Ordenado sacerdote, acompanhou o tio, bispo de Alexandria, sucedendo-lhe no Patriarcado. Combateu energicamente, por vezes até usando certa violência, diversas heresias sobre a natureza de Cristo. O seu mérito principal foi ser a figura de topo do Concílio de Éfeso (431), que repôs a verdade sobre Cristo, verdadeiro Deus e verdadeiro Homem, sendo Maria proclamada Mãe de Deus. Escreveu obras de grande erudição para defender a fé católica. Morreu em 444.

Lições / Propósitos

1) Defensor da fé católica contra as heresias do tempo;
2) iluminar no Concílio de Éfeso e nas obras que escreveu.

---

28 de junho

SANTO IRENEU
Bispo e mártir
A GLÓRIA DE DEUS É O HOMEM VIVO

Biografia

Ireneu (nome grego que significa "paz") nasceu pelo ano de 130 ou de 135 em Esmirna (Turquia), tendo sido discípulo de São Policarpo. Depois passou por França, exercendo o sacerdócio em Lião em 177, aquando do martírio do bispo desta cidade, sucedendo-lhe no episcopado até à altura da sua morte (supõe-se que foi martirizado) pelo ano de 200. Além de pastor, era grande escritor, escrevendo particularmente contra as heresias e os hereges (gnósticos), procurando convertê-los à verdadeira fé. Apesar das controvérsias, por exemplo a respeito da data da Páscoa, viveu sempre em unidade com a Igreja de Roma, «fundada pelos dois gloriosos Apóstolos Pedro e Paulo», que «preside à caridade». Ele estava bem consciente de que «onde está a Igreja, está o Espírito de Deus, e o Espírito é a verdade». Dignificou a Deus e ao mesmo tempo o homem quando escreveu no seu *Tratado contra as heresias*: «A glória de Deus é o homem vivo, e a vida do homem é a visão de Deus.»

Lições / Propósitos

1) Fé e amor a Jesus Cristo e à Sua Igreja, lutando sempre pela sua unidade e paz;
2) amor e confiança no homem redimido por Cristo e manifestação da glória de Deus;
3) amor à verdade acima e para além de tudo, combatendo o erro mas respeitando os errantes.

---

29 de junho

SÃO PEDRO
Apóstolo
«CONFIRMA OS IRMÃOS NA FÉ!»

Biografia

Desde os primeiros séculos que a Igreja celebra conjuntamente os dois grandes Apóstolos Pedro e Paulo. Mas vamos tratá-los separadamente, dada a grandeza de cada um deles e as lições particulares que nos podem dar.

Pedro (de *Petros* em grego, significando "pedra", "rocha", correspondente a *Kefas*, do aramaico *Kefa*, "rocha") foi o nome que lhe atribuiu Jesus, considerando-o o primeiro entre os Doze. Chamava-se Simão, filho de Jonas e era irmão de André. Era pescador, natural de Betsaida, mas vivendo em Cafarnaum com a sogra, deduzindo-se daí que era casado.

Ocupa lugar especial junto de Jesus, que o chama a ser «pescador de homens», cabeça do Colégio Apostólico. Morreu mártir em Roma cerca do ano de 67, sob o domínio do imperador Nero. São-lhe atribuídas duas cartas, embora a segunda não seja da sua autoria.

(Não desenvolvemos mais a biografia de Pedro, pois era necessário percorrer todo o Evangelho e ainda os Atos dos Apóstolos e as Cartas de Pedro. Basta seguir as passagens do Evangelho que se referem a ele, particularmente quando Jesus o constitui fundamento da Igreja, o manda apascentar o Seu rebanho e confirmar os irmãos, apesar de ele ter sucumbido à tentação e ter negado o Mestre. Tiremos antes algumas lições da sua vida).

Lições / Propósitos

1) Temperamento simples, franco, apaixonado pela causa, mas também impulsivo em excesso, assim como presunçoso;
2) fé indefetível no Mestre: «Tu és Cristo, filho de Deus vivo!»; «A quem iremos, Senhor?»; «À tua Palavra lançarei as redes.» O Senhor manda-o confirmar os irmãos na fé;
3) amor a toda a prova ao Mestre: «Sim, Senhor, tu sabes que eu te amo!»; «Ainda que todos te abandonem, eu não!»; «Ardentemente apaixonado por Cristo» (Santo Agostinho);
4) humildade e conversão: no lava-pés, inicialmente resiste, mas depois deixa Jesus atuar. Na Paixão, dada a sua fraqueza e o seu medo, negou o Senhor, apesar de antes ter protestado a sua fidelidade, mas depois chorou amargamente o seu pecado;
5) Apóstolo: na manhã da Ressurreição correu ao túmulo, «viu e acreditou» («somos testemunhas de tudo isto»). Logo após o Pentecostes anunciou o mistério de Cristo com desassombro, sem medo das perseguições e da cadeia, donde foi libertado miraculosamente;
6) chefe da Igreja, primeiro Papa: «Tu és Pedro e sobre esta pedra edificarei a Minha Igreja»; «apascenta as Minhas ovelhas»; «confirma os Meus irmãos»; «tudo o que ligares na Terra será ligado nos Céus» (toda a simbologia petrina está a indicar o Primado: pedra, rede, barca, chaves, pastor);
7) vocação cumprida e martírio: deixando tudo, incluindo a família, seguiu Jesus, feito «pescador de homens». Depois de uma vida toda votada ao serviço de Deus e da Igreja, morre mártir em Roma, depois de muitas perseguições.

❏ Na festa de São Pedro, para além de imitarmos as suas virtudes, devemos encher-nos de amor e rezar pela Igreja Santa de Deus, fundada por Jesus Cristo, que continua a ser a pedra angular, mas que chamou os Apóstolos, o primeiro dos quais e a título particular Pedro, para serem as colunas da Igreja, construída sobre o próprio Cristo. Rezar também pelo Santo Padre, sucessor de Pedro e representante de Cristo na Terra, o «doce Cristo na Terra», como lhe chamava Santa Catarina de Sena. Outra maneira de honrar o Apóstolo Pedro é ler os seus escritos, particularmente a Primeira Carta, e ainda os Evangelhos e os Atos dos Apóstolos onde ele intervém. Ter em grande apreço também os escritos e documentos (encíclicas, etc.) dos Papas, que falam em nome de Cristo e de Pedro.

29 de junho

SÃO PAULO
Apóstolo
ENAMORADO DE JESUS CRISTO

Biografia

Paulo nasceu em Tarso, na Cilícia, de família judaica, tendo também cidadania romana. Recebeu formação nas melhores escolas. Perseguidor dos cristãos (esteve presente na morte de Estêvão), converteu-se de repente, pelo ano de 36, quando Jesus se lhe manifestou fulgurantemente no caminho de Damasco (cf. AT 9). Voltou-se totalmente para Cristo e para a missão extraordinária que o Filho de Deus lhe confiou de ser Apóstolo dos gentios. Fez diversas viagens apostólicas pelo mundo conhecido de então, fundando comunidades que depois visitava de novo ou a quem escrevia cartas (14 conhecidas, embora a dos Hebreus não seja da sua autoria) de grande conteúdo doutrinal e pastoral. Na última viagem, chegou a Roma como prisioneiro. Depois de libertado talvez ainda tenha visitado outras comunidades (poderia ter mesmo chegado à Península Ibérica). Preso novamente, sofreu o martírio (degolado) pelo ano de 67, mais ou menos pela mesma altura que Pedro, e por isso a Igreja desde cedo juntou as duas festas. Eles também se completavam nas diferentes (mas convergentes) perspetivas que tinham de Cristo e da Igreja nascente, Pedro mais dedicado ao governo da Igreja e aos judeus, Paulo à evangelização dos gentios.

Paulo tinha uma personalidade muito forte e uma grande cultura, mas sobretudo foi um enamorado de Jesus Cristo (São Basílio Magno chama-o «o imitador de Cristo» por excelência), que por sua vez o chamou a ser também fundamento da Igreja nascente. A Igreja, sem ele, não se teria expandido tão rapidamente nem teria um corpo doutrinal tão sólido. Embora não tivesse acompanhado Jesus durante a Sua vida pública, foi chamado também por Ele e de forma ainda mais forte do que os outros Apóstolos e por isso é contado entre eles. Ele mesmo se denomina o "Apóstolo" (por antonomásia) por vontade de Deus.

Não é possível sintetizar o amplo e profundo pensamento paulino sobre o mistério de Cristo, da Igreja, da justificação, da vida cristã, etc. Podem distinguir-se três períodos na sua evolução teológica: no início julga iminente a parusia ou última vinda do Senhor (Primeira Carta aos Tessalonicenses); no segundo, Paulo fixa-se na realidade presente do cristão que, pelo Batismo, foi enxertado em Cristo e vive já, no Espírito, uma vida nova (Carta aos Filipenses, aos Gálatas, aos Coríntios e sobretudo aos Romanos); no último volta a considerar os cristãos como vivendo já exaltados «nos céus» com Cristo (Carta aos Colossenses e aos Efésios, escritas já certamente depois da sua morte por algum discípulo). Nas cartas pastorais (a Timóteo e a Tito), também da escola paulina, exprime o viver da Igreja e dos cristãos que enfrentavam a perseguição.

A cristologia ocupa o centro da doutrina paulina. Com Jesus chega a «plenitude dos tempos». Paulo insiste no mistério da Encarnação e na humildade do Verbo de Deus que se despojou da sua glória (*kenosis*) aniquilando-se até à morte de Cruz (cf. FL 2). Mas pela Sua Ressurreição (o mistério pascal é o centro do centro) Jesus torna-Se o *Kyrios* e n'Ele «habita a plenitude da divindade» (CL 2,9). O Verbo fez-Se carne essencialmente para nos remir.

A salvação, a justificação pela fé, a graça, ocupam também lugar central na teologia paulina. A economia da Salvação centra-se em Cristo. Ele reconcilia os homens com o Pai. A salvação é dom gratuito de Deus. Onde abundou o pecado, superabundou a graça. Jesus é a Cabeça do Corpo de Cristo que é a Igreja. Unidos a Cristo, formamos com Ele um só corpo. Cristo exprime-Se na Igreja particularmente através dos sacramentos, sendo de realçar o Batismo, pelo qual mergulhamos no mistério da morte e da ressurreição do Senhor e somos incorporados na Igreja. O cristão, unido a Cristo e como membro da Igreja, deve viver em santidade, que consiste essencialmente na caridade. Com os olhos postos no Céu, donde espera a última vinda do Senhor (parusia), vive já as últimas realidades (escatologia). Isso não o impede, antes o obriga ao apostolado e à evangelização, anunciando Cristo Salvador a todos os povos, pois de todos Ele é o único Salvador.

Lições / Propósitos

Depois de Pedro e juntamente com ele (sendo ambos inseparáveis mesmo na celebração litúrgica), devemos venerar e imitar este grande Apóstolo de Jesus Cristo (talvez o santo que mais se identificou com Cristo: coração de Cristo, coração de Paulo), posto ainda mais em realce desde que o Papa Bento XVI declarou o ano de 2008/2009 (com início em 29 de junho) como Ano Paulino, celebrando-se os 2000 anos do nascimento deste grande Apóstolo. Eis algumas lições que Paulo nos dá:

1) Apóstolo de Jesus Cristo, por antonomásia, como ele mesmo se intitula, convida-nos instantemente ao dever da evangelização: «Ai de mim se não evangelizar!»; «não me envergonho do Evangelho»; «a caridade de Cristo me impele». Evangelização em rede, chamando colaboradores, partindo de factos e da pessoa de Cristo mais do que de teorias, contando sempre com a comunidade;

de se identificar totalmente com Jesus, "cristificando" a sua vida: «Para mim viver é Cristo»; «já não sou eu quem vive, mas é Cristo quem vive em mim»; «sei a quem me entreguei»; «tudo considero como lixo comparado com Jesus Cristo». Paulo identifica-se principalmente com o mistério pascal do Senhor: «Longe de mim gloriar--me a não ser na Cruz de Cristo»; «estou crucificado com Cristo». Com Cristo ele está morto e ressuscitado, desejando que todos os cristãos também estejam comortos e corressuscitados com Ele, o que acontece já radicalmente desde o Batismo;

3) amor à Igreja, Corpo de Cristo, sempre unida à Cabeça, que é Cristo, devendo cada cristão sentir-se membro responsável e exercendo os seus carismas ou ministérios;

4) caridade para com todos, amor que pregou (cf. hino à caridade, 1Cor 13) e praticou, sobretudo no cuidado pelos pobres, a exemplo de Jesus que, sendo rico, por nós Se fez pobre (2Cor 8), pedindo às comunidades mais abastadas para socorrerem as mais necessitadas, como lhe tinha pedido Pedro. Paulo recomenda o desprendimento, porque «o amor ao dinheiro é a raiz de todos os males» (1Tm 6,9);

5) homem de oração que não cessa de pedir e dar graças a Deus por todos, apelando também à oração dos fiéis, a «orar sem cessar», a «perseverar na oração», a «orar no Espírito Santo» que em nós clama a filiação divina;

6) homem da alegria, apesar de todas as tribulações, exortando também os cristãos a «alegrar-se sempre no Senhor», a «viver sempre alegres», a «ser alegres na esperança», porque o Reino de Deus é «justiça, paz e alegria no Espírito Santo» (Rm 14,17);

7) mártir, isto é, testemunha, até à morte, do Senhor, consciente de ter combatido o bom combate e na esperança de receber a coroa da glória. Já há muito que ele desejava morrer para estar com Cristo.

José H. Barros de Oliveira

30 de junho

PRIMEIROS MÁRTIRES DA IGREJA DE ROMA
FIXEMOS O NOSSO OLHAR NAS TESTEMUNHAS

Biografia

Na primeira grande perseguição contra a Igreja de Roma, desencadeada por Nero depois do incêndio da Cidade, no ano de 64, muitos cristãos foram martirizados atrozmente, facto atestado por escritores pagãos e cristãos, como o Papa São Clemente. Pereceram «vítimas do fanatismo e da inveja», a começar por Pedro e Paulo. «A estes homens – continua São Clemente na sua Epístola aos Coríntios –, mestres de vida santa, juntou-se grande multidão de eleitos que, vítimas do ódio iníquo, sofreram muitos suplícios e tormentos, e assim se converteram para nós num magnífico exemplo de fidelidade.» Daí devemos tirar ilações: «Deixemos, portanto, as preocupações inúteis e vãs – continua a descrição de São Clemente – e voltemo-nos para a norma gloriosa e venerável da nossa Tradição, para compreendermos o que é belo, o que é bom, o que é agradável ao nosso Criador.»

Lições / Propósitos

1) Mártires por causa do Nome de Jesus, testemunhas inquebrantáveis da fé;
2) incapacidade do ódio, da inveja e do mal para vencer a força constante do bem.

3 de julho

SÃO TOMÉ
Apóstolo
«SE NÃO VIR, NÃO ACREDITAREI!»

Biografia

Tomé (nome aramaico que em grego soa *Dídimo*, Gémeo em português) ficou célebre sobretudo pela sua incredulidade quando Jesus, após a Ressurreição, apareceu aos discípulos na sua ausência, só acreditando quando o Senhor apareceu de novo e o mandou tocar-Lhe, acabando Tomé por render-se à evidência: «Meu Senhor e meu Deus!» Tal incredulidade, que ficou proverbial («sou como Tomé: só acredito se vir»), é interpretada pelos Santos Padres como providencial: «A incredulidade de Tomé foi mais útil à nossa fé do que a fé dos discípulos crentes.» (São Gregório Magno)

O Evangelho de João (que certamente simpatizava com a sinceridade de Tomé) narra-nos ainda mais algumas intervenções de Tomé que mostram a sua generosidade, estando pronto a morrer com o Mestre (que estava disposto a ir à Judeia ressuscitar Lázaro, onde os judeus procuravam matá-l'O), e o seu desejo de estar com Jesus junto do Pai, levou o Senhor a dar uma das definições mais belas de Si mesmo: «Eu sou o Caminho, a Verdade e a Vida.»

Após o Pentecostes, Tomé, como os outros Apóstolos, partiu a evangelizar o mundo, supondo-se que chegou à costa ocidental da Índia (Malabar), onde teria sofrido o martírio. A celebração da festa no dia 3 de julho remonta certamente à trasladação das suas relíquias para Edessa (Turquia).

> **Lições / Propósitos**
>
> 1) Temperamento impulsivo e fogoso mas generoso e leal, a ponto de estar disposto a morrer com o Mestre;
> 2) patrono dos que duvidam, mas disposto também a render-se à evidência e a confessar humilde e corajosamente a sua fé: «Meu Senhor e meu Deus!» (Não é necessário ver milagres para acreditar; basta estar bem inserido na comunidade e acreditar no testemunho dos outros, ao mesmo tempo que se deixa trabalhar pela graça);
> 3) torna-se missionário e dá o último testemunho de amor ao Mestre morrendo como Ele.

4 de julho

SANTA ISABEL DE PORTUGAL
RAINHA DA PAZ E DA CARIDADE

Biografia

Santa Isabel, filha dos reis de Aragão, nasceu em Saragoça ou em Barcelona (Espanha) em 1270/1271, recebendo o nome de Isabel, em memória da tia-avó, Santa Isabel da Hungria. Ainda muito jovem foi dada em casamento a D. Dinis, rei de Portugal, de quem teve dois filhos (mas educou também os filhos ilegítimos do rei). Não se deixou iludir pelas grandezas da corte, dedicando-se antes à oração e às obras de caridade. Suportou todas as contrariedades, sobretudo o carácter ríspido do rei e a sua infidelidade matrimonial, além das guerras entre familiares, particularmente entre o rei e o infante, sendo nessas alturas anjo de paz.

Depois da morte do marido (que faleceu, reconciliado, nos seus braços), em 1325, abandonou o palácio e foi viver para o Mosteiro de Santa Clara-a-Velha, em Coimbra, que ajudou a construir e onde foi sepultada, sendo depois trasladada para Santa Clara-a-Nova. É padroeira da cidade dos doutores. Aí tomou o hábito da Ordem Terceira, dedicando-se então mais intensamente à oração e às obras de misericórdia, particularmente durante a grande fome que grassou em 1333. Foi sempre generosa e mesmo heroica, chegando a beijar os pés dos leprosos. Foi também como peregrina a Santiago de Compostela.

Morreu a 4 de julho de 1336 em Estremoz, quando mediava um acordo de paz entre o filho e outro familiar. São-lhe atribuídos muitos milagres, alguns pitorescos, como o de ter transformado o pão para os pobres em rosas, quando o rei lhe mandou mostrar o que levava no regaço.

Lições / Propósitos

1) Mensageira da paz no meio de desentendimentos familiares;
2) grande praticante das obras de misericórdia, desprendida de tudo em favor dos mais necessitados;
3) vida de humildade, de sofrimento (no seio da família) e de oração;
4) esposa e mãe admirável, sabendo perdoar ao rei as suas infidelidades e rispidez de carácter.

Citação

❏ «O mundo a conhece com o nome de Isabel; e a nossa Pátria, que lhe não sabe outro nome, a venera com a antonomásia de Rainha Santa. Com este título que excede todos os títulos, a canonizou em vida o pregão das suas obras. [...] Rainha e santa: estes dois nomes somente havemos de complicar, um com o outro; e veneremos a nossa rainha, tão industriosa negociante no manejo destas duas coroas que, com a coroa de rainha negociou ser maior santa, e com a coroa de santa negociou ser maior rainha. Maior rainha porque santa, e maior santa porque rainha.» (PADRE ANTÓNIO VIEIRA, *Sermões*)

José H. Barros de Oliveira

4 de julho

BEATO PEDRO FRASSATI
Leigo
MODELO DE JOVEM

Biografia

Pedro Jorge Frassati nasceu nos arredores de Turim (Itália) a 6 de abril de 1901, de família rica: seu pai era embaixador de Itália na Alemanha, assim como diretor e proprietário do jornal *La Stampa*; a mãe era pintora. Infelizmente, o casal não se dava muito bem, vivendo cada um a sua vida. Apesar de toda a abundância, Pedro foi educado com austeridade e ele mesmo se impôs rigor, por exemplo, jejuando à risca na Quaresma. Foi educado num colégio dos Jesuítas e aí aprendeu a participar no Apostolado da Oração (rezava como quem respira e comungava diariamente, sendo também grande devoto de Maria, a quem rezava diariamente o terço). Participava igualmente nas Conferências Vicentinas, que lhe deram o ensejo de conhecer o mundo pobre, procurando ajudar os necessitados. Na Ação Católica desenvolveu o seu espírito apostólico, ardente e corajoso.

Era alegre e convivia com todos, rapazes e raparigas, mas mantendo sempre a dignidade e a pureza. Testemunha um colega: «Nunca o vi gracejar sobre temas de amor.» E outro: «Conseguia manter amizade sincera com raparigas, sem a mínima sombra de leviandade.» Chegou a enamorar-se por uma rapariga de grande beleza e simplicidade, mas não obtendo o consentimento da família, afastou-se dela, amargurado. Apesar do estudo, do apostolado e da oração, tinha ainda tempo para o desporto, sendo um grande desportista, sobretudo alpinista e esquiador (o painel da sua beatificação mostra-o esquiando na neve das altas montanhas). Era também amante da arte, principalmente do teatro.

Faleceu a 4 de julho de 1925, apenas com vinte e quatro anos, na véspera de concluir o curso de Engenharia de Minas. Na Igreja de Crocetta, que frequentava diariamente, pode ler-se numa lápide:

> Pedro Jorge Frassati, apóstolo da caridade. Aqui, na oração e união eucarística quotidiana conseguia luz e força para combater o bom combate, realizar o curso da vida e responder sereno à inesperada chamada de Deus como bom soldado de Cristo. Recordação e estímulo para os jovens.

Foi beatificado por João Paulo II a 20 de maio de 1990, assistindo muitos jovens e membros da Ação Católica. O Papa dirigindo-se a eles, no final da cerimónia, disse:

> Caros jovens, convido-vos a imitar o exemplo do novo beato. Sabei também vós recolher-vos muitas vezes na oração e na meditação, com a Mãe do Redentor, para revigorardes a vossa fé e inspirardes no modelo de vida de Maria Santíssima o vosso serviço a Cristo e à Igreja.

Na homilia da beatificação, João Paulo II tinha apontado as virtudes fundamentais de Pedro Frassati:

> A fé e a caridade, verdadeiras forças motrizes da sua existência, tornaram-no ativo e operoso no ambiente em que viveu, na família e na escola, na universidade e na sociedade, transformaram-no em alegre e entusiasta apóstolo de Cristo, em apaixonado seguidor da Sua mensagem e da Sua caridade. O segredo do seu zelo apostólico e da sua santidade deve ser buscado no itinerário ascético e espiritual por ele percorrido; na oração, na adoração perseverante, também noturna, ao Santíssimo Sacramento; na sua sede da Palavra de Deus perscrutada nos textos bíblicos; na serena aceitação das dificuldades da vida, mesmo familiares; na castidade vivida com disciplina alegre e sem compromissos; na predileção quotidiana pelo silêncio e pela normalidade da existência.

Lições / Propósitos

1) Vida de intimidade com Deus, através da oração e da participação na Eucaristia, e terna devoção a Maria;
2) zelo apostólico, testemunhando o Evangelho sem vergonha e com frontalidade;
3) sensibilidade social, participando nas Conferências Vicentinas, procurando ajudar por todos os meios os mais carenciados;
4) castidade a toda a prova, apesar do mundo adverso e tentador que o rodeava;
5) jovem desportista (alpinista) e amigo da arte.

Citação

❏ «Nós católicos, e principalmente nós estudantes, temos um grande dever a cumprir: a formação de nós mesmos. Nós, que por graça de Deus somos católicos, não devemos esbanjar os melhores anos da nossa vida, como infelizmente fazem tantos jovens, que se preocupam de gozar daqueles bens que não trazem algum bem, mas que comportam como fruto a imoralidade da nossa sociedade moderna. Devemos forjar o nosso carácter para estar prontos a sustentar as lutas que certamente devemos travar.» (PEDRO FRASSATI, *Escritos*)

5 de julho

SANTO ANTÓNIO MARIA ZACARIAS
Presbítero
EVANGELIZADOR E REFORMADOR

Biografia

António Maria Zacarias nasceu em Cremona, na Lombardia (Itália), em 1502. Estudou Filosofia, Medicina e depois Teologia, particularmente Sagrada Escritura. Ordenado sacerdote, dedicou-se à evangelização e à reforma do clero. Fundou a Congregação dos Clérigos Regulares de São Paulo, conhecidos por Paulinos, mas chamados também Barnabitas, por se terem estabelecido na Igreja de São Barnabé, em Milão. Foram beneméritos, desde o início, na evangelização e na reforma dos costumes dos fiéis. Morreu em 1539, apenas com trinta e seis anos.

Lições / Propósitos

1) Dedicado à evangelização e à catequese;
2) preocupado com a reforma do clero.

6 de julho

SANTA MARIA GORETTI
Virgem e mártir
DEFESA DA VIRGINDADE À CUSTA DA VIDA

Biografia

Maria Goretti nasceu de uma família humilde em Corinaldo, perto de Roma (Itália), a 16 de outubro de 1890. Passou a infância ajudando a mãe nas lides de casa. Sendo de índole religiosa, rezava frequentemente. Era uma menina esbelta e desenvolvida para a idade que tinha (onze anos). Isso atraiu os olhares concupiscentes de um jovem de vinte anos, que partilhava com o pai (era órfão de mãe) a mesma casa de Goretti. Por diversas vezes tentou seduzir a bem a menina, mas esta resistiu sempre. Um dia em que ela velava por um irmão mais novo, enquanto a sua mãe e o pai do rapaz trabalhavam no campo, ele entrou de rompante em casa, cego pela paixão. Perante a inquebrantável resistência da menina que dizia: «Não, Alexandre, Deus não quer isso; irias para o inferno!», não conseguindo realizar os seus maus instintos, cravou-lhe diversos golpes de punhal.

Foi a 5 de julho de 1902, morrendo ela no dia seguinte no hospital, apenas com onze anos e meio, não sem antes ter declarado: «Por amor de Jesus eu perdoo-lhe e desejo que ele venha comigo ao Paraíso.» Na verdade, no Céu pediu pelo algoz que, depois de ter cumprido vinte e oito anos de cadeia, foi admitido num convento capuchinho onde veio a falecer arrependido, tendo deixado um testamento onde apela à juventude para que se volte para Deus e resista às tentações.

Maria Goretti foi canonizada por Pio XII em 1950, na presença da sua mãe e do assassino convertido. O Papa chamou-lhe "a Inês do século XX" (referindo-se à virgem e mártir romana do século IV que tinha também doze ou treze anos quando sofreu o martírio) e exortou as crianças e jovens a seguirem o seu exemplo.

Lições / Propósitos

1) Resistência até à morte na luta contra o pecado, em nome da fé e da moral cristãs;
2) apreço e defesa da virgindade, para além de todas as tentações e perigos, sendo um desafio para as crianças e para os jovens de hoje, tão levianos;
3) vida de oração e intimidade com Deus.

Citação

❏ «Todos conhecem o terrível combate que esta virgem indefesa teve de enfrentar. Contra ela se levantou inesperadamente uma tremenda e cega tempestade que procurava manchar e violar a sua pureza angélica. [...] Protegida pela graça celeste, à qual correspondeu com uma vontade forte e generosa, deu a sua vida, mas não perdeu a glória da virgindade. [...] Aprenda a alegre infância, aprenda a juventude ardente a não se deixar cair miseravelmente nos prazeres efémeros e ilusórios da paixão, a não ceder ante a sedução do vício, mas antes a combater com alegria, mesmo entre dificuldades e espinhos, para alcançar aquela perfeição cristã de bons costumes que todos podemos atingir com a força de vontade, ajudados com a graça divina, por meio do esforço, do trabalho e da oração. [...] Semelhante esforço pode ser considerado um martírio lento e prolongado, ao qual nos convidam estas divinas palavras de Jesus Cristo: "O reino dos Céus sofre violência e são os violentos que o arrebatam."» (Pio XII, na homilia da canonização)

José H. Barros de Oliveira

9 de julho

SANTO AGOSTINHO ZAO RONG e COMPANHEIROS
Mártires
SANGUE DE MÁRTIRES CHINESES

Biografia

Santo Agostinho Rong, nas diversas perseguições contra os cristãos da China, foi preso e sofreu o martírio, juntamente com outros companheiros, na província de Sichoan, em 1815. Com ele foram canonizados mais de cem outros mártires chineses, que deram a vida por Cristo ao longo dos séculos.

Lições / Propósitos
1) Testemunho de fé até à morte;
2) generosidade total pela causa do Evangelho na imensa China.

11 de julho

SÃO BENTO
Abade e padroeiro da Europa
ORA ET LABORA (REZA E TRABALHA!)

Biografia

São Bento nasceu em Núrsia da Úmbria (Itália) por volta do ano de 480. Estudou em Roma, mas desejando romper com o mundo corrompido do seu tempo, retirou-se para uma gruta perto de Subiaco, onde se dedicou à oração e à penitência (dizem que para vencer as tentações da carne se lançava às silvas que se transformavam em rosas) fundando também alguns mosteiros com doze monges e um abade, para imitar o Colégio Apostólico. Dotou-os da Regra dos mosteiros.

Dada a hostilidade de alguns clérigos vizinhos, dirigiu-se para o monte Cassino, onde fundou o mosteiro-berço da Ordem Beneditina, aperfeiçoando a *Regra*, inspirada noutros padres e doutores da Igreja, mas adaptada à vida cenobítica (em comum) e não eremítica. Bossuet afirmou que a *Regra* de São Bento constitui a «suma do Cristianismo, resumo douto e misterioso de toda a doutrina do Evangelho». Bento tornou-se o patriarca do monaquismo ocidental. As obrigações dos monges, além da caridade, da obediência e da prática de outras virtudes, pondo sempre Deus em primeiro lugar, podem resumir-se em *ora et labora* (reza e trabalha) e ainda *contemplata aliis tradere* (levar aos outros os frutos da contemplação).

Morreu no monte Cassino cerca do ano de 560 – não há data certa (uns dias antes abriu ele mesmo a sua sepultura). Desde cedo a sua festa começou a celebrar-se a 11 de julho. Pio XII chamou-o «pai da Europa» e Paulo VI, em 1964, declarou-o padroeiro da Europa.

— *Lições / Propósitos* —

1) Entrega ao Senhor desde a juventude;
2) vida dedicada ao trabalho e à oração, através do serviço divino, servindo em tudo e sempre o Senhor;
3) exemplo acabado para os seus monges, a todos amando e servindo.

Citação —

❏ «Qualquer obra que empreenderes, hás de pedir a Deus, com instante oração, que a leve a bom termo. [...] Amem-se (os monges) mutuamente com pura caridade fraterna; vivam sempre no temor e no amor de Deus; amem o seu abade com sincera e humilde caridade; nada, absolutamente nada, anteponham a Cristo, e que Ele nos conduza todos juntos à vida eterna.» (*Regra*, São Bento)

13 de julho

SANTO HENRIQUE
REI ZELOSO PELO BEM DA IGREJA

Biografia

Santo Henrique nasceu na Baviera, Alemanha, em 973. Sucedeu ao pai neste ducado e mais tarde tornou-se imperador do Ocidente ou do Sacro Império Romano-Germânico, procurando pacificar os povos. Colaborou zelosamente na reforma da Igreja, num tempo difícil, e na expansão do Cristianismo. Fundou e reformou vários bispados e mosteiros. Morreu em 1024, com fama de santidade (a sua esposa Cunegundes também foi canonizada).

Lições / Propósitos

1) Dedicação aos reinos da Terra, mas mais ainda ao Reino do Céu;
2) zelo na reforma da Igreja e na sua expansão missionária.

14 de julho

SÃO CAMILO DE LÉLIS
Presbítero
PATRONO DOS MORIBUNDOS
E DOS ENFERMEIROS

Biografia

Alma gémea de São João de Deus, Camilo de Lélis nasceu perto de Chieti, no reino de Nápoles (Itália), em 1550, precisamente no ano em que morreu São João de Deus. Filho de soldado, pensou em seguir a carreira das armas, tanto mais que tinha bom porte físico e quase dois metros de altura. Mas a sua juventude fogosa atraiçoou-o e enveredou por caminhos dissolutos que lhe trouxeram doenças, vindo parar a um hospital de Roma, de onde foi expulso por mau comportamento. Voltou a pegar em armas e depois teve de mendigar. Volta de novo ao hospital, onde viu a miséria dos doentes que o ajudaram no caminho da conversão. Teve também o apoio de São Filipe Néri e dos Capuchinhos, chegando a entrar no noviciado, mas saindo devido a doenças.

Vendo como eram mal tratados os doentes, fez-se enfermeiro voluntário no hospital e conseguiu convencer outros a seguir-lhe o exemplo. Germinava assim a Companhia dos Servidores dos Doentes, ou Padres da Boa Morte, os Camilianos, com a finalidade de construir hospitais e tratar os doentes, sobretudo os mais pobres e abandonados, não só nos hospitais, mas também nas suas casas. Entretanto, tinha-se ordenado sacerdote e mais se deu à caridade, desejando «um coração grande como o mundo» para servir mais e melhor os doentes, em quem via o próprio Cristo. Vítima de muitas doenças, morreu em Roma em 1614. Foi declarado por Leão XIII padroeiro especial dos moribundos e por Pio XI padroeiro dos enfermeiros, juntamente com São João de Deus.

Lições / Propósitos

1) Total dedicação aos enfermos, particularmente aos mais pobres e abandonados, em quem via o rosto de Cristo;
2) espírito aventureiro, andou por maus caminhos na juventude, mas depois converteu-se totalmente a Deus e à caridade;
3) fundador de uma congregação religiosa para tratar dos doentes, mesmo em suas casas.

Citação

❏ «Quando socorria qualquer enfermo, fazia-o com tanta bondade e compaixão que parecia esgotar-se e consumir-se até ao extremo das suas forças. De bom grado aceitaria para si todos os sofrimentos deles e qualquer outro mal, para os aliviar das suas dores ou curar das doenças. Via nos enfermos a pessoa de Cristo com tão sentida emoção que muitas vezes, quando lhes dava de comer, considerando-os em sua alma como os seus "Cristos", chegava a pedir-lhes a graça e o perdão dos pecados. Por isso estava diante deles com tanto respeito como se estivesse realmente na presença do próprio Senhor. De nada falava com tanta frequência e com tanto fervor como da santa caridade. O seu desejo era infundi-la no coração de todos os homens. [...] Era tão forte o seu espírito de caridade para com os indigentes que costumava dizer: "Ainda que não se encontrassem pobres no mundo, conviria que alguém se dedicasse a ir à procura deles e a encontrá-los no seio da terra, a fim de lhes fazer bem e de praticar a misericórdia."» (*Vida de São Camilo*, escrita por um companheiro)

15 de julho

SÃO BOAVENTURA
Bispo e doutor da Igreja
ITINERÁRIO PARA DEUS

Biografia

João de Fidenza nasceu por volta de 1221, em Bagnoregio (Itália). Ainda jovem, atraído pelo ideal franciscano, vestiu o hábito e tomou o nome de Boaventura (diz a tradição que foi São Francisco que, passando por ele, o curou de uma grave doença, exclamando: «Oh que boa ventura!», de onde derivaria o nome). Estudou em Paris e aí ensinou Filosofia e Teologia aos seus irmãos franciscanos, procurando fazer uma síntese do saber à luz da Revelação, inspirando-se em Santo Agostinho. Escreveu várias obras filosófico-teológicas. Foi à luz de Agostinho e de Francisco (de quem escreveu as biografias) que descobriu o seu *Itinerário da alma para Deus*. Foi eleito ministro geral da ordem, cargo que exerceu com prudência e sabedoria. Contra sua vontade e com muita humildade, foi nomeado cardeal e bispo de Albano.

Morreu em Lião, durante o concílio ecuménico onde participava, a 15 de julho de 1274. Espírito universal: professor, pregador, filósofo, teólogo, governante, místico, enfim, santo, como lhe chamava São Tomás de Aquino. Segundo Boaventura, toda a ciência deve visar a sabedoria que culmina na união mística com Deus.

José H. Barros de Oliveira

> **Lições / Propósitos**
>
> 1) Vida como contínua caminhada para Deus Pai, através de Jesus, no Espírito;
> 2) amor ao estudo e procura da verdade pela inteligência mas também pelo coração;
> 3) grande prudência no governo, conciliando autoridade com respeito pela liberdade.

Citação

❏ «Se pretendes saber como isto acontece (a sabedoria mística), interroga a graça e não a ciência, o desejo e não a inteligência, o gemido da oração e não o estudo dos livros, o esposo e não o professor, Deus e não o homem, a nuvem e não a claridade. Não interrogues a luz mas o fogo que tudo inflama e transfere para Deus com unção suavíssima e ardentíssimos afetos.» (SÃO BOAVENTURA, *Itinerário da alma para Deus*)

16 de julho

NOSSA SENHORA DO CARMO
PROMESSA DE SALVAÇÃO

Reflexão

Qualquer festa ou memória em honra da Virgem Maria é ocasião para louvar, amar e imitar a Mãe de Deus e nossa Mãe. Cada festa ou invocação mariana tem o seu cariz particular. A Senhora do Carmo é uma das invocações mais tradicionais e populares. Foi instituída para comemorar a aparição da Virgem a São Simão Stock em 16 de julho de 1251, tendo a Virgem entregado ao santo o escapulário, prometendo especial proteção e salvação àqueles que o trouxessem e procurassem viver uma vida conforme a vontade de Deus. Nossa Senhora confirmou a devoção do escapulário, ligado à invocação do Carmo, em Lourdes e em Fátima. A última aparição de Lourdes aconteceu precisamente a 16 de julho de 1858. Em Fátima, a 13 de setembro de 1917, Nossa Senhora prometeu: «em outubro virá também Nossa Senhora do Carmo», como realmente aconteceu. Os Papas recomendaram também esta devoção. Bento XIII estendeu esta festa a toda a Igreja em 1726.

A Sagrada Escritura celebra a beleza do Carmelo (montanha a norte de Israel e que significa "vinha do Senhor"), onde o profeta Elias defendeu a pureza da fé de Israel contra os sacerdotes de Baal e viu levantar-se uma nuvem anunciando chuva e simbolizando Maria. No século XII foram viver para aquele monte alguns eremitas que mais tarde fundaram uma ordem dedicada à vida contemplativa sob o patrocínio de Maria. Existe o ramo masculino e feminino desta ordem, a que pertenceu a irmã Lúcia, em Portugal, e grandes santas, a começar pela reformadora Santa Teresa de Ávila e muitas das suas filhas espirituais, como Santa Teresa do Menino Jesus, a beata Isabel da Trindade, Santa Benedita da Cruz (Edith Stein), entre outras.

Lições / Propósitos

1) Venerar, amar e imitar Maria, modelo acabado de todas as virtudes;
2) usar o escapulário ou outro símbolo que faça recordar Maria e nela confiar, quer na vida quer na morte.

17 de julho

BEATO INÁCIO DE AZEVEDO
e COMPANHEIROS
Mártires
GENEROSIDADE MISSIONÁRIA

Biografia

Inácio era natural do Porto onde nasceu em 1526 ou 1527 de uma família nobre. Todavia, resolveu consagrar-se todo a Deus entrando na Companhia de Jesus. Foi ordenado sacerdote em 1553 e depois enviado ao Brasil como visitador das missões. Aí se entusiasmou com o trabalho ingente desenvolvido pelos seus irmãos de religião, particularmente pelos padres Manuel da Nóbrega e José de Anchieta. Regressou a Portugal em 1568 para recrutar novos evangelizadores, reunindo um grande número de jovens desejosos de partir para as missões.

Assim, partiram para o Brasil 73 missionários em três naus. Porém, a nau *Santiago*, onde seguia Inácio e mais 39 companheiros, foi assaltada, entre a Madeira e as Canárias, pelos corsários calvinistas, e todos os 40 missionários foram martirizados a 15 de julho de 1570, sendo os seus corpos deitados ao mar. As outras duas naus também foram atacadas e mais alguns morreram, mas só foram beatificados, em 1854, os 40 que Santa Teresa contemplou subindo ao Céu. Perdeu-se este grande reforço missionário, mas «sangue de mártires, semente de cristãos» e efetivamente o Brasil tornou-se uma grande nação católica.

Lições / Propósitos

1) Generosidade total de Inácio (o nome latino vem de *ignis*, fogo) e seus companheiros, pondo-se ao serviço de Jesus Cristo mesmo à custa da própria vida;
2) ardente zelo apostólico e missionário;
3) fidelidade à Igreja Católica, sendo martirizados pelos protestantes.

18 de julho

BEATO BARTOLOMEU DOS MÁRTIRES
Bispo
PASTOR PELA PALAVRA E PELA CARIDADE

Biografia

Bartolomeu do Vale nasceu em Lisboa em 1514. Adotou o nome de Bartolomeu dos Mártires por devoção a Nossa Senhora dos Mártires em cuja paróquia nasceu e foi batizado. Professou aos quinze anos na Ordem de São Domingos e aí recebeu sólida formação intelectual e moral. Foi professor de Filosofia e de Teologia em algumas escolas da ordem. Em 1558 foi nomeado arcebispo de Braga, só aceitando por obediência (antes tinha sido nomeado o espanhol frei Luís de Granada que tinha recusado, apontando e forçando frei Bartolomeu a aceitar), mas prometendo continuar com a austeridade conventual. Embora contrafeito, entregou-se inteiramente à sua missão pastoral.

Participou no Concílio de Trento influenciando grandemente os outros padres conciliares, onde se encontrou com São Carlos Borromeu, que o considerou «modelo de bispos e espelho de virtudes cristãs» e que muito foi influenciado por frei Bartolomeu. Outros padres conciliares classificaram-no como «homem de doutrina e bondade singular», «varão de grande santidade e religião», «prelado douto e religiosíssimo». O mestre do Sacro Palácio afirmava que ele se apresentou com dois grandes tesouros: uma vida exemplar e um vasto e profundo saber. Ele falou sem rodeios exortando todos os padres conciliares a reformarem-se para poderem reformar o clero e os fiéis. Diz-se humoristicamente que pediu dispensa do celibato «ao menos para os padres do Barroso», mas a verdade é que defendeu o celibato sacerdotal. Voltando-se para os cardeais presentes disse-lhes que também eles tinham necessidade «de uma ilustríssima e reverendíssima reforma». Apresentou nada menos que 268 petições e interpelações de reforma.

De regresso (não voltou muito animado com o que viu) empenhou-se ainda mais na promoção da fé do povo e na formação do clero. Em 1582 resignou ao cargo de arcebispo continuando a pregação até à morte, que ocorreu a 16 de julho de 1590 (a sua memória litúrgica celebra-se no dia 18) em Viana do Castelo, sendo sepultado na Igreja de São Domingos, onde acorrem muitos fiéis. Escreveu vários livros, como *Stimulus Pastorum* (reeditado ao longo dos séculos) e *Compêndio de vida espiritual*, ainda hoje com conselhos práticos para atingir a santidade. Muitos escritos perderam-se ou deterioraram-se no Convento de São Domingos de Viana do Castelo, a quem os tinha doado.

Além da sua sabedoria e interesse pela catequese e pela pregação, dedicou especial cuidado aos pobres, às viúvas e a todos os indigentes, numa caridade concreta e atenção social que ainda hoje é exemplo e estímulo para todos os pastores. Na epidemia e fome de 1574, os famintos apinhavam-se às centenas à porta do paço episcopal. O santo arcebispo vendeu tudo quanto era supérfluo para valer aos necessitados. A quem se escandalizava com a sua pobreza e exigia maior decoro a um bispo, respondeu: «Parece-lhe bem que esbanje em ataviar criados, dourar baixelas e ornar paredes mortas, deixando sem sustento e sem amparo a órfã, a viúva e tantos esfomeados?» Por tudo isto era apelidado pelo povo de "arcebispo santo".

Almeida Garrett escreveu a peça teatral *Frei Luís de Sousa*. Este, por sua vez, escreveu a biografia de frei Bartolomeu dos Mártires dando ênfase particular às suas visitas apostólicas: «Com os braços cruzados e os olhos no céu caminhava muitas léguas sem dar fé de nada, e às vezes por passos bem perigosos.»

A sua beatificação (há muito esperada) ocorreu a 4 de novembro de 2001. Nessa altura, João Paulo II disse dele: «Com o seu saber, exemplo e desassombro apostólico, comoveu e incendiou os ânimos dos padres conciliares de Trento para que se procedesse à reforma da Igreja.» E acrescentou: «O beato Bartolomeu dos Mártires dedicou-se com suma vigilância e zelo apostólico à salvaguarda e renovação da Igreja nas suas pedras vivas», dando atenção especial aos pobres, tirando o pão da boca para lhes dar de comer. O Papa elogiou ainda o seu interesse pela «reforma moral e elevação cultural do clero». João Paulo II, aquando da sua visita a Portugal, em maio de 1982, já tinha apresentado frei Bartolomeu dos Mártires «como símbolo e protagonista no Concílio de Trento, rico de virtudes e de zelo apostólico». Os bispos portugueses, aquando do 4.º centenário da sua morte, em 1990, publicaram uma nota pastoral sobre esta insigne figura de pastor, insistindo na formação dos cristãos na fé, na formação do clero e no testemunho da caridade. Noutra nota pastoral, precedendo a beatificação, insistem novamente nos seus exemplos e fazem um apelo à Igreja em Portugal para que siga os seus passos. O exemplo deve começar pelos próprios bispos, como pedia no Concílio de Trento este santo arcebispo.

Lições / Propósitos

1) Bispo exemplar, cheio de fé e zelo apostólico, reformador da Igreja, estimulando os outros bispos do Concílio de Trento a caminharem no mesmo sentido;
2) atenção especial à formação e promoção cultural e espiritual do clero;
3) dedicado aos pobres e a todos os que precisavam de ajuda material, disposto a tirar o pão da boca para que nada lhes faltasse;
4) homem douto, transmitindo através da pregação e da escrita os seus vastos conhecimentos teológicos e pastorais, mas pondo sempre o exemplo de vida à frente da doutrina.

Citação

❏ «Ai de ti, ó bispo, se deixas secar em ti a fonte da devoção! Há uma corda que nos liga a Cristo composta de tríplice rede: leitura assídua das Sagradas Escrituras, compunção de oração diligente, exercício humilde de boas ações.» (FREI BARTOLOMEU DOS MÁRTIRES, *Stimulus Pastorum*)

21 de julho

SÃO LOURENÇO DE BRINDES
Presbítero
GRANDE PREGADOR E DOUTOR

Biografia

Lourenço de Brindes nasceu em Bríndisi (Itália) em 1559. Desde novo gostava das coisas de Deus e repetia de cor os sermões ouvidos na igreja. A sua memória prodigiosa levou--o a aprender praticamente de cor toda a Bíblia. Ingressou na Ordem dos Capuchinhos, onde ensinou Teologia e exerceu outros cargos, chegando a ministro geral da Ordem, sempre com grande humildade e bondade. Foi um exímio pregador em vários países da Europa, confrontando-se com o protestantismo. Escritor fecundo de obras doutrinais, onde se pode admirar a sua grande cultura. Morreu em Lisboa a 22 de julho de 1619, durante uma missão diplomática, entre outras que lhe foram atribuídas. João XXIII, em 1959, declarou-o doutor da Igreja.

Lições / Propósitos

1) Pregador zeloso e esclarecido, não se poupando na evangelização;
2) religioso exemplar, humilde e simples, dado à oração e à penitência;
3) homem de grande cultura e memória, que se colocou ao serviço do Reino.

22 de julho

SANTA MARIA MADALENA
PREGOEIRA DA RESSURREIÇÃO

Biografia

Após a Ressurreição, «Jesus apareceu primeiro a Maria de Magdala, de quem tinha expulsado sete demónios» (Mc 16,9; cf. Lc 8,2). Esta pecadora, natural de Magdala (Galileia), arrependida e perdoada, tinha depois seguido Jesus com mais veemência do que antes seguia os seus pecados. Os evangelistas nomeiam-na uma dúzia de vezes, dando-lhe grande importância. Fazia parte do grupo de mulheres que acompanhavam e serviam Jesus e os Apóstolos nas suas deslocações apostólicas (Lc 8,2). Na hora da verdade ou da morte de Jesus, os discípulos fugiram, mas ela ficou junto à Cruz com a mãe de Jesus e com João (Jo 19,25). Depois de depositarem Jesus no sepulcro, ela ficou «sentada frente ao sepulcro» (Mt 27,61). Movida pelo seu grande amor ao Senhor, não saiu de junto do Corpo de Jesus e foi a ela que Ele primeiro Se manifestou após a ressurreição e lhe confiou o anúncio jubiloso de que estava Vivo (Jo 20). A liturgia bizantina afirma que Jesus a tornou «a apóstola dos Apóstolos» e de facto, antes da última reforma litúrgica, utilizava-se na sua festa o prefácio dos Apóstolos.

A Igreja Latina, sem fundamento certo, identificou Maria de Magdala com a Maria de Betânia, irmã de Marta e de Lázaro, a que recebe Jesus em sua casa e escuta a Sua Palavra (Lc 10,38--42), que intervém na ressurreição de Lázaro (Jo 11) e que unge os pés de Jesus e a Sua cabeça (Jo 12,1-3; Mt 26,6-13; Mc 14,3-9). É identificada ainda com a pecadora pública que também unge Jesus (Lc 7,36-50) e que pode ser diferente de Maria Madalena e de Maria de Betânia. Em todo o caso, Maria Madalena inicialmente era pecadora e o Senhor libertou-a dos seus pecados. Também é claro que Maria de Betânia é outra

Maria, onde nunca se diz que era pecadora, a não ser que a cena descrita por Lc 7 coincida com Jo 12, o que é pouco provável. Para a Igreja Bizantina, que honra a Madalena desde o século VI, trata-se de três pessoas distintas.

Depois da ressurreição do Senhor não se encontra nas Cartas paulinas ou nos Atos dos Apóstolos qualquer referência a Maria Madalena, embora certamente ela fizesse parte da comunidade primitiva. Pelo contrário, os evangelhos apócrifos dão-lhe importância e até Pedro lhe pede conselhos, pois ela amou mais o Senhor. Cedo começou a confusão com a pecadora pública (foi invocada como patrona das prostitutas arrependidas) e com Maria de Betânia. Enquanto no Oriente o seu culto data já do século V em Éfeso (alguns punham lá o seu túmulo), no Ocidente só pelo século XI começou a ser venerada, graças aos monges beneditinos de Vezelay (França), que diziam possuir o seu túmulo e lhe dedicaram a basílica que teve grande importância nas Cruzadas e foi centro de peregrinações.

Lições / Propósitos

1) Amor apaixonado a Jesus. Depois de ter sido perdoada dos seus pecados, nunca mais deixou de seguir e servir o Mestre, permanecendo firme ao pé da Cruz e depois junto ao túmulo, merecendo ser a primeira a ver Jesus Ressuscitado;
2) anúncio jubiloso do Senhor Ressuscitado, levando a correr a grande notícia pascal aos discípulos;
3) perseverança e esperança contra toda a esperança, porque quem ama verdadeiramente, nunca desiste;
4) importância das mulheres em servir a Jesus e aos discípulos e no anúncio do Evangelho.

Citação

❏ «Estes factos levam-nos a considerar a grandeza do amor que inflamava a alma desta mulher, que não se afastava do sepulcro do Senhor, mesmo depois de se terem afastado os discípulos. Procurava a quem não encontrava, chorava enquanto buscava e, abrasada no fogo do amor, sentia a ardente saudade d'Aquele que pensava ter-lhe sido roubado. Por isso, só ela O viu então, porque só ela ficou a procurá-l'O. [...] Os desejos foram aumentando com a espera e fizeram que chegasse a encontrar. Porque os desejos santos crescem com a demora.» (São Gregório Magno, *Homilias*)

23 de julho

SANTA BRÍGIDA
Religiosa
PEREGRINA E PADROEIRA DA EUROPA

Biografia

Trata-se da santa mais famosa dos países escandinavos e que João Paulo II declarou padroeira da Europa, juntamente com Santa Catarina de Sena e Santa Benedita da Cruz (Edith Stein), associando estas três mulheres a São Bento, a São Cirilo e a São Metódio.

Brígida nasceu em 1303 numa família da alta sociedade sueca. A mãe morreu muito cedo e Brígida foi confiada aos cuidados de uma tia, que a soube educar nos princípios cristãos. Casou nova com um senhor nobre tendo oito filhos, que educou com esmero na fé cristã juntamente com o marido, também homem de fé. Ambos empreenderam uma peregrinação a Santiago de Compostela. O marido morreu, após o regresso. Brígida intensificou a sua vida espiritual e começou a ter revelações que a introduziram no mistério da Paixão do Senhor. Diz um biógrafo que ela chorava ao pensar na Paixão e provava grande doçura ao contemplar as Chagas do Senhor, ficando inteiramente abrasada de amor. Segundo dizia, «temos dois caminhos para atingir o coração de Deus: a humildade da verdadeira contrição e a contemplação dos sofrimentos do Seu Filho». Isso levava-a também a aceitar com coragem e serenidade os sofrimentos, ciente de que «a criatura deve apagar as negligências da vida pela paciência nas enfermidades».

Recebia também visões ou iluminações sobre o Inferno e o juízo final, bem como sobre a Igreja (convidou o Papa Clemente VI a deixar Avinhão e a ir para Roma) e sobre a política europeia, levando-a a convidar os reis de França e de Inglaterra para celebrarem a paz. Por isso merecidamente foi declarada padroeira da Europa, como podia ser também padroeira dos peregrinos.

Em 1350, Ano Santo, Brígida dirigiu-se em peregrinação a Roma (fez ainda uma peregrinação à Terra Santa), onde viveu o resto da vida em pobreza voluntária (considerava-se pobre entre os pobres e procurava ajudá-los: «eles só me têm a mim na sua miséria»), no estudo e na oração, enquanto esperava do Papa a fundação da Ordem de São Salvador (Brigidinas), que foi aprovada no ano da sua morte (1373), sendo primeira abadessa sua filha, Santa Catarina da Suécia, que a acompanhava.

Escreveu muitas obras onde narra as suas experiências e revelações místicas, algumas extraordinárias e de difícil interpretação. Mas ela quis sempre e só fazer a vontade de Deus, como rezava: «Senhor, mostra-me o caminho e dá-me forças para o seguir.» Dizia ainda: «A virgindade merece a coroa, a viuvez aproxima de Deus e o estado matrimonial não exclui do Céu; mas é a obediência que a todos conduz à bem-aventurança.» Afirmava também que «nenhum sacrifício iguala o da vontade». É ainda dela a seguinte frase: «Com a palavra "amar" aprende-se tudo: a viver e a morrer.»

Lições / Propósitos

1) Grande intimidade com o Senhor, meditando particularmente na Sua Paixão;
2) praticante das obras de misericórdia, sempre atenta aos pobres, levando uma vida austera e humilde;
3) esposa, mãe e religiosa exemplar;
4) peregrina aos lugares santos, mas mais peregrina ainda no espírito;
5) promotora da paz e da reconciliação, na Igreja e na sociedade.

24 de julho

SÃO SARBÉLIO MAKHLUF
BUSCA DE DEUS NA SOLIDÃO

Biografia

No mundo chamava-se José Charbel. Fez-se sacerdote da Ordem dos Maronitas, no Líbano. No desejo de maior perfeição, retirou-se para o deserto servindo a Deus noite e dia, vivendo em grande austeridade, no jejum e na oração. Morreu em 1898.

Lições / Propósitos

1) O deserto e a solidão como encontro mais fecundo com Deus;
2) total dedicação à contemplação de Deus, na maior austeridade.

25 de julho

SÃO TIAGO, O MAIOR
Apóstolo
SERVIR E NÃO SER SERVIDO

Biografia

Chamado o Maior (para se distinguir do outro Tiago, o Menor, "irmão" do Senhor), era filho do pescador Zebedeu, de Betsaida, e certamente de Salomé; irmão mais velho de João e com ele denominado «filho do trovão». Fez-se discípulo de João Batista, que o encaminhou para Jesus. Juntamente com Pedro e João, acompanha Jesus nos momentos de maior glória (Tabor) e de maior sofrimento (Getsémani).

Pouco mais se sabe da sua vida, a não ser que a sua morte ocorreu entre os anos de 41 e 44, mandado decapitar por Herodes Agripa (neto do que degolou os Santos Inocentes), como narram os Atos dos Apóstolos (12,2). Foi, por isso, o primeiro dos Doze a dar testemunho do Senhor pelo martírio. Conta-se que o carcereiro, ao ver a firmeza da sua fé, se converteu e foi também executado. O culto deste Apóstolo conheceu grande expansão na Alta Idade Média (a partir do século IX), correndo a tradição (sem fundamento histórico) de que o seu túmulo teria sido encontrado em Compostela (Galiza), tornando-se esta cidade, que tomou o nome do Apóstolo, um dos centros de peregrinação mais concorridos na Igreja, certamente iniciadas pelos monges de Cluny, podendo dizer-se que todos os caminhos da Europa se tornaram caminhos de Compostela. Segundo a tradição, São Tiago terá aparecido em algumas batalhas defendendo os cristãos contra os mouros.

Lições / Propósitos

1) Chamado pelo Senhor, responde generosamente ao chamamento e segue Jesus;
2) companheiro inseparável de Jesus, que o privilegia para estar com Ele quer nas horas de glória (como no Tabor) quer nas horas de maior tribulação (no Getsémani); mas aqui adormece, como os outros discípulos presentes;
3) ambicioso, pois queria o "primeiro lugar" para ele e para o seu irmão João (o pedido a Jesus tanto é feito por eles como pela mãe, conforme o evangelista), mas Jesus transforma tal ambição mundana em ser o primeiro a derramar o sangue pela causa, como o mesmo Jesus lhe tinha prenunciado;
4) primeiro Apóstolo mártir, dando com a vida o último testemunho de fé no seu Senhor.

26 de julho

SÃO JOAQUIM E SANTA ANA
FELIZES PAIS DE MARIA

Biografia

Segundo uma tradição do protoevangelho de São Tiago, os pais de Nossa Senhora chamar-se-iam Joaquim e Ana. O culto mais antigo é o de Santa Ana (significa "graciosa", o mesmo que Joana, "agraciada por Deus"), que já existia no Oriente no século VI, crescendo ao lado do culto a Maria. Por vezes representavam-se as três mães ditosas com os respetivos filhos: Santa Ana com Maria, Santa Isabel com João e Maria com Jesus. A devoção a São Joaquim (significa "engrandecido por Deus") é muito mais recente. De qualquer modo, são esposos santos e pais privilegiados que fazem ponte entre o Antigo e o Novo Testamento, pois por eles nos veio Maria, predestinada a ser Mãe do Messias. São João Damasceno, entre outros, canta a honra e a sorte de tais pais. E podíamos acrescentar: de tais avós. De algum modo são avós de Jesus; daí celebrar-se hoje o Dia Mundial dos Avós. Os avós tiveram sempre e ainda têm atualmente um papel determinante na educação dos netos.

Lições / Propósitos

1) Dignidade e santidade do casal;
2) exaltação da maternidade e da paternidade e ainda da importância da figura dos avós;
3) imitação das virtudes de tais pais, por parte dos educadores, e de tal filha (Maria), por parte dos educandos.

29 de julho

SANTA MARTA
RECEBEU JESUS EM SUA CASA

Biografia

Marta era grande amiga de Jesus e recebia-O com grande alegria em sua casa, em Betânia, juntamente com a sua irmã Maria e com o seu irmão Lázaro. O seu nome aparece três vezes no Evangelho: quando recebe Jesus em sua casa e O serve diligentemente, enquanto Maria O contempla; quando Jesus ressuscita Lázaro, intervindo ela ativamente nesse grande milagre e professando a sua fé em Jesus como «Filho de Deus»; finalmente no banquete oferecido a Jesus seis dias antes da Páscoa, onde ela de novo serve Jesus enquanto Maria O unge com óleo precioso. Porém, certamente teve mais encontros com Jesus, que provavelmente passou diversas vezes por sua casa, tão bem era acolhido e com tanto amor por esta família privilegiada. A devoção a Santa Marta é bastante tardia, reportando-se ao tempo das Cruzadas, supondo-se que ela, juntamente com a família, veio a morrer em França (Provença), onde teria sido encontrado o seu túmulo. Mas trata-se de uma tradição sem fundamento. É invocada como patrona das cozinheiras.

Ao celebrarmos Santa Marta, podemos também recordar e celebrar a sua irmã Maria, sempre junto a ela, mais contemplativa, enquanto Marta era mais ativa, talvez por ser a mais velha e por isso com responsabilidades acrescidas na casa, ou por temperamento, mas completando-se mutuamente. Maria de Betânia também pode ser celebrada na festa de Maria Madalena (22 de julho), mas na realidade trata-se de duas Marias diferentes, embora unidas no mesmo amor apaixonado a Jesus. Pode hoje também recordar-se Lázaro, irmão de Marta e de Maria, protagonista do maior milagre de Jesus, que o ressuscitou vários dias após a sua morte, em atenção às suas irmãs. Ele é celebrado neste dia em Jerusalém, mas nos outros calendários a sua memória recorda-se no dia 17 de dezembro.

Lições / Propósitos

1) Grande amor e fé em Jesus, servindo-O da maneira mais fidalga e proclamando-O como Filho de Deus;
2) grande capacidade de trabalho e de hospitalidade para que nada faltasse ao Hóspede divino, ensinando-nos também a receber Jesus na pessoa dos mais pobres e necessitados;
3) importância das mulheres em servir a Jesus e à Igreja.

Citação

❏ «Marta e Maria eram duas irmãs, ambas irmãs não só de sangue mas também pelos sentimentos religiosos. Ambas estavam unidas ao Senhor; ambas em perfeita harmonia serviam o Senhor corporalmente presente. […]Não tenhas pena, não te lamentes por teres nascido num tempo em que já não podes ver o Senhor na Sua carne. Ele não te privou dessa honra, porque Ele mesmo disse: "O que fizestes a um destes meus irmãos mais pequeninos, a mim o fizestes."» (SANTO AGOSTINHO, *Sermões*)

30 de julho

SÃO PEDRO CRISÓLOGO
Bispo e doutor da Igreja
PALAVRA E CORAÇÃO DE OURO

Biografia

Pouco se conhece da vida de São Pedro Crisólogo, pois as suas biografias só séculos depois apareceram. Nasceu em finais do século IV em Ímola, na Emília (Itália). Foi ordenado sacerdote e mais tarde eleito bispo de Ravena, quando em Roma pontificava São Leão Magno, a quem esteve sempre unido sobretudo na luta contra as heresias do tempo. Exerceu o seu ministério de pastor com grande zelo, formando os seus fiéis sobretudo através da eloquência da sua pregação (e daí a denominação de "crisólogo" que, em grego, significa "palavra de ouro") e do exemplo. Morreu cerca do ano de 450.

Lições / Propósitos

1) Apóstolo pela palavra e pelo exemplo;
2) procurou sempre o bem espiritual e material do seu povo.

31 de julho

SANTO INÁCIO DE LOIOLA
Presbítero
COMANDANTE DE UM GRANDE EXÉRCITO

Biografia

Trata-se de um santo não muito popular, mas que marcou a Igreja desde o século XVI, através da ordem religiosa que fundou, a Companhia de Jesus, benemérita no campo da evangelização, defesa da fé, missionação, espiritualidade e cultura. Lema de Inácio e da Companhia: *Ad maiorem Dei gloriam* (que tudo se faça para a maior glória de Deus). Outro lema ou símbolo é a inscrição IHS que se pode ver nas igrejas dos jesuítas e que significa as primeiras três letras gregas do nome de Jesus (não propriamente "Jesus Hóstia Santa" ou "Jesus dos Homens Salvador").

Inácio nasceu em 1491 em Loiola, na Cantábria (Espanha), sendo o mais novo de doze irmãos. Inicialmente seguiu a vida da corte e a vida militar até que caiu ferido no corpo (operaram-no aos ossos a sangue frio, sem um gemido da sua parte) e na alma. Durante a convalescença foi-se abrindo à graça de Deus, lendo particularmente a vida de Cristo e dos santos, desafiando-se a si mesmo para os imitar.

Fez um retiro em Manresa, peregrinou até Montserrat e Jerusalém, pensando ficar na Terra Santa para converter os turcos. Mas regressou a Espanha, partindo depois para Paris para estudar e foi aí que reuniu os primeiros companheiros dos seus amplos e ardentes ideais, entre os quais Francisco Xavier. Fizeram os primeiros votos em Montmartre, Paris, em 1534, nascendo assim a Companhia de Jesus, que depois foi confirmada pelo Papa, em Roma, em 1540.

Inácio imagina o cristão e a sua congregação, em particular, como um exército ao serviço do imperador que é Deus e Jesus Cristo, representado na Terra pelo generalíssimo que é o Papa, a quem os Jesuítas devem obedecer com um voto especial, pondo-se totalmente à sua disposição. Na verdade, a Companhia de Jesus cedo se implantou em toda a parte, mesmo nos novos mundos descobertos pelos portugueses. Pouco tempo após a fundação, chegaram a Portugal, enchendo-se o colégio de Coimbra com dezenas de candidatos e partindo Francisco Xavier para as Índias ao serviço do rei português. Um dos grandes méritos da congregação foi dar um novo impulso às missões. Portugal, em particular, muito deve, na missionação e na cultura, à Companhia de Jesus, que também aqui sofreu perseguições e foi expulsa pelo Marquês de Pombal.

Inácio escreveu os famosos *Exercícios Espirituais* que têm convertido e orientado muitas almas para Deus. Para além de ser um homem sumamente ativo, era contemplativo. Morreu em Roma a 31 de julho de 1556.

Lições / Propósitos

1) Enamorado de Jesus Cristo (alma de "fogo", fazendo jus ao seu nome que provém do latim *ignis*, fogo), completamente dedicado ao serviço de Deus para a Sua maior glória;
2) conciliador da vida ativa e da vida contemplativa;
3) formador de homens e de santos, particularmente através dos *Exercícios Espirituais*;
4) fundador da Companhia de Jesus, que prestou e continua a prestar um grande serviço à Igreja, particularmente na promoção da fé, no campo missionário, na orientação espiritual e na cultura (ensino e meios de comunicação social).

Citação

❑ «Inácio gostava muito de ler livros mundanos e fantasistas que costumam chamar-se "de cavalaria". Quando se sentiu livre de perigo, pediu que lhe dessem alguns deste género para passar o tempo. Mas não se tendo encontrado naquela casa nenhum livro desses, deram-lhe a *Vita Christi* e um livro da vida dos santos, ambos em vernáculo. Com a leitura frequente destas obras, começou a ganhar algum gosto pelas coisas que ali estavam escritas. [...] Lendo a vida de Nosso Senhor e dos santos, detinha-se a pensar consigo mesmo: "E se eu fizesse como fez São Francisco e como fez São Domingos?" E refletia em muitas coisas destas, durante longo tempo. [...] Quando se entretinha com os pensamentos mundanos, sentia grande prazer; mas logo que, já cansado, os deixava, ficava triste e árido de espírito. Quando, porém, pensava em seguir os rigores dos santos, não somente sentia consolação enquanto neles pensava, mas também ficava contente e alegre depois de os deixar. [...] Mais tarde, quando fez os *Exercícios Espirituais*, foi desta experiência que tomou as primeiras luzes para compreender e ensinar aos seus irmãos o discernimento dos espíritos.» (PADRE LUÍS G. CÂMARA, *Biografia de Santo Inácio*)

1 de agosto

SANTO AFONSO MARIA DE LIGÓRIO
Bispo e doutor da Igreja
PREGADOR, PASTOR E MESTRE ESPIRITUAL

Biografia

Afonso Maria de Ligório nasceu perto de Nápoles, em 1696. A mãe era muito devota e encaminhou-o desde tenra idade para Deus, ajudada por bons diretores espirituais. Cedo mostrou também qualidades para o estudo, vindo a doutorar-se em Direito Civil e Eclesiástico com apenas dezasseis anos. Exerceu algum tempo a advocacia mas, desiludido com a profissão, sobretudo depois de um erro involuntário, e desejando dar-se mais a Deus, renunciou à jurisprudência. Depois de ser ordenado sacerdote, dedicou-se intensamente à pregação e ao confessionário, particularmente pelas aldeias e campos. Para ser ajudado nesta missão, fundou a Congregação do Santíssimo Redentor (Redentoristas), benemérita, desde a primeira hora, nas missões populares.

Escreveu diversos livros, sobretudo de Teologia Moral, sendo considerado exímio nesta matéria, lutando contra o jansenismo reinante, dando maior espaço à liberdade dos filhos de Deus e à consciência, embora houvesse quem o considerasse também rigorista, enquanto para outros era laxista. Em todo o caso, foi um grande orientador espiritual. Eleito bispo, mais tarde renunciou, preferindo viver com os seus confrades, que, no entanto, o menosprezaram (mesmo o Papa lhe retirou a sua confiança), passando o santo os últimos anos cheio de escrúpulos, temendo a condenação, mas dando-se continuamente à oração, convencido de que «quem ora, salva-se; quem não ora, condena-se». Dizia ainda: «Foi com a oração que todos os santos não só se salvaram, mas se tornaram santos.» Amante da Eucaristia e muito terno na devoção a Maria, de quem cantou as suas glórias.

Morreu em Pagani, na Campânia, em 1787, com mais de noventa anos. Pio IX declarou-o doutor da Igreja, particularmente por ser um mestre insigne em Teologia Moral.

Lições / Propósitos

1) Sacerdote e bispo exemplar, cheio de zelo apostólico pela salvação das almas, pregando, instruindo e servindo sobretudo a gente humilde;
2) homem de oração, centrado na Eucaristia e na devoção a Maria;
3) escritor fecundo e profundo, sobretudo de Teologia Moral.

Citação

❏ «Toda a santidade e perfeição da alma consiste em amar a Jesus Cristo, nosso Deus, nosso sumo bem e nosso redentor. É a caridade que une e conserva todas as virtudes que tornam o homem perfeito. [...] Para conquistar todo o nosso amor, Deus (para além das criaturas) foi muito mais além e deu-Se a Si mesmo totalmente a nós. O Pai Eterno chegou ao extremo de nos dar o Seu único Filho.» (SANTO AFONSO MARIA DE LIGÓRIO, *Tratado sobre a prática de amar Jesus Cristo*)

2 de agosto

SANTO EUSÉBIO DE VERCELLI
Bispo
PREGADOR E COMBATENTE DA FÉ

Biografia

Eusébio de Vercelli nasceu em princípios do século IV na Sardenha. Foi ordenado sacerdote e formava parte do clero romano quando foi eleito bispo de Vercelli, no Piemonte (Itália). Vivia em comunidade com os seus padres e colaboradores. Propagou o Evangelho na diocese e introduziu a vida monástica. Foi exilado pelo imperador Constâncio, filho de Constantino, que era apoiado pelos arianos, e suportou graves sofrimentos por causa da fé. Regressando à pátria, quando morreu o imperador, continuou a propagar e a defender a fé contra os arianos. Morreu em Vercelli em 370.

Lições / Propósitos

1) Bom pastor do seu povo, a quem nutria abundantemente com a Palavra de Deus;
2) defensor acérrimo da integridade da fé contra as heresias, mesmo à custa do exílio.

José H. Barros de Oliveira

4 de agosto

SÃO JOÃO MARIA VIANNEY
Presbítero
PATRONO DOS SACERDOTES E DOS PÁROCOS

Biografia

João Maria Batista Vianney nasceu em maio de 1786 (três anos antes da Revolução Francesa), perto de Lião (França). Passou a infância ajudando os pais. Na juventude foi considerado refratário de guerra e, embora injustamente, teve de viver escondido mais de um ano. Pensou, ajudado pelo diretor espiritual, fazer-se sacerdote e entrou no seminário, mas teve de ser despedido por não conseguir aprender o Latim e a Filosofia (um professor irritado apelidou-o mesmo de "burro"). Mas, devido à falta de sacerdotes, decidiram admiti-lo ao sacerdócio, sendo ordenado a 13 de agosto de 1815.

Durante quase quarenta e dois anos paroquiou a pequena aldeia de Ars, no sul de França, sendo por isso conhecido como o Santo Cura d'Ars. Era uma pequena paróquia, totalmente descristianizada; o povo ridicularizava-o, caluniava-o e blasfemava contra ele. Mas, graças à oração e a duras penitências, à sua mansidão e paciência, conseguiu pouco a pouco transformá-la e fazer que o chamassem "o bom pai". Aí se distinguiu pela pregação, caridade, oração e mortificação. Era também estrondosamente tentado pelo demónio, mas encontrava fortaleza e serenidade no Espírito Santo, com quem vivia em intimidade, considerando-O como "pomba" no ninho do coração e como "jardineiro" da alma. Era grande outrossim o seu amor à Eucaristia e à Virgem Maria.

Tinha igualmente em grande apreço o sacerdócio: «Meu Deus, como é grande o sacerdócio!»; «O padre é o coração de

Deus sobre a Terra»; «Se encontrasse na rua um padre e um anjo, iria primeiro saudar o padre, porque o anjo é amigo de Deus, mas o padre é Seu representante». Por isso recomendava ao seu bispo: «Amai muito os vossos padres!»

A fama da sua santidade correu mundo, vindo multidões de toda a parte procurar os seus conselhos e conforto espiritual. Era exímio particularmente na administração do sacramento da Penitência (chegava a confessar mais de 15 horas por dia e dormia apenas 2 ou 3 horas) e na direção espiritual. Estava convencido para si e para todos que «a única felicidade neste mundo consiste em amar a Deus e saber que Ele nos ama».

Morreu feliz a 4 de agosto de 1859: «Como é bom morrer quando se viveu sobre a Cruz!», exclamou. Chamado a testemunhar a respeito do nosso santo, um camponês humilde disse: «Vi Deus num homem.» Pio XI, que o canonizou em 1925, declarou-o padroeiro dos párocos do mundo inteiro. Na Quinta-Feira Santa – Dia do Sacerdócio – de 1986, por ocasião do 2.º centenário do nascimento do Cura d'Ars, João Paulo II dirigiu uma carta aos sacerdotes apresentando-o como modelo de zelo apostólico e de piedade, realçando o seu desejo tenaz de ser sacerdote, a profundidade do seu amor a Cristo e às almas, particularmente aos pecadores, o seu ministério centrado no essencial (os sacramentos e a evangelização). Por sua vez, o Papa Bento XVI, em 2009, decorrendo os 150 anos da morte do Cura d'Ars, anunciou um Ano Sacerdotal, sob o lema: «Fidelidade de Cristo, fidelidade do sacerdote», iniciado na festa do Coração de Jesus, que já vai sendo celebrada como jornada de santificação sacerdotal. No decorrer deste Ano Sacerdotal, Bento XVI declarou o Cura d'Ars «padroeiro de todos os sacerdotes do mundo».

Lições / Propósitos

1) Amor entranhado ao Bom Deus, amando-O e sabendo-se amado por Ele, vivendo em intimidade com o Espírito Santo e com a Virgem Maria;
2) total dedicação aos fiéis da sua paróquia e a todos os que o procuravam, particularmente no confessionário, feito «servo de todos, para a todos salvar», como São Paulo;
3) modelo para todos os sacerdotes, que ele amava de todo o coração, particularmente párocos, dado o seu amor à Eucaristia e a Maria, a direção espiritual sobretudo no confessionário, a sua oração e a austeridade de vida;
4) caridade para com todos, a todos ajudando, mesmo àqueles que o ofendiam.

Citação

❏ «Prestai atenção, meus filhos: o tesouro do homem cristão não está na Terra, mas no Céu. Por isso, o nosso pensamento deve voltar-se para onde está o nosso tesouro. O homem tem este belo dever e obrigação: orar e amar. Se orais e amais, tendes a felicidade do homem sobre a Terra. A oração não é outra coisa senão a união com Deus. Quando alguém tem o coração puro e unido a Deus, experimenta em si mesmo uma certa suavidade e doçura que inebria, e uma luz admirável que o circunda. Nesta íntima união, Deus e a alma são como dois pedaços de cera, fundidos num só, de tal modo que ninguém mais os pode separar. Como é bela esta união de Deus com a Sua pequena criatura! É uma felicidade que supera toda a compreensão humana. […] A oração faz-nos saborear antecipadamente a suavidade do Céu; é como se alguma coisa do Paraíso descesse até nós. Ela nunca nos deixa sem doçura; é como o mel que se derrama sobre a alma e faz com que tudo nos seja doce. […] Há pessoas que se submergem profundamente na oração como os peixes na água, porque estão completamente entregues a Deus. […] Mas também há pessoas que parecem falar a Deus deste modo: "só tenho a dizer-Vos duas palavras para me despachar…"» (São João Maria Vianney, *Catecismo sobre a oração*)

5 de agosto

DEDICAÇÃO DA BASÍLICA DE SANTA MARIA
NOSSA SENHORA DAS NEVES

Reflexão

O Concílio de Éfeso (431) proclamou Maria como *Theotókos*, isto é, Mãe de Deus. Por isso, o Papa Sisto III, nesse mesmo ano, resolveu dedicar à Mãe do Senhor uma basílica, no monte Esquilino, em Roma, considerada a igreja mais antiga no Ocidente em honra de Nossa Senhora, chamada posteriormente de Santa Maria Maior. Trata-se de um rico templo, uma das quatro basílicas ditas "maiores" (juntamente com São Pedro, São João de Latrão e São Paulo Extramuros), revestida de lindos mosaicos e que alberga, segundo a tradição, por baixo do altar-mor, as tábuas do presépio de Jesus.

Segundo a lenda, Nossa Senhora teria aparecido em sonhos a um senhor de Roma, pedindo que fosse erigida uma igreja no local onde caísse neve e de facto, a 5 de agosto, terá nevado no Esquilino, levando o Papa Libério, em meados do século IV, a levantar uma igreja nesse local, chamada Basílica Liberiana. Por isso é que esta festa se designa também de Nossa Senhora das Neves.

— *Lições / Propósitos*

1) Motivo para honrar, venerar e imitar a Mãe de Deus;
2) passar da beleza dos templos materiais à beleza do Templo por excelência que é Maria, onde a Santíssima Trindade habita.

6 de agosto

TRANSFIGURAÇÃO DO SENHOR
«ESTE É O MEU FILHO AMADO: ESCUTAI-O!»

Reflexão

Esta festa começou a ser celebrada no Oriente, no século v, como uma espécie de Páscoa do verão, exaltando-se a Luz que é Cristo. No Ocidente apenas entrou na liturgia no século xv.

A Transfiguração (significa literalmente "ir além da figura", além das aparências) é uma epifania ou manifestação antecipada da glória do Filho de Deus e da Sua Ressurreição. O fulgor do Tabor antecipa o esplendor pascal. Jesus pretende esclarecer os discípulos sobre a Sua natureza divina e prepará-los para o "escândalo" da Paixão, incutindo-lhes coragem. É uma etapa gloriosa no caminho doloroso de Jerusalém, onde se consumará a Páscoa, a plena e definitiva Transfiguração do Senhor.

A Tranfiguração contém em si também a promessa da transfiguração de todo o Corpo Místico que é a Igreja, e de cada fiel, transfiguração que se inicia no Batismo e que atingirá a plenitude quando formos transformados à imagem do Corpo glorioso do Senhor.

Intervenientes principais nesta revelação do Senhor, antes de padecer, incutindo coragem aos discípulos na hora da Cruz: 1) o Pai declara Jesus Seu Filho único («bem amado») e Messias («Meu eleito»), apontando-O como programa cabal de vida: «Escutai-O»; 2) Jesus revela-Se como Filho de Deus, com a claridade própria do corpo glorioso e educando os discípulos quanto ao futuro; 3) Moisés e Elias, como os maiores expoentes do Antigo Testamento, representando a Lei e os Profetas; 4) os discípulos prediletos (Pedro, Tiago e João), que também estarão presentes no Getsémani, têm reações contraditórias de alegria e medo, tentação de viver o momento presente, esquecendo os outros, ou olhar para o futuro e encorajar os outros no momento da Paixão. Estes discípulos representam todos os discípulos que nas horas boas não devem esquecer as más e vice-versa.

Lições / Propósitos

1) Jesus é o único Senhor e é à luz fulgente da Transfiguração/Ressurreição que devemos viver e encarar o sofrimento;
2) para nos "transfigurarmos", temos de "subir" com Jesus, em particular, para orar;
3) fazer programa de vida a ternura e o mandato do Pai: «Este é o Meu Filho muito amado: Escutai-O!»;
4) nas horas de glória não nos devemos entusiasmar demasiado ("fazer uma tenda", abrigados dos problemas do mundo), nem deprimir nas horas más;
5) tentar anunciar o Senhor e ver Cristo transfigurado nos nossos irmãos, justos ou pecadores, sábios ou ignorantes, ricos ou pobres.

Citação

❏ «A principal finalidade desta Transfiguração era fazer desaparecer do coração dos discípulos o escândalo da Cruz, para que a humilhação da Paixão, voluntariamente suportada, não perturbasse a fé daqueles a quem tinha sido revelada a excelência da dignidade oculta de Cristo. Mas, segundo um desígnio não menos previdente, dava-se um fundamento sólido à esperança da Igreja, de modo que todo o Corpo de Cristo pudesse conhecer a transfiguração com que ele também seria enriquecido.» (SÃO LEÃO MAGNO, *Sermões*)

7 de agosto

SÃO SISTO II
Papa
e COMPANHEIROS
Mártires
PERSEGUIDOS E MARTIRIZADOS
POR CAUSA DA FÉ

Biografia

Sisto foi eleito bispo de Roma em 257. Logo no ano seguinte, quando celebrava os sagrados mistérios no Cemitério de Calisto, na Via Ápia, foi preso e imediatamente decapitado, juntamente com os seus diáconos (só pouparam mais uns dias São Lourenço, a ver se ele entregava os bens da Igreja), sendo sepultados nas mesmas catacumbas. Isto sucedeu a 6 de agosto de 258, obedecendo a um édito de Valeriano que estabelecera a pena de morte sem julgamento contra os membros da Igreja.

Lições / Propósitos

1) Perseguidos por causa do seguimento de Cristo e da pertença à Igreja;
2) disponibilidade para morrer antes que renegar a fé.

8 de agosto

SÃO DOMINGOS DE GUSMÃO
Presbítero
FUNDADOR DA ORDEM DOS PREGADORES

Biografia

São Domingos nasceu em Caleruega (Burgos), em 1170. Tendo recebido uma esmerada educação humanista e cristã, sobretudo por parte da mãe, ordenou-se sacerdote. Era cónego de Osma quando se sentiu chamado a evangelizar as tribos nómadas da Rússia. Porém, o Papa Inocêncio III enviou-o a evangelizar a região de Tolosa, onde grassava a heresia dos Cátaros e dos Albigenses. Ele compreendeu que não bastava a pregação se não fosse acompanhada do exemplo. Assim, a vivência de uma autêntica vida cristã, sobretudo através da pobreza, seguia a sua pregação. Quando alguns discípulos, espanhóis e franceses, se juntaram a ele, tornou-os pregadores e mendicantes, como Francisco de Assis, que também arrastava discípulos. Fundou como retaguarda de oração as monjas dominicanas. Domingos, nos poucos anos que teve como evangelizador, percorreu o sul da França, a Espanha e a Itália.

Morreu prematuramente em Bolonha, a 6 de agosto de 1221, exausto pelo trabalho e pela penitência. Foi canonizado em 1234. Uma religiosa descreve-o como elegante no porte e sempre alegre. Para além da sua vocação de pregador apostólico, realça-se a sua terna devoção a Maria, tendo propagado a devoção e recitação do rosário.

José H. Barros de Oliveira

> *Lições / Propósitos*
>
> 1) Ministro fiel do Evangelho, tudo fazendo pela causa do Reino de Deus;
> 2) amor terno à Mãe de Deus e impulsionador da devoção do rosário;
> 3) vida de austeridade e de desprezo pelas glórias e riquezas do mundo;
> 4) vida de oração e meditação da Palavra de Deus, seu alimento espiritual.

9 de agosto

SANTA TERESA BENEDITA DA CRUZ
Virgem e mártir
JUDIA CRISTÃ, PADROEIRA DA EUROPA

Biografia

De seu nome no mundo Edith Stein, é mais um fruto amargo do nazismo, que sacrificou nas aras do racismo milhões de judeus, mas também um doce fruto do Carmelo, na sequência de Teresa de Jesus, de Teresa do Menino Jesus, de Isabel da Trindade e de tantas outras. Grande filósofa, professora universitária, conferencista e escritora brilhante. Mas mais brilhou na sua subida vertiginosa para Deus, através da *Ciência da Cruz*. Por isso se quis chamar em religião Teresa (em honra da sua patrona) Benedita (por simpatia com as monjas beneditinas) da Cruz.

Nasceu numa família judia a 12 de outubro de 1891 em Breslau (Alemanha). O pai faleceu quando ela tinha apenas ano e meio. A mãe praticava convictamente a sua religião e levava os filhos à sinagoga (Edith dizia que o coração da mãe era como um livro aberto onde podiam ler como comportar--se) sofrendo de ver Edith perder a fé. De facto, ela declarou-se ateia, ao mesmo tempo que progredia na carreira universitária, voltando-se para a Filosofia (a Psicologia tinha-a dececionado), embora rezasse a seu modo: «A sede de verdade tornara-se a minha única oração.»

Em 1921, com trinta anos, quando passava as férias grandes em casa de uns amigos, descobriu um livro que lhe mudou a vida. Narra ela:

> Certo dia, por acaso, veio-me à mão um livro bastante volumoso intitulado: *Vida de Santa Teresa escrita por ela mesma*. Comecei a ler. Fiquei logo cativada e não deixei o livro até o terminar. Quando o fechei, disse para comigo: Aqui está a verdade!

A seguir comprou um catecismo católico e um missal e entrou pela primeira vez numa igreja para assistir à Missa. No final pediu o Batismo ao padre, que a interrogou sobre a doutrina cristã, passando ela perfeitamente no "exame". Assim, recebeu o Batismo a 1 de janeiro de 1922, impondo-se o nome de Teresa. Comungou a seguir e desde então foi fiel à comunhão quotidiana.

Pensou entrar no Carmelo, mas o diretor espiritual dissuadiu-a, pois no mundo poderia prestar maior serviço ao Reino de Deus. Deu conferências por toda a parte, quer de índole filosófica, quer de índole cristã (gostava de falar da vocação e do papel da mulher na Igreja). O grande filósofo Husserl escolheu-a como assistente universitária. Mas já vivia totalmente para Deus (frequentava sobretudo a Abadia de Beuron dando-se ao silêncio e à oração) e acabou por entrar no Carmelo a 15 de outubro de 1933, festa de Santa Teresa, com quarenta e dois anos, apesar da oposição firme da mãe, que também não tinha aceitado a sua conversão ao Catolicismo, o que mais fazia sofrer Edith, dando esse passo «nas trevas da fé». Todavia, após a conversão, mais sentiu as suas raízes hebraicas, consciente de que Jesus e Maria «eram do seu próprio sangue» e oferecendo a vida pelo seu povo. No Carmelo encontrou a «solidão sonora» cheia da presença de Deus Esposo da alma: «A essência do ser cristão não é o saber mas o amor – Deus é amor.» Ela ia compreendendo cada vez mais profundamente o mistério da Cruz e do amor através de longas horas de oração e de sacrifícios.

Para escapar à perseguição nazi fugiu, em 1940, da Alemanha para o Convento de Echt, na Holanda. Mas a 2 de agosto de 1942 a Gestapo entrou de rompante no convento, levando-a a si e à sua irmã Stein (que também aí se tinha refugiado). Ela tinha terminado justamente o seu livro *Ciência da Cruz* sobre a vida e doutrina de São João da Cruz. No campo de concentração continuou a usar o hábito de carmelita, procurando a todos ajudar, por todos rezar e particularmente sofrer. Conseguiu escrever à superiora, onde dizia: «A ciência da Cruz só se aprende quando se começa por sofrer verdadeiramente o peso da Cruz.» Porém, como ela escreveu, «o madeiro da Cruz tornou-se luz de Cristo». E levou a Cruz até ao Calvário, como Jesus. Uma companheira que conseguiu escapar do campo de concentração recorda-a como mulher do silêncio, como «uma virgem das dores, uma *Pietà* sem o Cristo».

Morreu a 9 de agosto de 1942 (um ano após o padre Maximiliano Kolbe) no campo de concentração de Auschwitz (Polónia), na câmara de gás, sendo o seu corpo reduzido a cinzas no forno crematório, como tantos outros judeus (morreu solidária com o seu povo, pois nunca perdeu a consciência viva da sua pertença). João Paulo II beatificou-a a 1 de maio de 1987 e canonizou-a a 11 de outubro de 1998, exaltando o amor à verdade desta «eminente filha de Israel e filha fiel da Igreja». O mesmo Papa declarou-a (com Santa Brígida e Santa Catarina de Sena), padroeira da Europa (além de São Bento e de São Cirilo e São Metódio, já anteriormente designados).

Lições / Propósitos

1) Entrega total ao Senhor, vivendo em intimidade com Ele, unida particularmente à Sua Paixão, impondo-se o nome de Teresa da Cruz e compreendendo bem a *Ciência da Cruz*;
2) amor a Maria, procurando imitá-la, ciente de que tal imitação é imitação de Cristo, «porque Maria foi a primeira a imitar o Cristo»;
3) filósofa brilhante, sempre em busca da Verdade («a minha sede de verdade era já em si mesma uma oração») que encontrou plenamente em Deus-Amor, que contemplava na oração (que definia como «relação da alma com Deus»);
4) a conversão ao Catolicismo mais a fez tomar consciência das suas raízes judaicas, oferecendo a vida pelo seu povo.

Citações

❏ «Existe uma vocação à Paixão de Cristo através da qual se coopera na Sua missão redentora. Cristo continua a viver nos Seus fiéis e os sofrimentos, levados em união com o Senhor, incorporados à Sua obra redentora, e por isso fecundos, tornam-Se a Sua Paixão. [...] Recebi o nome que tinha pedido (ao entrar no Carmelo). Sob a Cruz tinha compreendido o destino do Povo de Deus. Hoje compreendo melhor o que significa estar desposada com o Senhor no sinal da Cruz.» (EDITH STEIN, *Cartas*)

❏ «A morte na Cruz é o meio de salvação que a insondável sabedoria de Deus inventou. [...] Deus abre as comportas da misericórdia paternal a todos os que têm a coragem de abraçar a Cruz e Aquele que lá está atado. [...] A união nupcial com Deus para a qual a alma foi criada é ligada pela Cruz, consumada sobre a Cruz e selada para a eternidade com o selo da Cruz.» (EDITH STEIN, *A Ciência da Cruz*)

❏ «Senhor, deixa-me caminhar sem ver nos caminhos que são os teus. Não quero saber onde me conduzes: Não sou eu Tua filha? Tu és o Pai da Sabedoria e também meu Pai. Mesmo se me conduzes através da noite, Tu me conduzes para Ti. Senhor, deixa acontecer o que desejas: estou preparada mesmo se nunca tiver compensação nesta vida. Tu és o Senhor do tempo. Age segundo os planos da tua Sabedoria. Quando docemente me chamas ao sacrifício, ajuda-me a cumpri-lo. Permite-me ultrapassar o meu pequeno eu para que, morta para mim mesma, só viva para Ti.» (ORAÇÃO DE EDITH STEIN)

9 de agosto

BEATO ZEFERINO MALLA
Mártir
CIGANO GENEROSO E CORAJOSO

Biografia

Aquando da beatificação do primeiro santo cigano, Roma encheu-se de pessoas desta etnia. Zeferino Malla (apelidado de Pelé) nasceu por 1861, supõe-se que em Fraga (Espanha). Pouco se sabe da sua infância e juventude. Era analfabeto, mas aprendeu as orações e casou religiosamente em 1912, já com cinquenta anos. Não tendo filhos, o casal adoptou uma sobrinha, que educou esmeradamente na fé. Nos seus negócios manifestava-se sempre honesto. Era uma pessoa que participava na Missa e na comunhão diária, frequentava a adoração noturna ao Santíssimo Sacramento e participava nas conferências vicentinas, dando também esmolas generosamente, atento sobretudo aos necessitados da sua etnia. Tinha uma predileção especial pelas crianças, ensinando-lhes a doutrina e os cânticos religiosos.

Entretanto, eclodiu a terrível Guerra Civil Espanhola e em 19 de julho de 1936 Zeferino foi preso só por ter defendido um sacerdote, que foi preso injustamente, e por lhe terem encontrado um terço no bolso. Mas nem por isso deixou de o rezar na prisão, apesar de o tentarem dissuadir. Encorajou os outros presos a não renegarem a sua fé. A 9 de agosto de 1936 foi a sua vez de «sair a passeio» (assim se expressavam os algozes sarcasticamente) para o lugar do fuzilamento. Ao ouvir o seu nome grita: «Pronto! Viva Cristo Rei!» No percurso até ao lugar da execução levava o terço na mão e repetia vivas a Cristo Rei. A 4 de maio de 1997, João Paulo II beatifica este cigano mártir para alegria e exemplo de tantos ciganos que invadiram Roma.

Lições / Propósitos

1) Testemunho heroico de fé dando generosamente a vida por Cristo;
2) devoto da Eucaristia e de Maria, tendo grande devoção à recitação do terço, que o acompanhou mesmo na hora do suplício;
3) amigo do próximo, participando ativamente nas Conferências Vicentinas e evangelizando particularmente as crianças.

10 de agosto

SÃO LOURENÇO
Mártir
TESTEMUNHO ALEGRE E CORAJOSO

Biografia

Trata-se do mártir romano (embora de origem espanhola) mais célebre, sacrificado na perseguição de Valeriano em 10 de agosto de 258, quatro dias após o martírio do Papa Sisto II, de quem era diácono. O prefeito da cidade não o executou logo, porque queria que ele entregasse os bens da Igreja. As atas do seu martírio e a tradição oral narram a sua coragem invencível, o modo como entregou aos pobres todos os bens da Igreja para que não fossem usurpados (apresentando-se com estes "tesouros" ao prefeito), os horrores sofridos e o seu autodomínio a tocar a ironia. De facto, queimado no fogo da grelha, diz-se que teve o humor de desafiar o carrasco: «Já está cozido deste lado; vira para o outro lado e come.» Ao mesmo tempo ia louvando o Senhor: «Eu adoro o meu Deus e só a Ele sirvo; por isso não receio estes tormentos»; «Estou unido a Vós, Senhor, porque a minha carne foi queimada por Vosso amor»; «Sou um homem profundamente feliz, porque mereci ser hóstia de Cristo»; «Eu Vos dou graças, Senhor, porque mereci entrar no vosso Reino».

Algumas destas narrativas podem não ser verídicas, mas é certo que foi provado pelo fogo, como atesta a Tradição e a inscrição que o Papa São Dâmaso mandou colocar na sua tumba: «Os golpes, os carrascos, as chamas, os tormentos, as cadeias, só a fé de Lourenço as pôde vencer.» Já no século IV, a sua festa era a mais famosa em Roma, logo após a de São Pedro e São Paulo. A cidade dedicou-lhe oito igrejas, sendo a mais célebre a de São Lourenço Extramuros, junto à via Tiburtina, ao Campo Verano, onde se encontra o seu túmulo.

> *Lições / Propósitos*
>
> 1) Generosidade e coragem no martírio, a exemplo do seu Senhor;
> 2) fidelidade a toda a prova à Igreja e ao Papa;
> 3) amor e serviço aos pobres, preferindo morrer a delapidar os bens que lhes pertenciam.

11 de agosto

SANTA CLARA
Virgem
ENAMORADA DE JESUS E DA POBREZA

Biografia

Santa Clara nasceu em Assis, de família abastada, em 1193. Conta-se que a mãe, rezando antes do parto, ouviu uma voz que lhe dizia que ia dar à luz alguém que iluminaria o mundo. Por isso lhe pôs o nome de Clara. Na verdade foi mais um sol no firmamento da santidade, estimulada por Francisco de Assis, da mesma terra, a quem conheceu pelos dezoito anos e que tomou como orientador espiritual.

Desde tenra idade manifestou a sua inclinação pela contemplação e o amor pelos pobres e, após o encontro com São Francisco, decidiu consagrar-se totalmente a Deus. Obstáculo principal eram os seus pais, que desejavam a todo o custo casá-la. Mas, quando tinha dezoito anos, no Domingo de Ramos, saiu de casa e foi ao encontro de Francisco, que lhe cortou o cabelo como sinal da sua total consagração ao Senhor. Foi para o mosteiro das beneditinas e os pais quiseram ir buscá-la, mas ela resistiu. A sua irmã mais nova seguiu-a e assim começou a Ordem das Clarissas, no Convento de São Damião.

São Francisco não lhes deu propriamente uma regra, inculcando-lhes apenas o espírito de pobreza e a confiança plena no Senhor, vivendo sem rendimento algum. O Papa quis dotá-las de algumas rendas, mas Clara pediu-lhe para não as desligar da imitação radical do Senhor. Antes de morrer, muito sofreu, mas dizia ter aprendido de Francisco e por isso não havia dor que lhe custasse sofrer.

Faleceu em 1253 louvando o Senhor pela vida: «Louvo-Te e glorifico-Te, Senhor, por me teres criado!»

Lições / Propósitos

1) Totalmente consagrada ao Senhor desde a sua juventude, servindo-O dia e noite na contemplação;
2) vida de grande austeridade e de radical pobreza;
3) dedicação aos pobres e aos enfermos.

---

12 de agosto

SANTA JOANA FRANCISCA DE CHANTAL
Religiosa
TOTAL DEDICAÇÃO A DEUS E AO PRÓXIMO

Biografia

Joana, baronesa de Chantal, nasceu em 1572. Casou, teve quatro filhos e foi feliz com o marido, que veio a morrer cedo num acidente de caça. Dedicou-se à educação dos filhos e à caridade para com os mais desprotegidos. Entrou na Ordem Terceira Franciscana. Conheceu São Francisco de Sales e resolveram fundar a Ordem da Visitação, ingressando nela apesar da oposição de um dos filhos, que se atravessou na soleira da porta quando chegou a hora da despedida, tendo ela de lhe saltar por cima para poder seguir a sua vocação, completamente dedicada a Deus e ao próximo.

Morreu em 13 de dezembro de 1641, estando sepultada em Annecy (juntamente com São Francisco de Sales), quando já existiam em França quase uma centena de casas da nova ordem. A sua memória celebrava-se a 12 de dezembro mas, de acordo com a nova edição do Missal Romano, passou para este dia.

Lições / Propósitos

1) Esposa e mãe dedicada;
2) vida de contemplação e de caridade ao serviço dos mais pobres;
3) coragem em abandonar tudo, mesmo a família, para seguir a sua vocação.

---

13 de agosto

SÃO PONCIANO E SANTO HIPÓLITO
Mártires
FIRMEZA DA FÉ ATÉ À MORTE

Biografia

São Ponciano foi eleito Papa no ano de 231. Perseguido pelo imperador Maximino, foi desterrado para a Sardenha, em 235, depois de ter abdicado do pontificado. Aí morreu sendo depois sepultado no Cemitério de Calisto. O mesmo aconteceu a Hipólito, sacerdote e teólogo que defendeu acerrimamente a Tradição, entrando mesmo em polémica com o Papa Zeferino. Foi o primeiro a querer fixar a Páscoa numa data certa, no domingo a seguir ao 14 de Nisan (abril). Os seus livros, particularmente a *Tradição Apostólica*, contêm a teologia primitiva e as mais antigas orações litúrgicas romanas. A Igreja de Roma presta culto a ambos os mártires conjuntamente, desde princípios do século IV.

Lições / Propósitos

1) Mártires perseguidos por causa da sua fé;
2) defensores da autenticidade da fé contra as divisões e heresias do tempo.

---

14 de agosto

SÃO MAXIMILIANO MARIA KOLBE
Mártir
CAVALEIRO DA IMACULADA

Biografia

Maximiliano Maria Kolbe nasceu na Polónia a 8 de janeiro de 1894. Entrou na ordem dos franciscanos conventuais e foi estudar Teologia para Roma sendo ordenado sacerdote em 1918. O padre Kolbe notabilizou-se pelo seu grande amor a Maria, considerando-se "cavaleiro da Imaculada", fundando, ainda jovem, a Milícia de Maria Imaculada e mais tarde a "Cidade da Imaculada" (Niepokalanow), onde instalou uma tipografia para imprimir o pequeno jornal *Cavaleiro da Imaculada*, periódico de grande tiragem. Foi apóstolo da imprensa, posta ao serviço do Reino de Deus. Notabilizou-se ainda como missionário no Japão, levando também para lá o seu amor a

Maria, servindo-se novamente da imprensa. O seu lema era: «O objetivo da minha vida é a conquista do mundo para Cristo através da Imaculada.».

Preso pelos nazis em fevereiro de 1941, foi enviado para o campo de concentração de Auschwitz, obrigado a trabalhos forçados, mantendo sempre a serenidade e a paz. Tinha consciência de que «o ódio não é uma força criadora; só o amor é criador». Um dia fugiu um prisioneiro do "campo da morte" e dez foram condenados ("dizimados"), entre eles um pai de família que gritou: «Oh, minha mulher e meus filhos que não tornarei a ver!» Então o padre Kolbe ofereceu-se para morrer em vez desse pai, apresentando-se aos carrascos como padre católico, não apenas para salvar um pai da morte, mas para ajudar os outros a bem morrer. Aceite a troca, é metido no *bunker* do bloco n.º 11 para aí morrer à fome e à sede. Apesar da sua doença e fraqueza extrema, resiste, e acabam por matá--lo com uma injeção de veneno a 14 de agosto de 1941, sendo queimado no forno crematório no dia seguinte, festa da Assunção de Maria, a quem se tinha consagrado. Contava apenas quarenta e sete anos. Foi beatificado por Paulo VI em 1971 e canonizado por João Paulo II em 1982, que o declarou «padroeiro no nosso século difícil».

Lições / Propósitos

1) Testemunho (isso significa "martírio") heroico de fé e de caridade, morrendo por Deus e pelo próximo;
2) devoção terna à Virgem Imaculada, a quem se consagrou e sob cuja bandeira militava nas grandes causas de Deus;
3) zelo apostólico e missionário, servindo-se particularmente da imprensa para expandir o Reino de Deus.

Citação

❏ «No nosso tempo, infelizmente, vemos com tristeza propagar-se sob várias formas uma certa epidemia, a que chamam "indiferentismo", não só entre os leigos mas também entre os religiosos. No entanto, porque Deus é digno de infinita glória, o nosso primeiro e mais importante

objetivo é promover a Sua glória, tanto quanto pode a nossa humana fraqueza, embora nunca possamos prestar-Lhe a glória que Ele merece, dado que somos frágeis criaturas. Uma vez, porém, que a glória de Deus resplandece sobretudo na salvação das almas que Cristo resgatou com o Seu próprio sangue, o principal e mais profundo empenho da vida apostólica deve ser o de procurar a salvação do maior número de almas e a sua mais perfeita santificação. [...] Tudo o que se encontra fora de Deus, tudo o que não é Deus, só tem valor na medida em que a Ele se refere, que é o Criador de todas as coisas e o Redentor dos homens, o fim último de toda a criação. [...] Para progredir no amor de Deus, não conhecemos livro mais sublime que Jesus Cristo crucificado. Tudo isto o alcançaremos mais facilmente por intermédio da Virgem Imaculada, a quem Deus, com infinita bondade, tornou despenseira da Sua misericórdia. Não há dúvida nenhuma de que a vontade de Maria é para nós a própria vontade de Deus. Se a ela nos consagrarmos, como instrumentos nas suas mãos, como ela o foi nas mãos de Deus, tornamo-nos verdadeiramente instrumentos da misericórdia divina.»
(São Maximiliano Maria Kolbe, *Cartas*)

15 de agosto

ASSUNÇÃO DA VIRGEM SANTA MARIA
«TODAS AS GERAÇÕES ME PROCLAMARÃO!»

Reflexão

A Assunção de Nossa Senhora ao Céu é, juntamente com a Imaculada Conceição (8 de dezembro), a grande festa mariana, embora o fundamento seja a Maternidade divina (1 de janeiro). Porque foi chamada a ser Mãe do Verbo de Deus e deu o seu "Sim" generoso, Maria nasceu Imaculada, preservada do pecado original e, vivendo uma vida de plena união com a Santíssima Trindade, em Jesus, o seu corpo, que tinha sido berço e templo do Filho de Deus, foi também isento de corrupção após a morte, tendo Ela adormecido no Senhor e sendo assumida ao Céu em corpo e alma. São Paulo diz que o Senhor ressuscitou como "primícias" dos que adormeceram em Cristo; logo a seguir a Ele, Maria também ressuscitou participando dessas "primícias", e aguardando um dia a nossa glorificação com(o) Ela. No fundo, a exaltação de Maria é a Vitória sobre a morte, unida à Vitória gloriosa do Senhor e garantia da nossa própria ressurreição.

O dogma da Assunção foi proclamado por Pio XII em 1950, que declarou: «A augusta Mãe de Deus, como suprema coroa dos seus méritos, foi por fim preservada da corrupção do sepulcro e, tendo vencido a morte, como Seu Filho, foi elevada em corpo e alma à glória do Céu, onde resplandece como Rainha à direita do Seu Filho, Rei imortal dos séculos.» No pronunciamento dogmático, o Papa afirmou solenemente: «Declaramos e definimos ser dogma divinamente revelado que a Imaculada Mãe de Deus, a sempre Virgem Maria, terminado o curso da vida terrena foi elevada em corpo e alma à glória celestial.»

Foi o culminar de uma longa Tradição da Igreja que celebrava a "Dormição" de Maria. Não sabemos como, nem quando, nem onde Maria adormeceu no Senhor. O dia 15 de agosto recorda provavelmente a dedicação de uma igreja a Maria em Jerusalém, onde teria morrido (outros dizem que foi em Éfeso) com talvez uns sessenta anos, dez ou quinze anos após a morte de Jesus.

A festa da Assunção tem grande tradição em Portugal e é dia festivo, mesmo no meio do mês ferial. Em muitos lugares Maria é hoje invocada com as mais diversas denominações, como Senhora da Assunção, Senhora da Saúde, Senhora da Lapa.

> *Lições / Propósitos*
>
> 1) Vitória sobre a morte, celebrando ao mesmo tempo a incorruptibilidade, a ressurreição e a exaltação no Céu como Rainha dos anjos e dos homens;
> 2) vitória sobre o medo da morte, sinal de esperança, garantia de que um dia a nossa morte será também uma "dormição" acordando nos braços de Deus e de Maria, sentindo-nos por isso sempre atraídos para o Céu, pedindo "boleia" à Mãe de Deus;
> 3) gratidão e alegria vendo glorificada a Mãe de Deus e nossa Mãe (*Magnificat*), como penhor ou garantia de esperança da nossa própria glorificação ou Páscoa no Senhor;
> 4) vitória do Bem sobre o Mal, na batalha terrível entre a luz e as trevas, a verdade e a mentira, a Mulher e o Dragão, Deus e o Diabo;
> 5) contemplar sempre Maria como modelo acabado de humanidade e de todas as virtudes, louvando-a, invocando-a e imitando-a.

16 de agosto

SANTO ESTÊVÃO DA HUNGRIA
FIEL E ZELOSO FILHO DA IGREJA

Biografia

Estêvão nasceu em 979 e foi batizado aos dezassete anos, quando a família se converteu ao Cristianismo. Foi coroado primeiro rei da Hungria no ano 1000, sendo um rei justo, pacífico, piedoso (passava noites em oração) e austero, observando fielmente as leis da Igreja e procurando sempre o bem dos súbditos e a sua conversão a Cristo. Fundou várias dioceses, não faltando nunca com a sua ajuda. Deixou os melhores conselhos ao seu filho, que lhe sucedeu no trono, exortando-o a ser misericordioso, sobretudo com os mais fracos, a ser forte «para que nem a prosperidade te ensoberbeça nem a adversidade te desanime», a ser humilde, moderado, manso, honrado, nobre de sentimentos, «evitando como veneno mortal toda a pestilência da sensualidade». Morreu a 15 de agosto de 1038. Por ter sido o primeiro rei que consagrou a sua nação a Nossa Senhora, tem uma estátua na Basílica de Fátima e um vitral na capela do Calvário húngaro.

Lições / Propósitos

1) Humildade e simplicidade, não se servindo do trono, mas tentando servir o seu povo, sobretudo os mais desfavorecidos e pobres;
2) homem de oração e de austeridade;
3) fiel servidor da Igreja, preocupado com a evangelização do seu povo.

---

17 de agosto

SANTA BEATRIZ DA SILVA
Virgem
BELA NO CORPO E NA ALMA

Biografia

Santa Beatriz nasceu em Ceuta (ou em Campo Maior) por volta de 1425, a segunda de onze filhos de pais portugueses muito devotos (outro filho, Amadeu da Silva, foi também beatificado), ainda parentes do rei de Portugal. Era ainda jovem quando veio para Campo Maior. Em 1447 acompanhou à corte de Castela, como dama de honor, a infanta D. Isabel de Portugal.

Posteriormente, desejando dedicar-se completamente a Deus, e porque a sua beleza inspirava ciúmes à rainha (já antes um pintor teimou em pintá-la, a que acedeu só contrafeita), que chegou a encarcerá-la, retirou-se para o Mosteiro de Toledo, onde viveu mais de trinta anos, até à sua morte, numa vida de oração e penitência, grande adoradora do Santíssimo Sacramento, meditando a Palavra de Deus e unida a Nossa Senhora, a quem desejava imitar.

Em 1484 fundou o Instituto da Imaculada Conceição de Nossa Senhora (Concepcionistas). Trata-se de uma ordem contemplativa, dedicada à oração e à súplica, em breve aprovada pelo Papa (diz-se que a bula se perdeu no mar e milagrosamente foi encontrada num baú pela santa).

Faleceu em 1490 com fama de santidade (consta que à hora da morte uma estrela iluminou a sua cabeça, conservando no rosto toda a beleza da juventude), mas só foi beatificada por Pio XI em 1926, após as visões de uma senhora de Campo Maior. Foi canonizada em 1976 por Paulo VI.

Lições / Propósitos

1) Vida de contemplação e de austeridade, completamente entregue a Deus;
2) terna devoção a Maria, sob a denominação da Imaculada Conceição;
3) recato e pureza, mesmo nos meios mundanos, apesar da sua grande beleza.

19 de agosto

SÃO JOÃO EUDES
Presbítero
AMANTE DOS CORAÇÕES DE JESUS E DE MARIA

Biografia

João Eudes nasceu em Ri, na Normandia (França), em 1601. Estudou no Colégio dos Jesuítas de Caen. Ordenado sacerdote, pertenceu ao Oratório de Paris e dedicou-se à pregação missionária em diversas dioceses e paróquias, preocupado sobretudo em recristianizar o meio rural. Fundou duas congregações: a Congregação de Jesus e Maria (Eudistas), para educação dos seminaristas e do clero, e o Instituto de Nossa Senhora da Caridade, para a regeneração das mulheres (prostitutas) em perigo moral e espiritual. Poderia ser patrono de todos aqueles ou aquelas que se preocupam e tentam erradicar a prostituição e ajudar as suas vítimas. Certamente a sua visão e obra principal foi investir, na linha de São Vicente de Paulo, na formação de padres fervorosos capazes de evangelizar e de servir o seu povo. Fomentou a devoção aos Corações de Jesus e de Maria. Morreu em Caen em 1680.

Lições / Propósitos

1) O centro da sua vida era Cristo representado pelo Seu Coração, símbolo do Amor;
2) devoção ao Coração de Maria, antecipando de algum modo a mensagem de Fátima;
3) fervor missionário preocupado não apenas com a pregação mas também com o serviço social aos mais necessitados ou em perigo espiritual;
4) preocupação com a formação de seminaristas, ciente de que a Igreja precisa de padres verdadeiramente dedicados a Deus e ao Seu Povo.

Citação

❏ «Cristo não somente é para ti, mas quer também estar em ti, viver e dominar em ti, como a cabeça vive e reina nos seus membros. [...] Seja Ele o único princípio dos teus movimentos, ações e energias da tua vida; deves viver d'Ele e por amor d'Ele. [...] Ele deve ser o teu espírito, o teu coração, o teu amor, a tua vida, enfim, deve ser tudo para ti.»
(SÃO JOÃO EUDES, *Tratado sobre o Coração de Jesus*)

20 de agosto

SÃO BERNARDO
Abade e doutor da Igreja
HOMEM DO SEU TEMPO

Biografia

São Bernardo foi um dos santos que encheu plenamente o seu tempo, em particular a primeira metade do século XII. Impôs-se aos Papas e aos grandes deste mundo, sendo admirado por todos. Cheio de amor pela Igreja, foi, como o Batista, lâmpada que alumia.

Nasceu em 1090 perto de Dijon, em França, terceiro de sete filhos de uma nobre família da Borgonha. Era figura esbelta e inteligente. A mãe recomendara-lhe terna devoção a Maria, que ele sempre cumpriu. Aos vinte e poucos anos morreu-lhe a mãe e, apesar das tentações do mundo (diz-se que se chegou a lançar a um tanque de água gelada para vencer a tentação da carne), decidiu entregar-se totalmente ao amor de Deus. Entrou na Abadia de Cister recém-fundada e que se propunha reformar a Ordem Beneditina. A família considerou isso "uma loucura", mas ele acabou por arrastar para lá vários irmãos, um tio e muitos amigos.

Cedo o seu abade o enviou para fundar novo mosteiro no Vale Claro (Claraval), em 1115, tendo aí continuado a reforma com grande rigor e penitência. Poucos anos depois passou-se dos doze primeiros monges para quinhentos, fundando outros mosteiros onde entrava gente de toda a classe, sedentos de santidade. Durante a sua vida fundaram-se mais de cento e cinquenta mosteiros em diversas nações, incluindo Portugal (Alcobaça). Certamente que Bernardo não veio à Península Ibérica, mas é indubitável a grande influência religiosa e cultural dos seus monges desde a fundação da nossa nacionalidade (uma lenda diz que foi ele a batizar e curar o nosso primeiro rei, D. Afonso Henriques).

Sempre desejoso de solidão para se entregar à oração e à penitência, foi constantemente contrariado pelo Senhor, que o queria no meio dos homens. Percorreu os caminhos da França, da Alemanha e da Itália, contactando com Papas e reis, levando sempre a paz e a unidade, participando em concílios e noutras missões. Conforme o espírito da época, organizou a segunda Cruzada a partir de Vézelay (1146), que acabou por fracassar por os chefes não se entenderem, tendo ele sido acusado de não seguir nela.

Escreveu numerosas obras, sermões e cartas, mesmo aos grandes, criticando-os, se necessário fosse. Os seus grandes amores foram Jesus Cristo, Verbo de Deus, na Sua humanidade, e Maria, a Mãe do Verbo Encarnado que ele amou e cantou tão bem (por exemplo, na oração: *Lembrai-vos, ó piíssima Virgem Maria*). Enfim, viveu continuamente apaixonado pela Igreja e pelo Reino de Deus: «Os negócios de Deus são os meus negócios; nada do que disser respeito a Deus me é estranho.» Morreu em Claraval, em 1153, em paz e tendo a sua missão plenamente cumprida.

Lições / Propósitos

1) Amor apaixonado a Jesus Cristo, Verbo Encarnado, e a Maria;
2) amor à Igreja, a toda a prova, contribuindo imenso para a paz e para a unidade;
3) grande reformador religioso, homem cheio de zelo apostólico e escritor fecundo.

Citação

❑ «O amor subsiste por si mesmo, agrada por si mesmo e por causa de si mesmo. Ele próprio é para si mesmo o mérito e o prémio. O amor não busca outro motivo nem outro fruto fora de si; o seu fruto consiste na sua prática. Amo porque amo, amo para amar. Grande coisa é o amor, desde que remonte ao seu princípio, que volte à sua origem, que torne para a sua fonte, que se alimente sempre da nascente de onde possa brotar incessantemente. Entre todas as moções, sentimentos e afetos da alma, o amor é o único em que a criatura pode responder ao Criador, se não em igual medida, ao menos de modo semelhante. Com efeito Deus, quando ama, não quer outra coisa senão ser amado, sabendo que o próprio amor torna felizes os que se amam entre si. O amor do Esposo, ou antes, o Amor-Esposo não pede senão correspondência e fidelidade. A amada deve, portanto, retribuir com amor. Como pode a esposa não amar, sobretudo se é a esposa do Amor? Como pode o Amor não ser amado?» (São Bernardo, *Sermões sobre o Cântico dos Cânticos*)

21 de agosto

SÃO PIO X
Papa
SABEDORIA E FORTALEZA AO SERVIÇO DA IGREJA

Biografia

José Sarto nasceu em Riese, na região de Veneza (Itália), em 1835. Desempenhou o ministério sacerdotal e episcopal, foi Patriarca de Veneza e eleito Papa em 1903, aceitando o cargo «como uma Cruz», adotando como lema o desiderato paulino «restaurar tudo em Cristo», ideal que inspirou a sua vida de sabedoria, fortaleza e simplicidade, dando um novo incremento à Igreja, perturbada com diversas correntes ideológicas e doutrinais (modernismo), defendendo intransigentemente o depósito da fé e a independência da Igreja. Além de um homem de Deus, foi um grande reformador: do Código de Direito Canónico, da liturgia (sacramentos, música sacra), particularmente da Eucaristia, abrindo também o sacrário às crianças.

Faleceu a 20 de agosto de 1914, amargurado com o início da Grande Guerra.

Lições / Propósitos

1) Total dedicação à Igreja, combatendo os erros e promovendo as reformas necessárias;
2) modelo para os sacerdotes, particularmente párocos, desejando continuar como «simples pároco de aldeia», não fora o Senhor chamá-lo a maiores responsabilidades;
3) homem de Deus, cheio de virtudes humanas e espirituais.

Citação

❏ «É sabido que os salmos foram compostos por inspiração divina e formam parte da Sagrada Escritura. [...] Belamente se exprime Santo Agostinho: "Para que o homem pudesse louvar dignamente a Deus, Deus louvou-Se a Si mesmo; e porque Ele Se dignou louvar-Se a Si mesmo, o homem encontrou o modo de O poder louvar." [...] Por sua vez, Santo Atanásio afirma: "Para mim os salmos são como um espelho para quem os canta: neles se contempla cada um a si mesmo, vê os próprios sentimentos e assim lhes dá sentido quando os recita." De novo Santo Agostinho, no livro das suas *Confissões*, exclama: "Quanto não chorei ao escutar os vossos hinos e cânticos, fortemente comovido pela voz da Igreja que cantava suavemente."» (SÃO PIO X, Constituição Apostólica *Divino Afflatu*)

22 de agosto

VIRGEM SANTA MARIA, RAINHA
«À SUA DIREITA, A RAINHA»

Reflexão

Na oitava da festa da Assunção de Nossa Senhora ao Céu, para manifestar claramente a relação entre as duas festas (porque venceu a morte e triunfa no Céu, Maria é Rainha), celebra a Igreja a Realeza de Maria que, como a de Jesus, não é triunfalismo, à maneira dos reis da Terra, mas serviço ao Povo de Deus. Maria podia dizer como Jesus: «Não vim para ser servida, mas para servir.» E ainda: «O meu Reino não é deste mundo», embora aqui comece e fermente; não é deste mundo mas está neste mundo para o elevar até Deus.

Foi Pio XII, que proclamou o dogma da Assunção da Senhora ao Céu, a instituir também esta festa, colocando a sua celebração a 31 de maio, ao encerrar o mês de Maria. Porém, na última reforma litúrgica passou para a oitava da Assunção, tendo a festa do Coração de Maria, que antes se celebrava neste dia, passado para o sábado a seguir ao Coração de Jesus.

Lições / Propósitos

1) Vitória sobre a morte e exaltação no Céu como Rainha dos anjos e dos homens;
2) gratidão e alegria, vendo glorificada a Mãe de Deus e nossa Mãe (*Magnificat*), como Rainha;
3) contemplar Maria como modelo acabado de humanidade e de todas as virtudes, louvando-a, invocando-a e imitando-a.

23 de agosto

SANTA ROSA DE LIMA
Virgem
MÍSTICA E PENITENTE

Biografia

Trata-se da primeira santa do continente americano a ser canonizada. Isabel d'Oliva nasceu em Lima (capital do Peru), de uma família de origem espanhola, em 1586. Mais tarde mudou o nome para Rosa, devido a uma criada índia ter visto o seu rosto como uma rosa; de facto, tinha feições rosadas e era muito bela, mas tentava disfarçar a sua beleza com estratagemas um pouco raros (ao contrário das moças da sua idade, que procuram a todo o custo enfeitar-se e maquilhar-se). Desde muito jovem se devotou às virtudes cristãs, como a paciência, a penitência e a alegria. Era também muito dotada para as artes: poesia, canto, música. Os pais quiseram casá-la e não faltavam pretendentes, mas ela recusou frontalmente pois já se tinha consagrado ao Senhor.

Ingressando na Ordem Terceira de São Domingos, inspirada por Santa Catarina de Sena, que tomou como modelo, mais avançou na prática da penitência (algumas práticas que usou para se identificar com a Paixão de Cristo poderiam ser consideradas exageradas). Padeceu de muitas doenças e foi perseguida pelo demónio. Manifestou dons extraordinários, como milagres e êxtases, além da contemplação mística. Recolhida em sua casa, estava ao mesmo tempo aberta ao mundo, tendo preocupações missionárias, sobretudo a conversão dos índios: «Oh, que daria eu para anunciar o Evangelho!»

Morreu em Lima a 24 de agosto de 1617, apenas com trinta e um anos de idade, suspirando: «Jesus, Jesus está comigo!» O seu corpo parecia o de um ressuscitado a tal ponto que os guardas tiveram de a velar para que o povo não a levasse aos bocados como relíquia. Foi declarada padroeira da América.

Lições / Propósitos

1) Amor apaixonado a Jesus Cristo e à Sua Paixão, procurando imitá-l'O nos sofrimentos atrozes, impondo-se grandes penitências;
2) contemplação mística e outros carismas extraordinários;
3) preocupação missionária, sendo realmente missionária pela oração, desejo e penitência.

Citação

❏ «O Salvador fez ouvir a Sua voz e disse com incomparável majestade: "Saibam todos que depois da tribulação se segue a graça; reconheçam que, sem o peso das aflições, não se pode chegar à plenitude da graça; compreendam que com o aumento dos trabalhos cresce simultaneamente a medida dos carismas. Não se deixem enganar: esta é a única escada verdadeira do Paraíso, e sem a Cruz não há caminho por onde se possa subir ao Céu." [...] Oh se os mortais conhecessem o que é a graça divina, como é bela, nobre e preciosa, quantas riquezas encerra, quantos tesouros, quantas alegrias e delícias em si contém! [...] Ninguém se queixaria da Cruz nem dos sofrimentos que porventura lhe advêm, se conhecesse a balança em que são pesados para serem distribuídos pelos homens.» (SANTA ROSA DE LIMA, *Escritos*)

24 de agosto

SÃO BARTOLOMEU
Apóstolo
«RABI, TU ÉS O FILHO DE DEUS!»

Biografia

A liturgia identifica o Apóstolo Bartolomeu (significa "filho de Tolomai"), referido nos sinópticos, com Natanael (significa "dom de Deus") descrito por João, que Filipe apresenta a Jesus e a quem Jesus elogia a sinceridade e autenticidade. Natanael professa logo a sua fé em Jesus, como Filho de Deus. Era natural de Caná e certamente pescador do lago de Genesaré.

Nada sabemos da sua vida pós-pentecostal. Alguns dizem que foi evangelizar a Ásia Menor, outros a Pérsia ou a Arménia, outros a Índia, outros ainda a Etiópia ou a Arábia. Segundo uma lenda teria sido degolado por um rei da Arménia. Miguel Ângelo representou-o, na Capela Sistina, com a sua própria pele na mão, como tendo morrido esfolado. Muitas vezes é invocado de forma algo supersticiosa para expulsar o Diabo.

Lições / Propósitos

1) Temperamento simples e sincero, merecendo que Jesus elogiasse a sua autenticidade, longe de qualquer dolo;
2) depois de esclarecer as suas dúvidas sobre a origem de Jesus, professa espontaneamente a sua fé na divindade de Jesus: «Rabi, tu és o Filho de Deus!» e segue incondicionalmente o Mestre;
3) torna-se missionário e dá o último testemunho de amor ao Mestre morrendo como Ele.

25 de agosto

SÃO LUÍS DE FRANÇA
REI DOS POBRES E DA PAZ

Biografia

Luís IX nasceu a 25 de abril de 1214 e tornou-se rei de França sendo ainda menor de idade. Do seu casamento nasceram onze filhos, aos quais deu uma excelente educação. No seu testamento deixou ótimos conselhos ao filho que lhe sucedeu no trono, advertindo-o de que «seria iníquo valer-se dos dons de Deus para O combater ou ofender», exortando-o «a ser misericordioso para com os pobres, os infelizes e os aflitos» e a ser justo «sem nunca te desviares da linha reta da justiça, nem para a direita nem para a esquerda; coloca-te sempre mais do lado do pobre do que do rico, até averiguares com certeza de que lado está a verdade».

Distinguiu-se pelo seu espírito de penitência (fazia realmente grandes sacrifícios e prescindia de todas as comodidades e vaidades), oração (rezava como um monge) e amor aos pobres. Procurava que a todos os seus súbditos não faltasse o pão material nem o espiritual. Promoveu a paz entre os povos. Segundo o espírito do tempo, foi grande devoto dos lugares santos onde viveu e morreu Jesus, tendo empreendido duas Cruzadas para libertar o sepulcro de Cristo, em Jerusalém, morrendo na última, perto de Cartago, em 1270.

Lições / Propósitos

1) Rei austero e devoto servindo unicamente o seu Senhor;
2) amigo de todos mas principalmente dos mais desfavorecidos, favorecendo sempre a paz;
3) esposo e pai exemplar, dando a melhor educação aos filhos, a partir do exemplo.

José H. Barros de Oliveira

26 de agosto

BEATOS LUÍS
e MARIA QUATTROCCHI
Esposos
CASAL DEVOTO E APOSTÓLICO

Biografia

Com Luís e Maria Quattrocchi foi a primeira vez que a Igreja declarou a santidade não apenas de uma pessoa mas do casal, supondo que mutuamente se santificaram e que o Matrimónio é um caminho de santidade. O segundo caso foi com os pais de Santa Teresinha do Menino Jesus, Luís e Zélia Martin, de quem a Igreja também reconheceu a heroicidade das virtudes e beatificou em 2008 (ver dia 19 de outubro).

Luís Beltrami Quattrocchi nasceu em Catânia (Sicília) a 12 de janeiro de 1880, e Maria Corsini em Florença, a 24 de janeiro de 1881, ambos de famílias muito católicas. Conheceram-se em Roma e casaram em 1905, continuando a ser coerentes com a sua fé. Em 1913, o casal foi provado, pois durante a gravidez os médicos temeram a morte da mãe e da filha e propuseram o aborto para salvar a mãe; mas ela, de acordo com o marido, recusou, confiando na Providência, terminando tudo bem. Tiveram quatro filhos: os dois rapazes fizeram-se sacerdotes (um da diocese de Roma e outro monge trapista); das duas filhas, a que sobreviveu à gravidez difícil, casou e a outra tornou-se beneditina.

O casal trabalhou em muitas organizações católicas, sendo ele um advogado de prestígio. Ele morreu a 9 de novembro de 1951 e ela a 26 de agosto de 1965. Foram beatificados como casal, uma vez que se entendeu que a experiência de santidade foi vivida no Matrimónio. Na cerimónia de beatificação, a 21 de outubro de 2001, os dois filhos padres concelebraram com o Papa, que realçou que os dois esposos viveram durante cinquenta anos «uma vida ordinária de modo extraordinário», pondo em relevo também a sua rica espiritualidade, que se alimentava da Eucaristia diária, a sua filial devoção a Nossa Senhora, rezando o terço todos os dias, e a sua capacidade de aconselhamento espiritual e ajuda a outras famílias. Estes esposos «viveram à luz do Evangelho e com grande intensidade humana o amor conjugal e o serviço à vida». O Papa louvou ainda a educação esmerada dos filhos e concluiu: «Uma autêntica família, fundada no Matrimónio, é em si mesma uma "Boa Notícia" para o mundo.»

Também um dos filhos sacerdotes testemunhava a "normalidade" dos pais e da família, fazendo votos para que a beatificação dos pais «sirva para relançar os valores da família cristã hoje». E, segundo o cardeal Saraiva Martins, ex-prefeito da Congregação para as Causas dos Santos, estes esposos «fizeram da sua família uma verdadeira Igreja doméstica aberta à vida, à oração, ao testemunho do Evangelho, ao apostolado social, à solidariedade para com os pobres, à amizade».

Lições / Propósitos

1) Esposos e pais exemplares vivendo o Matrimónio e educando sempre à luz de Deus;
2) espiritualidade profunda, alimentada pela Eucaristia, a oração e a terna devoção a Maria;
3) sentido apostólico e caridade para com todos, principalmente para com outras famílias e para com os mais pobres.

Citação

❏ «Entre as alegrias e as preocupações de uma família normal, souberam realizar uma existência extraordinariamente rica de espiritualidade. No centro, a Eucaristia diária, unida à devoção filial à Virgem Maria, invocada com o terço rezado todas as noites, e a referência a sábios conselhos espirituais. Viveram à luz do Evangelho e com grande intensidade humana o amor conjugal e o serviço à vida. Assumiram com plena responsabilidade a tarefa de colaborar com Deus na procriação, dedicando-se generosamente aos filhos para educá-los, guiá--los, orientá-los na descoberta do seu desígnio de amor.» (JOÃO PAULO II, homilia no dia da beatificação)

27 de agosto

SANTA MÓNICA
LÁGRIMAS PODEROSAS DE UMA MÃE

Biografia

Mónica nasceu em Tagaste, em 331, de uma família cristã do norte de África (Argélia). Desposou, por vontade dos pais, um pagão chamado Patrício, homem muito iracundo e infiel, mas que ela, com a sua mansidão e perseverança (que manifestava também com a sogra e com outras pessoas) conseguiu converter, levando-o mesmo a abraçar a fé e a receber o Batismo um ano antes da sua morte. Deste Matrimónio nasceram quatro filhos, um deles Agostinho, que pouco falava do pai, mas que não se cansava de elogiar as virtudes e a piedade da mãe.

Quando Agostinho se afastou da fé e da moral cristãs, Mónica intercedeu continuamente diante de Deus pela sua conversão. E foi ter com ele a Milão, como já queria ter ido a Roma, se o filho não tivesse partido dali sem lhe dizer nada. Em Milão, Santo Ambrósio tranquilizou-a dizendo que «o filho de tantas lágrimas não é possível perder-se». Quando Agostinho se converteu, a mãe sentiu grande alegria e viu cumprida a sua missão. Pensaram regressar a casa, mas, chegados a Óstia, ela morreu, em 387, depois de se ter despedido dos filhos, como narra ternamente Agostinho no livro IX das *Confissões,* e de lhes dizer para enterrarem o seu corpo em qualquer lado sem se preocuparem com ele, pedindo apenas que a lembrassem diante do altar do Senhor.

Lições / Propósitos

1) Mulher piedosa e santa, vivendo em intimidade com Deus e cumprindo escrupulosamente os seus deveres de mãe e de esposa;
2) mãe extremosa, que nunca desistiu de ver o seu filho voltar ao bom caminho, fazendo tudo o que lhe era possível diante de Deus e dos homens;
3) esposa paciente, sempre disposta a perdoar a ira e a infidelidade do marido.

Citação

❏ «Próximo já do dia em que ela ia sair desta vida – dia que Vós conhecíeis e nós ignorávamos – sucedeu, por disposição de Vossos secretos desígnios, segundo creio, que nos encontrássemos sozinhos, ela e eu. [...] Falávamos a sós, muito docemente, "esquecendo o passado e ocupando-nos do futuro". Na presença da Verdade, que sois Vós, alvitrávamos qual seria a vida eterna dos santos. [...] Encaminhávamos a conversa até à conclusão de que as delícias dos sentidos do corpo, por maiores que sejam e por mais brilhante que seja o resplendor sensível que as cerca, não são dignas de comparar-se à felicidade daquela vida (eterna), nem merecem que delas se faça menção. [...] Bem sabeis, Senhor, quanto o mundo e os seus prazeres nos pareciam vis, naquele dia, quando assim conversávamos. Minha mãe então dizia: "Meu filho, quanto a mim, já nenhuma coisa me dá gosto nesta vida. Não sei o que faça ainda aqui, nem porque ainda cá esteja, esvanecidas já as esperanças deste mundo. Por um só motivo desejava prolongar um pouco mais a vida: para ver-te católico, antes de morrer. Deus concedeu-me esta graça superabundantemente, pois vejo que já desprezas a felicidade terrena para servires ao Senhor. Que faço eu, pois, aqui?" [...] "Enterrai este corpo em qualquer parte e não vos preocupeis com ele. Só vos peço que vos lembreis de mim diante do altar do Senhor, onde quer que estejais." [...] Ela tinha falado com uma confiança maternal a alguns dos meus amigos acerca do desprezo desta vida e da felicidade da morte. Eles, admirados com aquele valor de uma mulher – fostes Vós quem lho destes! –, perguntaram-lhe se não temia deixar o corpo tão longe da cidade. Respondeu: "Para Deus não é longe, nem devo temer que no fim dos séculos não saiba onde me há de ressuscitar." Enfim, no nono dia da doença, aos cinquenta e seis anos de idade, e no trigésimo terceiro da minha vida, aquela alma piedosa e santa libertou-se do corpo.» (SANTO AGOSTINHO, *Confissões*)

SANTO AGOSTINHO
Bispo e doutor da Igreja
ÁGUIA NO PENSAMENTO E NA VIDA

Biografia

Agostinho nasceu em Tagaste (Souk-Ahras, na Argélia), em 354. Durante a juventude levou uma vida dissoluta moral e inteletualmente, levado por más companhias e pelos espetáculos, percorrendo todas as correntes de pensamento do seu tempo. Tornou-se professor afamado em Cartago e depois em Roma, sendo ainda chamado para Milão. Até que, gradualmente e sobretudo graças aos conselhos e sermões que ouvia de Santo Ambrósio e às orações e lágrimas de sua mãe, Santa Mónica, que, entretanto, se tinha ido juntar a ele em Milão, se converteu totalmente a Deus. Recebeu o Batismo em Milão das mãos de Santo Ambrósio, na Páscoa de 387. Regressou à sua terra na companhia da mãe, que, entretanto, morreu em Óstia. Aí iniciou uma vida nova de austeridade e de deserto.

A fama das suas virtudes levou o povo a pedi-lo como sacerdote e, apesar da sua renitência, foi ordenado pelo bispo Valério, mas continuou a viver em comunidade com outros monges que procuravam a perfeição. Rapidamente foi nomeado bispo de Hipona (Annaba), aos quarenta e um anos, onde exerceu uma extraordinária ação pastoral e intelectual, através de tantos dos seus escritos, muitos deles verberando as grandes heresias do tempo, como o maniqueísmo, o arianismo, o donatismo (estes quiseram matá-lo), o pelagianismo. Mas, apesar da sua vida intelectual, tinha ainda tempo de visitar todos os seus fiéis e de os confortar nas suas tribulações. Morreu em 430 quando os Vândalos, comandados por Genserico, punham cerco à cidade, que tomaram após a morte do santo, que tinha pedido a Deus para morrer antes de ver tal desgraça. Os seus restos mortais, tendo passado por Sardenha, foram depois transladados para Pavia.

É difícil encontrar figura de homem e de santo mais polifacetada e extraordinária que a de Santo Agostinho. Ele brilha alto no horizonte da Igreja, ao longo dos séculos, como santo e como sábio. O padre António Vieira afirma que ele foi «o maior santo entre os doutores e o maior doutor entre os santos». Não é possível estudar a teologia trinitária ou eclesiológica, a graça ou os sacramentos, não se pode meditar profundamente nos evangelhos ou tentar uma filosofia da história, não se sabe o que é a busca incessante da verdade ou a condenação dos erros sem passar por Santo Agostinho.

É muito difícil avaliar toda a influência doutrinal e de vida que ele exerceu na Igreja, sobretudo do Ocidente, até hoje. Basta pensar em obras como as *Confissões* ou *A Cidade de Deus*. Ou então em algumas ideias fundamentais como: só Deus, e a Sua graça, é capaz de saciar plenamente a fome de verdade e de amor que atinge a inteligência e o coração do homem («Fizestes-nos para Vós, Senhor, e o nosso coração vive inquieto enquanto não repousar em Vós») ou então a certeza de que só na Igreja, que constitui o «Cristo total», podemos encontrar a verdade, a paz e a salvação. É também o santo da liberdade interior, porque a verdade liberta, como disse Cristo. Agostinho considera que é essencialmente o amor que liberta: «Ama e faz o que quiseres.» A maior honra que lhe podemos fazer é buscar sempre, como ele, a verdade e o amor, lendo as suas obras e sermões, e assim aspirar à santidade e à plenitude em Deus.

A Igreja teve sempre em grande apreço a figura e os escritos de Santo Agostinho. Já no seu tempo, São Jerónimo, por exemplo, o considerava «inimigo do erro». Também os Papas e os concílios, ao longo dos tempos, se recomendaram à doutrina de Santo Agostinho. Mais recentemente, em 1986, no 16.º centenário da sua conversão, João Paulo II publicou uma carta apostólica referindo-se à «paixão» de Agostinho pela verdade e pela beleza e propondo-o como modelo, particularmente aos jovens, exortando todos a ler os seus escritos, mormente as *Confissões*. Agostinho, diz o Papa, consagrou toda a vida «ao amor e à posse da sabedoria». Ele centrou-se no mistério de Cristo e da Igreja, o «Cristo total», ambos inseparáveis. Em *A Cidade de Deus e dos Homens*, Agostinho entreviu o triunfo do bem na cidade celeste «onde a vitória é a verdade, a dignidade é a santidade, a paz é a felicidade e a vida eterna». A carta apostólica termina com um apelo à juventude: «Amai a beleza dos corpos e do espírito, da arte e da virtude, e sobretudo a beleza das belezas que vêm de Deus.»

Lições / Propósitos

1) Amor apaixonado a Jesus Cristo e à Sua Igreja que forma «o Cristo total»;
2) bom pastor do seu povo, alimentando-o com a sua vida exemplar e com a sua poderosa doutrina, sendo um dos grandes mestres da Igreja e da humanidade;
3) sedento da verdade, que buscou e acabou por encontrar na Verdade absoluta que é Deus, onde o seu espírito pôde finalmente descansar;
4) castigador dos erros, mas sempre disposto a perdoar aos errantes;
5) vencedor das paixões da carne, depois de se ter deixado dominar por elas.

Citações

❏ «Aconselhado a voltar a mim mesmo, recolhi-me ao coração, conduzido por Vós. Pude fazê-lo porque Vos tornastes o meu auxílio. Entrei e, com aquela vista da minha alma vi, acima dos meus olhos interiores e acima do meu espírito, a Luz imutável. [...] Quem conhece a Verdade, conhece a Luz imutável, e quem a conhece, conhece a Eternidade. O Amor conhece-a! Ó Verdade eterna, Amor verdadeiro, Eternidade adorável! Vós sois o meu Deus! Por Vós suspiro noite e dia [...]. Mais facilmente duvidaria da minha vida do que da existência da Verdade, cujo conhecimento se me torna visível através da criação. [...] Buscava um meio para me prover de forças, a fim de ser apto para gozar-Vos, mas não encontraria enquanto não abraçasse "o Mediador entre Deus e os homens, Jesus Cristo, Homem-Deus, bendito por todos os séculos, que está acima de todas as coisas". Ele chamava-me e dizia: "Eu sou o Caminho, a Verdade e a Vida."» (SANTO AGOSTINHO, *Confissões*)

❏ «Tarde Vos amei, ó Beleza tão antiga e tão nova, tarde Vos amei! Eis que habitáveis dentro de mim, e eu lá fora a procurar-Vos! Disforme, lançava-me sobre estas formosuras que criastes. Estáveis comigo, e eu não estava convosco! Retinha-me longe de Vós aquilo que não existiria se não existisse em Vós. Porém, chamastes-me com uma voz tão forte que rompestes a minha surdez! Brilhastes, cintilaste e logo afugentastes a minha cegueira! Exalastes perfume: respirei-o, suspirando por Vós. Saboreei-Vos e agora tenho fome e sede de Vós. Tocastes-me e ardi no desejo da Vossa paz. Quando estiver unido a Vós com todo o meu ser, em parte nenhuma sentirei dor e trabalho. A minha vida será então verdadeiramente viva, porque estará toda cheia de Vós.» (SANTO AGOSTINHO, *Confissões*)

❏ «Vós, nosso Deus, esclareceis as nossas trevas; Vós nos revestis da Vossa luz e as nossas trevas serão como a luz do meio-dia. Dai-Vos a mim, ó meu Deus; entregai-Vos a mim. Eu amo-Vos; e se é ainda pouco, fazei que Vos ame com mais força. Não posso avaliar quanto amor me falta para ter o suficiente, a fim de a minha vida correr para o Vosso regaço e não sair dele, enquanto se não esconder nos segredos do Vosso rosto. Uma só coisa reconheço: é que tudo me corre mal fora de Vós, e não só à minha volta mas até em mim. Toda a abundância que não é o meu Deus, é para mim indigência.» (SANTO AGOSTINHO, *Confissões*)

❏ «Dois amores construíram duas cidades: o amor de si próprio até ao desprezo de Deus construiu a cidade terrena; o amor de Deus até ao desprezo de si mesmo, a cidade celeste. Uma glorifica-se em si, a outra no Senhor; uma busca a sua glória entre os homens, a outra no testemunho da consciência; uma caminha de fronte erguida, com soberba, na embriaguez da sua própria glória, a outra diz a Deus: "Vós sois a minha glória e o meu orgulho."» (SANTO AGOSTINHO, *A cidade de Deus*)

29 de agosto

MARTÍRIO DE SÃO JOÃO BATISTA
TESTEMUNHO DA VERDADE ATÉ À MORTE

Biografia

João foi o nome dado pelo próprio anjo aos seus pais, Zacarias e Isabel, e nasceu miraculosamente (ver dia 24 de junho). Chegada a altura de iniciar a preparação para a vinda do Messias, começou a percorrer a região do Jordão pregando um Batismo de penitência e recorrendo ao profeta Isaías para proclamar: «Preparai o caminho do Senhor!» Exortava veementemente o povo à conversão, com expressões fortes que escandalizavam os fariseus e o próprio Herodes, a quem censurou também por ter casado com a cunhada, e que por isso o mandou prender e mais tarde degolar, trazendo os guardas a sua cabeça a pedido da filha de Herodíades.

Cumprida a sua missão, como precursor do Senhor, podia desaparecer pois era necessário que Jesus crescesse e ele diminuísse, uma vez que nem digno se achava de Lhe desatar as sandálias. Não se conhecem os contactos que continuou a ter com Jesus que, entretanto, o elogiou como homem corajoso e não cana agitada pelo vento, considerando-o «o maior» na transição entre o Antigo e o Novo Testamento.

Lições / Propósitos

1) Testemunho e martírio: veio para dar testemunho da Luz e assim fez, logo a partir do Batismo de Jesus, testemunhando que Ele era o Filho de Deus; o seu último testemunho foi o martírio ("mártir" significa precisamente "testemunha");
2) coragem diante de tudo e de todos, dizendo aos fariseus verdades duras e mesmo a Herodes, que por isso o mandou prender e matar;
3) vocação cumprida: desde o seu nascimento suscita interrogações («Que virá a ser este menino?») e desde sempre a mão de Deus estava com ele; foi sempre coerente e fiel com a sua vocação, que desempenhou na perfeição, como precursor e testemunha de Jesus Cristo, dando a vida pela verdade, preanunciando também a morte de Jesus.

3 de setembro

SÃO GREGÓRIO MAGNO
Papa e doutor da Igreja
PROMOTOR DA EVANGELIZAÇÃO E DO CULTO

Biografia

São Gregório Magno nasceu cerca do ano de 540, em Roma, de uma família de políticos, e por isso dedicou a sua juventude também à política. Pelos trinta e cinco anos deixou os cargos civis que exerceu, de senador e prefeito de Roma, e entregou-se à vida monástica beneditina no monte Célio. Aí viveu anos de paz e de alegria, mas também de grande austeridade, que lhe custaram a saúde. Mas o Senhor tinha outros desígnios para ele. O Papa fê-lo seu diácono e enviou-o em difícil missão a Constantinopla. À morte do Papa Pelágio II, sucedeu-lhe na Cátedra de Pedro, depois de ser consagrado bispo em 590, apesar de todas as suas tentativas para evitar tal responsabilidade. Foi por isso o primeiro a apelidar-se a si mesmo de «servo dos servos de Deus».

Como Papa realizou uma obra admirável, do ponto de vista social (socorrendo os mais carenciados), e sobretudo de ordem pastoral. Face a um mundo novo e convulso em que se vivia, na encruzilhada entre a Idade Antiga e a Alta Idade Média, entrou em contacto com os Bárbaros, em particular com os Lombardos e os Visigodos. Preparou uma congregação de missionários (ele mesmo, ainda monge, fez uma tentativa de ir evangelizar os anglo-saxões) e enviou-os a evangelizar a Inglaterra. Dedicou-se ainda à organização do culto divino ou da liturgia (as orações litúrgicas e o sacramentário gregoriano permanecem a base do Missal Romano, sem esquecer o famoso canto gregoriano) e escreveu as suas homilias e comentários à Sagrada Escritura, contribuindo para o desenvolvimento das ciências eclesiásticas.

Um epitáfio na basílica vaticana chamou-lhe "cônsul de Deus". Mereceu o nome de "Grande".

Morreu em 12 de março de 604, muito alquebrado pelas doenças, sendo considerado um dos mais ilustres sucessores de Pedro, vivendo a Igreja ainda hoje da sua sabedoria. Ele viveu conforme o que escreveu: «O homem foi criado para contemplar o seu Criador, para procurar sempre a Sua face e habitar na solenidade do Seu amor.»

Lições / Propósitos

1) Bom pastor pelo exemplo (de humildade e de oração) e pelos escritos;
2) promotor do culto divino e da liturgia;
3) impulsionador da evangelização dos povos pagãos.

5 de setembro

BEATA TERESA DE CALCUTÁ
Virgem e fundadora
ENCHEU O MUNDO DE TERNURA E DE AMOR

Biografia

Trata-se de uma das mulheres mais famosas do século XX, talvez a mulher mais "poderosa" por ser a mais pobre, a mulher que maior exemplo deu de caridade, dedicando toda a sua vida ao serviço dos mais pobres de entre os pobres. Alguém a denominou «uma página viva do Evangelho no século XX». Admirada por todos, não apenas no mundo católico mas também hindu e universal. Grandes personalidades se encontraram com ela, como o Papa João Paulo II, irmão Roger de Taizé, a princesa Diana e tantos outros. Vários doutoramentos *honoris causa* e muitos prémios internacionais, culminando com o Prémio Nobel da Paz em 1979. O seu lema era «fazer algo de belo por Deus e pelos irmãos». A sua força misteriosa: a graça de Deus e o Seu amor entranhado a Jesus Cristo e aos homens, Seus irmãos. O grande segredo da sua vida: o amor feito doação total. Ela foi uma grande profetisa da caridade e da alegria de servir.

Nasceu a 26 de agosto de 1910 em Skopje, antiga Jugoslávia, de pais católicos albaneses. No Batismo recebeu o nome de Inês (Gonxha), mas na sua profissão religiosa toma o nome de Teresa, como devota que era de Teresinha de Lisieux. Aos doze anos, segundo o seu próprio testemunho, já «sentiu o desejo de se dar completamente a Deus». Depois novamente o Senhor lhe inspirou o desejo de ser religiosa. Um jesuíta escreveu-lhe desde as missões de Calcutá e ela ficou entusiasmada e entrou na Congregação do Loreto, que tem missões na Índia. Chegou à Índia ainda não tinha vinte anos. Como religiosa dedicou-se particularmente ao ensino, como professora primária.

Em 1946, quando se dirigia para um retiro, vendo tanta miséria, sentiu-se inspirada por Deus para se dedicar aos mais pobres dos pobres: «Senti que era a vontade de Deus.» Já antes tinha ficado impressionada com uma mulher que estava a morrer na rua e que ela quis levar para o hospital, mas não a aceitaram por ser pobre. Deixa a Congregação do Loreto, com autorização dos superiores e, apesar da resistência das suas irmãs e das alunas, inicia a sua obra extraordinária. A ela se começam a juntar outras e assim nasce a Congregação das Missionárias da Caridade, de sari azul e branco, logo aprovada pela Santa Sé em 1950, para se dedicar «aos mais pobres dos pobres», aos leprosos e aos moribundos. Em breve se expandem por todo o mundo, incluindo Portugal. Posteriormente nasce também o ramo masculino.

A primeira ajuda recebeu-a de uma família goesa que pôs a sua casa à sua disposição (1949). Em 1952, abriu a primeira casa para moribundos. Conta ela: «A primeira mulher que vi morrer recolhi-a eu própria junto da estrada; estava roída dos ratos e das formigas [...].» Fundou lares para crianças abandonadas, escolas para párias, hospitais e dispensários nos bairros mais miseráveis (não é por acaso que escreve sempre "Pobres" com letra maiúscula – os ingleses escrevem Eu com maiúscula). E nasceu a Khalighat, em Calcutá, "a cidade do amor". «Que maravilhas fez Deus a partir de nada», dizia. Ela recomendava às suas irmãs para terem o mesmo cuidado com o doente que cuidam como o padre tem com o Corpo de Cristo na Eucaristia. Um turista que a viu limpar as chagas de um leproso observou-lhe que nem por cinco mil dólares o faria. Ela respondeu que nem por dez mil, «mas por amor de Deus faço-o com todo o gosto».

Percorreu o mundo levando a sua mensagem de caridade efetiva para com os mais pobres dos pobres, a todos interpelando e de todos ganhando a simpatia, como a do Papa e de Diana de Inglaterra, que morreu poucos dias antes dela. Em 1982, esteve também em Portugal. Eis alguns pensamentos que nos deixou nessa altura: «A paz e a guerra começam no lar de cada um; se queremos realmente a paz no mundo, amemo-nos antes de mais uns aos outros na família... É nos lares que começa o desmoronamento da paz no mundo»; «Hoje os pais não têm tempo para dar aos filhos; cada um de nós não tem tempo para dar ao outro. Não temos tempo para conviver, para apreciar a companhia dos outros»; «Há falta de fé porque há muito egoísmo e interesse pelo lucro»; «O ontem já passou, o amanhã ainda não chegou; só temos hoje para amar»; «Nunca cuido das multidões em geral, mas só de uma pessoa. Se olhasse para as massas, nunca começaria»; «Ao morrer não seremos julgados pela quantidade de trabalho que realizamos mas pelo peso de amor que colocamos nesse mesmo trabalho»; «A alegria é força e deve ser um dos principais eixos da nossa vida. Quando as pessoas virem a alegria nos nossos olhos, tomarão consciência da sua natureza de filhos de Deus. A alegria é muito contagiosa; por isso enchei-vos de alegria quando fordes ter com os pobres.» Ela sorria sempre, apesar de por dentro andar na "escuridão e na solidão", pois Deus provou-a durante muitos anos vivendo numa longa "noite" ou aridez espiritual que lhe causava um «terrível sofrimento», mas estando disposta a sofrê-lo por toda a eternidade para agradar ao Senhor e salvar almas. Apesar disso sorria e dizia: «Quanto maior for a dor e quanto mais escura for a escuridão, mais doce será o meu sorriso para Deus.» Considerava-se mesmo «um apóstolo da alegria».

Em 1979, foi-lhe atribuído o Prémio Nobel da Paz, manifestando-se ela mais uma vez contra o aborto, pois «a criança concebida deve ter uma oportunidade de viver» e «o futuro de uma nação são as crianças». Pedia por isso às mães, tentadas a abortar, que deixassem nascer os filhos que ela tomaria conta deles. Discursou também nas Nações Unidas, voltando a condenar o aborto. A sua doutrina é vasta, tendo-se pronunciado também sobre a família, sobre a política e os políticos, sobre temas sociais, sobre a paz, para além de temas religiosos, como a oração e o sacerdócio. Pôs sempre a vida à frente das palavras e por isso é que teve autoridade para ser escutada por todos respeitosamente, mesmo pelos grandes e pelos presidentes das Nações. A sua força e sabedoria provinham essencialmente da sua vida de intimidade com Deus, da oração e da Eucaristia, podendo ser considerada uma grande mística na ação. Ela e as suas religiosas tratavam dos mais pobres e doentes entre os pobres e doentes como uma continuação da Eucaristia, vendo em cada pessoa o próprio Cristo. Ela mesma recomendava às suas irmãs para tratarem dos doentes como o padre tratava no altar do Corpo de Cristo. E dizia aos doentes: «Vós sofreis e nós trabalhamos; juntos sustentamos o mesmo cálice.»

Faleceu a 5 de setembro de 1997 com oitenta e sete anos cheios de amor; «regressou a casa», à casa do Pai, como ela dizia. Mais de um milhão de pessoas, cristãos e não cristãos, estiveram presentes no seu funeral, que foi transmitido em direto para dezenas de países. Dias depois, o Papa João Paulo II testemunhou em Castel Gandolfo:

> É-me grato, neste momento de oração, recordar a caríssima irmã Madre Teresa de Calcutá que, há dois dias, concluiu o seu longo

caminho terreno. Muitas vezes tive ocasião de encontrá-la, e está viva na minha memória a sua figura franzina, vergada por uma existência passada ao serviço dos mais pobres entre os pobres, mas sempre repleta de uma energia interior inexaurível: a energia do amor de Cristo.

E chamou-lhe «Missionária da Caridade» e «Mãe dos pobres», que ouvia continuamente o brado de Cristo na Cruz: «Tenho sede!» Realmente encontra-se nos crucifixos das suas casas este grito do Senhor – *I thirst* – que tanto impressionou também Santa Teresa de Lisieux.

Madre Teresa foi logo "canonizada" nos altares do nosso coração e pelo sentir comum do povo cristão (e não cristão), a começar pelo Santo Padre João Paulo II, que muito a admirava e amava. A Igreja, que espera ao menos cinco anos após a morte para introduzir o processo de canonização, neste caso fê-lo logo após dois anos e reconheceu um milagre por sua intercessão, sendo beatificada a 19 de outubro de 2003, estando presente uma grande multidão. O Papa disse na altura que prestava homenagem a esta «mulher baixinha, enamorada de Deus, humilde mensageira do Evangelho, incansável benfeitora da humanidade, um verdadeiro ícone do Bom Samaritano». Esperamos que em breve seja canonizada para exemplo e estímulo de uma Igreja bastante distraída na sua missão apostólica e caritativa. O seu maior milagre foi toda a sua vida, todos os pobres e doentes que ajudou. Ela demonstrou que serão os pobres, e não os poderosos, a salvar o mundo.

--- *Lições / Propósitos* ---

1) Grande mulher (apesar de pequena em estatura e para mais vergada ao peso da dor) que soube conciliar «Marta e Maria», uma intensa ação caritativa com uma alta contemplação, (apesar de ter passado grandes períodos na "escuridão" ou na "solidão");
2) amor apaixonado por Jesus Cristo, dando a vida, como Ele, pelos irmãos mais desfavorecidos, tentando responder à Sua «sede» de amor expressa no alto da Cruz: «Tenho sede!»;
3) terna devoção a Maria, aprendendo com ela e por ela a servir a Jesus na pessoa dos mais pobres;

4) grande amor e fidelidade à Igreja, aos seus ensinamentos e à pessoa do Santo Padre, dando à Igreja um "suplemento de alma" através da sua missão de caridade pelo mundo;
5) mulher de grande humildade e alegria ("a alegria é uma oração"), nunca se pondo em bicos de pés, mas também não escondendo a luz que deve ser posta em lugar visível.

Citações

❏ «Eu não trato nunca as multidões, mas somente uma pessoa. Se olhasse as multidões, jamais começaria. [...] O que podemos fazer pelos pobres é apenas uma gota de água no oceano; mas se não o fizermos, se não contribuirmos com essa gota de água, ele ficará sem coisa alguma, mesmo que seja uma simples gota. [...] Não fazemos grandes coisas, mas apenas pequenas coisas com muito amor. [...] À hora da morte não seremos julgados sobre a soma de trabalho realizado mas sobre o peso de amor que nele pusemos.»

❏ «O simples facto de Deus ter colocado uma alma no nosso caminho é sinal que Deus quer que façais alguma coisa por ela. [...] Nunca permitas que alguém venha ter contigo sem que regresse melhor e mais feliz; toda a gente devia ver a bondade no teu rosto, nos teus olhos, no teu sorriso.»

❏ «Calcutá é em todo o mundo. Em toda a parte há os não amados, os rejeitados, os esquecidos. A solidão é a verdadeira lepra. Se houvesse pobres na lua devíamos ir até lá.»

❏ «O nome (da Congregação: Missionárias da Caridade) exprime o que veem em nós: mensageiras do amor de Deus. A gente chama-nos assim porque nos vê cumprir a nossa humilde tarefa com alegria, porque sente que somos felizes até ao fundo do coração, por amor de Deus.»

❏ «Se eu alguma vez vier a ser santa, serei com certeza uma santa da "escuridão". Hei de estar permanentemente fora do Céu a iluminar os que na Terra se encontram na escuridão.»
(MADRE TERESA DE CALCUTÁ, alguns pensamentos)

8 de setembro

NATIVIDADE DA VIRGEM SANTA MARIA
NASCEU PARA SER MÃE DO SALVADOR

Reflexão

Nove meses após a solenidade da Imaculada Conceição da Virgem Santa Maria (ver dia 8 de dezembro) celebra a Igreja a festa do nascimento de Maria, preanunciada desde as primeiras páginas da Bíblia. Desde sempre que a humanidade aspirou à Salvação. O Salvador prometido acabou por nascer «de uma mulher», na plenitude dos tempos, como diz São Paulo (Gl 4,4). Por isso Ela foi concebida sem mancha de pecado original e nasceu como prenúncio do Sol de justiça que seria o Seu Filho. Desde menina esteve sempre em função de Jesus. O seu nascimento foi motivo de esperança para o mundo, como canta a liturgia bizantina: «Ela vem ao mundo e com Ela o mundo é renovado; Ela nasce e a Igreja reveste-se da sua beleza.»

O melhor presente de aniversário que podemos oferecer a Maria (como aliás em todas as festas marianas) é invocá-la, amá-la e imitá-la (ela é um livro aberto de todas as virtudes, o retrato mais fiel de Jesus), colaborando com Jesus e Maria na salvação do mundo, através da oração, da penitência e da evangelização.

Maria, invocada sob tantas denominações, é celebrada hoje particularmente como Senhora dos Remédios, no Santuário de Lamego. Que ela nos seja de remédio para o corpo e, sobretudo, para a alma.

> **Lições / Propósitos**
>
> 1) Venerar, amar, invocar e imitar Maria, como pede o Concílio;
> 2) alegrar-se com a vida que Deus nos deu e viver dignamente, como a melhor forma de agradecer, além de respeitar a vida dos outros;
> 3) defender a vida desde a sua conceção até à morte, como dom de Deus, lutando contra o aborto e contra a eutanásia.

9 de setembro

SÃO PEDRO CLAVER
Presbítero
FEZ-SE ESCRAVO DOS ESCRAVOS

Biografia

Pedro Claver nasceu em Verdú (Catalunha) a 26 de junho de 1580. Cedo manifestou a melhor inclinação para a vida religiosa. Ainda jovem, foi estudar para o colégio da Companhia de Jesus em Barcelona, tornando-se depois jesuíta. Enviado para as missões de Santa Fé de Bogotá, na chamada Nova Granada (Colômbia), aí foi ordenado sacerdote e se tornou o grande missionário entre os escravos negros. Viveu quarenta anos no colégio de Cartagena, onde aportavam muitos navios carregados de escravos da África (cada ano aportariam ali entre 10 a 12 mil escravos). Ele ia recebê-los, abraçava-os, dava-lhes alimentos e roupas («a mão deve preceder o coração», dizia o santo) e conforto espiritual, prometendo nunca os abandonar, sempre solidário com eles e com os seus problemas.

Assim continuou, desfazendo-se em caridade, décadas a fio. Além da caridade, dedicava-se de alma e coração à pregação, mas a idade e o esforço suplementar levam-no à exaustão pondo-o às portas da morte. Todavia ainda resiste, até que a 8 de setembro de 1654 adormece piamente no Senhor, sendo o funeral celebrado com honras públicas, rodeado por tantos negros que o consideravam como pai. Inspirada no seu exemplo, Maria Teresa funda, em 1894, uma sociedade para as missões de África depois transformada na Congregação das Irmãs Missionárias de São Pedro Claver. Leão XIII declarou-o patrono especial de todas as missões entre os negros.

Lições / Propósitos

1) Defensor dos negros escravos e patrono das missões entre eles;
2) dedicação total aos mais pobres e explorados como eram os escravos;
3) sacerdote exemplar não apenas na caridade mas também na evangelização.

---

9 de setembro

BEATO FREDERICO OZANAM
Leigo
FUNDADOR DAS CONFERÊNCIAS VICENTINAS

Biografia

Frederico Ozanam foi um leigo igual a tantos outros, mas generoso na família, nas aulas e com os pobres. Viveu intensamente o amor conjugal e paternal, ensinou na Universidade de Sorbonne com competência e dedicação, lutou pela justiça e pela paz.

António Frederico Ozanam nasceu em abril de 1813 em Milão, filho de um casal francês que aí se tinha fixado. Desse Matrimónio nasceram catorze filhos, tendo alguns morrido precocemente. Em breve os pais mudaram-se de novo para Lião, onde Frederico estudou, e mais tarde para Paris onde, além dos livros, contactou mais com os graves problemas sociais e também da Igreja, indo sugerir ao bispo de Paris para organizar as célebres Conferências de Notre-Dame. Vendo a Igreja acusada de um défice de ação social fundou, em 1833, no dia em que fazia vinte anos, juntamente com alguns colegas universitários, a Conferência ou Sociedade de São Vicente de Paulo, que desejava católica, certamente, mas «sem deixar de ser leiga». Dizia ele: «Nós (leigos) somos pobres samaritanos, mas podemos penetrar em lugares onde os padres não seriam recebidos.» Dedicou-se logo, com os colegas, a visitar os pobres, a ajudar os estrangeiros, a instruir as crianças abandonadas, a lutar contra a escravatura. Não se deviam deixar levar pela ostentação, mas também não se deviam esconder: «não se fazer ver, mas deixar-se ver» e que não se praticasse uma «caridade indiscreta».

Como estudante, intelectual e professor queria «uma aliança natural entre a fé e a ciência». Licenciou-se em Direito e depois em Letras, dando prioridade à Literatura (era um poliglota) e à História. Foi um homem aberto, um homem do seu tempo e pensou mesmo meter-se na política, mas reconheceu que o mais importante era a ação social: «Por trás da revolução política há a revolução social; por detrás da República há as coisas que interessam ao povo: as questões do trabalho, do repouso, do salário.» Condenou «o desprezo da dignidade humana, a exploração do homem pelo homem, a assimilação do trabalhador a uma máquina, a escravatura dos brancos, a exploração da miséria das mulheres». Tinha frases mesmo provocatórias: «Os altos senhores da indústria são como os nossos antigos reis: fazem-se levar em tronos aos ombros dos homens.» Lançou mão também da escrita para defender as suas ideias, que os mais conservadores não gostam, acabando por fechar o jornal *Era Nova*.

Entretanto, devido ao seu intenso trabalho e talvez aos desgostos de ver a Igreja presa ao poder, contraiu uma nefrite crónica que lhe provocou grande sofrimento, só aliviada pela esposa, que ele amava ternamente, e pelos amigos, que sempre prezou. Viveu ainda algum tempo em Pisa, ajudando a fundar as Conferências Vicentinas em Itália, mas regressou a França para morrer, em Marselha, a 8 de setembro de 1853, com apenas quarenta anos, cheios de vida e de amor. O seu funeral realizou-se em Paris, rodeado de vicentinos, e os seus restos mortais encontram-se na Igreja dos Carmelitas, no Instituto Católico de Paris. Ele permanece vivo sobretudo através das Conferências Vicentinas espalhadas por todo o mundo e em todo o lugar beneméritas na luta conta a miséria e na promoção da justiça. Hoje contam com perto de um milhão de membros ativos.

Para além da sua atividade exterior e da caridade concreta, vivia uma vida de intimidade com o Senhor, em grande humildade e simplicidade, crescendo no caminho da santidade. João Paulo II beatificou-o na Catedral de Notre-Dame, em Paris, no decorrer das Jornadas Mundiais da Juventude, a 22 de agosto de 1997, propondo-o como exemplo à juventude, aos professores e aos vicentinos. Disse o Papa:

> Frederico Ozanam amava todos os necessitados; desde a sua juventude tomou consciência de que não bastava falar de caridade e da missão da Igreja no mundo: isto devia traduzir-se num empenho efetivo dos cristãos ao serviço dos pobres.

O Papa chamou-lhe «apóstolo da caridade, esposo e pai de família exemplar, grande figura do laicado católico do século XIX, um universitário que assumiu uma parte importante no movimento das ideias do seu tempo, estudante e professor eminente».

Lições / Propósitos

1) Exemplo de leigo comprometido na família, na Igreja e na sociedade;
2) atenção à justiça social, não se ficando na teoria mas rodeando-se de outros amigos e fundando as Conferências de São Vicente de Paulo, para apoiar, através de todos os meios os mais carenciados;
3) intelectual brilhante na docência e na imprensa, sempre atento aos problemas concretos dos alunos e das pessoas em geral – um homem do seu tempo.

Citações

❏ «Morro no seio da Igreja Católica, Apostólica e Romana. Conheci as dúvidas do século presente, mas a minha vida toda convenceu-me de que não há repouso para o espírito e para o coração a não ser na fé da Igreja e sob a sua autoridade. Se atribuo qualquer valor aos meus largos estudos, seja para suplicar a todos os que amo que se mantenham fiéis a uma religião na qual encontrei luz e paz.» (FREDERICO OZONAM, testamento no dia em que fazia quarenta anos)

❏ «A exploração dá-se todas as vezes que um patrão considera o trabalhador não como um associado ou um seu auxiliar, mas como um instrumento com o qual se pode ganhar mais e mais. O assalariado-máquina não é outra coisa que uma mais valia do capital, como já acontecia com os escravos da Antiguidade.» (FREDERICO OZANAM, *Escritos*)

12 de setembro

SANTÍSSIMO NOME DE MARIA
O NOME MAIS SUAVE DEPOIS DO NOME DE JESUS

Reflexão

O nome significa a pessoa. Assim, quando rezamos no Pai Nosso: «Santificado seja o Vosso Nome», estamos a orar para que o próprio Deus seja glorificado. Muitos dos nomes, sobretudo de origem hebraica e grega, têm algum significado. O nome "Maria" é de origem hebraica (*Miriam*) e pode provir de *mar* (gota) e *yam* (mar) significando "gota do mar", ou então de *mar* e *ram* que significaria "mestre poderoso". Pode também derivar de *Myriam*, "vidente". Há quem lhe atribua ainda a raiz egípcia *mry* significando "amar". De qualquer modo, é um doce nome de que tantas mulheres se honram de ser chamadas, na sequência da mãe de Deus. Pena é que atualmente se imponham às meninas nomes raros, particularmente de proveniência estrangeira. Importante é honrar tão doce nome de Maria.

Lições / Propósitos

1) Invocar e honrar o doce nome de Maria, «agora e na hora da nossa morte»;
2) venerar, amar, invocar e imitar Maria em qualquer uma das suas festas;
3) procurar que as filhas ou afilhadas levem o tão lindo nome de Maria.

13 de setembro

SÃO JOÃO CRISÓSTOMO
Bispo e doutor da Igreja
BOCA E CORAÇÃO DE OURO

Biografia

João Crisóstomo (título que lhe foi atribuído e que significa "boca de ouro", devido aos seus dotes oratórios) nasceu em Antioquia, em meados do século IV. Levou uma infância feliz e frequentou altos estudos. Por algum tempo retirou-se para o deserto, mas a sua frágil saúde não lhe permitiu continuar, além de a mãe (viúva) discordar. Batizou-se pelos vinte anos e pelos trinta foi ordenado diácono e depois presbítero, fazendo-se notar como escritor e pregador brilhante. Nos últimos seis anos tornou-se Patriarca de Constantinopla, continuando as suas pregações e o seu trabalho pastoral, dedicando-se particularmente à reforma do clero (escreveu um belo tratado sobre o sacerdócio) e dos fiéis, ao mesmo tempo que cuidava dos mais desfavorecidos.

Morreu em 14 de setembro de 404 no exílio de Comane (Turquia), devido à imperatriz Eudóxia não suportar a firmeza do seu ensinamento moral contra o luxo insolente dos ricos em contraste com a miséria dos pobres. As suas últimas palavras foram: «Senhor, seja feita a Vossa vontade em todas as coisas, assim na Terra como no Céu.» Em 1204, os seus restos mortais foram trasladados para a Basílica de São Pedro, em Roma. São Pio X proclamou-o patrono dos oradores sagrados. Deixou cerca de 600 discursos e sermões cheios de realismo, força e espiritualidade, muito se inspirando em São Paulo, como ele mesmo confessava: «Se alguma coisa sei, devo-a ao carinho com que leio diariamente as suas cartas.» Para ele a Sagrada Escritura era «muralha e fortaleza». É o Padre da Igreja Oriental mais fecundo, e no Ocidente só Santo Agostinho pode ombrear com ele.

José H. Barros de Oliveira

Lições / Propósitos

1) Grande orador sagrado, indo beber às fontes da Sagrada Escritura, particularmente a São Paulo, e conformando a sua vida com o que pregava;
2) bom pastor sempre próximo do seu povo, particularmente dos mais desfavorecidos, a quem defendeu contra as injustiças dos ricos e dos poderosos;
3) homem corajoso e intrépido, pagando com o sofrimento e o exílio a defesa da verdade evangélica e o bem dos pobres, mas sempre disposto a perdoar aos perseguidores.

Citações

❏ «Muitas vagas e fortes tempestades nos ameaçam, mas não tememos ser submergidos, porque nos apoiamos na rocha firme. [...] Para mim, os perigos deste mundo só merecem desprezo, e os seus bens não passam do ridículo. Não temo a pobreza, nem ambiciono riquezas. Não receio a morte, nem desejo viver senão para Vosso proveito. [...] Ainda que todo o mundo se perturbe, eu tenho a Sua (do Senhor) resposta por escrito, leio a sua Escritura: esta é a minha muralha, esta é a minha fortaleza. Que diz a Escritura? "Eu estou convosco todos os dias até ao fim do mundo." Cristo está comigo: a quem hei de temer?» (São João Crisóstomo, *Homilias*)

❏ «Queres honrar o Corpo de Cristo? Não permitas que seja desprezado nos seus membros, isto é, nos pobres que não têm que vestir, nem O honres aqui no templo com vestes de seda, enquanto lá fora O abandonas ao frio e à nudez. [...] Deves prestar-Lhe aquela honra que Ele mesmo ordenou, distribuindo pelos pobres as tuas riquezas. Deus não precisa de vasos de ouro mas de almas de ouro. Ao dizer isto, não quero impedir que se façam ofertas ao templo; o que quero é pedir que, além dessas, e antes dessas, se pense na esmola aos pobres. Deus recebe, de facto, aqueles dons, mas agrada-Lhe mais a caridade para com os pobres. [...] De que serviria, afinal, adornar a mesa de Cristo com vasos de ouro, se Ele morre de fome na pessoa dos pobres? Primeiro dá de comer a quem tem fome, e depois ornamenta a Sua mesa com o que sobra.» (São João Crisóstomo, *Homilias*)

14 de setembro

EXALTAÇÃO DA SANTA CRUZ
«ANIQUILOU-SE ATÉ À MORTE
MAS DEUS EXALTOU-O»

Reflexão

Jesus morreu na Cruz para nossa salvação. Desde então, a Cruz tornou-se objeto de veneração e não mais símbolo de infâmia. A Cruz ergue-se sobre o altar, recordando o Sacrifício de Cristo que é celebrado na Eucaristia.

Os cristãos do Oriente celebram esta festa com grande solenidade. Constantino mandou construir uma basílica sobre o Gólgota, onde foi implantada a Cruz, e ainda sobre o Santo Sepulcro, templos que foram consagrados a 13 de setembro de 335. No dia seguinte, o povo era esclarecido sobre o significado das duas igrejas e venerava as sagradas relíquias da Cruz. Daí a origem e data desta festa, que entrou também na liturgia do Ocidente no século VII.

Celebrando esta festividade, recordamos que foi na Cruz que brotou a nossa redenção. Prometemos honrar sempre a Cruz, símbolo do amor total até à morte, e levá-la ao peito com respeito e não a desprezar como fazem algumas seitas alegando que Cristo ressuscitou. Na verdade ressuscitou, mas não há ressurreição sem Cruz. É caminho obrigatório para a glória. Não se pode saltar por cima da Cruz, ignorá-la ou esvaziá-la de conteúdo, como já avisava São Paulo. Frente ao nosso sofrimento ou ao do próximo, temos diversas atitudes: arrastar a cruz, levá-la resignada e pacientemente; abraçar-nos a ela com alegria, unidos à Cruz de Cristo, tornando-a assim redentora. Prometamos honrar a Cruz viva que está em nós, pelo sofrimento, e nos nossos irmãos, particularmente nos que mais sofrem: doentes, presos, marginalizados, pobres, desorientados...

José H. Barros de Oliveira

> *Lições / Propósitos*
>
> 1) Exaltar e honrar a Cruz de Cristo quer a encontremos nas igrejas, nas encruzilhadas dos caminhos, nos hospitais, nas escolas, quer a levemos ao peito;
> 2) exaltar a nossa cruz viva do sofrimento e a Cruz dos nossos irmãos que sofrem;
> 3) não se envergonhar de "pregar Cristo crucificado", antes «gloriar-se apenas na Cruz de Cristo», como fez São Paulo, embora isso seja escândalo para judeus e estultícia para os gentios.

Citação

❏ «Celebramos a festa da santa Cruz, que dissipou as trevas e nos restituiu a luz. Tão grande é o valor da Cruz que, quem a possui, possui um tesouro. [...] Verdadeiramente grande e preciosa realidade é a santa Cruz! [...] A Cruz é a glória de Cristo e a exaltação de Cristo. A Cruz é o cálice precioso da Paixão de Cristo, é a síntese de tudo quanto Ele sofreu por nós.» (Santo André de Creta, *Sermões*)

15 de setembro

NOSSA SENHORA DAS DORES
CORAÇÃO TRESPASSADO DE ANGÚSTIA

Reflexão

Neste mês de setembro já é a terceira vez que celebramos Maria: no dia 8 a sua Natividade, no 12 o seu Nome santíssimo e hoje as suas Dores, após a festa da Exaltação da Santa Cruz, quase a significar que a Cruz ou as dores de Maria também foram exaltadas junto com as de Jesus. Maria manteve-se firme junto à Cruz de Jesus, unindo a sua Cruz à do seu Filho, morrendo também de algum modo por nós, sendo de certa forma "corredentora" com Jesus. Mais do que São Paulo, podia Ela afirmar: «Completo na minha carne o que falta à Paixão de Cristo.» Foi desde a Cruz que Jesus nos entregou Maria como mãe. Toda a vida ela sofreu em união com Cristo por nós, desde que o velho Simeão avisou que «uma espada de dor lhe trespassaria o coração». Mas junto à Cruz o seu sofrimento foi indizível e só não morreu com Jesus para ficar ainda mais algum tempo visivelmente com a Igreja primitiva, que precisava (como continua a precisar) de uma Mãe.

Estava a Mãe dolorosa
junto da cruz, lacrimosa,
enquanto Jesus sofria...

Lições / Propósitos

1) Unir as nossas dores às de Maria transformando-as, com(o) ela, em redenção;
2) venerar, amar, invocar e imitar Maria, sobretudo no seu sofrimento;
3) consolar, como Maria, as dores dos nossos irmãos.

Citação

❏ «A violência da dor (vendo Jesus morrer e ser trespassado pela lança) trespassou a vossa alma e assim com razão vos proclamamos mais do que mártir, porque os vossos sentimentos de compaixão superaram os sofrimentos corporais do martírio. [...] Não vos admireis, irmãos, de que Maria seja chamada mártir na sua alma. [...] O martírio de Maria teve a sua origem no amor ao qual, depois do de Cristo, nenhum outro amor se pode comparar.» (São Bernardo, *Sermões*)

16 de setembro

SÃO CIPRIANO
Bispo e mártir
ZELOSO POR TODAS AS IGREJAS

Biografia

Trata-se certamente do santo mais famoso na Igreja Ocidental, antes de Santo Agostinho, também bispo no norte de África. Nasceu certamente em Cartago, pelo ano de 210, de família rica. Era professor de Retórica quando se converteu; foi batizado com mais de trinta anos, poucos anos antes de se tornar bispo. Durante as perseguições de Valeriano, refugiou-se no campo, mas resolveu regressar a Cartago, onde era bispo, para enfrentar o martírio, porque tinha escrito: «Convém que seja na cidade, onde preside à Igreja, que um bispo confesse o Senhor e que assim o esplendor da sua confissão se derrame sobre todo o povo.» Uma grande multidão acompanhou-o até ao lugar do suplício. À sentença de condenação respondeu com um solene «Graças a Deus». Foi decapitado a 14 de setembro do ano de 258.

Cipriano é o protótipo do bispo verdadeiramente católico, pois animava outros pastores de outras Igrejas, designadamente do norte de África, por quem sentia também solicitude, a permanecerem firmes na fé. Um dos seus amigos era o Papa Cornélio que tinha morrido alguns anos atrás exilado em Civitavecchia e que também é celebrado neste dia. Cipriano tinha-lhe escrito: «Se Deus concede a um de nós a graça de morrer em breve, que a nossa amizade continue junto do Senhor.»

É famoso o *Livro de São Cipriano*, que contém rituais mágicos e absurdos, que lhe é atribuído, sem fundamento algum. Apesar de Cipriano ter vivido durante muito tempo no paganismo, não consta que se tivesse dedicado às artes maléficas. Talvez tal confusão seja devida ao facto de, em finais do século III, ter existido em Antioquia um mago chamado Cipriano que exercia os seus sortilégios e que posteriormente se converteu, vindo também a sofrer o martírio, sendo lembrado a 26 de setembro.

Lições / Propósitos

1) Coragem e generosidade no martírio, estimulando mesmo os algozes;
2) solicitude por todas as Igrejas em verdadeiro espírito católico;
3) defesa intransigente da doutrina católica, contra as heresias do tempo.

Citações

❏ «"Foi decidido que Táscio Cipriano seja decapitado" (disse o sentenciador). O bispo Cipriano respondeu: "Graças a Deus." Ao ouvir esta sentença, a multidão dos irmãos dizia: "Nós também queremos ser decapitados com ele." Por isso gerou-se uma grande agitação entre os irmãos, e seguiu-o numerosa multidão. Assim, foi conduzido Cipriano ao campo de Sesti. Chegado aí, tirou o manto e o capuz, dobrou os joelhos por terra e prostrou-se em oração ao Senhor. Tirou depois a dalmática, entregou-a aos diáconos e ficou com a túnica de linho; e assim esperou a vinda do verdugo...» (*Atas proconsulares do martírio de São Cipriano*)

❏ «Que contrassenso pedirmos que se faça a vontade de Deus, e depois, quando Ele nos chama e nos convida a sair deste mundo, não obedecermos prontamente à Sua vontade! Resistimos e lutamos e somos levados à presença do Senhor como servos rebeldes, com mágoa e tristeza, partindo deste mundo, não de bom grado, mas forçados por uma lei inevitável. E ainda pretendemos que nos honre com prémios celestes Aquele para quem vamos de tão má vontade! Então porque rogamos e pedimos que venha a nós o Reino dos Céus, se continuamos agarrados à prisão da Terra? [...] Superemos o pavor da morte com o pensamento da imortalidade que nos espera. Mostremos na prática esta fé que professamos. Devemos considerar e meditar frequentemente que renunciámos ao mundo e que, entretanto, andamos na Terra como hóspedes e peregrinos. Acolhamos com júbilo o dia em que a cada um de nós se indicará a sua própria morada, o dia em que, libertos das cadeias deste mundo, entraremos no paraíso e no reino eterno. Quem não tem pressa de regressar à pátria, quando anda longe dela? Para nós a pátria é o Paraíso. [...] Veja Deus este nosso pensamento, contemple Cristo este propósito da nossa mente e da nossa fé, porque tanto maior será a recompensa do Seu amor, quanto mais ardente for o desejo de chegarmos à Sua presença.» (São Cipriano, *Tratado sobre a morte*)

17 de setembro

SÃO ROBERTO BELARMINO
Bispo e doutor da Igreja
TEÓLOGO AO SERVIÇO DA IGREJA

Biografia

São Roberto Belarmino nasceu em Montepulciano, na Toscana (Itália), em 1542. Aos dezoito anos entrou para a Companhia de Jesus, recém-fundada, vindo a ser provincial. Foi professor de Teologia em Lovaina (Bélgica) e no Colégio Romano. Nomeado conselheiro do Papa e membro da Cúria, contribuiu para a resolução de muitos problemas junto das congregações romanas. Sustentou grandes disputas contra as doutrinas protestantes dos luteranos e calvinistas escrevendo também o *Pequeno Catecismo*. Foi nomeado cardeal e bispo de Cápua. Morreu em Roma em 1621.

Lições / Propósitos

1) Homem polivalente, dedicando toda a sua vida e saber à causa de Deus e da Igreja;
2) grande simplicidade e bondade, a todos acolhendo e compreendendo, embora verberasse as falsas doutrinas;
3) grande amor e temor a Deus, chamando-lhe Amigo, e vivendo em intimidade com Ele através da oração e da meditação da Bíblia.

Citação

❏ «Que há de mais fácil, mais suave e mais doce do que amar a bondade, a beleza e o amor? E tudo isto sois Vós, Senhor meu Deus. E prometeis ainda um prémio aos que observam os vossos Mandamentos, sendo estes, já por si mesmos, mais preciosos do que o ouro e mais doces do que o mel dos favos? Sim, prometeis efetivamente um prémio, um prémio de imenso valor. [...] Deves considerar como verdadeiramente bom o que te conduz ao teu fim e como verdadeiramente mau o que dele te afasta. Para o sábio, a prosperidade e a adversidade, a riqueza e a pobreza, a saúde e a doença, a honra e a ignomínia, a vida e a morte, são coisas que, por si mesmas, nem se devem procurar nem evitar. Se contribuem para a glória de Deus e para a tua felicidade eterna, são bens e devem ser desejados; se impedem essa glória e felicidade, são males e devem ser evitados.» (São Belarmino, *Tratado sobre a elevação da mente para Deus*)

19 de setembro

SÃO JANUÁRIO
Bispo e mártir
SANGUE COMO TESTEMUNHO DE FIDELIDADE

Biografia

São Januário foi bispo de Benavente, ao sul da Itália. Sofreu o martírio durante as perseguições de Diocleciano, pelo ano de 305, juntamente com outros companheiros, em Nápoles; aqui é especialmente venerado, repousando os seus restos mortais na catedral, onde se conserva também uma ampola com o seu sangue que se liquefaz misteriosamente no dia da sua festa, sendo sinal de bom augúrio. O santo tem fama de ter protegido a cidade contra a peste, a cólera e ainda as lavas do Vesúvio.

Lições / Propósitos

1) Fidelidade a Jesus Cristo e à Igreja à custa do próprio sangue;
2) fé intrépida para além de todas as provações;
3) bom pastor e protetor do seu povo, quer em vida, quer para além da morte.

José H. Barros de Oliveira

20 de setembro

SANTO ANDRÉ KIM
e COMPANHEIROS
Mártires
CORAGEM QUE NÃO CONHECE FRONTEIRAS

Biografia

Trata-se do primeiro santo da Coreia do Sul. Descendia de família nobre que se converteu ao Cristianismo, o que acabou por custar a vida ao pai. André, com apenas quinze anos, sentindo o chamamento de Deus, não hesitou em viajar uns 1800 quilómetros para ingressar no Seminário de Macau, então colónia portuguesa. Foi ordenado sacerdote, sendo o primeiro padre coreano. Voltando à sua terra, cumpriu o seu apostolado escrupulosamente, acabando por ser torturado e depois degolado, em 1846, em Seul, juntamente com mais de cem companheiros, na maior parte leigos. Foram canonizados por João Paulo II em 1984.

Lições / Propósitos

1) Fidelidade a Jesus Cristo e à Igreja à custa do próprio sangue;
2) sacerdote e leigos generosos e fortes, preferindo morrer a renegar a fé.

21 de setembro

SÃO MATEUS
Apóstolo
«DEIXOU O TELÓNIO E SEGUIU JESUS»

Biografia

Mateus é chamado por Marcos e Lucas com o nome judeu de Levi, e Marcos diz ainda que era «filho de Alfeu» (Mc 2,14), como Tiago (não o irmão de João), de quem diz também que era «filho de Alfeu» (Mc 12,18), podendo supor-se que eram irmãos. Mateus era cobrador de impostos em Cafarnaum, por isso colaborador dos romanos e odiado pelos judeus. Mas foi precisamente enquanto estava sentado ao telónio que Jesus o chamou. Lucas diz que ele logo se levantou, «deixou tudo» e seguiu Jesus (Lc 5,28). Logo convida Jesus para um jantar de amizade, onde se reúnem outros publicanos e pecadores, acabando Jesus por afirmar que não veio chamar os justos, mas os pecadores (Mt 9,9-13).

Mateus, além de Apóstolo é também Evangelista. O seu Evangelho (o primeiro a ser escrito na versão aramaica, que se perdeu), dirigido aos judeus convertidos, faz referências constantes às profecias messiânicas que falavam do Messias, pondo assim em evidência a unidade e a continuidade entre a Antiga e a Nova Aliança e demonstrando que Jesus é o Messias prometido, cumprindo-se n'Ele todas as promessas. A Igreja, fundada por Cristo, é também o novo Povo de Deus, o novo Israel. Na visão de João no Apocalipse ele é identificado com o segundo Animal, semelhante a um touro (Ap 4,7-11).

Segundo a Tradição, inicialmente evangelizou na Palestina, entre os judeus, saindo depois a evangelizar na Etiópia, na Macedónia ou noutro lugar, tendo certamente morrido mártir.

José H. Barros de Oliveira

Lições / Propósitos

1) Chamado para Apóstolo, apesar do seu ofício pouco digno diante dos judeus, não hesita em seguir Jesus, imediatamente e deixando tudo;
2) oferece logo um banquete a Jesus e chama os outros companheiros considerados, como ele, pecadores; mas não tem vergonha e usa de humildade ao apelidar-se a ele mesmo de «cobrador de impostos» e «publicano», isto é, pecador;
3) escreve o Evangelho, depois de grande trabalho compilando diverso material, a fim de que a mensagem de Jesus pudesse manter-se intacta através dos tempos, desafiando-nos a ler a Boa Notícia de Jesus e a pô-la em prática.

---

23 de setembro

SÃO PIO DE PIETRELCINA
Presbítero
ESTIGMAS DE AMOR E DE SOFRIMENTO

Biografia

O Padre Pio constitui um fenómeno, um mistério de amor e de sofrimento, vivendo na fragilidade humana a Paixão do Senhor; fenómeno (sobrenatural e mesmo psicológico) não comparável a nenhum outro, na hagiografia do século XX, elevando-se como um profeta e testemunha do sobrenatural num mundo ateu e paganizado, recordando ao mundo hedonista que o sofrimento faz parte da vida e pode ser redentor. Ele preanuncia um mundo novo onde triunfará o amor e a misericórdia de Deus.

Francisco Forgione (assim se chamava) nasceu a 25 de maio de 1887 em Pietrelcina, ao sul de Itália. Em bebé chorava tanto que exasperava o pai; este declarava-o "um demónio". Desde cedo se manifestaram nele dotes fora do normal, como ver a

Virgem Maria, jogar com o seu anjo da guarda, ler nas consciências, exalar perfumes, deslocar-se sem transportes para estar junto de pessoas (bilocação), fazer milagres, ser sujeito a terríveis ataques noturnos do Diabo, etc. Aos onze anos consagrou-se ao Senhor e a São Francisco (que também recebeu os estigmas). Com quinze anos entrou no noviciado dos frades capuchinhos e tomou o nome de frei Pio de Pietrelcina. Dedicou-se à oração e à penitência, chegando a passar dias sem comer, alimentando-se apenas da Eucaristia, ao mesmo tempo que se manifestavam doenças e era tentado pelo Diabo.

Foi ordenado sacerdote em 1910, com uma licença especial, pois estava gravemente doente. Mas nessa altura «sentiu o coração ardente de amor por Jesus». Uma semana depois da ordenação recebeu os estigmas invisíveis (só posteriormente eles se manifestaram visivelmente, vendo-se as mãos sangrar sobretudo durante a Missa) e depois um "traço de fogo" ou uma ferida de amor no coração. Na celebração da Eucaristia chegou a demorar quatro horas, entrando em êxtases prolongados.

O Diabo continua a atacá-lo ferozmente. Entretanto, foi obrigado a alistar-se no exército, sofrendo muito num meio tão adverso, onde se riam dele; então adoeceu gravemente e foi mandado embora. Aos vinte e nove anos foi para o Convento de Nossa Senhora da Graça, em São João de Rotondo, onde permaneceu até à morte. Multidões começaram a acorrer ao seu confessionário (chegou a estar mais de 17 horas por dia no atendimento sacramental), como um novo Cura d'Ars, e os milagres multiplicaram-se, mas também os sofrimentos e incompreensões, a mais grave das quais a condenação pelo Santo Ofício e a proibição de se encontrar com os fiéis, sendo-lhe permitido unicamente a celebração em particular da Missa. Mais tarde foi-lhe levantada a interdição. Ele manteve-se imperturbável: «Eu sou filho da obediência.»

Apesar de todo o sofrimento físico e moral, mostrou-se sereno, alegre e até com sentido de humor: a alguém que lhe observava que os estigmas podiam ter uma explicação psicológica devido ao seu desejo de identificação com Cristo Crucificado, respondia que nesse caso quem pensa num touro também lhe nascem os cornos... Entretanto, dedicou-se à construção do Hospital La Casa, inaugurado em 1956, para tratar o corpo e a alma, «um lugar de oração e de ciência, onde o género humano se reencontrará no Cristo Crucificado». Como apoio espiritual ao hospital, que entregou ao Santo Padre, criou grupos de oração que considerava como «corações e mãos que sustêm o mundo». Ele mesmo se definia como «um pobre frade que reza» e só isso desejava ser.

Por esta altura, a afluência de fiéis era tão grande que os Capuchinhos se viram obrigados a construir uma igreja mais ampla. Chegavam-lhe também diariamente milhares de cartas e telegramas provindos de todo o mundo. Voltaram as tribulações, sobretudo por parte dos seus confrades, devido às somas avultadas de dinheiro que recebia para o seu hospital. O próprio Papa Paulo VI, em 1964, intervém para que o Padre Pio possa exercer livremente o seu ministério. Depois da sua morte, definiu-o como «um homem de oração e de sofrimento». E dizia:

> Olhai de quanta fama o Padre Pio gozou! Mas porquê? Porque era um filósofo, um cientista, porque tinha meios à sua disposição? Não! Simplesmente dizia a Missa humildemente, confessava de manhã até à noite; era, coisa difícil de imaginar, um representante dos estigmas de Nosso Senhor.

Alquebrado por tantas doenças e trazendo no seu corpo os estigmas de Cristo, morreu na madrugada do dia 23 de setembro de 1968. O seu funeral teve uma afluência imensa de povo. Foi beatificado e posteriormente canonizado por João Paulo II em 16 de junho de 2002. Dele disse o Papa: «Quem ia a San Giovanni Rotondo participar na sua Missa ou para lhe pedir conselho ou se confessar, vislumbrava nele uma imagem viva de Cristo sofredor e ressuscitado.» João Paulo II estava-lhe particularmente ligado. Quando estudava em Roma foi visitá-lo e ouviu dele esta profecia que se veio a tornar plena realidade (embora o padre Wojtyla de então se risse respeitosamente disso): «Tu serás Papa, mas vejo sobre ti sangue e violência.»

Bento XVI também foi em romaria a São Giovanni di Rotondo em 2009.

A canonização foi uma cerimónia calorosa e clamorosa, pois nunca se tinha visto na Praça de São Pedro tanta gente (mais de meio milhão de peregrinos). Uma avioneta deixava cair sobre a multidão uma chuva de pétalas, a simbolizar a vontade do pobre frade de continuar a ajudar todos os que sofrem. Ele tinha dito: «Darei mais "guerra" morto do que vivo.»

Lições / Propósitos

1) Homem identificado com Jesus Crucificado, um «crucificado do amor», uma «encarnação mística» de Cristo Sofredor, realizando na sua carne o que falta à Paixão do Senhor;
2) místico de oração prolongada (cujo centro era a Eucaristia, onde se identificava com Cristo Crucificado) e da meditação da Paixão do Senhor;
3) união com Maria, sobretudo à hora da Eucaristia, deixando-se conduzir, como ela, pelo Espírito Santo;
4) zelo pela salvação das almas (sendo essa a sua principal missão), através do contacto direto com as pessoas, pela oração e pela penitência;
5) exemplo para os sacerdotes, pondo o altar e o confessionário no centro da vida pastoral, vivendo verdadeiramente o mistério da Eucaristia («no altar o padre é Cristo e com Ele deve morrer») e exercendo o ministério do discernimento e da consolação;
6) apesar de toda a mística, não esqueceu os mais necessitados e os que mais sofrem, fundando "a Casa" ou hospital para os confortar e curar no corpo e na alma;
7) recorda-nos que o Diabo existe e é tentador.

Citações

❏ «Jesus, minha respiração e minha vida, hoje que, tremendo, eu Te elevo num mistério de amor, que Contigo eu seja para o mundo "Caminho, Verdade e Vida" e para Ti seja sacerdote santo e vítima perfeita.» (Escrito na pagela da sua ordenação)

❏ «Nos livros procuramos Deus; na oração encontrámo-l'O. A oração é a chave que abre o coração de Deus.» (*Ditos espirituais*)

❏ «Cinquenta anos de vida religiosa, cinquenta anos cravado na Cruz, cinquenta anos de fogo devorador, por Ti, Senhor, por aqueles que resgataste. Que pode ainda desejar a minha alma, senão conduzi-los todos a Ti, esperando pacientemente que este fogo devorador queime todo o meu ser no *cupio dissolvi* (desejo morrer para estar com Cristo)?» (Nota no Jubileu da sua vida religiosa)

24 de setembro

BEATA RITA AMADA DE JESUS
Religiosa
A VIDA FEITA SERVIÇO

Biografia

Nasceu em Ribafeita (Viseu) a 5 de março de 1848. Desde cedo notabilizou-se pelo seu amor à Eucaristia, ao Sagrado Coração de Jesus (inscreveu-se no Apostolado da Oração) e ainda a Maria, aconselhando a reza do terço em prol da família; devotava também grande amor a São José. Após ter feito alguma experiência de vida religiosa, designadamente nas Irmãs da Caridade (Porto), descobriu que não era aí o seu lugar e fundou um colégio para acolher e educar meninas abandonadas e desprotegidas, dedicando-se, com grande persistência e sem olhar a sacrifícios, a essa nova missão. Para a ajudar nesta obra benemérita fundou, em 1880, o Instituto das Irmãs de Jesus, Maria e José que continuam a sua obra educacional e assistencial.

Morreu a 6 de janeiro de 1913. Foi beatificada quase um século depois, a 28 de maio de 2006, em Viseu. A sua memória litúrgica celebra-se a 24 de setembro, data da fundação do Instituto. Entre alguns ditos mais dinamizadores da sua vida contam-se: «O que sempre desejei é que em tudo se cumpra a vontade de Deus», «Se preciso fosse, percorreria o mundo inteiro para salvar uma só alma».

> **Lições / Propósitos**
>
> 1) Entrega da vida totalmente ao serviço de Deus e do próximo;
> 2) dedicação especial às crianças mais desfavorecidas;
> 3) grande devota de cada uma das pessoas da Santíssima Trindade, de Maria e de José.

26 de setembro

SÃO COSME e SÃO DAMIÃO
Mártires
MÉDICOS DO CORPO E DA ALMA

Biografia

Quase nada sabemos destes dois irmãos, Cosme e Damião, decapitados perto de Alep, na Síria, durante a perseguição de Diocleciano, nos finais do século III. As atas do seu martírio, de origem duvidosa, atribuem-lhes grande fortaleza nas tribulações. Certo é que a sua fama em breve se estendeu pelo Oriente e pela bacia mediterrânica e muitos milagres lhes eram atribuídos. A Tradição apresenta-os como médicos que curavam gratuitamente; por isso, os gregos os apelidaram de *anargiros*, isto é, "sem dinheiro". No século VI, o Papa Félix IV dedicou-lhes uma basílica no Fórum Romano que mais contribuiu para o seu culto.

> **Lições / Propósitos**
>
> 1) Serviço desinteressado ao próximo, pois eram médicos e a todos atendiam gratuitamente;
> 2) fortaleza no martírio, não temendo a morte por amor de Cristo;
> 3) irmanados no sangue e no amor a Cristo e aos irmãos, são exemplo para as famílias.

26 de setembro

BEATO PAULO VI
Papa
TIMONEIRO DO CONCÍLIO VATICANO II

Biografia

João Batista Montini nasceu em Concésio, perto de Brescia (Itália), a 26 de setembro de 1897, no seio de uma família católica e de nobreza rural. O pai era advogado, jornalista e deputado. A mãe, uma mulher de grande vida interior e de oração. Em criança era frágil e teve de ser amamentado por uma ama no campo. A formação intelectual recebeu-a num colégio de Jesuítas e a formação espiritual sobretudo com os padres oratorianos. Tornou-se jornalista de grande estilo num jornal local que tinha ajudado a fundar. Estudou Teologia no seminário como externo, dada a sua frágil saúde, e muitos já o vaticinavam como bispo ou cardeal. Ordenou-se sacerdote em maio de 1920. Pouco tempo depois foi para Roma estudar Filosofia na Universidade Gregoriana. Tirou ainda a licenciatura em Direito Civil. Fez uma primeira experiência como adido diplomático na Polónia mas regressou a Roma, sendo nomeado como assistente do Círculo Universitário Romano e mais tarde diretor da juventude universitária a nível nacional. Mas foi obrigado a demitir-se, num tempo já conturbado, tornando-se modesto colaborador de Pio XI e depois de Pio XII, sofrendo ao lado deste os horrores e perseguições nazis durante a Segunda Guerra Mundial.

Em 1952, Pio XII nomeou-o pro-secretário de Estado e em 1954 arcebispo de Milão, havendo quem pensasse que o Papa o queria afastar do Vaticano, mas certamente não foi essa a intenção de Pio XII. A sua primeira carta pastoral intitula-se *Cristo é tudo para nós*. Dedicou-se de alma e coração a pastorear tão grande rebanho, granjeando grande prestígio. Quando Pio XII morreu, em outubro de 1958, apesar de Montini não ser cardeal, muitos secretamente o apontavam como Papa. Mas foi eleito João XXIII que, quando o recebeu, lhe disse: «Este lugar devia ser você a ocupá-lo.» O novo Papa nomeou-o logo cardeal. A 3 de junho de 1963 morreu João XXIII tendo deixado o Concílio Vaticano II na primeira sessão. O cardeal Montini foi eleito Papa a 21 de junho de 1963 impondo-se o nome de Paulo VI. Era difícil suceder ao bom Papa João XXIII, mas os olhares convergiram no cardeal de Milão. O seu pontificado foi rico em muitos aspectos, mas o seu mérito principal foi levar a bom termo o Concílio Ecuménico Vaticano II iniciado em 1962 por João XXIII, sendo encerrado a 8 de dezembro (festa da Imaculada Conceição) de 1965.

Foi o primeiro Papa a sair de avião para fora de Itália, dedicando a sua primeira visita (peregrinação) à Terra Santa, em janeiro de 1964, encontrando-se em Jerusalém com o Patriarca Atenágoras de Constantinopla, num abraço ecuménico inolvidável, continuando a dar um grande impulso ao ecumenismo. Em dezembro de 1964 peregrinou à Índia, exortando também ao ecumenismo. Em 1965 discursou na ONU a favor da Paz, gritando: «Homens, sede homens!» e «nunca mais a guerra!» A sua quarta viagem apostólica foi a Fátima, a 13 de maio de 1967, cinquentenário das aparições, sendo o primeiro Sumo Pontífice a visitar este santuário mariano, altar do mundo, reunindo-se em torno do pontífice talvez a maior multidão de sempre, cerca de milhão e meio de pessoas. Aí consagrou o mundo ao Imaculado Coração de Maria e exortou os homens à concórdia e à paz: «Homens, procurai ser dignos do dom divino da paz. Homens, sede homens, sede bons, abri-vos à consideração do bem total do mundo.»

Nesse mesmo ano de 1967 deslocou-se à Turquia (Istambul, Éfeso e Esmirna), cidades cheias de história do Cristianismo, encontrando-se de novo com o Patriarca Atenágoras. No ano seguinte foi à Colômbia, a braços com grandes problemas sociais, participando no Congresso Internacional Eucarístico e inaugurando a Conferência Episcopal Latino-Americana. Em 1969 foi a África (Uganda) e no ano seguinte à Ásia e Austrália.

A sua obra principal, além de concluir o Concílio, foi aplicá-lo, nem sempre pacificamente, levando alguns a reagir à reforma litúrgica, como o bispo dissidente Lefèbre. Produziu documentos famosos, como a Encíclica *Ecclesiam Suam* (1964), sobre a Igreja frente ao mundo, e *Populorum Progressio* (1967), sobre a doutrina social da Igreja, dando-lhe uma abertura maior e novas perspetivas, completando a sua doutrina social com a *Octogesima adveniens* (1971) no 80.º aniversário da *Rerum novarum* de Leão XIII. Um dos seus cuidados e também espinhos foram os sacerdotes, assistindo-se nessa altura a muitas deserções, mas defendeu, na Encíclica *Sacerdotalis coelibatus* (1967), o celibato eclesiástico com argumentos cristológicos e eclesiológicos. Preocupou-se também com a família, particularmente com o problema do controlo de natalidade, escrevendo a Encíclica *Humanae vitae* (1968), que provocou também muitas reações adversas, mas onde o Papa defendeu os métodos naturais e desaprovou os artificiais. Entre tantos outros documentos pastorais é igualmente famosa a Exortação Apostólica *Evangelii nuntiandi*, sobre a evangelização, e a *Evangelica testificatio*, sobre a renovação da vida religiosa. É ainda muito bela a Exortação *Gaudete in Domino*, que constitui um hino à alegria cristã, num Papa que muitos consideravam triste e abatido por tantos problemas eclesiais e mundiais, «reclinando-se todas as noites sobre uma coroa de espinhos», como ele confidenciou.

Morreu a 6 de agosto de 1978, dia da Transfiguração do Senhor, recitando repetidamente: «Pai Nosso que estais nos Céus.» Morreu um grande Papa do Concílio, da reforma conciliar, do ecumenismo, da interpretação dos sinais dos tempos, um Papa que amou ternamente a Igreja e o mundo, deixando um testamento que retrata bem a sua alma. O seu sucessor, São João Paulo II, considerou-o «uma figura gigantesca», «uma glória imortal para a Igreja» e, para si, «um verdadeiro pai».

Foi beatificado pelo Papa Francisco a 19 de outubro de 2014, sendo fixada a sua festa litúrgica no dia 26 de setembro, dia do seu aniversário natalício.

Lições / Propósitos

1) Total dedicação à Igreja, sofrendo com os seus problemas e tribulações, conduzindo sabiamente o Concílio e procurando aplicá-lo, preocupando-se também com a unidade dos cristãos;
2) peregrino na Terra Santa e em tantas outras partes do mundo, como Fátima, levando a todos os homens a mensagem do Evangelho;
3) homem de Deus, cheio de virtudes humanas e espirituais.

Citação

❏ «O amor que reconcilia não é fraqueza nem lassidão... Exige vencer não o adversário, mas a si mesmo.
Uma geração invadida pela santidade, tal deveria ser a característica do nosso tempo.
A Igreja deve entrar em diálogo com o mundo no qual vive. A Igreja faz-se mensagem; a Igreja faz-se conversação.
A Igreja tem necessidade de um eterno Pentecostes: tem necessidade de fogo no seu coração, de palavras nos seus lábios, de profecias a seu respeito.
Como te chamar, como te nomear, como conceber quem és Tu, ó Espírito Santo, procedente pela via do amor do Pai e do Filho? Como encandeado pelo sol, fecho os olhos diante do mistério da Santíssima Trindade, conservando apenas no coração uma impressão de beatitude oceânica.» (PAPA PAULO VI, *Pensamentos*)

José H. Barros de Oliveira

27 de setembro

SÃO VICENTE DE PAULO
Presbítero
PATRONO DAS CONFERÊNCIAS VICENTINAS

Biografia

Vicente foi de algum modo, no seu tempo, a presença viva da Providência Divina, perguntando-se muitas vezes: «Que faria Jesus neste caso?» Muitos se inspiraram no seu espírito caritativo, particularmente Frederico Ozanam, para fundar as Conferências Vicentinas, tão beneméritas por esse mundo fora.

Vicente nasceu na Aquitânia (França) a 24 de abril de 1581, de uma família de lavradores, talvez originária de Espanha. Estudou, ajudado por benfeitores, e fez-se sacerdote. Foi preso pelos corsários turcos e vendido como escravo. Mais tarde vemo-lo em Paris. Iniciou-se no bem-fazer com os Irmãos de São João de Deus. Desde aí, toda a sua vida foi um hino à caridade para com Deus e para com o próximo, particularmente os mais pobres: «Amar a Deus nos irmãos, à custa dos nossos braços e suor do nosso rosto.» Chegou a ter uma abadia, mas depois tornou-se pároco de uma simples aldeia em Clichy, Paris.

Teve duas preocupações fundamentais: a evangelização e a caridade, atingindo as crianças abandonadas, as prostitutas, as vítimas das guerras e todos os necessitados. Sabendo-se impotente perante tantas necessidades, fundou a Congregação da Missão (ou Lazaristas, por terem nascido no priorado de São Lázaro, Paris) para a formação do clero e evangelização dos pobres (camponeses). Juntamente com Santa Luísa Marillac fundou também a Congregação das Filhas da Caridade. Toda a sua atividade e zelo apostólico eram alimentadas por uma vida de união com Deus e de grande humildade. Na sua caridade concreta se inspirou o beato Frederico Ozanam (ver dia 9 de setembro) que, no século XIX, fundou as Conferências de São Vicente de Paulo.

São Vicente morreu em Paris em 1660. Foi considerado a mais alta figura cristã do século XVII. João Paulo II considerou-o genial «organizador da caridade».

Lições / Propósitos

1) Total dedicação aos mais pobres, evangelizando-os e ajudando-os de todos os modos;
2) preocupação com a formação do clero, porque dos sacerdotes depende muito a salvação do próximo;
3) fundador de duas congregações religiosas para serviço dos pobres e formação do clero.

Citação

❏ «A nossa atitude para com os pobres não se deve regular pela sua aparência externa nem sequer pelas suas qualidades interiores. Devemos considerá-los, antes de mais, à luz da fé. O Filho de Deus quis ser pobre e ser representado pelos pobres. [...] Deus ama os pobres e por conseguinte ama também aqueles que os amam. [...] O serviço dos pobres deve ser preferido a todos os outros e deve ser prestado sem demora. Se durante o tempo de oração tiverdes de levar um medicamento ou qualquer auxílio a um pobre, ide tranquilamente, oferecendo a Deus essa boa obra como prolongamento da oração. E não tenhais nenhum escrúpulo ou remorso de consciência se, para prestar serviço aos pobres, tivestes de deixar a oração. De facto não se trata de deixar a Deus, se é por amor de Deus que deixamos a oração: servir um pobre é também servir a Deus. A caridade é a máxima norma, e tudo deve tender para ela; é uma grande senhora: devemos cumprir o que ela manda. Renovemos, portanto, o nosso espírito de serviço aos pobres, principalmente para com os mais abandonados. Esses hão de ser os nossos senhores e protetores.» (São Vicente de Paulo, *Escritos*)

José H. Barros de Oliveira

28 de setembro

SÃO VENCESLAU
Mártir
FORMADOR DO SEU POVO

Biografia

São Venceslau nasceu na Boémia (República Checa) pelo ano de 907. Assumiu o governo do seu ducado ainda muito novo, suportando muitas dificuldades até ser traído pelo próprio irmão, que era pagão, acabando por morrer, sem reagir, às mãos de sicários, pelo ano de 929, com cerca de vinte e dois anos. Preocupou-se sobretudo em viver seriamente a sua vida cristã e em formar na sã doutrina os seus súbditos, além de praticar a caridade. Reza a história que era benfeitor dos pobres, vestia os que não tinham roupa, dava alimento aos famintos e acolhia os peregrinos. Levantava-se cada manhã ao toque dos sinos que o convidavam para a oração, dizendo: «Louvado sejais, Senhor, que me concedestes a vida até esta manhã.» Muito devoto da Eucaristia, ele próprio preparava as hóstias e o vinho a partir dos seus campos de trigo e de vinha. É padroeiro da Boémia, mas também da Hungria e da Polónia.

Lições / Propósitos

1) Serviço ao seu povo e aos pobres, não usando o poder para si mesmo mas para os outros;
2) alma contemplativa centrando a vida em Deus;
3) homem pacífico, incapaz de derramar sangue, preferindo morrer a matar.

29 de setembro

SÃO MIGUEL, SÃO GABRIEL, SÃO RAFAEL
Arcanjos
«ANJOS DO SENHOR, BENDIZEI AO SENHOR!»

Reflexão

Anjo (*aggelos*) significa "mensageiro", "enviado". Estes espíritos celestes expressam de qualquer forma a transcendência e ao mesmo tempo a presença de Deus no mundo. A Bíblia (particularmente o Antigo Testamento) pressupõe a existência dos anjos de Deus, criando até uma hierarquia (arcanjos, querubins, etc.) e atribuindo-lhes nomes (Miguel, Gabriel, Rafael), onde não são alheias influências orientais. O Novo Testamento é mais reservado; os anjos aparecem fundamentalmente ao serviço de Jesus que, por outro lado, lhes é superior (Hb 1, 4-13; 2,2-16). Paulo, apesar de falar deles, modera a excessiva importância que algumas comunidades, particularmente os Colossenses, lhes atribuíam, e coloca Cristo acima de tudo (Cl 1,15-16).

Os anjos fazem parte do mundo invisível, situando-se entre Deus e o homem, ao serviço e louvor de Deus, por quem foram criados, e também ao serviço do homem, por determinação de Deus, embora o único grande Mediador entre Deus e os homens seja Jesus Cristo, o Filho de Deus, o "Anjo" por excelência. A Bíblia fala de uma grande variedade de anjos. Santa Teresa de Jesus, no *Livro da Vida* (cap. 29), narrando a experiência mística de um anjo que lhe trespassou o coração com uma seta de fogo, afirma que se deu conta que no céu havia «grande diferença de uns anjos a outros».

É difícil compreender a natureza destas criaturas espirituais, sendo mais conhecida a sua missão. Mensageiros de Deus em momentos decisivos da história da Salvação, como no anúncio da Encarnação do Verbo, eles protegem a Igreja e cada homem e nação. Em Portugal, a devoção ao anjo da guarda é muito antiga e celebra-se também o Anjo de Portugal, sobretudo depois das aparições do anjo em Fátima.

Nas décadas passadas, teólogos houve que tentaram "sanear" os anjos. Atualmente eles voltam em força, havendo muita literatura, na maior parte heterodoxa, sobre angeologia, muitas vezes suscitada por seitas e movimentos, como o *New Age*, ou pelas telenovelas brasileiras, na busca de um "anjo protetor" para as pessoas e para as nações. Na verdade, as três grandes religiões monoteístas (Judaísmo, Cristianismo, Islamismo) admitem os anjos e a sua existência tem fundamento na Revelação, na Tradição, no Magistério e na Liturgia.

O *Catecismo da Igreja Católica* refere-se aos anjos quando comenta o artigo do Credo: «Deus criador do Céu e da Terra.» Começa por afirmar que «a existência dos seres espirituais, não corporais, a que a Sagrada Escritura habitualmente chama anjos, é uma verdade de fé. O testemunho da Escritura é tão claro como a unanimidade da Tradição.» (N.º 328) Eles contemplam o rosto de Deus (cf. Mt 18,10) e são executores das Suas ordens (cf. Sl 102,20). Não se trata de um simples símbolo para significar a Providência de Deus, mas são criaturas pessoais e imortais e estão acima de todas as criaturas visíveis. Desde a Criação estão ao serviço do plano divino. Foram criados em vista de Cristo (cf. Cl 1,16) que se fará acompanhar deles quando vier na Sua glória (cf. Mt 25,31). É o anjo Gabriel que anuncia o nascimento de Jesus e os anjos cantam a glória de Deus no Seu nascimento. Servem-n'O no deserto, confortam-n'O na agonia e anunciam a Sua Ressurreição. A Igreja também beneficia da sua ação misteriosa e poderosa. Ela associa-se aos anjos para adorar a Deus, invoca a sua assistência na ação sacramental, sobretudo na Eucaristia, e festeja de modo particular a memória dos arcanjos São Miguel, São Gabriel e São Rafael e ainda dos anjos da guarda que protegem cada fiel e cada nação.

Particularmente os três arcanjos têm sido honrados na liturgia. São Miguel (que significa "quem como Deus?") é o príncipe dos anjos, identificado por vezes com o anjo do turíbulo de ouro, de que fala o Apocalipse, e que apresenta as orações dos fiéis a Deus. Mas é sobretudo o anjo dos grandes combates entre Deus e o Diabo, entre o Bem e o Mal, protegendo de modo particular a Igreja de Deus no último combate escatológico. Leão XIII mandou rezar no fim da Missa uma oração, pedindo a particular intercessão de São Miguel nos combates contra o mal, oração que a reforma litúrgica omitiu. É ainda o nosso guia, particularmente na hora da morte.

São Gabriel ("Deus é a minha força") é o enviado a Maria ou mensageiro da Encarnação do Verbo (já preanunciado no Antigo Testamento; cf. Dn 12), como tinha anunciado a Zacarias o nascimento do precursor. Foi declarado também por Pio XII como patrono das telecomunicações.

São Rafael ("Deus cura" ou "medicina de Deus") manifesta-se na Bíblia como protetor de Tobias na sua viagem, cheia de tribulações, aconselhando-o também quanto ao casamento e como curar a cegueira do pai. É, por isso, conselheiro, companheiro de viagem, defensor e médico.

--- Lições / Propósitos ---

1) Honrar, venerar e deixar-se conduzir pelos santos anjos, particularmente por Miguel, Gabriel e Rafael, que representam a proteção e o aconselhamento de Deus;
2) não se deixar abater nos grandes combates contra o mal ou nas grandes dificuldades provindas da doença, de outras causas ou mesmo na "agonia" (combate definitivo), cientes de que não lutamos sozinhos;
3) viver em santidade e justiça, sabendo-nos acompanhados pelo anjo da guarda que representa a santidade e a presença de Deus nas nossas vidas, e que nunca nos deixa sós, sentindo ao mesmo tempo saudades do Céu onde, com os anjos, louvaremos eternamente o Senhor;
4) tentar ser, uns para com os outros, "anjos" ou mensageiros de Deus, apoiando e aconselhando particularmente os mais fracos, para que não se sintam desanimados nos caminhos da vida.

30 de setembro

SÃO JERÓNIMO
Presbítero e doutor da Igreja
AMANTE SÁBIO DA PALAVRA DE DEUS

Biografia

São Jerónimo nasceu nos confins da Ístria, na Dalmácia (Croácia), por volta do ano de 340. Estudou em Roma, onde adquiriu uma boa biblioteca, aproveitando também para visitar os túmulos dos mártires. Aí foi batizado, apesar da influência do meio adverso à vida cristã (que o levou também a alguns desvarios). Depois de visitar outras cidades de Itália, resolveu empreender uma peregrinação à Terra Santa, mas a frágil saúde reteve-o em Antioquia, onde se especializou no grego. Retirou-se para o deserto da Síria abraçando a vida monástica e estudando também o hebraico, que lhe custou muito a dominar, mas depois, como afirmava, «recolheu os saborosos frutos das raízes amargas dos estudos». Na solidão que ele elogiou («Ó soledade que mais familiarmente gozas de Deus!») foi muito tentado pelo Diabo mas, com jejuns e orações, acabou por triunfar sobre o mal e foi ordenado sacerdote.

De Antioquia foi a Constantinopla. Entretanto, o Papa Dâmaso chamou-o a Roma para ser seu secretário (382-385), e encomendou-lhe a versão para latim das Escrituras. Quando o Papa morreu, voltou ao Oriente e depois fixou-se em Belém (na gruta chamada de São Jerónimo, mesmo junto ao local onde Jesus nasceu) vivendo à luz da Palavra de Deus e na penitência durante mais de trinta anos, vindo a morrer em 419 ou 420.

Grande parte da vida de São Jerónimo identifica-se com a tradução que fez da Bíblia hebraica e grega para o latim, tornando-se a edição oficial da Igreja (Vulgata). Além disso, fez comentários a muitos livros bíblicos. Todos lhe reconhecem o seu grande poder intelectual. Homem complexo na sua psicologia, dotado de um temperamento fogoso mas ao mesmo tempo muito sensível. Tinha inimigos a quem verberava, mas também amigos fiéis. Sempre se manteve unido a Pedro e à Igreja: «Eu mantenho-me unido a Sua Santidade, isto é, à Sé de Pedro. Sobre esta rocha sei que está fundada a Igreja. Fora da Igreja não há salvação.»

Lições / Propósitos

1) estudo e amor à Sagrada Escritura, cuja doutrina iluminou a vida deste santo;
2) amor incondicional ao Santo Padre e à Igreja;
3) luta contra as paixões que consumiam Jerónimo, mas acabando por triunfar com penitências e a graça de Deus.

Citação

❏ «Cumpro o meu dever obedecendo aos preceitos de Cristo, que diz: "examinai as Escrituras" e "procurai e encontrareis", para que não tenha de ouvir o que foi dito aos judeus: "Estais enganados porque não conheceis as Escrituras nem o poder de Deus." Se, de facto, como diz o Apóstolo Paulo, Cristo é "o poder de Deus e a sabedoria de Deus", aquele que não conhece as Escrituras não conhece o poder de Deus nem a Sua sabedoria. Ignorar as Escrituras, é ignorar a Cristo.» (SÃO JERÓNIMO, *Comentário ao livro de Isaías*)

José H. Barros de Oliveira

1 de outubro

SANTA TERESA DO MENINO JESUS
Virgem e doutora da Igreja
MÍSTICA DO AMOR DIVINO
E DA INFÂNCIA ESPIRITUAL

Biografia

Santa Teresa do Menino Jesus é uma das santas mais populares e mais simpáticas, que continua a iluminar a Igreja e tantas almas com a sua espiritualidade de total confiança em Deus, como criança ao colo da mãe. A sua vocação foi o Amor: «No coração da Igreja minha mãe eu serei o amor.» E com amor será tudo: missionária, mesmo sem sair do convento, apóstolo, profeta, doutor, sacerdote... A sua autobiografia, que saiu com o título de *História de uma alma*, correu logo mundo e foi traduzida para dezenas de línguas. São inúmeros os milagres que se atribuem a esta jovem santa, cuja fama irradiou por toda a Terra e que influenciou inúmeras pessoas, mesmo santas, como a mística carmelita beata Isabel da Trindade.

Vulgar e carinhosamente chamada Teresinha, na realidade foi uma grande mulher. Nasceu em Alençon, na Normandia (norte de França), a 2 de janeiro de 1873, nona e última filha de um casal exemplar, já beatificado. Quatro irmãos morreram muito novos, ficando quatro irmãs, que foram todas para a vida religiosa. Desde tenra idade, Teresinha encaminhou-se a passos de gigante para Deus, podendo afirmar: «Desde os três anos não neguei nada a Deus.» Tinha apenas quatro anos e meio quando lhe morreu a mãe. Isso marcou profundamente a sua personalidade, exasperando mais a sua sensibilidade e nervosismo. A irmã Paulina, que ela escolheu como segunda mãe, teve grande influência nela em casa e no Carmelo.

Entretanto, o pai mudou-se para Lisieux (para a casa chamada *Buissonnets*), onde Teresinha passou o resto da infância e adolescência antes de entrar no Carmelo, sendo a "rainhazinha" para o pai, que a adorava e ela a ele, em sintonia com a irmã Celina, um pouco mais velha. Mas ainda não tinha dez anos quando Paulina entrou no Carmelo, sentindo isso como uma segunda orfandade, e que certamente esteve na base de uma doença misteriosa que a acometeu: fortes dores de cabeça, obsessões e outros sintomas que a puseram às portas da morte. Mas a 13 de maio de 1883 (que nesse ano coincidia com o Pentecostes) deu-se o milagre: uma imagem de Nossa Senhora, que tinha no seu quarto, sorriu-lhe e ela ficou curada.

Com onze anos fez a sua Primeira Comunhão, que a marcou indelevelmente: «Ah, que doce não foi o primeiro beijo de Jesus à minha alma! Foi um beijo de amor; senti-me amada.» Na sua adolescência sofreu um ataque de escrúpulos, ao mesmo tempo que viveu numa exacerbada sensibilidade de que se viu livre por uma graça que chamou de "conversão": desde aí (tinha quase catorze anos) sentia-se muito mais equilibrada psicologicamente. Diante de uma imagem de Cristo Crucificado sentiu um grande desejo de salvar almas que nunca mais a deixou. O primeiro a beneficiar foi um criminoso que, graças às suas orações e sacrifícios, se converteu antes de ser executado. Foi esse desejo que a levou ao Carmelo, juntamente com outra paixão: os sacerdotes. Dizia que tinha ido para o Carmelo «para salvar almas e principalmente para rezar pelos sacerdotes».

Quando pensou mais a sério tornar-se carmelita, tal como as duas irmãs, o principal obstáculo era a idade (tinha apenas quinze anos). Mas insistiu, obteve a autorização do pai e foi mesmo a Roma pedir vénia ao Papa, ao mesmo tempo que se comoveu nos lugares santos, particularmente no Coliseu. Leão XIII remeteu-a para o bispo e para as carmelitas. Finalmente, em janeiro de 1889, com dezasseis anos, tomou o hábito de esposa de Cristo (o Esposo fez que caísse neve, que ela interpretou como símbolo dos esponsais), professando ano e meio depois. Não ia ser um mar de rosas a vida no convento, e ela bem sabia disso, e não ia para gozar mas para sofrer (grande dor lhe vinha também da doença mental que, entretanto, atingiu o pai), totalmente entregue ao Amor misericordioso de Jesus, a quem se ofereceu como vítima para a salvação do mundo: «A fim de viver num ato de perfeito amor, ofereço-me como vítima ao Vosso amor misericordioso, suplicando-Vos que me consumais sem cessar.» Praticou em grau heroico todas as virtudes de uma religiosa contemplativa e tinha também a seu cargo as noviças (como auxiliar da mestra), a quem dirigia mais com o exemplo do que com as palavras.

Entretanto, a sua saúde, que nunca fora famosa, começou a ressentir-se mais, dada a austeridade conventual, e em abril de 1896, ano e meio antes da sua morte, teve os primeiros sintomas denunciadores de uma tuberculose pulmonar que a faria sofrer indescritivelmente. Ao sofrimento do corpo juntou-se o da alma, sentindo nesse tempo uma grande aridez espiritual, à mistura com escrúpulos, um mar imenso de sofrimento («nunca julguei que fosse possível sofrer tanto!»), mas que entrava na "lógica" da sua total oferta ao Amor Crucificado, condizente com a "Santa Face" desfigurada do seu Senhor que a tinha atraído, a ponto de lhe adotar o nome.

Enfim, nela tudo se resume em Amor: «Eu não dei a Deus senão amor; Ele devolver-me-á amor»; «amar, ser amada e voltar à Terra para fazer amar o Amor»; «a minha vocação é o Amor»; «só o Amor é que conta»; «acreditai no Amor!»; «não me arrependo de me ter entregado ao Amor». Viveu (e morreu) totalmente "abandonada" ao Amor (mística do abandono). Esta foi a sua vida aqui na Terra e a sua missão no Céu: «Pressinto que a minha missão vai começar: a missão de fazer amar a Deus como eu O amo, ensinar o meu caminhozinho às almas.» O amor não se pode confinar à Terra; é eterno.

Na verdade, como prometeu, ela continua a derramar "uma chuva de rosas" sobre a Terra, a todos apontando o Amor e o caminho da infância espiritual («o meu caminhozinho», como lhe chamava): «Quero passar o meu Céu fazendo bem à terra.» Assim continua a acontecer. Morreu («não morro: entro na Vida!») ao cair da tarde de 30 de setembro de 1897, apenas com vinte e quatro anos e meio, mas uma vida cheia de Amor.

Morreu de amor e para o Amor. Consumida e abandonada ao Amor. As suas últimas palavras, olhando o crucifixo: «Oh, amo-O! Deus meu: amo-Vos!» E expirou com um rosto de paz, deixando nos lábios um sorriso. A sua festa passou para o dia seguinte à sua morte, porque a 30 de setembro celebra-se São Jerónimo.

Foi beatificada por Pio XI em 1923, canonizada em 1925 e declarada padroeira das Missões em 1927, sem nunca ter saído do convento. João Paulo II declarou-a também doutora da Igreja, a 19 de outubro de 1997, na sequência de Santa Teresa de Ávila e de Santa Catarina de Sena, dado os seus escritos (autobiografia, cartas, poesias, etc.) continuarem a ser fonte de inspiração espiritual e caminho de santidade para tantas almas, mesmo no novo século e no novo milénio. Disse João Paulo II na homilia em que a "doutorou":

> Teresa de Lisieux é uma santa que permanece jovem, apesar dos anos que passam, e é proposta como modelo eminente e guia para os cristãos do nosso tempo, que chega ao terceiro milénio.

Lições / Propósitos

1) Consagração ao Amor misericordioso de Deus, vivendo como vítima que morre de amor, totalmente enamorada de Deus e de Jesus, de quem recebeu "um beijo de amor";
2) confiança ilimitada no Senhor, percorrendo e apontando o caminho de infância espiritual, sentindo-se como criança ao colo da mãe;
3) sede de salvar almas, de ser "mãe" de uma prole inumerável, desejando ser missionária em todos os tempos e lugares da Terra;
4) sensibilidade eclesial, preocupando-se e rezando sobretudo pelos sacerdotes, ciente de que sem bons pastores não é possível uma Igreja viva;
5) grande humildade, simplicidade, caridade (máximo respeito por cada irmã);
6) coragem a toda a prova no grande sofrimento físico e moral por que passou, sem nunca se deixar esmorecer, mas levando a sua cruz unida à do Senhor;
7) leitura assídua da Sagrada Escritura, principalmente de São Paulo, onde encontrou inspiração para a sua vocação de Amor;
8) escritora de fina sensibilidade literária e espiritual.

José H. Barros de Oliveira

Citação

❏ «Não obstante a minha pequenez, quereria iluminar as almas como os Profetas, os Doutores, sentia a vocação de ser Apóstolo... Queria ser missionário, não apenas durante alguns anos mas queria tê-lo sido desde o princípio do mundo e continuar até à consumação dos séculos. Mas acima de tudo, ó meu amado Salvador, quereria derramar o sangue por Vós até à última gota. [...] Ao considerar o Corpo Místico da Igreja, não conseguira reconhecer-me em nenhum dos membros descritos por São Paulo (1Cor 12,13); melhor, queria identificar-me com todos eles. A caridade ofereceu-me a chave da minha vocação. Compreendi que, se a Igreja apresenta um corpo formado por membros diferentes, não lhe falta o mais necessário e o mais nobre de todos; compreendi que a Igreja tem coração, um coração ardente de amor. Compreendi que só o amor fazia atuar os membros da Igreja e que, se o amor viesse a extinguir-se, nem os Apóstolos continuariam a anunciar o Evangelho, nem os mártires a derramar o seu sangue. Compreendi que o amor encerra em si todas as vocações, que o amor é tudo e que abrange todos os tempos e lugares; numa palavra, que o amor é eterno. Então, com a maior alegria da minha alma arrebatada, exclamei: Ó Jesus, meu amor! Encontrei finalmente a minha vocação. A minha vocação é o amor. Sim, encontrei o meu lugar na Igreja, e este lugar, ó meu Deus, fostes Vós que mo destes: no coração da Igreja, minha Mãe, eu serei o amor, com o amor serei tudo, e assim será realizado o meu sonho.» (Santa Teresa do Menino Jesus, *Autobiografia*)

2 de outubro

SANTOS ANJOS DA GUARDA
«NA PRESENÇA DOS ANJOS VOS LOUVAREI!»

Reflexão

Os anjos são espíritos puros e mensageiros de Deus em nosso favor, como diz o próprio nome, sendo-lhes confiadas múltiplas missões (ver dias 10 de junho e 29 de setembro). Hoje honramos de modo particular o anjo que assiste a cada um de nós. Jesus advertiu para não desprezar nenhum dos Seus servos, particularmente os mais pequenos, «porque Eu vos digo que os Seus anjos nos Céus veem continuamente a face de Meu Pai que está no Céu» (Mt 18,10). Trata-se de uma devoção bem fundada na Bíblia e na Tradição e cara mesmo aos Papas, como Pio XI, que um dia confidenciou que cada manhã pedia a proteção do seu anjo da guarda e tinha consciência de sempre ser atendido, recomendando esta devoção particularmente aos educadores. O mesmo acontecia com João XXIII e João Paulo II.

A melhor forma de honrar o anjo da guarda é seguir a sua inspiração para fazer o bem e para evitar o mal. Uma oração muito bela e tradicional é:

> Santo anjo do Senhor, meu zeloso guardador, pois a ti me confiou a piedade divina, hoje e sempre me governa, rege, guarda e ilumina. Amen.

Ou de forma abreviada, ensinada às crianças na catequese:

> Anjo da guarda, minha companhia, guardai minha alma de noite e de dia.

> *Lições / Propósitos*
>
> 1) Honrar, venerar e deixar-se conduzir pelo anjo da guarda, evitando também com ele as tentações;
> 2) rezar e viver em união com o anjo da guarda durante todas as horas do dia;
> 3) viver em santidade e justiça, sabendo-nos acompanhados pelo anjo da guarda que representa a santidade e a presença de Deus nas nossas vidas, e que nunca nos deixa sós.

Citação

❑ «É certo que os anjos estão a cumprir um mandato do Senhor, mas devemos mostrar-lhes a nossa gratidão pelo grande amor com que obedecem e nos socorrem em tantas necessidades. Sejamos pois dedicados e agradecidos a tão dignos custódios. [...] Apesar de sermos como crianças e de nos faltar ainda um caminho tão longo e tão perigoso, que havemos de temer sob o patrocínio de tão excelsos custódios?» (São Bernardo, *Sermões*)

4 de outubro

SÃO FRANCISCO DE ASSIS
IMAGEM VIVA DE JESUS CRISTO E CANTOR DA NATUREZA

Biografia

Todos os santos foram heroicos na virtude diante de Deus e dos homens, mas há santos que ultrapassam, por assim dizer, as medidas. Só Deus sabe. Porém, humanamente falando, Francisco está entre os primeiros. Dante, na *Divina Comédia*, diz que ele «se elevou como um sol a iluminar o mundo». Guerra

Junqueiro considerava-o um autêntico «super-homem». Leonardo Coimbra entusiasma-se por este «homem espontaneamente cristão», um «Platão depois de Cristo» que «reencontra a natureza paradisíaca». Julien Green pergunta «se Cristo não nos teria oferecido uma segunda vez o Seu Evangelho na vida de São Francisco de Assis». Guedes de Amorim considera-o «renovador da humanidade». Para Chesterton, toda a vida de Francisco é «um poema». Renan, apesar da sua impiedade, escreveu:

> Depois de Jesus, o homem que teve a consciência mais límpida, a simplicidade mais absoluta e o sentimento mais vivo da sua relação com o Pai celeste foi Francisco, que amou tudo e todos numa loucura perpétua de amor divino bem expresso no admirável Cântico do Sol, a mais bela página de poesia religiosa depois dos evangelhos. Depois de Jesus, Francisco de Assis foi o único cristão perfeito.

Seriam, portanto, necessárias muitas páginas para cantar a sua personalidade polifacetada e a sua grande santidade, como ícone de Jesus Cristo e revelação do amor do Pai (São Boaventura diz que em Francisco «se tornou visível na Terra a bondade de Deus nosso Redentor»). Temos de nos limitar a alguns traços biográficos.

Nasceu em Assis, na Úmbria (Itália), em 1182. Até aos vinte e cinco anos viveu como os jovens da sua idade, divertindo-se e exercitando-se nas artes de cavaleiro. A certa altura, teve um sonho parecendo-lhe que uma bela dama o chamava. Em Espoleto, ouviu nova voz que o desafiava: «Francisco, a quem é melhor servir: ao amo ou ao criado?» Ele respondeu que ao amo. Logo a voz retorquiu: «Então, porque transformas o amo em criado?» Voltou a Assis transfigurado. Peregrinou até Roma e pôs-se um dia a pedir esmola na Praça de São Pedro para experimentar o que era a pobreza. Regressando a Assis, encontrou-se um dia com um leproso que lhe estendeu a mão. Desceu do cavalo, beijou-lhe a mão e abraçou-o. A partir daí, visitou e socorreu outros leprosos.

Fora dos muros de Assis, havia uma igreja dedicada a São Damião que ameaçava ruir. Francisco ouviu a voz do crucifixo: «Francisco, vai e repara a minha igreja» (entendendo-se não só a de pedra, mas a Igreja de Deus). Pôs-se imediatamente a reconstruí-la. Arranjava dinheiro pedindo esmola. Depois da obra acabada, continuou a pedir, suscitando o escárnio dos colegas. Também o pai se sentiu envergonhado, acabando por deserdá-lo. Então Francisco pôde dizer que dali em diante só Deus era seu Pai. Outros jovens foram-se associando à sua vida de total pobreza e amor aos pobres e aos doentes. O centro do novo grupo era a capelinha dedicada a Nossa Senhora, chamada Porciúncula. Entretanto quis ser missionário, desejando ir pregar aos turcos e depois ir a África, mas uma tempestade ou a doença impediram-no. Mais tarde, sempre consegue viajar até ao Oriente (Chipre, São João de Acre e Egito) e peregrinou aos lugares santos da Palestina, «tendo o coração cheio de ansioso respeito pela terra que o Divino Mestre tinha pisado».

Quando voltou a Itália em 1220, já alquebrado de saúde, mais sofreu encontrando os seus frades (que ele chamava "menores" e que então já eram milhares), divididos, entre os que queriam continuar na estreiteza das sendas evangélicas e os que queriam aligeirar a carga. Esse sofrimento moral foi-o "cristificando" mais e unindo à Paixão do Senhor. Em 1224, no monte Alverne, o Senhor dignou-Se imprimir no seu corpo as cinco Chagas ou estigmas, tornando-o outro Cristo vivo. Aproximando-se a morte, quis que o levassem para Assis, onde chegou cego. Em São Damião compôs o maravilhoso hino ao *Irmão Sol* e a seguir retirou-se para morrer na Porciúncula. Recebeu a «irmã morte» com alegria pois «constituía para ele a porta da vida». Na agonia, quis estar deitado no chão, que o aspergissem com cinza, e que lhe lessem a Paixão segundo São João. A «irmã morte» veio buscá-lo a 3 de outubro de 1226, tinha já declinado o sol. Um dos frades viu naquele momento um globo de fogo subindo em direção ao Céu. Não tinham passado dois anos e já Gregório IX o canonizava, a 16 de julho de 1228.

Francisco é um poço de virtudes centradas na imitação literal de Jesus Cristo, particularmente da Sua Paixão (estigmas), imitando na perfeição as bem-aventuranças que o Senhor viveu e ensinou. Como irmão universal, ele pode ser padroeiro de tudo e de todos: dos pobres e dos aflitos, dos cantores e dos poetas, de todos os que choram e dos que riem, de todos os ascetas (penitentes) e dos místicos, dos peregrinos (andou pela Terra Santa e lá ficaram os seus filhos), dos ecologistas, como o proclamou João Paulo II (amor entranhado à Natureza, tudo considerando como "irmãos" e "irmãs"), dos missionários e dos diáconos, de todos os frades, religiosos e religiosas (ajudou a fundar as Irmãs Clarissas), de todos os cristãos e dos não cristãos, do ano litúrgico (no Natal apresenta o presépio, na Paixão os estigmas, na Ressurreição a sua imensa alegria), da Igreja, que ajudou a "reconstruir", dos verdadeiros "reformadores" que começam por si mesmos, dos trabalhadores (considerava o trabalho como alegria e não como castigo e chamava aos preguiçosos «irmãos-mosca» ou «irmãos-zângão», considerando a ociosidade como "inimiga da alma"), dos leprosos, dos mártires (sofreu a Paixão do Senhor na sua carne e bem desejaria ser martirizado), dos cegos (apesar de tudo canta a luz do Sol), dos deserdados da família, dos escarnecidos da sociedade, dos loucos, dos jovens e dos adultos, dos homens verdadeiramente livres e libertados (Nietzsche diz que «o mais livre é aquele que menos tem»), dos promotores da paz e da "não violência" (Guedes de Amorim chamou-lhe «o quinto evangelista da Paz»), dos políticos e dos democratas (Chesterton chama-lhe «o maior democrata»), das instâncias internacionais como a ONU ou a UNESCO (que lhe dedicou o ano de 1982, no 8.º centenário do seu nascimento), dos moribundos que abraçam como ele a «irmã morte»... Santo do passado, do presente e do futuro. Santo do milénio passado e do novo milénio (já São Boaventura o tinha apelidado «homem do século futuro»).

Lições / Propósitos

1) Amor total a Deus Pai e a Jesus Cristo, tendo vivido particularmente a Sua paixão (estigmas);
2) simplicidade de coração, humildade e mansidão – «o homem mais amável do mundo» (Bertrand Russel);
3) pobreza evangélica, desposando-a como a sua "dama";
4) alegria e júbilo cantando todas as criaturas – padroeiro dos poetas e dos ecologistas;
5) fervor apostólico e missionário no ardente desejo de a todos anunciar Jesus Cristo;
6) grande respeito e admiração pelos ministros de Deus, os sacerdotes, não ousando assumir esse cargo (ficou sempre diácono).

Citação / Oração

❏ «Altíssimo, omnipotente, bom Senhor, a ti o louvor, a glória, a honra e toda a bênção.
A ti só, Altíssimo, se hão de prestar e nenhum homem é digno de te nomear.
Louvado sejas meu Senhor, com todas as tuas criaturas, especialmente o meu senhor irmão Sol, o qual faz o dia e por ele nos alumia.
E ele é belo e radiante, com grande esplendor: de ti, Altíssimo, nos dá ele a imagem.
Louvado sejas, meu Senhor, pela irmã Lua e as estrelas: no céu as acendeste, claras, e preciosas, e belas.
Louvado sejas, meu Senhor, pelo irmão vento e pelo ar, e nuvens, e sereno, e todo o tempo, por quem dás às tuas criaturas o sustento.
Louvado sejas, meu Senhor, pela irmã água, que é tão útil, e humilde, e preciosa e casta.
Louvado sejas, meu Senhor, pelo irmão fogo, pelo qual alumias a noite, e ele é belo, e jucundo, e robusto e forte.
Louvado sejas, meu Senhor, pela nossa irmã, a mãe terra, que nos sustenta e governa, e produz variados frutos, com flores coloridas, e verduras.
Louvado sejas, meu Senhor, por aqueles que perdoam por teu amor e suportam enfermidades e tribulações.
Bem-aventurados aqueles que as suportam em paz, pois por ti, Altíssimo, serão coroados.
Louvado sejas, meu Senhor, por nossa irmã a morte corporal, à qual nenhum homem vivente pode escapar.
Ai daqueles que morrem em pecado mortal! Bem-aventurados aqueles que cumpriram Tua santíssima vontade, porque a segunda morte não lhes fará mal.
Louvai e bendizei a meu Senhor, e dai-Lhe graças e servi-O com grande humildade.»

(CÂNTICO DAS CRIATURAS)

5 de outubro

SANTA FAUSTINA KOWALSKA
Virgem
APÓSTOLA DA DIVINA MISERICÓRDIA

Biografia

Maria Faustina Kowalska nasceu na aldeia de Glogowiec, na Polónia, a 25 de agosto de 1905, a terceira de dez filhos. Na adolescência andou a servir em algumas casas. Apesar da oposição dos pais e das exigências das superioras, conseguiu entrar, aos vinte anos, na Congregação das Irmãs da Beata Virgem Maria da Misericórdia. Durante os treze anos que viveu como religiosa ocupou os cargos mais humildes como cozinheira, jardineira e porteira. Mas entre esta vida humilde e escondida o Senhor ia-Se manifestando com visões, revelações e estigmas.

Rapidamente avançou na santidade, tornando-se confidente da Divina Misericórdia expressa no Coração Misericordioso de Jesus. Destas revelações foi apóstola, repetindo e mandando repetir: «Jesus, eu tenho confiança em Vós» (mandou fazer uma imagem de Cristo com esta inscrição e saindo raios do Seu coração), para implorar a divina misericórdia para o mundo. Jesus revelou-lhe: «O Meu Coração rejubila com este título da Misericórdia. E tu proclama que a Misericórdia é o maior atributo de Deus. Todas as obras das Minhas mãos são coroadas de Misericórdia.» O Senhor ensinou-lhe uma oração a repetir com confiança: «Ó Sangue e Água que brotastes do Coração de Jesus como fonte de Misericórdia para nós, eu confio em Vós.»

Todavia, o chamar a atenção para a Misericórdia de Deus Pai ou de Jesus, não é exclusivo desta santa mas de tantos outros, mesmo os mais recentes, como Santa Teresa do Menino Jesus, que se consagrou ao Amor Misericordioso de Deus (e que inspirou, através de um sonho, a irmã Faustina a deixar-se também apaixonar por este Amor) ou a beata Maria do Sagrado Coração, uma religiosa alemã que morreu em Portugal (Ermesinde). E antes de todos, é o próprio Jesus que nos fala da Misericórdia do Pai em tantas parábolas e se define a Ele mesmo como «manso e humilde de coração». Por isso a revelação da Misericórdia de Deus é totalmente bíblica e evangélica. A Misericórdia é o fruto mais maduro e a plenitude do Amor de Deus que São João define precisamente como Amor. No Evangelho vemos Jesus manifestando a Sua misericórdia para com os pecadores e os aflitos, com a Samaritana, com Zaqueu, com a Madalena, com Pedro, mesmo com Judas, e mandando-nos ser misericordiosos como o Pai celeste é misericordioso.

Não faltaram à irmã Faustina tribulações, incompreensões, mesmo calúnias, mas refugiava-se sempre no Coração de Jesus e era Ele mesmo a sugerir-lhe isso. Servia-se do sofrimento para se unir à Cruz do Senhor e crescer em maior intimidade com Ele, chegando a uma comunhão tão estreita, como refere, que «meu coração desposou o seu Coração em união de amor e pude sentir as suas mais ligeiras moções, como Ele as minhas». Trata-se talvez da «união transformante» ou do «esponsório espiritual» de que falam os místicos.

Morreu a 5 de outubro de 1938, com apenas trinta e três anos, a idade de Cristo. Ela tinha escrito: «Sinto claramente que a minha missão não acaba com a morte, mas antes terá aí início.» Foi beatificada por João Paulo II no Domingo de Pascoela em 1993 e canonizada pelo mesmo Papa também no Domingo de Pascoela a 30 de abril de 2000, declarando o Papa este dia o «Domingo da Misericórdia», conforme vontade do Senhor. Jesus tinha revelado a Faustina que «quem nesse dia se aproximar da Fonte da Vida alcançará o perdão total das culpas e dos castigos», porque «neste dia estão abertas as entranhas da Minha Misericórdia».

Na sua beatificação disse o Papa (que confessou ter-se inspirado nas suas revelações para escrever a Exortação Apostólica *Dives in misericordia*):

> Precisamente tu, pobre e simples filha do povo polaco, foste escolhida por Cristo para recordar aos homens o grande mistério da

misericórdia divina. É deveras maravilhoso o modo como a devoção a Jesus Misericordioso progride no mundo contemporâneo e conquista inúmeros corações humanos!

Este é sem dúvida um sinal dos tempos. E no seu vibrante discurso da canonização, João Paulo II apelou a toda a humanidade para que se refugie no Coração misericordioso do Senhor:

> É deste amor que a humanidade de hoje se deve inspirar para afrontar a crise de sentido, os desafios das necessidades mais diversas, em particular a exigência de salvaguardar a dignidade de cada pessoa humana.

Lições / Propósitos

1) Vida de intimidade com o Coração de Jesus, que lhe revela a Sua misericórdia, tornando-a apóstola desse mesmo Coração Misericordioso;
2) amor apaixonado ao Esposo, aderindo ao mistério da Sua misericórdia e da Sua Paixão;
3) sofrimento e incompreensões transformados em mais amor e misericórdia.

Citações

❏ «Em cada pessoa realizo a obra da Misericórdia e, quanto maior é o pecado, tanto mais direito tem à Minha Misericórdia. [...] As graças da Minha Misericórdia colhem-se com o único vaso que é a confiança: quanto mais a alma confiar, tanto mais receberá. E grande consolo me dão as almas de ilimitada confiança, porque em almas assim derramo todos os tesouros das minhas graças.» (Revelações de Jesus à Irmã Faustina)

❏ «A pura oblação da minha vontade consumir-se-á no altar do amor. E para que este meu holocausto seja um perfeito sacrifício, uno-me estreitamente ao de Cristo na Cruz. Mas quando, assolada por tremendos sofrimentos, a minha natureza começar a ceder, o vigor físico e as minhas forças espirituais diminuírem, então, ocultar-me-ei profundamente na Chaga aberta do Coração de Jesus, ficando silenciosa, tal como uma pomba muda e queda, sem um queixume.» (IRMÃ FAUSTINA, Diário)

José H. Barros de Oliveira

6 de outubro

SÃO BRUNO
Presbítero
FUNDADOR DA CARTUXA

Biografia

Nasceu em Colónia (Alemanha) cerca do ano de 1030. Estudou as primeiras letras na escola de São Coniberto e acabou por ser ordenado sacerdote em Colónia. A seguir, a pedido do bispo de Reins, tornou-se professor prestigiado de Teologia nesta cidade durante mais de vinte anos. Só pelos cinquenta anos é que sentiu uma voz interior a chamá-lo para uma vida de maior penitência e contemplação. Segundo narra a lenda, a sua "conversão" teria acontecido em Paris, onde se deslocou para o funeral de um prestigiado professor que, durante os ofícios fúnebres, teria declarado que se tinha condenado. Abandonou a cátedra e retirou-se com alguns discípulos para o deserto da Cartuxa, em plenos Alpes, iniciando um tipo de vida muito próximo do que tinha concebido São Romualdo, pai dos eremitas de Camaldoli: os irmãos viviam isolados em ermitérios mas juntavam-se para celebrar a liturgia.

Em 1088, a pedido do Papa Urbano II, que tinha sido seu aluno, deixou a Cartuxa e viveu em Roma alguns anos. Depois obteve licença para se retirar para a Calábria, onde fundou um novo ermitério. Aí faleceu a 6 de outubro de 1101, tendo sido encontrado o seu corpo, séculos depois, incorrupto. São Hugo, bispo de Grenoble, definia-o como «homem de coração profundo» e muitos o designaram como «doutor dos doutores». Pio XI disse que «São Bruno devolveu à vida contemplativa a beleza e a integridade dos seus primeiros tempos». Através dos séculos, os monges da Cartuxa (existe um mosteiro em Évora) continuam a viver em total solidão, longe dos rumores falsos do mundo, enchendo a sua vida unicamente de Deus.

Lições / Propósitos

1) Vida de silêncio, contemplação e penitência, levando a salvação da alma a sério;
2) fuga das glórias mundanas para se dedicar totalmente à glória de Deus;
3) fundador de uma ordem religiosa que ainda hoje segue os seus exemplos.

7 de outubro

NOSSA SENHORA DO ROSÁRIO
«REZEM O TERÇO TODOS OS DIAS!»

Reflexão

Esta memória da Senhora do Rosário (inicialmente denominada Senhora da Vitória) foi instituída por São Pio V no aniversário da vitória obtida pelos cristãos na batalha naval de Lepanto (1571) contra os turcos, e que foi atribuída à intercessão da Virgem Maria, a quem os cristãos rezavam o rosário. Esta comemoração mariana é mais um convite a honrar, venerar e imitar a Mãe de Deus e sobretudo a rezar-lhe o rosário (três terços), uma das expressões mais populares da devoção mariana.

A oração do terço consta de cinco dezenas de Ave-Marias (um terço dos 150 salmos), precedidas pelo Pai Nosso e terminando com o Glória. São orações celestes e mais belas se tornam tendo como pano de fundo a meditação dos principais mistérios da vida de Jesus e de Maria: gozosos (na segunda-feira e no sábado), luminosos (na quinta-feira), dolorosos (na terça e na sexta-feira) e gloriosos (no domingo e na quarta-feira).

Nas aparições de Fátima (ver dia 13 de maio), Maria recomendou insistentemente a recitação do terço «todos os dias», «sempre», em particular pedindo «pela paz no mundo e o fim da guerra». Na última aparição de outubro declarou-se expressamente como «a Senhora do Rosário» repetindo: «Quero que continuem sempre a rezar o terço todos os dias.» Muitos Papas tiveram grande devoção à recitação do terço, particularmente João Paulo II, cuja imagem de figura branca veneranda, de terço na mão, ainda nos é familiar. Assim quisessem fazer todos os cristãos e particularmente as famílias onde antigamente era sagrado acabar o dia com a recitação do terço.

Lições / Propósitos

1) Louvar, venerar, amar e imitar a Mãe do Senhor e nossa Mãe;
2) rezar o terço todos os dias, se possível em família, meditando os mistérios do Senhor;
3) pedir insistentemente pelas intenções do Santo Padre e em particular pela paz no mundo.

9 de outubro

SÃO JOÃO LEONARDO
Presbítero
EDUCADOR E APÓSTOLO

Biografia

João Leonardo nasceu em Luca, na Toscana (Itália), pelo ano de 1541. Inicialmente estudou Farmácia, mas acabou por abandonar a profissão e ordenar-se sacerdote. Dedicou-se de modo particular à pregação, dando especial atenção à educação dos jovens e das crianças na fé. Fundou a Ordem dos Clérigos Regulares da Mãe de Deus, que lhe veio a causar grande sofrimento, particularmente pela perseguição dos luteranos, que o ameaçaram de morte. Criou também uma associação de sacerdotes para irem propagar a fé noutros continentes, que a Santa Sé transformou na Congregação *Propaganda Fide*. Colaborou de modo decisivo para a restauração da disciplina em várias congregações religiosas, e em geral na Igreja. Morreu em Roma em 1609. Foi canonizado em 1938.

Lições / Propósitos

1) Vida de dedicação total a Deus e à Igreja;
2) educador da fé e preocupação com a evangelização entre outros povos;
3) fundador de uma ordem religiosa para chegar mais longe e continuar a sua obra.

José H. Barros de Oliveira

13 de outubro

BEATA ALEXANDRINA DA COSTA
Leiga
MÍSTICA DA EUCARISTIA E DO SOFRIMENTO

Biografia

Alexandrina Maria da Costa nasceu em Balasar (Póvoa de Varzim), a 30 de março de 1904. Na sua infância era viva e afetuosa. Quando tinha catorze anos, saltou da janela da casa para defender a sua pureza, e a de algumas colegas, de dois homens que tinham entrado sorrateiramente em casa, cegos pela paixão. Cinco anos depois paralisou totalmente de uma mielite na espinha dorsal, ficando retida no leito durante mais de trinta anos em grande sofrimento. Ofereceu-se como vítima a Jesus na Eucaristia, pelas profanações contra o Santíssimo Sacramento, pela conversão dos pecadores e pela paz no mundo. Só queria «dar glória a Deus e salvar-Lhe almas». Durante quatro anos (entre 1938 e 1942) reviveu a Paixão de Cristo todas as sextas-feiras, durante três horas. Certamente inspirada pela mensagem de Fátima, pediu e obteve de Pio XII a consagração do mundo ao Coração Imaculado de Maria, realizada a 31 de outubro de 1942. Durante a Guerra procurava consolar o Papa escrevendo-lhe frequentes cartas.

Desde março de 1942 até à morte não comeu nem bebeu nada, alimentando-se apenas com a comunhão diária. Os médicos procuravam controlá-la, mas acabavam por render-se à evidência e até converter-se. O seu diretor espiritual durante muito tempo foi o salesiano padre Umberto Pasquale, que herdou o seu *Diário*. Os seus escritos somam vários volumes com milhares de páginas.

Morreu em Balasar a 13 de outubro de 1955 e aí se encontra sepultada, de cara voltada para o sacrário, como desejara.

O seu túmulo é visitado por muitos devotos que lhe vão pedir graças. O processo da sua canonização foi iniciado em 1967. Em 1995 foi declarada venerável e a 25 de abril de 2004 foi beatificada por João Paulo II. Na homilia, o Papa afirmou que ela expressou a sua vida na trilogia «sofrer, amar, reparar», e por isso pode ser chamada «esposa de sangue» de Jesus; enfim, isso significa «sacrificar a vida por quem se ama». A sua memória, neste dia em que morreu, coincide com a última aparição de Fátima, sendo ela grande devota de Maria.

Lições / Propósitos

1) Mística do sofrimento, entregando-se a Jesus e Maria como vítima em desagravo e reparação das ofensas de tantos pecadores;
2) alma eucarística (a Eucaristia era «a sua loucura») sempre unida ao sacrário e vivendo muitos anos só do pão do Céu;
3) mártir da pureza, tendo ficado retida no leito devido a uma queda para fugir ao estupro;
4) boa conselheira de todos os que a visitavam, a todos confortando e exortando à virtude.

Citação

❏ «Anseio viver só a vida de Jesus, ser Sua. A Ele me entreguei e é neste abandono que me deixo levar por Alguém que não sou eu.
Estou sempre a fazer-Lhe companhia (a Jesus no Sacrário) e dúzias e dúzias de vezes a recebê-l'O espiritualmente. No decorrer das horas, quantas vezes O recebo! A minha loucura é a Eucaristia!
Recebei-me, ó Maria, como filha amada e consagrai-me toda a Jesus. Encerrai-me para sempre no seu Divino Coração e dizei-lhe que O ajudareis a crucificar-me. [...] Ó Jesus, imolai-me a cada momento Convosco no altar do sacrifício.» (Beata Alexandrina, *Diário*)

José H. Barros de Oliveira

14 de outubro

SÃO CALISTO
Papa e mártir
ESCRAVO QUE CHEGOU A PAPA

Biografia

Supõe-se que São Calisto foi um escravo que, alcançando a liberdade, depois de diversas peripécias, se entregou a Deus, sendo ordenado diácono pelo Papa Zeferino, a quem viria a suceder na Cátedra de Pedro. Isso não agradou a algum clero de Roma (com Hipólito à frente) e a outras partes (como Tertuliano, no norte de África), que lhe moveram calúnias e insídias, criticando a sua atuação pastoral. Mas tudo suportou. Combateu diversas heresias do tempo e reformou a liturgia. Foi martirizado no ano de 222 e sepultado na Via Aurélia, perto do lugar do martírio (foi talvez deitado a um poço), e não nas catacumbas que levam o seu nome (de São Calisto), que ele mesmo tinha mandado ampliar e onde estão sepultados vários Papas.

Lições / Propósitos
1) Amor à verdade, não pactuando com as heresias, embora respeitando os errantes;
2) mártir pela causa de Cristo e da Igreja.

15 de outubro

SANTA TERESA DE ÁVILA
Virgem e doutora da Igreja
GRANDE MÍSTICA E REFORMADORA

Biografia

Trata-se de uma das maiores santas, uma «amiga forte de Deus», como ela desejava que todos fossem. Foi a primeira mulher, juntamente com Santa Catarina de Sena, a ser proclamada, por Paulo VI, doutora da Igreja, em 1970.

A sua homónima Santa Teresa do Menino Jesus, dita Santa Teresinha (também proclamada doutora da Igreja), talvez seja mais conhecida e popular que a grande Teresa de Ávila, mas foi esta, com a sua grande reforma da Ordem do Carmo, que possibilitou o aparecimento de outras grandes místicas carmelitas, como Teresa do Menino Jesus, Isabel da Trindade, Teresa Benedita (Edith Stein).

Teresa nasceu em Ávila (Espanha) a 28 de março de 1515, tendo ainda sangue judeu por parte do avô paterno. Na sua infância e adolescência vacilou entre a inclinação para a oração, ciente de que «tudo é nada», e as vaidades mundanas.

Com vinte e um anos, apesar da oposição do pai, entrou no Convento de Santa Maria do Monte Carmelo. Nos primeiros anos de vida religiosa foi dominada pela tibieza, mas em 1554, fixando o olhar num Cristo coberto de Chagas, "converteu-se" (influenciada por tantos santos, como Santo Agostinho, que antes de se voltarem para Deus andaram também perdidos).

Desde então avançou a grandes passos no caminho da perfeição, tendo grandes revelações místicas, sempre "determinada" a seguir a vontade de Deus, o seu Tudo:

> Nada te perturbe, nada te espante. Tudo passa. Deus não muda. A paciência tudo alcança. Quem a Deus tem, nada lhe falta. Só Deus basta!

Mais tarde, juntamente com São João da Cruz, empreendeu a reforma da Ordem e fundou quinze novos conventos, a começar pelo Convento de São José. Tudo isso lhe valeu grandes tribulações, mas tudo suportou com ânimo invencível, bem como as suas muitas doenças físicas, sempre encorajada por Jesus Cristo, seu «capitão» com quem vivia no seu «castelo interior». Grande mulher de ação mas também mística insigne, deixou-nos escritos de altíssimo valor espiritual e ainda literário, como o *Livro da Vida* (autobiografia da santa que converteu Edith Stein – após a sua leitura exclamou: «Aqui está a verdade!»), o *Caminho de Perfeição* e o *Castelo Interior*, transmitindo a sua própria experiência.

Morreu em Alba de Tormes, perto de Salamanca, a 4 de outubro de 1582, como «filha da Igreja», repetindo: «É tempo de nos vermos, meu Amado, meu Senhor!» Na verdade, já há muito que ansiava pela morte, para se encontrar com o seu Senhor, como tinha cantado:

> Olha que o amor é forte!
> Vida, não me sejas molesta.
> Olha que só te resta,
> para ganhar-te, perder-te.
> Venha já a doce morte,
> o morrer venha ligeiro.
> Que morro porque não morro.

Bossuet chamou-lhe «a mulher mais extraordinária do mundo, depois de Nossa Senhora». Para o nosso Teixeira de Pascoaes ela foi «a Ibéria feita mulher».

Lições / Propósitos

1) Grande mulher que soube conciliar "Marta e Maria", uma intensa ação com uma altíssima contemplação, sendo mestra insigne da oração (mental), que é um «tratar de amizade com quem sabemos que nos ama»;
2) amor apaixonado a Jesus Cristo, seu «capitão», à Sua sacratíssima humanidade e à Sua Paixão;
3) terna devoção a Maria, Mulher por excelência, defendendo também, antecipando-se ao tempo, os direitos da mulher;
4) grande amor e fidelidade à Igreja, da qual se orgulhava de ser «filha», apesar de nem sempre ser compreendida e ver muitas falhas nos seus representantes;
5) zelo apostólico, desejando, através da oração e da penitência, a todos salvar, disposta «a dar mil vidas pela libertação e salvação de ao menos uma alma»;
6) mulher de grande humildade (que consistia «em caminhar na verdade»), simplicidade, sentido de humor e de alegria;
7) coragem no sofrimento físico e moral, sem nunca se deixar esmorecer;
8) escritora de alto valor literário e espiritual.

Citação

❏ «Estando presente tão bom amigo e tão generoso capitão, Jesus Cristo, tudo podemos suportar. Ele é ajuda e dá forças; nunca falta; é verdadeiro amigo. [...] Não se procure outro caminho, mesmo estando no mais alto grau da contemplação: é por aqui que se vai seguro. É por este Senhor nosso que nos vêm todos os bens; Ele o ensinará; olhando a Sua vida, teremos o melhor exemplo. Que mais desejamos de amigo tão bom ao nosso lado, que não nos deixará em dificuldades e tribulações, como fazem os do mundo? Ditoso aquele que O ama de verdade e O traz sempre junto de si. [...] Sempre que pensarmos em Cristo, lembremo-nos do amor com que Ele nos concedeu tantas mercês e da caridade que Deus mostrou ao dar-nos em penhor o próprio amor que tem por nós. O amor pede amor. Procuremos pois ir meditando nisto e despertando-nos para amar. Na verdade, se o Senhor nos concede uma vez a graça de nos imprimir no coração este amor, tudo será fácil para nós e muito faremos em breve tempo e com pouco trabalho.» (SANTA TERESA DE ÁVILA, *Livro da vida*)

José H. Barros de Oliveira

16 de outubro

SANTA MARGARIDA MARIA ALACOQUE
Virgem
CONFIDENTE E REVELADORA
DO CORAÇÃO DE JESUS

Biografia

Margarida Maria Alacoque nasceu a 22 de julho de 1647 na diocese de Autun (França). A sua infância e juventude foram atribuladas pela morte do pai e devido a doenças, mas foi através das provações que o Senhor a foi preparando para lhe revelar o Seu amor misericordioso, num tempo em que dominava o frio jansenismo. Por influência da mãe, ainda pensou casar, mas ouviu o Senhor segredar-lhe: «Não te basto Eu? De que tens medo?» Tinha vinte e quatro anos quando ingressou na Ordem da Visitação de Paray-le-Monial. A princípio não foi fácil e tinha muitas dificuldades na oração. Mas perseverou com fé e confiança, e o Senhor foi-lhe revelando as maravilhas do Seu coração amoroso.

A 16 de junho de 1675, Jesus revelou-lhe de uma forma mais solene o Seu Coração: «Olha, filha, este coração que tanto tem amado os homens e que em troca só recebe ingratidões; tu ao menos procura consolar-Me.» Ela foi encarregada de pedir uma festa em honra do Sagrado Coração, mas não foi fácil ser compreendida pelos superiores, sofreu muitas tribulações do Diabo e dividiu a sua comunidade, sendo considerada por umas como visionária histérica, enquanto outras se rendiam à sua mensagem. Porém, com a ajuda do seu diretor espiritual, o jesuíta Cláudio La Colombière, também ele posteriormente canonizado, superou todos os obstáculos e saiu mais purificada da prova. A ela se deve a celebração da festa do Coração de Jesus e a prática da comunhão reparadora nas nove primeiras sextas-feiras.

Morreu a 17 de outubro de 1690, toda absorta no mistério do amor de Deus, que se revelou no Coração de Jesus Cristo.

Lições / Propósitos

1) Amor apaixonado a Jesus Cristo, que lhe revelou os insondáveis mistérios do Seu Coração ardente de amor pelos homens;
2) contemplação mística e outros carismas extraordinários;
3) paciência no meio das tribulações e de todas as provas.

Citação

❏ «Parece-me que a intenção de Nosso Senhor ao manifestar tão grande desejo de que o seu Coração sagrado seja especialmente venerado, é renovar nas almas os efeitos da Sua redenção. Na verdade, o Sagrado Coração é uma fonte inesgotável que não pretende senão comunicar-se aos corações humildes para que, mais livres e disponíveis, orientem a sua vida na entrega total à Sua vontade. [...] Este divino Coração é um abismo que encerra todos os bens e é preciso que os pobres lhe confiem todas as suas necessidades. É abismo de alegria em que devem ficar submersas todas as nossas tristezas; é abismo de humildade contra o nosso orgulho; é abismo de misericórdia para os infelizes; é abismo de amor para saciar toda a nossa pobreza. Uni-vos intimamente, em tudo o que fizerdes, ao Coração de Nosso Senhor Jesus Cristo, para fazerdes vossas as Suas disposições e a Sua satisfação. [...] Acima de tudo conservai a paz de coração, que supera todos os tesouros. E o melhor meio de a conservar é renunciar à própria vontade e colocar a vontade do divino Coração em vez da nossa, para O deixar escolher por nós aquilo que mais pode contribuir para a Sua glória.» (SANTA MARGARIDA MARIA ALACOQUE, *Cartas*)

José H. Barros de Oliveira

16 de outubro

SANTA HEDVIGES
Esposa e mãe
DADA A DEUS, À FAMÍLIA E AOS POBRES

Biografia

Santa Hedviges nasceu em Andechs, na Baviera (Alemanha), por volta do ano de 1174. Muito nova, casou com Henrique I, duque da Silésia e da Polónia. Teve sete filhos, dando-lhes uma sólida educação cristã e vivendo em grande austeridade. Ela era, junto do duque, a advogada dos pobres, dos presos e de todos os deserdados da sorte, dando-lhes de comer e servindo ela mesma à mesa, cuidando também dos leprosos e de outros doentes. Assim, levou o marido a fundar um hospital. Suportou com coragem e fé não apenas a morte do marido, mas ainda de seis filhos. Particularmente tocada pela morte do seu filho mais velho, Henrique II, caído no combate contra os Tártaros, retirou-se para o Convento de Trebniz (Polónia), onde era abadessa a única filha que lhe restava. Aí redobrou a sua vida de oração, meditação (particularmente da Paixão do Senhor) e penitência. Morreu com fama de santidade em 1243. É padroeira da Polónia.

Lições / Propósitos

1) Esposa e mãe exemplar, aceitando com grande resignação a morte dos seus;
2) vida de grande austeridade e de desprezo pelas glórias terrenas;
3) dedicação total aos pobres e enfermos a quem servia generosamente.

17 de outubro

SANTO INÁCIO DE ANTIOQUIA
Bispo e mártir
«SOU TRIGO DE DEUS E DEVO SER MOÍDO»

Biografia

Trata-se de um dos maiores santos e mártires dos primeiros tempos do Cristianismo. Tão grande era a sua fama que uma lenda vê nele aquele menino que Jesus propôs como modelo (Mt 18,1-6). Inácio sucedeu a São Pedro como bispo de Antioquia. Foi preso e conduzido a Roma para ser lançado às feras, pelo ano 107 ou 110, na perseguição de Trajano. Durante o percurso escreveu à Igreja de Roma, que «preside à Caridade», exortando os cristãos a não intercederem por ele, pois desejava ser «trigo de Deus» moído pelos dentes das feras, para ser transformado em «pão de Cristo». Sentia murmurar dentro de si: «Vem para o Pai!»

Trata-se de uma das páginas mais sublimes da literatura cristã, cheia de amor a Jesus Cristo e à Sua Paixão (o seu amor estava crucificado com Cristo), comparável à "loucura" de Paulo por Jesus Crucificado. Paulo certamente lhe serviu de modelo. Com Cristo e em Cristo ele amava também a sua Igreja, Igreja Católica (universal), como a chamou pela primeira vez. Noutras cartas, a outras comunidades, manifestou o mesmo amor apaixonado a Cristo e à Igreja, exortando a todos a manterem-se unidos ao bispo, como as cordas estão unidas à cítara. Exortou os efésios a terem «um só e mesmo pensamento» que o bispo e felicitou-os por se sentirem unidos a ele «como a Igreja a Jesus Cristo e Jesus Cristo a Seu Pai na harmonia da unidade universal».

José H. Barros de Oliveira

Lições / Propósitos

1) Fé total e amor apaixonado e ardente (Inácio, nome latino, vem de *ignis*, fogo) a Jesus Cristo e a Jesus Cristo Crucificado;
2) amor à Igreja Católica, que tinha o seu centro em Roma, sentindo-se solícito por todas as Igrejas e exortando os cristãos a viverem unidos ao seu bispo;
3) desejo ardente de ser martirizado com Cristo, podendo ser considerado um mártir "exemplar", firme e ao mesmo tempo sereno no martírio.

Citação

❏ «Escrevo a todas as Igrejas e asseguro a todas elas que estou disposto a morrer de bom grado por Deus, se vós não o impedirdes. Peço-vos que não manifesteis por mim uma benevolência inoportuna. Deixai-me ser pasto das feras pelas quais poderei chegar à posse de Deus. Sou trigo de Deus e devo ser moído pelos dentes das feras para me transformar em pão limpo de Cristo. Rezai por mim a Cristo, para que, por meio desses instrumentos, eu seja sacrifício para Deus. Para nada me serviriam os prazeres do mundo ou os reinos deste século. Prefiro morrer em Cristo Jesus a reinar sobre todos os confins da Terra. Procuro Aquele que morreu por nós; quero Aquele que ressuscitou por nossa causa. Estou prestes a nascer [...]. Deixai-me alcançar a luz pura. Quando lá chegar serei verdadeiramente um homem. Deixai-me ser imitador da Paixão do meu Deus. Se alguém O possuir, compreenderá o que quero e terá compaixão de mim, por conhecer a ânsia que me atormenta. [...] Estou a escrever-vos enquanto vivo, mas desejando morrer. O meu Amor está crucificado e não há em mim fogo que se alimente da matéria. Mas há uma água viva que murmura dentro de mim e me diz interiormente: "Vem para o Pai." Não me satisfazem os alimentos corruptíveis nem os prazeres deste mundo. Quero o pão de Deus, que é a Carne de Jesus Cristo, nascido da linhagem de David, e por bebida quero o Seu Sangue que é a caridade incorruptível. [...] Jesus Cristo é a boca da verdade, na qual o Pai falou verdadeiramente.» (Santo Inácio, *Carta aos Romanos*)

18 de outubro

SÃO LUCAS
Evangelista
SERVIDOR DA PALAVRA E DO PERDÃO DO PAI

Biografia

Lucas nasceu em Antioquia (Síria), de família pagã. Certamente converteu-se ao Cristianismo pela pregação de Paulo, a quem depois segue fielmente, sobretudo na segunda viagem apostólica, sendo-lhe fiel mesmo nas cadeias e assistindo-o talvez na morte. Ninguém melhor do que Lucas (nome talvez proveniente do diminutivo de Lucano) merece o título de Evangelista ou «servidor da Palavra», como ele diz no início do seu Evangelho, porque, além de acompanhar Paulo nas suas viagens apostólicas, anunciando verbalmente a Palavra de Vida, também o fez por escrito, sendo autor do Terceiro Evangelho e dos Atos dos Apóstolos. Embora a Cruz esteja sempre presente (é o que relata mais pormenorizadamente a Paixão), no seu Evangelho domina a força da Ressurreição, e daí a alegria, o otimismo, a ação de graças (no nascimento de João e de Jesus, no *Magnificat* de Maria, nos pecadores arrependidos, no regresso do filho pródigo, nos doentes curados, nos discípulos que após a Ascensão regressam a Jerusalém «com grande alegria»). O mesmo acontece nos Atos dos Apóstolos (os primeiros cristãos viviam na alegria e no amor, AT 2,46; 4,32).

Ele é o cantor da mansidão do Senhor, como diz Dante, e percebe mais do que ninguém a universalidade do Evangelho e da Igreja: todos os povos são admitidos à salvação. É também o Evangelho que nos dá mais pormenores de Maria, mãe de Jesus, certamente porque conviveu com ela, que lhos contou. Uma tradição diz mesmo que Lucas pintou um quadro de Maria (pelo menos delineou bem o seu retrato moral). Pode ainda ser chamado o evangelista dos pagãos (universalismo da salvação), dos pobres, aflitos e doentes (sendo médico, está mais atento às curas de Jesus), das crianças e dos que se fazem "pequenos" por causa do Reino, da dignidade da mulher (naquele tempo menosprezada, mas que ele realça, a partir de Maria), da misericórdia e do perdão (só ele narra a parábola do filho pródigo e da ovelha perdida), da oração (de Jesus e dos crentes), da alegria e do júbilo, sobretudo pela Ressurreição do Senhor, tornado *Kyrios* (Lucas evidencia as muitas aparições do Ressuscitado e é o único a descrever o episódio do caminho de Emaús).

Lucas escreveu o seu Evangelho talvez já depois da queda de Jerusalém (ano 70), servindo-se de numerosas tradições, que examinou cuidadosamente, como ele mesmo refere. Dirige-se aos cristãos de cultura helénica ou provenientes do paganismo. Os Atos dos Apóstolos são a sequência do Evangelho (inicialmente formavam um livro único), dirigindo-se ao mesmo personagem – Teófilo. Escreve os Atos dos Apóstolos cerca do ano de 75, pouco depois do Evangelho, narrando a vida da Igreja primitiva de Jerusalém e a expansão pelo mundo, devido sobretudo à atividade missionária de Paulo (podemos chamar aos Atos dos Apóstolos o "Evangelho de Paulo" ou também o "Evangelho do Espírito Santo", pois a Igreja primitiva era conduzida pelo Espírito. Lucas pode ser considerado, juntamente com João, o evangelista do Espírito Santo).

Lições / Propósitos

1) Indagou junto das testemunhas e sobretudo viveu em profundidade o mistério de Cristo;
2) com Paulo, torna-se missionário não se furtando a qualquer sacrifício para anunciar a Boa Notícia de Jesus Cristo e sendo fiel a Paulo até à morte;
3) não apenas se torna missionário pela Palavra, mas também pondo por escrito, inspirando-se sobretudo na pregação de Paulo, a Boa Notícia de Jesus Cristo, escrevendo o seu Evangelho fazendo realçar a mansidão e misericórdia do Senhor para com todos, particularmente para com os pecadores e os doentes (a melhor homenagem que podemos prestar-lhe é ler o seu Evangelho e viver como os primeiros cristãos, que ele tão bem descreve nos Atos dos Apóstolos, sendo fiéis à Igreja que é conduzida pelo Espírito Santo);
4) fidelidade aos amigos, mesmo e particularmente nos momentos difíceis, não abandonando Paulo quando estava preso, ao contrário de outros;
5) amor terno a Maria, interpretando bem os seus sentimentos de recolhimento, sofrimento e júbilo.

19 de outubro

SÃO PAULO DA CRUZ
Presbítero
A CRUZ DE CRISTO NA PREGAÇÃO E NA VIDA

Biografia

Paulo Danei nasceu em Ovada, na Ligúria (Itália), em 1694, sendo o segundo de dezasseis irmãos. Na juventude ajudou o pai no comércio. Mas aspirando a uma vida mais perfeita, renunciou a tudo, e durante algum tempo viveu como eremita, dedicado à oração (cerca de sete horas por dia) e à mortificação. Depois colocou-se ao serviço dos pobres e dos enfermos e, ajudado por colaboradores, fundou a Congregação dos Clérigos da Santa Cruz e da Paixão (Passionistas), para pregarem e difundirem a devoção à Paixão de Jesus.

Ordenado sacerdote, juntamente com um irmão, pelo próprio Papa, continuou a sua missão de evangelização e serviço aos necessitados, impondo-se duras penitências, unido sempre à Paixão do Senhor. Por isso tomou o nome de Paulo da Cruz. Morreu em Roma a 18 de outubro de 1775.

Lições / Propósitos

1) Homem apaixonado por Jesus Cristo Crucificado; completamente dedicado à pregação da Palavra de Deus e ao serviço dos mais necessitados;
2) místico de oração prolongada e meditação da Paixão do Senhor;
3) homem de grande penitência e austeridade, sempre unido à Cruz de Cristo.

José H. Barros de Oliveira

19 de outubro

SÃO JOÃO DE BRÉBEUF e COMPANHEIROS
Mártires
ENTREGA DA VIDA PELA CAUSA DO EVANGELHO

Biografia

Celebram-se hoje oito mártires jesuítas franceses que evangelizaram a América do Norte: cinco sacerdotes no reino dos Hurões (Canadá), entre eles João Brébeuf, e três (o sacerdote Isaac Jogues e dois irmãos leigos) nos Estados Unidos. Todos sofreram o martírio, com sofrimentos atrozes e inauditos, entre 1640 e 1650. Foram canonizados por Pio XI em 1930. Nos seus escritos espirituais, João Brébeuf já tinha feito votos de nunca recusar «quanto de mim dependa, a graça do martírio. [...] Por isso, meu amável Jesus, ofereço-Vos desde já, com a mais profunda satisfação espiritual, o meu sangue, o meu corpo e a minha vida, para que não morra senão por Vós, se me concederdes essa graça, já que Vos dignastes morrer por mim.»

Lições / Propósitos

1) Entrega total à causa do Evangelho mesmo à custa da própria vida;
2) martírio dolorosíssimo mas sem vacilação, unidos à Cruz do Senhor.
---

19 de outubro

BEATOS LUÍS MARTIN e ZÉLIA GUÉRIN
DITOSOS PAIS DE SANTA TERESINHA

Biografia

A Igreja já havia beatificado o casal italiano Quattrocchi (ver dia 26 de agosto). Em 19 outubro de 2008 beatificou também, na Basílica de Santa Teresa do Menino Jesus, em Lisieux, os pais de Santa Teresinha, que tinham dado a Deus todos os seus filhos. Santa Teresa do Menino Jesus escreveu ao padre Bellière (carta 261): «O bom Deus deu-me um pai e uma mãe mais dignos do Céu do que da Terra.» O cardeal Saraiva Martins, que presidiu à beatificação em nome do Santo Padre Bento XVI, afirmou: «O meu coração dá graças a Deus por este testemunho exemplar de amor conjugal, suscetível de estimular os lares cristãos na prática integral das virtudes cristãs.» Este casal compreendeu que poderia santificar-se «não apesar do Matrimónio, mas por meio dele, nele e por ele». A Igreja reconhece neste casal «a santidade eminente da instituição do amor conjugal, tal como o Criador a concebeu». O cardeal realçou ainda a coincidência da beatificação acontecer no Dia Mundial das Missões, sendo os pais de Teresa de espírito missionário, incutindo esse amor nos filhos e sendo Santa Teresinha padroeira das Missões. Na mesma altura, o Papa Bento XVI, em visita a Pompeia, referiu-se também a esta beatificação: «Com a sua vida de casal exemplar, anunciaram o Evangelho de Cristo, viveram ardentemente a sua fé e transmitiram-na na sua família e ao seu redor.»

José H. Barros de Oliveira

Lições / Propósitos

1) Esposos e pais exemplares, consagrando todos os filhos ao Senhor e incutindo-lhes o temor e o amor de Deus;
2) casal capaz de conciliar a vida ativa com a vida contemplativa de união com Deus.

---

22 de outubro

SÃO JOÃO PAULO II
Papa
ENTRE DOIS SÉCULOS E MILÉNIOS

Biografia

Karol Wojtyła nasceu em Wadowice, perto de Cracóvia (Polónia), a 18 de maio de 1920. Em pequeno era vivo e inteligente, mesmo o melhor do curso, com qualidades de líder, além de bom desportista. Mas também cedo o sofrimento lhe bateu à porta, morrendo-lhe a mãe quando tinha apenas nove anos. Durante a guerra, em 1941, faleceu-lhe também o pai e o único irmão. Depois dos estudos liceais, entrou na universidade, ao mesmo tempo que trabalhava para ganhar a vida. Era igualmente um ator com grande talento. Apesar de ser desportista e artista, o que naquele tempo não abonava muito a imagem de um futuro seminarista, de repente disse aos colegas que ia entrar no seminário. Especulou-se sobre algum desengano amoroso, mas na realidade tratava-se de uma vocação amadurecida.

Entretanto, os nazis invadiram a Polónia e, após a tentativa de revolta em Varsóvia, em 1944, que acabou num banho de sangue, os responsáveis militares de Cracóvia, temendo nova sublevação, propuseram-se enviar para os campos de concentração ou para as fábricas alemãs todos os rapazes. Karol teve de passar à clandestinidade, embora fossem ameaçados de morte os que tentassem fugir. Mas contou com a proteção de Maria, continuou a estudar e foi ordenado sacerdote a 11 de novembro de 1946, partindo logo para Roma, onde se doutorou em Teologia, estudos que continuou em Cracóvia, depois de ter passado um ano como pároco. Em 1958, apenas com trinta e oito anos, é sagrado bispo auxiliar de Cracóvia, sendo promovido a arcebispo em 1964 e cardeal em 1967. Nesse cargo teve de enfrentar, juntamente com os outros bispos, o comunismo militante da Polónia, fazendo-o sempre com grande coragem e "sem papas na língua", não sendo por isso bem visto pelas autoridades.

Entretanto teve início em Roma, por vontade de João XXIII, e continuado por Paulo VI, o Concílio Vaticano II, entre 1962 e 1965. Este bispo polaco fez-se notar, sendo nomeado como um dos redatores da Constituição *Gaudium et spes* sobre a presença da Igreja no mundo contemporâneo. Por eleição do episcopado polaco, participou ainda nos sínodos de 1969, 1971 e 1974, sendo neste último relator e passando a fazer parte do secretariado permanente do sínodo. Em 1976 foi o pregador do retiro espiritual ao Papa e seus colaboradores. Entretanto viajou e peregrinou, visitando a Terra Santa em 1963 e Taizé em 1965. Teve tempo ainda para escrever diversas obras de Teologia.

A 16 de outubro de 1978, com apenas cinquenta e oito anos, foi eleito Papa. O Padre Pio, que ele tinha visitado quando estudava em Roma, tinha profetizado: «Tu serás Papa, mas vejo sobre ti sangue e violência.» Ele ria-se disso com os colegas dizendo que, como não havia perigo de ser Papa, também não estaria sujeito a sofrimentos e violência. Mas certamente quando foi eleito Papa recordou-se disso e mais ainda quando, a 13 de maio de 1981, esteve às portas da morte, vítima de um terrível atentado. O primeiro grande abraço como Papa foi para o cardeal Wyzynski, primaz da Polónia (corajoso defensor da fé contra o comunismo, que lhe valeu tantos sofrimentos) que teria de algum modo pesado na sua eleição. Falando pela primeira vez em público, no mesmo dia da eleição, afirmou: «Tive medo de receber esta nomeação, mas fi-lo em espírito de obediência a Nosso Senhor Jesus Cristo e com total confiança em Sua Mãe, Nossa Senhora.»

Depressa conquistou o coração não apenas dos italianos, que há séculos não tinham um Papa "estrangeiro", mas de todo o mundo, brilhando como Papa mariano (o seu lema: *Totus Tuus*); como doutor da Igreja escrevendo muitas encíclicas, exortações apostólicas e livros; Papa ecuménico procurando a todo o custo a unidade entre os cristãos; Papa da paz; Papa peregrino fazendo uma centena de viagens apostólicas por esse mundo fora, incluindo as três vezes a Portugal, em particular a Fátima, a começar a 13 de maio de 1982, um ano depois do terrível atentado, tendo consciência que foi Nossa Senhora quem o salvou da morte e vindo agradecer à Senhora de Fátima (infelizmente, um padre tresloucado atentou novamente contra a sua vida, mas sem sucesso). A última vez que veio a Portugal foi a 13 de maio de 2000 para beatificar os pastorinhos Francisco e Jacinta e para revelar o "segredo" de Fátima, que profeticamente também lhe fazia referência.

Enfim, pode ser considerado Papa de tudo e de todos: Papa das crianças, recebendo-as nos braços, beijando-as ternamente e abençoando-as como fazia Jesus, e defendendo-as ainda no seio materno, condenando o aborto; Papa dos jovens, particularmente nos diversos encontros que teve com eles no Dia Mundial da Juventude, últimos dos quais em 2000, em Roma, no Ano Jubilar, onde convergiram 2 milhões, e em 2002 em Toronto (Canadá); Papa das famílias, escrevendo uma bela carta apostólica para elas e velando continuamente pela sua felicidade e fidelidade; Papa dos doentes e dos idosos, ele mesmo tanto tempo doente e ancião, mas levando generosamente a sua cruz; Papa das vocações e dos sacerdotes, insistindo continuamente na promoção vocacional, escrevendo tantas vezes aos padres exortando-os à fidelidade e ao amor a Jesus Cristo e ao próximo; Papa mártir, sempre disposto a dar o sangue por Jesus Cristo e pela Igreja; Papa da oração e da vida interior, rezando e exortando todos a rezar; Papa mariano, escolhendo como lema *totus tuus*, todo consagrado à Mãe de Jesus e exortando-nos à devoção e intimidade com Maria; Papa de Fátima, tendo vindo por três vezes aos pés da Virgem de Fátima, altar do mundo, para agradecer a vida, beatificar os pastorinhos e desvendar o segredo; Papa da paz, exortando todos os governantes a promoverem a paz, a justiça e a concórdia e denunciando as guerras e violências; Papa ecuménico e Papa das missões; Papa das beatificações e das canonizações, tendo elevado às honras dos altares quase 2000 cristãos heroicos, sobretudo mártires.

Papa escritor; Papa do humanismo, do desporto (alpinista), da música (gravou um disco); Papa das culturas, percorrendo o mundo e contactando com povos e culturas tão diversificadas, sentindo-se sempre em casa; Papa dos idiomas, podendo afirmar-se que tinha o dom da glossolalia, falando as línguas latinas, anglo-saxónicas, germânicas e eslavas; Papa das peregrinações apostólicas, percorrendo o mundo inteiro (percorreu cerca de 1 300 000 quilómetros) a todos levando a mensagem do Evangelho; Papa das multidões (nunca homem algum reuniu milhões de pessoas à sua volta, mesmo jovens – até na morte atraiu multidões); Papa da liberdade política e religiosa, assumindo um papel decisivo na queda do muro de Berlim e do comunismo. Enfim, Papa da transição de um novo século e de um novo milénio. Papa do Grande Jubileu do ano 2000, que ele preparou e viveu tão intensamente, lançando ainda a Igreja para o novo século e milénio.

Faleceu na tarde do dia 2 de abril de 2005, primeiro sábado da oitava pascal, véspera do Domingo da Divina Misericórdia, por ele instituído. Tinha oitenta e cinco anos incompletos e mais de vinte e seis como Papa, só sendo ultrapassado pelo próprio São Pedro e pelos Papas Pio IX e Leão XIII. Tinha celebrado os vinte e cinco anos de pontificado já no meio de grande sofrimento (sofria sobretudo da doença de Parkinson), beatificando Madre Teresa de Calcutá, outra gigante de santidade, sua contemporânea e amiga.

Foi beatificado pelo seu colaborador e sucessor Bento XVI a 1 de maio de 2011, após ter curado miraculosamente uma freira que sofria, como ele, do mal de Parkinson.

Foi canonizado a 27 de abril de 2014 pelo Papa Francisco, por lhe serem atribuídos muitos milagres; era o II Domingo da Páscoa, dia da Misericórdia Divina, festa que João Paulo II quis que fosse celebrada. A data escolhida para celebrar a memória litúrgica deste grande pontífice (22 de outubro) corresponde ao dia do início litúrgico do seu pontificado em 1978.

Lições / Propósitos

1) Total dedicação a Jesus Cristo e à Igreja, conduzindo-a sabiamente através de tantos escritos e com o exemplo da sua vida;
2) homem verdadeiramente de Deus, de uma profunda espiritualidade e oração, com uma ternura especial para com a Mãe de Deus;
3) Papa mártir, só miraculosamente não tendo morrido num atentado, e dando até à morte testemunho sem temer outros possíveis atentados;
4) exemplo de capacidade de sofrimento, levando a doença e a velhice com imensa coragem, sem nunca se deixar vencer, sempre unido à Cruz de Cristo e ciente de que os doentes e os anciãos também têm direitos (por isso, não renunciou ao seu cargo, que não foi um trono mas uma cruz);
5) peregrino na Terra Santa, em Fátima, e em tantos outros lugares sagrados e em tantas nações, para a todos levar a mensagem de Jesus Cristo, conforto e paz.

Citação

❏ «No início do novo milénio, quando se encerra o Grande Jubileu, em que celebrámos os dois mil anos do nascimento de Jesus, e um novo percurso se abre para a Igreja, ressoam no nosso coração as palavras com que um dia Jesus, depois de ter falado às multidões a partir da barca de Simão, convidou o Apóstolo a "fazer-se ao largo" para a pesca: *Duc in altum* (Lc 5,4). Pedro e os primeiros companheiros confiaram na palavra de Cristo e lançaram as redes. "Assim fizeram e apanharam uma grande quantidade de peixe." (Lc 5,6) *Duc in altum!* Estas palavras ressoam hoje aos nossos ouvidos, convidando-nos a lembrar com gratidão o passado, a viver com paixão o presente, a abrir-se com confiança ao futuro: "Jesus Cristo é o mesmo ontem, hoje e sempre."» (Hb 13,8) (Carta Apostólica *Duc in Altum*)

23 de outubro

SÃO JOÃO DE CAPISTRANO
Presbítero
APÓSTOLO INCANSÁVEL E TAUMATURGO

Biografia

João nasceu em Capistrano, perto de Áquila (sul de Itália), por volta de 1386. Diplomou-se em Direito e exerceu durante algum tempo a profissão de juiz. Depois de ter enviuvado, resolveu renunciar ao mundo e entrar na Ordem dos Frades Menores (Franciscanos). Depois de ter sido muito provado e até expulso, não desistiu e acabou por ser admitido e ordenado sacerdote. Levava uma vida de grande austeridade, penitência e oração. Entretanto, tornou-se apóstolo incansável em várias nações da Europa (como a Alemanha e a Polónia), fazendo muitos milagres e levando multidões à conversão.

Empenhou-se na reforma dos costumes dos cristãos e também dos sacerdotes, ciente de que «quem foi encarregado de cuidar dos outros, deve mostrar em si mesmo como hão de viver os demais na casa do Senhor». Lutou contra as diversas heresias do tempo, o que lhe causou grandes perseguições e mesmo tentativas de envenenamento. A sua influência fez-se notar mesmo no aspeto político, ajudando os exércitos cristãos a vencer os Otomanos.

Morreu em Vilech (Hungria) em 1456. Os hereges e seus inimigos desenterraram o cadáver e lançaram-no ao rio Danúbio. Mas foi encontrado e sepultado perto de Viena de Áustria, onde é muito venerado.

José H. Barros de Oliveira

> **Lições / Propósitos**
> 1) Homem completamente dado à evangelização, não poupando esforços pela dilatação do Reino de Deus;
> 2) grande reformador dos costumes e lutador a favor da sã doutrina, contra as heresias, o que lhe valeu perseguições;
> 3) frade de grande constância nas provas, penitência e oração.

24 de outubro

SANTO ANTÓNIO MARIA CLARET
Bispo
APÓSTOLO POLIVALENTE À ALTURA DO SEU TEMPO

Biografia

Todos os santos são homens do seu tempo, estão à altura das situações que os rodeiam, sabem interpretar os sinais dos tempos e avançar na direção certa. Mas em alguns, como em Claret, essa "temporalidade" é ainda mais notória, procurando ele anunciar o Reino de Deus e servir o próximo com os meios «mais oportunos, urgentes e eficazes».

António Maria Claret nasceu em Sallent, perto de Barcelona (Espanha), a 23 de dezembro de 1807, numa família de onze irmãos. Desde menino sentiu predisposição para a meditação (aos cinco anos já pensava na eternidade) e vida de união com Deus, ao mesmo tempo que nutria terno amor a Maria, sua «Mãe, Madrinha, Mestra, Diretora, seu tudo, a seguir a Jesus» (por isso na ordenação episcopal acrescentou ao seu nome o de Maria – o nome do Batismo, ocorrido no dia de Natal, era António Adjutório João). Outra grande devoção foi à Eucaristia, a ponto de o Senhor lhe conceder (ao menos tinha essa impressão, confirmada por Nossa Senhora) conservar miraculosamente as espécies sacramentais de uma comunhão à outra.

Como o pai tinha uma fábrica de tecelagem, na juventude dedicou-se com empenho e engenho a esse trabalho e arte (dizia que por essa altura tinha mais máquinas na cabeça do que santos havia no altar).

Mas Deus chamava-o mais longe. Meditando na frase evangélica «que vale ao homem ganhar o mundo inteiro se perde a sua alma?» (frase também repetida por Santo Inácio de Loiola a São Francisco Xavier), sentiu mesmo desejos de se fechar na Cartuxa. Porém, decidiu entrar no seminário diocesano aos vinte e dois anos, sendo ordenado sacerdote a 13 de junho de 1835. O seu espírito universal («o meu espírito é para todo o mundo») não se podia confinar a uma paróquia. Por isso empreendeu uma peregrinação até Roma para se entregar à *Propaganda Fide* e ir para as missões. Não conseguindo os seus intentos, entrou no noviciado da Companhia de Jesus, mas adoeceu e reconheceu não ser essa a vontade de Deus. Regressou à sua diocese de Vic e manteve por pouco tempo uma paróquia. Tornou-se pregador itinerante, à maneira dos Apóstolos, particularmente de Paulo (sendo difícil encontrar maior imitador no zelo apostólico e na identificação com Cristo), percorrendo a Catalunha e as Canárias anunciando a Boa Notícia do Reino.

Ciente das suas limitações para tão ingente tarefa, fundou em Vic, a 16 de julho de 1849, a Congregação dos Missionários Filhos do Coração Imaculado de Maria (Claretianos), para se dedicarem à evangelização como missionários apostólicos. Disse aos seus colaboradores: «Hoje iniciamos uma grande obra.» Lançou também os fundamentos de um instituto secular (filiação cordimariana) e de uma Congregação de Religiosas de Maria Imaculada. Através da direção espiritual, influenciou algumas almas eleitas, particularmente Santa Maria Micaela do Santíssimo Sacramento, que fundou a Congregação das Adoradoras do Santíssimo Sacramento e da Caridade (além da adoração dedicam-se à regeneração de mulheres da rua) e Santa

Joaquina de Vedruna, que fundou o Instituto das Carmelitas da Caridade.

Em 1850 foi nomeado arcebispo de Cuba (tomou como lema o dito de Paulo: «a caridade de Cristo me impele») e aí desenvolveu grande atividade apostólica, visitando várias vezes todas as paróquias e missões, ao mesmo tempo que fazia também uma grande obra social em prol daquela pobre gente explorada. Mas foi também perseguido pelos inimigos da Igreja que atentaram contra a sua vida, escapando miraculosamente no atentado de Holguin em que quase lhe cortaram o pescoço.

Em 1857 foi nomeado confessor da rainha Isabel II, regressando a Espanha (o barco teve uma paragem nos Açores; posteriormente esteve também com a rainha em Lisboa, onde foi condecorado pelo rei D. Luís, aproveitando sempre para pregar e confessar). Serviu-se da corte e das viagens reais para anunciar o Evangelho. Apesar de não se querer meter em política, teve muitos inimigos, dada a influência que exercia sobre a rainha, que recorreram mesmo a graves calúnias e estratagemas para o desacreditarem, para além de perseguições e atentados. Finalmente, foi padre do Concílio Vaticano I, tendo aí uma intervenção profética, declarando estar disposto a derramar o seu sangue em defesa da infalibilidade papal.

Apesar de tanto trabalho apostólico, na pregação, na administração dos sacramentos, na direção espiritual de muitas pessoas, sobretudo almas consagradas de modo especial a Deus, teve ainda tempo para obras de grande envergadura, como a reforma do Escorial (que muito contribuiu para a promoção do clero), a criação da Academia de São Miguel (para homens de artes e de letras), as bibliotecas populares, etc. Produziu ainda muitos livros e folhetos, sempre com o mesmo intuito apostólico. Morreu exilado na abadia cisterciense de Frontfroide (sul de França) a 24 de outubro de 1870, depois de agonia prolongada, mas unido à de Cristo e desejando morrer, como São Paulo, para se unir definitivamente ao seu Senhor: «Desejo morrer para estar com Cristo», exclamou dias antes da morte. O seu corpo foi trasladado para Vic, onde repousa e é venerado pelos seus missionários e pelo povo. Foi canonizado por

Pio XII, que lhe chamou «santo para todos», a 7 de maio de 1950. Seguindo os seus passos, muitos dos seus filhos espirituais têm percorrido também o caminho da santidade e do martírio, como o padre Filipe de Jesus Munárriz e outros cinquenta missionários martirizados em agosto de 1936, no rebentar da Guerra Civil Espanhola, que João Paulo II beatificou em 1992.

Lições / Propósitos

1) Missionário apostólico, extremamente zeloso e oportuno (concebia o apostolado como uma luta contra o mal), procurando unicamente a glória de Deus e a salvação das almas, através de todos os meios;
2) configurado com Cristo e Seu imitador fiel, a quem procurava seguir segundo as normas do Evangelho, cultivando particularmente as virtudes apostólicas;
3) centrado na Eucaristia, e ainda na Palavra de Deus, preparando e dando graças após a celebração e "eucaristizando" toda a sua vida;
4) amor terno ao Coração Imaculado de Maria, vivendo sob a sua proteção e rezando sempre o terço, sendo precursor de Fátima (a sua estátua encontra-se no interior da basílica);
5) dedicado ao povo a quem pregava, procurando também remediar os seus males, com uma grande sensibilidade social;
6) atento a todas as necessidades apostólicas, usando os meios mais urgentes, oportunos e eficazes para lhes fazer frente, promovendo também os leigos, mesmo culturalmente;
7) mártir de algum modo, disposto a dar a vida pela causa do Evangelho: diversas vezes o perseguiram e tentaram matar;
8) místico na ação, conciliando grandes momentos de oração e intimidade com Deus com uma intensa atividade apostólica;
9) orientador avisado e prudente das consciências, dirigindo muitas almas para Deus;
10) devotado particularmente à formação dos sacerdotes e das almas consagradas (religiosos), ciente de que são eles os postos avançados da Igreja.

Citação

❏ «Impelidos pelo fogo do Espírito Santo, os Apóstolos percorreram o orbe da terra. Inflamados pelo mesmo fogo, os missionários apostólicos chegaram, chegam e hão de chegar aos confins do mundo, de um polo ao outro da Terra, para anunciar a Palavra de Deus. Deste modo, bem podem dizer de si mesmos aquelas palavras do Apóstolo Paulo: "o amor de Cristo nos impele." A caridade de Cristo estimula-nos a correr e a voar, transportados pelas asas do zelo santo. Quem ama verdadeiramente, ama a Deus e ao próximo; quem é verdadeiramente zeloso, é também aquele que ama, mas em grau superior segundo os graus do amor, de tal modo que, quanto mais ama, maior é o zelo que o impele. Se alguém não tem zelo, isso revela que no seu coração estão apagados o amor e a caridade. [...] A mim próprio o digo: um filho do Coração Imaculado de Maria é um homem que arde em caridade e que abrasa por onde passa; que deseja eficazmente e procura por todos os meios acender em todos os homens o fogo do amor divino. Nada o detém; alegra-se nas privações, empreende trabalhos, abraça dificuldades, compraz-se nas calúnias, regozija-se nos tormentos. Não pensa senão no modo de imitar e seguir Jesus Cristo, rezando, trabalhando, sofrendo e procurando sempre e unicamente a glória de Deus e a salvação das almas.» (Santo António Maria Claret, *O egoísmo vencido*)

27 de outubro

SÃO GONÇALO DE LAGOS
Presbítero
HUMILDADE AO SERVIÇO DE DEUS

Biografia

Gonçalo nasceu em Lagos (Algarve) por volta do ano de 1360. Cedo partiu para Lisboa e tomou o hábito dos eremitas de Santo Agostinho, no Convento da Graça, sendo prior em vários conventos. Por humildade renunciou ao doutoramento em Teologia, embora fosse muito inteligente e dado às letras. Dedicou-se assiduamente à pregação e à caridade. Morreu em Torres Vedras a 15 de outubro de 1422, onde está sepultado.

Foi beatificado por Pio VI em 1798, mas em Portugal é-lhe atribuído o culto de santo.

Lições / Propósitos

1) Notável na virtude da humildade, considerando a todos como superiores;
2) dedicado à pregação e ao serviço do povo, sentindo alegria nesses ministérios;
3) inteligente e amigo das letras, não fez do currículo uma obsessão.

28 de outubro

SÃO SIMÃO e SÃO JUDAS
Apóstolos
DEIXANDO TUDO, SEGUIRAM JESUS

Biografia

Trata-se de dois Apóstolos cuja presença nos evangelhos é mais discreta. Simão é denominado pelos evangelistas como "Zelotes", pertencendo a uma seita de "judeus piedosos" que procurava desalojar os romanos da Terra Santa à força, estabelecendo pela violência o reino messiânico.

Judas, cognominado Tadeu (que significa "corajoso"), é chamado por Lucas «filho de Tiago» (6,16) e por isso talvez irmão de Tiago, o Menor. Mateus diz que Simão e Judas eram "irmãos", isto é, primos de Jesus, mas deve tratar-se de outros discípulos. No discurso da Última Ceia, falando Jesus da Sua manifestação, Judas, não o Iscariotes, interroga-o: «Porque te hás de manifestar a nós e não te manifestarás ao mundo?», levando Jesus a falar do Seu amor e do amor do Pai a ponto de virem habitar no coração do crente.

Judas é autor de uma pequena carta que figura em último lugar entre as Cartas Católicas no Novo Testamento, prevenindo os cristãos contra os falsos doutores que se tinham infiltrado na comunidade. Mas certamente o autor desta carta é o Judas parente do Senhor e não o Judas Apóstolo. De qualquer modo, o Apóstolo Judas Tadeu tornou-se bastante popular, sobretudo na América, sendo-lhe atribuídos muitos milagres, de modo especial em casos impossíveis, para compensar de algum modo o seu odioso nome que faz pensar no outro Judas, o Traidor. Esta particular devoção teria sido inspirada pelo Senhor a alguns santos, mas infelizmente também pode ser objeto de superstição por parte de algumas pessoas.

Segundo uma Tradição oriental, os dois Apóstolos teriam levado a Boa Notícia até ao Cáucaso (outros dizem que até à Pérsia), sendo martirizados juntos e daí a sua celebração conjunta.

Lições / Propósitos

1) Resposta pronta ao chamamento do Senhor, seguindo-O, evangelizando no Seu Nome e acabando por dar a vida como testemunho último de fé;
2) Judas Tadeu, interpelando Jesus, obteve d'Ele uma resposta consoladora sobre a morada de Deus no coração do homem.

29 de outubro

BEATA CLARA BADANO
Virgem
JOVEM IMOLADA NO ALTAR DO SOFRIMENTO

Biografia

Clara Badano nasceu a 29 de outubro de 1971 em Savona (Itália), filha de pais cristãos que aguardavam há muito um filho. O seu nascimento trouxe-lhes grande alegria, tanto mais que se tratava de uma menina linda, inteligente, afetuosa e muito viva. A mãe educou-a à luz do Evangelho, fazendo-a conhecer e amar Jesus e Maria. Ainda criança começou a fazer parte do grupo jovem (GEN – Geração Nova) dos *Focolari,* movimento criado por Chiara Lubich. Os seus estudos iam bem e progredia também na fé.

Era grande desportista. Mas aos dezasseis anos, enquanto jogava ténis, sentiu uma forte dor nas costas que se veio a revelar como cancro nos ossos. Com essa má notícia «parece que o mundo desabou», diziam os pais, mas puseram-se nas mãos de Deus e de Maria. Clara só depois de uma operação dolorosa e inútil e de começar a quimioterapia é que se apercebeu totalmente da gravidade da situação. Depois do silêncio e estupefação, aceitou e entregou-se ao amor de «Jesus abandonado», segundo a mística dos Focolares. Afrontou com coragem e sem perder a alegria todos os tratamentos tão dolorosos e a paralisia das pernas. Rejeitou a morfina que lhe tirava a dor, mas também a lucidez, e ofereceu o sofrimento pelos jovens, particularmente pelos que andam afastados de Deus, e por outras intenções.

O seu quarto no hospital ou em casa era a sua "igreja". Muitos jovens vinham visitá-la e a todos dava sábios conselhos. Mas nem sempre estava disponível para os receber, como confiou à mãe: «É-me impossível descer da altura onde habito todo o dia, onde tudo é silêncio e contemplação; ter uma conversa é então para mim muito cansativo e difícil.» A mãe era a sua companheira e confidente principal. Um dia perguntou-lhe se era justo morrer aos dezoito anos. A mãe mandou-a confiar nos desígnios de Deus. Depois queixou-se de não ter pernas para andar de bicicleta e a mãe disse-lhe que Deus lhe tinha dado asas. Mas nesta altura já era mais do Paraíso que falava frequentemente aos visitantes do que da Terra. «Se tivesse de escolher entre começar a andar ou ir para o Paraíso, escolheria sem hesitar ir para o Céu. Já só isto me interessa.»

Quando o sofrimento era quase insuportável, Clara repetia: «Se assim queres, Jesus, eu também o quero. Sinto-me tão pequena e o caminho a percorrer é tão árduo! Mas é o Esposo que vem ao meu encontro...» Pouco antes de morrer escolheu um vestido branco com uma fita azul para levar no funeral, escolheu os cânticos e as leituras, preparou tudo e disse à mãe para não chorar, mas repetir: «Agora, Clara-Luz vê Jesus.» E quando o sacerdote lhe levou o Viático ela implorou: «Vem, Senhor Jesus!» E pediu para que o sacerdote lhe rezasse o *Veni Sancte Spiritus*: «Vinde Espírito Santo, enviai-nos do alto do Céu um raio da Vossa Luz...» Despediu-se de todos querendo que todos sorrissem. Disse à mãe que já não pedia a Jesus para a levar, para ainda partilhar com Ele um pouco mais a Sua Cruz. Mas «a minha mala está preparada e cheia de amor». Amor a Deus e também ao próximo: tinha doado os seus olhos que deram vista a dois jovens, dando ainda mais significado ao nome de "Luz" com que a chamavam.

O sofrimento intensificou-se com os últimos anos da sua vida, mas transformou-a verdadeiramente em "clara", luminosa aos olhos de Deus e dos jovens. Viveu uma vida mística de identificação com Cristo Crucificado, na simplicidade e alegria. Realizou as suas bodas eternas com Jesus ainda não tinha dezanove anos. O seu Esposo veio buscá-la a 7 de outubro de 1990, dia de Nossa Senhora do Rosário. Antes tinha dirigido à mãe as últimas palavras: «Mamã, sê feliz, porque eu também o sou. *Ciao*, Adeus!» No seu funeral, presidido pelo bispo que frequentemente a visitava, participaram mais de mil jovens e muitos sacerdotes, todos emocionados mas felizes. A sua sepultura está sempre cheia de flores e de pedidos de graças. A 7 de dezembro de 1998 iniciou-se o processo diocesano para a beatificação desta "serva de Deus", que ocorreu a 25 de setembro de 2010. A sua memória litúrgica foi fixada em 28 de outubro.

Lições / Propósitos

1) Identificada com Cristo Crucificado, soube transformar o sofrimento em Amor, Alegria e Paz;
2) exemplo claro para os jovens que vivem muitas vezes rentes à terra enquanto ela voou alto;
3) amor terno a Maria e também à mãe, que a soube acompanhar no seu sofrimento e com ela crescer espiritualmente.

Citação

❏ «Importante é fazer a vontade de Deus. Eu tinha os meus projetos, mas Deus tinha os Seus para me guardar para Si. A doença chegou no momento certo... Não podeis imaginar qual é agora a minha relação com Jesus... Julgo que Jesus me chama a qualquer coisa mais, a algo de maior... Talvez tenha de ficar retida na cama durante anos, não sei. Para mim só importa a vontade de Deus, cumpri-la bem, viver o momento presente, entrar no "jogo" de Deus... Deixei de repente o vosso modo de vida... Oh, como desejava parar este comboio em marcha que me distanciava cada vez mais da vida comum! Mas nessa altura ainda não compreendia: estava demasiado absorvida por grandes ambições e projetos e toda a espécie de coisas. Agora parecem-me coisas insignificantes, fúteis e passageiras. Outro mundo me esperava e só me restava abandonar-me. Hoje sinto que faço parte de um projeto sublime que me é revelado pouco a pouco.» (CLARA aos jovens colegas)

José H. Barros de Oliveira

1 de novembro
(Domingo seguinte)

SOLENIDADE DE TODOS OS SANTOS
UMA MULTIDÃO DE TODOS OS TEMPOS E LUGARES

Reflexão

Nos primeiros séculos do Cristianismo só se celebrava a memória dos mártires, pois tinham sofrido mais pela causa de Cristo e do Evangelho. No início do século VII, o Papa purificou o Panteão, em Roma, dedicado a todos os deuses, consagrando-o à Santíssima Virgem e a todos os mártires. Só no século VIII se começou a comemorar a festa de Todos os Santos, que no século IX se fixou definitivamente no dia 1 de novembro. É uma festa universal e também de grande tradição em Portugal.

A Igreja, que ao longo do ano vai celebrando a memória dos santos principais, neste dia congrega numa única festividade todos os santos, incluindo os "santos desconhecidos", onde constam também santos da nossa família, uma multidão incontável de homens e mulheres que não estão nos altares, mas que gozam da presença de Deus eternamente, e a Quem esperamos um dia associar-nos. Por isso é também a nossa festa por antecipação. Não foram santos de cinco estrelas, grandes campeões olímpicos com medalhas de ouro ou de prata, mas santos de uma ou duas estrelas, lutadores esforçados que não atingiram o pódio, mas que chegaram à meta, apesar de todas as limitações. Santos da casa, santos comuns. Como diz o padre António Vieira, é «a festa mais universal e a festa mais particular, a festa mais de todos e a festa mais de cada um. [...] Agora celebramos e depois outros nos celebrarão a nós.»

Tenham o brilho que tiverem estes astros, a verdade é que, como disse o Papa Bento XVI, «a beleza maior que pode caracterizar uma pessoa é a santidade». Beleza do Céu e da Terra. Por isso, hoje é uma festa do Céu e da Terra, de Deus e da Igreja, da Igreja triunfante e da Igreja militante, no grande amplexo da «comunhão dos santos». Santos que não estão longe de nós, antes bem perto, como nossos "anjos" protetores, nossos irmãos mais velhos, modelos que nos estimulam no caminho do bem e na luta contra o mal.

E o que é ser santo, em que consiste a santidade? Essencialmente consiste em conhecer, amar e servir a Deus Pai, por Jesus, no Espírito Santo; em fazer a vontade de Deus e não a nossa; em viver da fé, esperança e caridade; em encarnar em si o espírito das bem-aventuranças; em levar com paciência a própria cruz, através do caminho estreito, e em ajudar os outros a levá-la, todos unidos à Cruz de Cristo; em amar a Deus e ao próximo; em viver neste mundo com os olhos postos no Céu, numa atitude escatológica ou parusíaca, «como estrangeiros e peregrinos». Enfim, a santidade consiste em seguir e imitar Jesus que «passou fazendo o bem», amando em todos os modos, tempos e pessoas, anunciando o Reino de Deus e vivendo em união contínua com o Pai, através da oração e da contemplação.

Programa difícil e fácil ao mesmo tempo. Difícil por ser proposta radical, mas simples porque o Senhor ajuda. Como (se) desafiava Santo Agostinho: «Se estes e estas puderam ser santos, porque não eu?» E na realidade o Concílio Vaticano II falou de «vocação universal à santidade na Igreja» e São Paulo chamava aos primeiros cristãos «santos» e lembrava que «a vontade de Deus é que sejais santos» (1Ts 4,3). Ser santo não é exceção, mas devia ser a regra geral do cristão, a única maneira propriamente dita de ser cristão.

― *Lições / Propósitos* ―
1) Aprender dos santos a ser santo e como ser santo;
2) tomar Jesus Cristo como último e único modelo acabado de santidade;
3) viver na comunhão dos santos, unidos a todos os santos do Céu, que já atingiram a meta, e aos santos da Terra que ainda peregrinam em demanda do Reino;
4) viver na alegria e na paz, sabendo-nos estimulados por tantas testemunhas;
5) olhar e imitar Maria, modelo acabado de todas as virtudes, Rainha de todos os santos.

Citação

❏ «Os santos não precisam das nossas honras e nada podemos oferecer-lhes com a nossa devoção. Realmente, venerar a sua memória interessa-nos a nós e não a eles. Por mim, confesso, com esta evocação sinto-me inflamado por um anelo veemente. O primeiro desejo que a recordação dos santos excita ou aumenta em nós é o de gozar da sua amável companhia. [...] Aguarda-nos aquela Igreja dos primogénitos e nós ficamos insensíveis; desejam os santos a nossa companhia e nós pouco nos importamos; esperam-nos os justos e nós parecemos indiferentes. Despertemos, irmãos, ressuscitemos com Cristo, procuremos as coisas do Alto, saboreemos as coisas do Alto. [...] Ao comemorarmos os santos, um segundo desejo se inflama em nós: que, tal como eles, Cristo, nossa vida, Se nos manifeste também e que nos manifestemos também nós com Ele revestidos de glória.» (SÃO BERNARDO, *Sermões*)

2 de novembro

COMEMORAÇÃO DOS FIÉIS DEFUNTOS
«DAI-LHES SENHOR O ETERNO DESCANSO»

Reflexão

Ontem celebrámos a Igreja triunfante, hoje celebramos a Igreja padecente. Mas muitos dos que hoje recordamos já atingiram a visão de Deus, e por isso a sua festa foi propriamente ontem. Em todo o caso, este dia não devia invadir o dia de ontem, mas ao contrário. Todavia, é justo que a Igreja peregrina recorde também todos os fiéis defuntos que ainda se purificam antes do encontro definitivo com Deus. É um mistério pensar no Purgatório, porque Deus pode purificar totalmente a alma no instante mesmo da morte. A verdade é que não nos podemos apresentar diante do Deus Santíssimo manchados de pecado. A Igreja desde sempre rezou pelos defuntos pedindo ao Senhor que lhes dê «o eterno descanso entre os esplendores da luz perpétua» e que «descansem em paz». Mas propriamente a comemoração de todos os defuntos só começou a ser celebrada no século XI pelos monges de Cluny. Em Portugal, esta celebração tem também grande tradição, enchendo as igrejas e os cemitérios.

Mais do que um dia de tristeza e de saudade, é tempo de conversão, de reflexão e de caridade. Devemos celebrá-lo como ocasião para nos aproximarmos mais de Deus e, através d'Ele, dos nossos defuntos, renunciando ao mal e aos nossos pecados, pois essa seria a mensagem que os nossos defuntos nos deixariam. Tempo, por conseguinte, de conversão e de meditação sobre as verdades eternas, e ainda ocasião de praticarmos a caridade, pois a esmola é, juntamente com a oração, particularmente com a Eucaristia, o modo mais agradável a Deus de sufragar os nossos mortos. Encher os cemitérios de cera e de flores pode ser um álibi e até uma vaidade, e não é justo sermos vaidosos à custa dos mortos. Mais importante é considerar o cemitério como lugar de meditação e terra de verdade. Uma luzinha e uma flor, como símbolos da nossa fé, gratidão e saudade, bastavam. Todavia, outro extremo é esquecer a sepultura dos nossos e nem neste dia aparecer.

Enfim, a comemoração dos fiéis defuntos não deve ser propriamente um dia de luto e de tristeza, muito menos de vaidade, mas sim dia de comunhão com os nossos santos do Céu, do purgatório e da Terra («comunhão dos santos»); dia de oração e de meditação sobre a fragilidade da vida e a certeza da morte; dia de esperança na misericórdia de Deus e na imortalidade, esperando o encontro definitivo com o Senhor e com os nossos santos; dia de gratidão ao Senhor, que a todos quer salvar e que por todos morreu; dia da caridade, sabendo que a esmola apaga uma multidão de pecados e serve de sufrágio pelos nossos defuntos (se déssemos aos necessitados ao menos metade do que gastamos no cemitério, era certamente mais agradável a Deus e aos defuntos).

Lições / Propósitos

1) Converter-se de todo o coração ao Senhor esperando o reencontro com os nossos que já partiram;
2) meditar sobre o sentido da vida e da morte e tirar daí as ilações necessárias;
3) aprender a praticar a caridade também como forma de sufragar os nossos defuntos («seja pelas almas!»);
4) viver na alegria e na esperança de que um dia tudo será claro e que o Senhor venceu a morte e a todos quer finalmente junto a Si.

Citação

❏ «Também a morte pode ser lucro e a vida ser castigo. Por isso Paulo afirma: "Para mim, viver é Cristo e morrer é lucro." Que é Cristo senão morte do corpo e espírito de vida? Morramos pois com Ele, para com Ele vivermos. Seja nosso exercício diário o amor da morte. [...] Não devemos fugir à morte que o Filho de Deus não desprezou nem evitou. Sem dúvida a morte não fazia parte da natureza, mas tornou-se natural; porque Deus não instituiu a morte no princípio, mas deu-a como remédio.» (SANTO AMBRÓSIO, sobre a morte do seu irmão)

3 de novembro

SÃO MARTINHO DE PORRES
Religioso
MARTINHO DA CARIDADE

Biografia

Como Santa Rosa, Martinho nasceu em Lima (Peru), filho ilegítimo de pai nobre espanhol e de mãe negra, a 9 de dezembro de 1579. Já exercia a enfermagem quando entrou na Ordem dos Pregadores ou Dominicanos, dedicando-se então mais intensamente aos doentes, sobretudo aos mais pobres e escravizados. Tinha também um bom relacionamento com os animais, à maneira franciscana, sendo invocado em Itália como «o santo contra os ratos», pois parece que estes respeitavam as suas ordens. Praticou uma vida de grande austeridade (procurando disfarçar os seus jejuns e outras penitências), e de humildade (servindo como irmão leigo a todos os membros da comunidade), além da oração assídua. Cultivou especial devoção à Eucaristia. Morreu a 3 de novembro de 1639. Foi canonizado pelo bom Papa João XXIII, que lhe tinha grande devoção, em maio de 1962.

Lições / Propósitos

1) Total dedicação aos enfermos e aos pobres, particularmente aos mais desprezados e oprimidos, em quem via o rosto de Cristo;
2) para além de ajudar, a todos procurava anunciar o Evangelho e tinha desejos missionários;
3) amor entranhado à Paixão do Senhor e à Eucaristia;
4) praticava em alto grau a humildade, a penitência, a oração;
5) amor à Natureza, particularmente aos animais (podia ser padroeiro dos ecologistas).

Citação

❏ «Martinho, ao compreender que Jesus Cristo "padeceu por nós e carregou os nossos pecados no seu corpo sobre a Cruz", acompanhou com singular amor o Crucificado; e, ao contemplar os Seus cruéis tormentos, não podia dominar a emoção e chorava abundantemente. Amou também com especial amor o Santíssimo Sacramento da Eucaristia, ao qual dedicava com frequência longas horas de oculta adoração diante do sacrário e do qual desejava alimentar-se com a maior frequência possível. Além disso, seguindo as exortações do divino Mestre, São Martinho amou os seus irmãos com profunda caridade, nascida de uma fé inquebrantável e de um coração humilde. [...] Assistia carinhosamente os enfermos. Fornecia comida, roupas e medicamentos aos necessitados. Na medida das suas possibilidades, protegia, com todo o género de solicitude e ajuda, os camponeses, os negros e os mestiços, que nesse tempo exerciam os ofícios mais desprezíveis, de tal modo que mereceu ser apelidado "Martinho da caridade". [...] Oxalá que o exemplo de Martinho ensine, para a salvação de muitos, como é suave e feliz seguir os passos de Jesus Cristo e obedecer aos Seus Mandamentos!» (PAPA JOÃO XXIII, na canonização de São Martinho)

4 de novembro

SÃO CARLOS BORROMEU
Bispo
GRANDE REFORMADOR

Biografia

Carlos Borromeu nasceu em Arona, na Lombardia (Itália do Norte), em 1538, denotando desde cedo inclinação religiosa. Doutorou-se *in utroque jure*. Foi nomeado cardeal quando tinha apenas vinte e dois anos, pelo seu tio, o Papa Pio IV, de quem foi secretário de Estado, mas não se deixou iludir pelas grandezas. Eleito bispo de Milão, foi um verdadeiro pastor, visitando várias vezes toda a diocese e convocando diversos sínodos, sendo um grande renovador da vida cristã num tempo perturbado pelo protestantismo. Reformou também as ordens religiosas, o que lhe valeu dissabores e mesmo um atentado, e chamou para a sua diocese os padres da Companhia de Jesus, recém-fundada. Grassando uma peste na sua diocese, não se poupou a esforços para socorrer os doentes, mesmo correndo perigo de contágio. Aplicou criteriosamente as determinações do Concílio de Trento. Foi o iniciador dos seminários diocesanos para formação do clero. Foi amigo e aconselhado pelo nosso arcebispo de Braga, beato Bartolomeu dos Mártires. Morreu em 1584.

Lições / Propósitos

1) Bom pastor do seu povo, a começar pelo clero que também procurou reformar;
2) grande evangelizador, servindo-se de todos os meios, a começar pela oração;
3) homem de grande caridade mesmo correndo riscos.

6 de novembro

SÃO NUNO DE SANTA MARIA
Religioso
GRANDE NAS ARMAS E NA SANTIDADE

Biografia

Nuno nasceu a 24 de junho de 1360 em Cernache do Bonjardim. Cedo se notabilizou no manejo das armas. Exortou D. João, mestre de Avis, a defender a nacionalidade contra as ambições dos castelhanos e foi chamado para conselheiro do governo. Nas batalhas, devido à sua tática, conseguiu grandes vitórias, como Atoleiros. Em 1385, o mestre de Avis tornou-se o rei D. João I e nomeou-o Condestável. Nesse mesmo ano deu-se a grande batalha de Aljubarrota, a 14 de agosto, onde desbaratou novamente os castelhanos, e de novo em Valverde, após oração fervorosa, sendo consolidada a nossa independência. Apesar de ser guerreiro invencível, sempre respeitou o inimigo, enterrando os mortos (como o seu próprio irmão, que estava do lado contrário), não permitindo que se queimassem os campos de cereais para o povo não morrer de fome, prestando-se mesmo a ser padrinho de um casamento do lado dos "inimigos". A força para ser humano, mesmo na guerra (que entendia necessária para defesa da nacionalidade) ia buscá-la à oração e à participação na Missa com os seus soldados.

Ainda novo, embora contrariado, tinha casado com uma senhora viúva de quem teve dois filhos (que morreram prematuramente) e uma filha. Entretanto, a esposa morreu, quando ele tinha apenas vinte e seis anos; então confiou a filha aos cuidados da avó. Posteriormente, a filha casou mas morreu depois de alguns anos, deixando-lhe netos. Desgostoso, pensou mais intensamente em consagrar-se totalmente a Deus. Construiu o Convento do Carmo, em Lisboa, confiando-o à Ordem do

Carmo. Mais tarde, solicitado, ainda agarrou outra vez em armas na expedição de Ceuta, em 1415, deixando também o nome ligado ao início da Expansão. Mas acabou por professar na Ordem do Carmo, em 15 de agosto de 1423. Entretanto, já tinha repartido antes as muitas terras que lhe tinham sido doadas (era certamente o homem mais rico de Portugal), além dos títulos (como o de fundador da casa de Bragança) e castelos, pelos familiares, pelos companheiros de armas, pela Igreja e pelos pobres.

Tornou-se o humilde frei Nuno de Santa Maria, deixando o título de Condestável Nuno Álvares Pereira, passando a viver da oração (professava uma terna devoção a Nossa Senhora, que sempre o tinha acompanhado) e da caridade, andando durante anos a pedir esmola para dar aos pobres, por quem sentia compaixão e solidariedade.

Morreu em 1 de abril de 1431, Domingo de Páscoa, e foi sepultado, por vontade expressa, em campa rasa no Convento do Carmo. Morreu uma das maiores glórias de Portugal, quer do ponto de vista político, quer religioso. O cronista Fernão Lopes considerou-o «o mui nobre Nuno Alvarez Pereira, glória e louvor de toda a sua linhagem, cuja claridade de bem servir nunca foi eclipse nem perdeu seu lume». E teceu-lhe outros elogios: «Como a estrela da manhã, foi claro em sua geração, sendo de honesta vida e honrosos feitos, no qual parecia que reluziam os avisados costumes dos antigos e grandes varões.» O cronista-mor elogiou ainda a sua «discreta mansidão» e «a limpeza da sua verdade». Camões apelidou-o de «forte Dom Nuno» e cantou: «Ditosa Pátria que tal filho teve!» Também Fernando Pessoa não desdenhou apelidá-lo «São Portugal em Ser», e suplicou-lhe: «Ergue a luz da tua espada/ para a estrada se ver.»

De facto, o povo cedo o canonizou, embora Roma só reconhecesse o seu culto (beatificação) para Portugal em 1918, certamente para não ferir susceptibilidades políticas. Finalmente, depois de algumas vicissitudes (em 1947, o Papa Pio XII estava disposto a canonizá-lo por decreto, mas a Igreja portuguesa não achou conveniente), foi canonizado em Roma por

Bento XVI a 26 de abril de 2009. O Papa, na homilia da canonização, realçou a sua «intensa vida de oração e absoluta confiança no auxílio divino», o seu amor a Nossa Senhora, «de quem era devotíssimo», e a sua «vida de fé e oração». No final da celebração, dirigindo-se aos peregrinos, Bento XVI lembrou que, desde o início, os pobres do seu tempo lhe chamavam «Santo Condestável», vendo «o sentido de compaixão e o despojamento de quem deu os seus bens aos mais desfavorecidos». Nessa altura, também o cardeal-patriarca de Lisboa, D. José Policarpo, vincou que a figura de São Nuno «é inconciliável com a mediocridade» e que «não deixa consciências tranquilas». Dias antes, o cardeal português, Saraiva Martins, que ultimou o processo de canonização, afirmou que nele se destacou particularmente «a caridade para com os pobres», exemplo «extremamente atual», para além da grande devoção a Nossa Senhora.

Lições / Propósitos

1) Destemido como Condestável do Reino e mais ainda nas batalhas do espírito;
2) modelo de humildade, de austeridade e de oração, professando particular devoção a Nossa Senhora da Assunção e ainda à Eucaristia;
3) exímio no desprendimento e na caridade, servindo generosamente os pobres.

8 de novembro

BEATA ISABEL DA TRINDADE
Virgem
CONSUMIDA PELO MISTÉRIO
AMOROSO DE DEUS

Biografia

A beata Isabel é uma das santas que mais penetrou no mistério insondável da Santíssima Trindade. Irmã gémea de Santa Teresa do Menino Jesus, em quem se inspirou: gémeas na doação total e amorosa ao Senhor, no Carmelo, na nação, no tempo, nos escritos espirituais, na inspiração vocacional retirada da Sagrada Escritura, na juventude ardente de amor que as consumiu muito cedo.

Maria Isabel Catez, carinhosamente chamada "Sabeth" (ela honrava-se da etimologia hebraica do seu nome, que significa "casa da salvação de Deus", mas no Carmelo tomou o nome de irmã Isabel da Trindade), nasceu perto de Bourges (França) a 18 de julho de 1880, num campo militar (o pai era oficial do exército e morreu quando ela tinha sete anos). Educada na fé cristã, cedo começou os seus altos voos místicos para Deus. Na primeira Confissão e Comunhão sentiu-se vivamente envolvida no mistério do amor infinito de Deus, disposta a «amar somente o Senhor e a viver apenas para Ele», procurando corrigir os seus defeitos (grande sensibilidade e afetividade, natureza ardente e caprichosa, que ela chamava «carácter terrível») para agradar ao Esposo, Jesus, com quem se "desposou" logo aos catorze anos, apesar de continuar a viver no mundo, sendo uma grande artista (tocava piano e dançava) e desportista e de gostar de passear (amava a Natureza). Ela narra assim esse esponsório espiritual:

> Um dia, durante a ação de graças, senti-me irresistivelmente levada a escolher Jesus como único Esposo e sem mais demoras uni-me

a Ele pelo voto de castidade. Não nos dissemos nada, mas demo-nos um ao outro, amando-nos tão fortemente que a resolução de ser toda d'Ele tornou-se em mim ainda mais definitiva. Assim o meu coração já não é livre porque o dei ao Senhor.

Grande lançamento espiritual lhe veio da leitura de *História de uma alma* de Teresa de Lisieux, tendo copiado o *Oferecimento ao Amor Misericordioso* e algumas poesias. A exemplo de tão grande inspiradora, pensou entrar no Carmelo (que ela considerava «o país mais belo do mundo»), mas encontrou a oposição firme da mãe. Não obstante, ao completar os vinte e um anos, atingida a maioridade, entrou no Carmelo de Dijon e em cinco anos apenas abismou-se totalmente no mistério trinitário, considerando-se «louvor da glória» de Deus, como assinava, inspirando-se em São Paulo (EF 1,6). Dá conta da profundidade da sua vida de intimidade com Deus na «Elevação à Santíssima Trindade», uma oração que compôs dois anos antes de morrer e que é uma das mais belas páginas de oração e de espiritualidade de todos os tempos, só possível com uma inspiração especial.

Sobretudo no último ano de vida, o sofrimento (devido à doença de Addison) bateu-lhe terrivelmente à porta, servindo-lhe para uma maior purificação e adesão à Cruz do Senhor como uma «humanidade de acréscimo» que a conforma mais e mais a Jesus crucificado. Numa carta à mãe dizia que o Senhor a marcou com o selo da Sua Cruz e sofreu nela como se ela fosse «uma extensão da Sua Paixão», ciente de que não queria chegar ao Céu unicamente como um anjo, mas «transformada em Jesus Crucificado». Pouco antes de morrer, perguntaram-lhe, recordando-lhe Teresinha, como passaria o seu Céu. Respondeu que o passaria «a atrair as almas para dentro (*au dedans*), para o recolhimento interior, mantendo-as nesse grande "silêncio interior" que permite a Deus imprimir-Se nelas e transformá-las n'Ele». Mas já antes ela vivia no Céu e chama todos a viver: «Encontrei o Céu sobre a Terra, porque o Céu é Deus e Deus está na minha alma.»

Morreu no Carmelo de Dijon a 9 de novembro de 1906, apenas com vinte e seis anos, toda purificada pelo sofrimento e mais pelo amor: «Vou para a Luz, para o Amor, para a Vida.» Tinha desejado «acordar no Amor, mover-se no Amor, adormecer no Amor», sempre atraída pelo «imenso amor» (*propter nimiam caritatem*) de Deus por ela (Ef 2,4). Os seus escritos (tratados espirituais e cartas) continuam a ser forte alimento espiritual de muitas almas, chamando-as à intimidade com o mistério trinitário. Foi beatificada por João Paulo II (que lhe teve uma devoção especial e foi por ela inspirado) a 25 de novembro de 1984, festa de Cristo Rei, que reinou e continua a reinar nela pela Paixão de Amor.

— *Lições / Propósitos*

1) Vida de intimidade com Deus, mistério insondável da Santíssima Trindade que lhe envolve totalmente a alma e a faz transbordar de alegria: «a felicidade da minha vida é a intimidade com os hóspedes da minha alma»;
2) amor apaixonado ao seu Esposo, a quem se consagrou desde a infância, aderindo à Cruz, sentindo-se crucificada com Ele para redenção do mundo;
3) oração contínua, vivendo na sua «cela interior», como uma «pequena Betânia» de Jesus, perdida na imensidão de Deus Pai, por Cristo, no Espírito: «que a minha vida seja uma oração contínua»;
4) leitura assídua da Sagrada Escritura, principalmente de São Paulo, onde encontrou inspiração para a sua vida de «louvor da glória» de Deus, movida pelo «demasiado amor» do Pai;
5) apelo aos leigos para viverem também uma vida de santidade nas atividades de cada dia.

Citação / Oração

❏ «– Ó meu Deus, Trindade que eu adoro, ajudai-me a esquecer-me inteiramente de mim, para me fixar em Vós, imóvel e pacífica, como se a minha alma estivesse já na eternidade.
Que nada possa perturbar a minha paz, nem fazer-me sair de Vós, ó meu Imutável, mas que cada minuto me leve mais longe na profundidade do Vosso Mistério. Pacificai a minha alma, fazei nela o Vosso Céu, a Vossa morada querida e o lugar

do Vosso repouso. Que eu nunca Vos deixe aí só,
mas que esteja lá toda inteira, toda acordada na minha fé,
toda adorante, toda entregue à Vossa ação criadora.
– Ó meu Cristo amado, crucificado por amor,
eu quisera ser uma esposa para o Vosso Coração,
desejaria cobrir-Vos de glória, amar-Vos, até morrer de amor!
Mas sinto a minha impotência e peço-Vos para me «revestirdes
de Vós mesmo», para identificardes a minha alma
com todos os movimentos da Vossa alma,
para me submergirdes, me invadirdes, Vos substituirdes a mim,
a fim de que a minha vida seja apenas uma irradiação da Vossa Vida.
Vinde a mim como Adorador, como Reparador e como Salvador.
Ó Verbo eterno, Palavra do meu Deus,
quero passar a minha vida a escutar-Vos,
quero fazer-me toda discípula, a fim de aprender tudo de Vós.
Depois, através de todas as noites, de todos os vazios,
de todas as incapacidades, quero fitar-Vos sempre
e permanecer sob a Vossa grande luz.
Ó meu Astro amado, fascinai-me
para que eu já não possa sair mais da Vossa irradiação.
– Ó Fogo devorador, Espírito de amor, «vinde sobre mim»
para que se faça na minha alma como que uma encarnação do Verbo:
que eu Lhe seja uma humanidade de acréscimo
na qual Ele renove todo o seu Mistério.
– E Vós, ó Pai, inclinai-Vos sobre esta pobre pequena criatura,
«cobri-a com a Vossa sombra», vendo apenas nela o «Bem-amado
no qual pusestes todas as Vossas complacências».
– Ó meus Três, meu Tudo, minha Beatitude, Solidão infinita,
Imensidão onde me perco: eu me entrego a Vós como uma presa.
Escondei-Vos em mim para que eu me esconda em Vós,
enquanto espero ir contemplar na Vossa luz
o abismo das Vossas grandezas.»

(Beata Isabel da Trindade, *Oração de Elevação à Santíssima Trindade*)

9 de novembro

DEDICAÇÃO DA BASÍLICA DE LATRÃO
IGREJA MÃE DE TODAS AS IGREJAS DA URBE E DO ORBE

Reflexão

Já celebrámos a 22 de fevereiro a festa da Cátedra de São Pedro (e celebraremos no dia 18 de novembro a dedicação das Basílicas de São Pedro e de São Paulo), símbolo da unidade de toda a Igreja em torno do sucessor de Pedro, bispo de Roma, que «preside à assembleia universal da caridade». Hoje celebramos a dedicação da Basílica de São João de Latrão ou de São Salvador, sede dos Papas antes de se transladarem para o Vaticano. A Basílica de Latrão foi construída, como a de São Pedro, por Constantino.

Inicialmente esta festa celebrava-se unicamente em Roma, mas posteriormente estendeu-se a toda a Igreja, pois a basílica lateranense é chamada «Igreja-mãe de todas as igrejas da Urbe (Roma) e do Orbe», como se lê no frontispício. Novamente nos recorda a unidade com Roma, centro da cristandade. Segundo a Tradição, nesta basílica encontra-se a cabeça de São João Batista (é dedicada também a São João Evangelista) e a mesa em que Cristo celebrou a Última Ceia (por isso, o Papa, todas as Quintas-Feiras Santas, celebra lá a Eucaristia).

Os templos de pedra (incluindo a Sé catedral de cada diocese e a igreja de cada paróquia) reconduzem-nos ao verdadeiro Templo que é Jesus Cristo e que somos cada um de nós, templos do Deus Vivo, desde o Batismo, todos fundados na pedra fundamental que é Cristo, sendo os Apóstolos colunas deste templo.

Lições / Propósitos

1) Recordando a catedral do Papa, unimo-nos intimamente ao sucessor de Pedro;
2) mais do que os templos de pedra, veneramos o templo vivo que é cada cristão;
3) fazemos memória da Eucaristia, pois nesta catedral celebra o Papa na Quinta-Feira Santa.

10 de novembro

SÃO LEÃO MAGNO
Papa e doutor da Igreja
CORAJOSO DIANTE DOS INIMIGOS DA IGREJA

Biografia

Leão Magno, de origem toscana, talvez tenha nascido em Roma em finais do século IV. Aí recebeu a educação intelectual e religiosa. Eleito bispo de Roma em 440, foi um Papa das horas de crise e teve ânimo verdadeiramente forte para enfrentar todas as dificuldades (daí merecer o cognome de "Magno"), provindas das invasões bárbaras (conseguiu enfrentar Átila em 452, mas não pôde impedir a invasão e pilhagem de Roma pelos Vândalos em 455), quer derivadas das heresias no seio da Igreja como a monofisista, que defendia uma só natureza em Cristo, atentando contra a Encarnação. Para fazer frente ao monofisismo de Eutiques e ainda ao arianismo, convocou o Concílio de Calcedónia (451) que reafirmou a natureza divina e humana de Jesus. Os padres conciliares exclamaram: «Pedro falou pela boca de Leão. A questão está decidida – *causa finita est.*»

Ele pediu também aos cristãos que vivessem conforme a sua vocação: «Reconhece, ó cristão, a tua dignidade; recorda-te de que cabeça e de que corpo és membro!» Apesar de tantos problemas, transmitiu na sua vida, nos seus sermões e nas cartas apostólicas grande serenidade, para além de doutrina sólida, sempre fiel à Igreja e a Jesus Cristo, segredo da sua fortaleza e paz. Morreu em 461 e foi logo venerado como santo.

Lições / Propósitos

1) Grande coragem diante das graves dificuldades internas e externas por que passava a Igreja e a cidade de Roma;
2) bom pastor do seu povo, alimentando-o com a sua vida exemplar e com a sua doutrina;
3) amor incondicional a Jesus Cristo e à Sua Igreja.

---

11 de novembro

SÃO MARTINHO
Bispo
EVANGELIZADOR DOS POBRES

Biografia

Martinho nasceu na Panónia (Hungria) por volta de 316, filho de pais pagãos. Era soldado quando resolveu voltar-se definitivamente para Cristo e fazer-se discípulo de Santo Hilário (339), em França. Ainda catecúmeno, viu um pobre a tiritar de frio e partilhou com ele o seu manto. Diz-se que na noite seguinte lhe apareceu Cristo vestido com esse manto. Foi batizado e ordenado sacerdote. Foi ainda à Panónia tentar converter a família e parece que teve êxito com a mãe. Fundou o

Mosteiro de Ligugé, perto de Poitiers, onde viveu alguns anos. Mas não pôde ficar insensível à pobreza em que viviam os camponeses e começou a pregar-lhes o Evangelho.

Ordenado bispo de Tours (372) agrupou junto de si outros monges desejosos da oração mas também da missionação. Martinho, além da evangelização dos pobres, dedicou particular atenção à formação do clero. Morreu em Candes, perto de Tours, em 397, onde se deslocou para apaziguar o clero. Logo o seu culto se espalhou por toda a Gália e pela Europa. Durante a Idade Média faziam-se peregrinações ao seu túmulo, quase como ao túmulo dos Apóstolos. A sua fama de taumaturgo atraía sobretudo os doentes na esperança de cura.

A descrição da sua morte, feita por um discípulo, é-nos de grande edificação. Querendo mudá-lo de posição no leito de dor, ele suplicou que o deixassem olhar para o Céu para que os seus olhos vissem o caminho por onde a alma devia dirigir-se para o seu Deus. Perante as lágrimas dos discípulos e o medo de ficarem sós, quando os lobos (hereges) invadiam o rebanho, disse: «Senhor, se ainda sou necessário ao Vosso Povo, não recuso o trabalho; faça-se a Tua vontade.» E o biógrafo conclui: «Ó beato Martinho, que não temestes nem a morte nem a vida», contanto que a vontade de Deus fosse feita.

Lições / Propósitos

1) Bom pastor e grande evangelizador, particularmente dos mais pobres;
2) promotor da paz e da concórdia entre todos, a começar pelos clérigos;
3) fixado unicamente na vontade de Deus, não teve medo de morrer nem de viver.

Citação

❏ «Martinho soube com muita antecedência o dia da sua morte e comunicou a seus irmãos que a separação do seu corpo estava iminente. Entretanto, viu-se obrigado a visitar a diocese de Candes. Efetivamente tinham surgido desavenças entre os clérigos desta igreja e Martinho desejava restaurar a paz. Apesar de não ignorar o fim próximo dos seus dias, não recusou partir perante motivo desta natureza, por considerar como bom termo da sua atividade deixar a paz restabelecida nessa igreja. [...] Reuniu os irmãos e participou-lhes que ia morrer. Então começou o pranto, a consternação e o lamento unânime de todos: "Pai, porque nos abandonas? A quem nos confias na nossa orfandade? Lobos ferozes assaltam o teu rebanho; quem nos poderá defender das suas mordeduras, se nos falta o pastor? Sabemos sem dúvida que suspiras por Cristo, mas a tua recompensa está assegurada e não será diminuída se for adiada." [...] "Senhor, se ainda sou necessário ao Vosso Povo, não recuso o trabalho; faça-se a Vossa vontade." Oh homem extraordinário, que não fora vencido pelo trabalho nem o haveria de ser pela morte e que, igualmente disposto a uma e outra coisa, nem teve medo de morrer nem se furtou a viver! [...] "Deixai-me irmãos olhar antes para o Céu do que para a Terra, para que a minha alma, ao iniciar a sua viagem para Deus, siga bem o seu caminho." [...] Martinho, cheio de alegria, foi acolhido no seio de Abraão. Martinho, pobre e humilde, entrou rico no Céu.» (SULPÍCIO SEVERO, *Cartas*)

12 de novembro

SÃO JOSAFAT
Bispo e mártir
DEU A VIDA PELA UNIDADE DA IGREJA

Biografia

Josafat nasceu na Ucrânia por volta do ano de 1580, de pais ortodoxos. Abraçou a fé católica e entrou na Ordem de São Basílio. Foi ordenado sacerdote e eleito bispo de Polock, dedicando-se com grande ardor à causa da unidade da Igreja, querendo reconduzir os irmãos ortodoxos à união com Roma. Mas estes, que chamavam aos católicos "uniatas", perseguiram-no de todos os modos, tendo ele mesmo profetizado: «Vereis que me hão de matar.» E assim sucedeu em 1623, quando contava pouco mais de quarenta anos. Prenderam o corpo a um cão e deitaram-no ao rio.

Lições / Propósitos

1) Zelo pela unidade da Igreja, à custa da própria vida;
2) bom pastor do seu povo.

15 de novembro

SANTO ALBERTO MAGNO
Bispo e doutor da Igreja
AMANTE DA CIÊNCIA E DA SABEDORIA

Biografia

Santo Alberto Magno nasceu de família nobre em Lauingen (Alemanha) por volta do ano de 1206 (há autores que colocam o seu nascimento ainda no século XII), muito antes de São Tomás de Aquino, de quem veio a ser mestre digno de tal discípulo, tendo morrido também depois, em 1280. Entrou na Ordem Dominicana ou dos Pregadores, segundo a tradição por inspiração de Maria, que também lhe teria concedido inteligência para os estudos. Estudou em Colónia, Pádua e Paris onde foi também insigne professor.

Eleito bispo de Ratisbona, em 1260, pôs todo o empenho na conciliação de povos e cidades. Acabou por demitir-se do cargo, para o qual não se sentia muito vocacionado, para se dedicar exclusivamente às tarefas docentes. Uns tempos antes de morrer (em 15 de novembro de 1280), rezava o ofício de defuntos todos os dias e visitava o lugar que tinha escolhido para sepultura.

Como São Tomás, foi um grande (como o seu nome de "magno" indica) teólogo e filósofo e ainda estudioso das ciências da natureza, a partir da física aristotélica, transmitida por judeus e árabes. Nem sempre foi compreendido (o mesmo aconteceu com Tomás de Aquino) na sua docência e nos seus muitos escritos, devendo sofrer com isso e defendendo-se com humildade. Certas lendas, sem fundamento, consideraram-no um mago e atribuíram-lhe invenções que preanunciavam a nossa era do automático e da cibernética.

José H. Barros de Oliveira

> *Lições / Propósitos*
>
> 1) Amor ao estudo e à docência;
> 2) homem de oração e meditação das verdades eternas;
> 3) amante da Natureza, estudando tudo o que se conhecia no seu tempo.

16 de novembro

SANTA GERTRUDES
Virgem
MÍSTICA ENAMORADA DO CORAÇÃO DE JESUS

Biografia

Santa Gertrudes, chamada a Grande, nasceu em Helfta--Eisleben, na Saxónia (Alemanha), em 1256, e foi educada desde menina pelas monjas cistercienses da sua terra natal, onde estudou, tornando-se sumamente culta, mormente na Literatura e na Filosofia. Mais tarde considerou esses anos como perdidos e "pagãos", "convertendo-se" totalmente à Verdade e ao Amor de Deus, manifestados em Cristo Jesus, Verbo Encarnado, e mais realisticamente no Seu Coração que a ela se revelou intimamente, vivendo no coração de Jesus e Jesus no seu.

Consagrou-se a uma intensa vida contemplativa, cheia de humildade e paciência no sofrimento, alimentada pela Sagrada Escritura, pela leitura dos Santos Padres (particularmente Santo Agostinho e São Bernardo), pela Eucaristia frequente (novidade naquele tempo) e pela liturgia, incluindo o Ofício Divino. É considerada uma das grandes místicas da Idade Média. Pelo fim da vida recebeu o dom das Chagas do Senhor. Escreveu diversas obras (como *Revelações* e *Exercícios Espirituais*) que estão na base da difusão do culto ao Sagrado Coração de Jesus (muito antes de Santa Margarida Maria Alacoque), cantando a Sua misericórdia e a confiança que n'Ele devemos depositar. Morreu por volta do ano de 1302.

Lições / Propósitos

1) Vida de contemplação e de grande intimidade com o Senhor, recolhida no Seu Coração amoroso;
2) amor ao estudo, primeiro das letras profanas e depois das letras sagradas;
3) vida de humildade, de sofrimento e de dedicação ao próximo.

Citação

❏ «A minha alma Vos bendiga, Senhor Deus, meu Criador, a minha alma Vos bendiga, e do mais íntimo do meu coração Vos louvem as Vossas misericórdias de que a Vossa infinita piedade tão generosamente me envolveu. [...] Todos os anos da minha infância e puerícia, da adolescência e da juventude, quase até ao fim dos vinte e cinco anos, decorriam numa cegueira tão louca. [...] Vivia como pagã entre os pagãos, como se nunca tivesse ouvido dizer que Vós, meu Deus, recompensais o bem e punis o mal. [...] Entre tantos favores, concedestes-me o dom inestimável da Vossa intimidade e amizade, ao abrir-me aquela arca nobilíssima da divindade que é o Vosso Coração divino, no qual encontro o tesouro de todas as minhas alegrias.» (SANTA GERTRUDES, *Revelações do amor divino*)

José H. Barros de Oliveira

16 de novembro

SANTA MARGARIDA DA ESCÓCIA
ESPOSA, MÃE E RAINHA EXEMPLAR

Biografia

Margarida nasceu na Hungria por volta do ano de 1046, dado que o pai aí vivia exilado. Foi dada em casamento a Malcom III, rei da Escócia. Teve oito filhos, a quem educou admiravelmente, inculcando-lhes as virtudes humanas e cristãs. Dedicou-se também ao seu povo e conseguiu restabelecer a fé na Escócia e a plena união com Roma. Orava durante a noite e iniciava o dia lavando os pés a alguns pobres e servindo-os à mesa. No Tempo de Advento e da Quaresma eram centenas a quem ela e o próprio rei davam de comer. Depois voltava à oração, participando em diversas Missas. Morreu em Edimburgo em 1093.

Lições / Propósitos

1) Esposa e mãe exemplar sobretudo dando uma educação esmerada aos filhos;
2) amor aos pobres e doentes, praticando as obras de misericórdia;
3) mulher de oração, usando sobretudo a noite para louvar o Senhor.

16 de novembro

SÃO JOSÉ MOSCATI
Leigo
MÉDICO DO CORPO E DA ALMA

Biografia

São José Moscati nasceu a 25 de julho de 1880, em Benavento, na região de Nápoles (Itália), sétimo de nove irmãos, de família ilustre e rica (seu pai era juiz). Desde cedo se voltou totalmente para Deus, através dos meios que a Igreja põe à disposição, e do tratamento dos doentes, que considerava «o rosto de Jesus Cristo». Foi professor distinto na Faculdade de Medicina da Universidade de Nápoles, sendo conhecido na Europa pela sua investigação científica, mas recusando a cátedra por considerar que o seu lugar era «junto dos doentes», ciente de que estes são «figuras de Cristo». Soube conciliar admiravelmente, apesar do ambiente adverso e agnóstico em que vivia, a ciência e a fé. Juntava a sua ciência e competência profissional com uma vida simples e santa. Fazia meditação, rezava o terço e comungava diariamente. A família tentou casá--lo, mas recusou, pois já se tinha consagrado com voto de castidade ao Senhor.

Era um cientista de grande humildade. Aos alunos que o aplaudiam no fim das aulas, só respondia: «É o Senhor! É o Senhor!» Tratava de graça os pobres e aos mais pobres ainda dava dinheiro. Muitas vezes acompanhava as receitas com estas ou outras palavras: «É preciso mudar de vida, deixar os vícios, guardar castidade, observar os Mandamentos, confessar-se.» Foi chamado à cabeceira do grande tenor Caruso e conseguiu que ele se confessasse antes de morrer. A um seu discípulo que conseguiu o doutoramento, recordou-lhe que deve saber abeirar-se não apenas do corpo, mas também da alma dos seus doentes e aproximá-los de Deus; por isso deve estar munido de «ciência e fé».

Morreu a 12 de abril de 1927, apenas com quarenta e seis anos, de um ataque cardíaco, enquanto atendia os doentes, estando sepultado na Igreja de Jesus Novo, em Nápoles, onde acorrem muitos doentes em busca de cura. O futuro Papa João XXIII, então delegado apostólico em Istambul, considerou-o «figura admirável de leigo católico perfeito, flor esplêndida de santidade e de ciência, honra do nosso século: *lumen Ecclesiae*». Foi beatificado por Paulo VI em 1975 e canonizado por João Paulo II em 1987. Ambos os Papas o apresentaram como modelo de leigo na Igreja de hoje. No discurso da canonização, João Paulo II afirmou:

> Verdadeiramente, todos os aspetos da vida deste leigo médico se nos apresentam animados por aquela característica que é a mais típica do Cristianismo: o amor, que foi deixado por Cristo aos Seus seguidores como o «Seu» mandamento.

Lições / Propósitos

1) Exemplo preclaro de leigo comprometido com Deus e com os homens, particularmente com os doentes, sempre movido pela caridade cristã: um místico na ação;
2) homem de ciência e de fé, sabendo conciliar, numa unidade perfeita, as duas perspetivas sobre a vida;
3) modelo para os médicos, que devem curar as doenças do corpo sem esquecer as da alma, fazendo da medicina uma missão e um apostolado.

Citação

❏ «Amemos o Senhor sem medida, sem medida na dor e sem medida no amor. [...] Exercitemo-nos todos os dias na caridade. Deus quer caridade. Quem está na caridade está em Deus e Deus nele. Não nos esqueçamos de fazer cada dia, até cada momento, a oferta das nossas ações a Deus, realizando tudo por amor. [...] Sinto o coração destroçado ao pensar em tantas almas que vivem afastadas de Deus; queria levá-las todas aos pés do Senhor, queria que todas se convertessem.»
(JOSÉ MOSCATI, *Apontamentos espirituais*)

17 de novembro

SANTA ISABEL DA HUNGRIA
Religiosa
CONSAGRADA A DEUS, À FAMÍLIA E AO PRÓXIMO

Biografia

Isabel, filha do rei da Hungria, nasceu em 1207. Aos catorze anos desposou um príncipe da Turíngia com quem se dava muito bem, partilhando com ele os sentimentos religiosos, sonhando em viver à maneira franciscana. Mas ele partiu para uma Cruzada, acabando por morrer, deixando-a viúva com apenas vinte anos e deserdada por um familiar. Foi um desgosto terrível para ela que esperava o terceiro filho.

Deixando o cuidado dos filhos a outros, vestiu o hábito da Ordem Terceira entregando-se totalmente ao serviço dos pobres (diz a tradição que um dia mostrou rosas no regaço quando na realidade levava esmolas, facto que se atribui também à sua sobrinha-neta Isabel, rainha de Portugal) e dos doentes mais abandonados, sobretudo dos leprosos, a quem servia num hospital, reconhecendo neles o próprio Cristo. A sua saúde ressentiu-se de tanta austeridade, tendo falecido em 1231 (ano em que morreu também Santo António), com apenas vinte e quatro anos.

Lições / Propósitos

1) Esposa exemplar, aceitando com resignação a morte do marido;
2) dedicação total aos pobres e enfermos, a quem servia generosamente;
3) mulher de austeridade e de alta contemplação.

José H. Barros de Oliveira

Citação

❏ «Isabel começou muito cedo a distinguir-se na virtude. Em toda a sua vida foi consoladora dos pobres. A dada altura dedicou-se totalmente aos famintos e, junto de um castelo seu, mandou construir um hospital onde recolhia muitos enfermos e estropiados. [...] Além destas atividades caritativas, raras vezes encontrei mulher mais dada à contemplação. Algumas religiosas e religiosos viram muitas vezes que, quando voltava do recolhimento da oração, o seu rosto resplandecia maravilhosamente e os seus olhos brilhavam como raios de sol.» (*Carta do seu diretor espiritual*)

18 de novembro

DEDICAÇÃO DAS BASÍLICAS DE SÃO PEDRO E DE SÃO PAULO
RECORDAÇÃO DOS DOIS MAIORES APÓSTOLOS

Reflexão

A 9 de novembro celebrou-se a festa da dedicação da Basílica de Latrão, a primeira basílica do Papa. Hoje celebra-se a dedicação de outras duas basílicas maiores de Roma: São Pedro e São Paulo (a quarta é a de Santa Maria Maior, recordada no dia 5 de agosto). Também no dia 22 de fevereiro se celebrou a Cátedra de São Pedro, que se encontra representada na glória de Bernini, precisamente na Basílica de São Pedro. Nela existe uma famosa estátua de bronze representando São Pedro sentado, com as chaves do Céu na mão, com o pé gasto pelo toque e o beijo dos peregrinos.

Já no século XII era celebrada a dedicação destas duas basílicas: São Pedro no Vaticano e São Paulo na via Ostiense, ocasião para celebrar os dois maiores Apóstolos de Cristo e da Igreja, recordados ainda mais solenemente a 29 de junho. Desde muito cedo que estas duas basílicas se tornaram centros de peregrinação ao túmulo de Pedro e de Paulo, respetivamente. Em São Pedro foram aclamados mais de metade dos Papas (inicialmente era em São João de Latrão). Quanto à basílica paulina, sofreu um grande incêndio em 1823, sendo reconstruída em 1854. Há pouco tempo foi aí descoberto o túmulo de Paulo; como o de São Pedro, é venerado na cripta vaticana.

> *Lições / Propósitos*
>
> 1) Igreja una, santa, católica e apostólica, que é representada por Pedro e Paulo;
> 2) permanecer sempre unidos a Pedro e, através dele, a Cristo, seguindo o Seu magistério;
> 3) recordar a memória do Apóstolo Paulo (que foi mais intensamente celebrado durante o Ano Paulino 2008/2009) é tornar-se com ele enamorado de Jesus Cristo e apóstolo.

José H. Barros de Oliveira

21 de novembro

APRESENTAÇÃO DE NOSSA SENHORA
CONSAGRADA AO SENHOR DESDE MENINA

Reflexão

As festas da Imaculada Conceição (8 de dezembro) e da Assunção de Nossa Senhora ao Céu (15 de agosto) constituem as maiores festas marianas, embora o fundamento seja a maternidade divina (1 de janeiro). Ao longo do ano litúrgico celebram-se outras festas em honra de Nossa Senhora, como a sua Natividade (8 de setembro) e esta memória da Apresentação de Maria no Templo, ainda menina, à imagem da apresentação de Jesus (2 de fevereiro). Os pais de Maria (segundo a Tradição chamados Ana e Joaquim) tê-la-iam levado ao Templo para a consagrarem ao Senhor, cumprindo uma promessa. Esta recordação parece provir da dedicação da Basílica de Santa Maria, a Nova, em Jerusalém, no ano de 543. No século XIV esta memória estendeu-se a toda a cristandade.

Lições / Propósitos

1) Consagração de Maria a Deus desde o nascimento;
2) a exemplo de Jesus e Maria, também os pais devem consagrar os filhos a Deus desde o seio materno e depois na pia batismal.

22 de novembro

SANTA CECÍLIA
Virgem e mártir
UM CÂNTICO NOVO AO ESPOSO

Biografia

Enquanto muitos documentos do século IV falam de Inês, ignoram o nome de Cecília. Só em finais do século V começam a falar do seu martírio, referem uma basílica a ela dedicada e o cemitério de Calisto, onde o seu corpo teria sido depositado e descoberto posteriormente. Trata-se certamente de uma senhora abastada de Roma que cedeu os seus terrenos à comunidade cristã. As referências ao seu martírio são inspiradas na perseguição dos Vândalos em África. Nas Atas de Santa Cecília diz-se que ela se desposou, pressionada pela família, com um tal Valeriano, que também se teria convertido.

Durante as núpcias, enquanto ressoavam os concertos profanos, Cecília cantava no seu coração um hino de amor a Jesus, «seu verdadeiro esposo». Isto levou a pensar que ela tinha qualidades musicais e no século XV foi declarada padroeira dos músicos, difundindo-se mais o seu culto. Santo Agostinho comenta o salmo que fala de um «cântico novo» e a Liturgia das Horas aplica-o a Cecília. Supõe-se que foi degolada, pois assim teria sido encontrada nas catacumbas de São Calisto e assim é representada numa estátua célebre. Não se sabe em que época foi martirizada, talvez durante a perseguição de Diocleciano, como Santa Inês, ou ainda antes.

Lições / Propósitos

1) Fé e amor ao Senhor, consagrando-se a Ele quer na vida quer na morte;
2) desejo de cantar um «cântico novo» ao Senhor em todos os momentos da vida e na morte.

José H. Barros de Oliveira

23 de novembro

SÃO CLEMENTE I
Papa e mártir
ENTRE OS PRIMEIROS SUCESSORES DE PEDRO

Biografia

São Clemente foi o quarto Papa ou bispo de Roma, logo a seguir a São Pedro, a Lino e a Cleto, como aparece no cânone primeiro da Missa, presidindo à Igreja na última década do século I. Segundo uma tradição posterior, morreu mártir, tendo sido lançado ao mar com uma âncora amarrada ao pescoço, em finais do século I. Escreveu uma célebre Carta aos Coríntios para restaurar entre eles a concórdia e a unidade, dando-lhes como exemplo a unidade de todo o corpo e recomendando que os fortes cuidem dos mais fracos, e que estes respeitem os fortes e ricos, pois todos precisam uns dos outros. Esta solicitude por outras Igrejas demonstra que o Papa Clemente tinha consciência de presidir a toda a Igreja, mesmo que nessa altura certamente ainda vivesse o Apóstolo São João.

Lições / Propósitos

1) Pastor solícito pela unidade de toda a Igreja;
2) mártir pela causa de Cristo e do Evangelho.

23 de novembro

SÃO COLUMBANO
Abade
EVANGELIZAÇÃO E CONTEMPLAÇÃO

Biografia

Columbano nasceu na Irlanda por volta do ano de 540. Fez-se monge e veio para a França, onde fundou vários mosteiros, exigindo grande austeridade aos monges. Posteriormente teve de se exilar em Itália, onde fundou também o Mosteiro de Bóbio. Procurou reformar os costumes do povo e do clero e escrevia com veemência ao Papa, assinando sempre "Columbano, o pecador". Da Irlanda trouxe o costume da confissão particular, que impôs nas Igrejas da Borgonha. Notabilizou-se pela sua vasta cultura e ainda pela evangelização e vida contemplativa. Morreu em 615.

Lições / Propósitos

1) Total dedicação à causa da evangelização mas sem descuidar a contemplação;
2) homem de grande cultura e de temperamento forte, embora sensível.

José H. Barros de Oliveira

24 de novembro

SANTO ANDRÉ DUNG-LAC
e COMPANHEIROS
Mártires
CORAGEM NA VIDA E NA MORTE

Biografia

Trata-se de um sacerdote vietnamita da Ordem de São Domingos que morreu mártir juntamente com tantos outros leigos e sacerdotes. A evangelização do Vietname começou logo no século XVI com a ida dos missionários da Europa. Apesar de tantas perseguições ao longo dos séculos, nunca os cristãos esmoreceram. Hoje celebram-se 117 mártires, com André à frente, que o Papa Leão XIII já tinha beatificado em 1900, a maioria martirizados entre 1830 e 1870.

O padre André, provindo de pais muito pobres, ordenou-se sacerdote em 1823, notabilizando-se pela evangelização do seu povo, sendo diversas vezes preso e outras tantas libertado ou resgatado pelos fiéis, mesmo contra a sua vontade, pois desejava dar a vida por Cristo. Queriam obrigá-lo a pisar o Crucifixo, mas ele apanhou-o e beijou-o. Finalmente foi decapitado a 24 de novembro de 1839, em Hanói. As perseguições aos cristãos continuaram, embora com tempos de mais acalmia, recrudescendo novamente com a implantação do comunismo, já no século XX, quando novamente houve muitos mártires. O Papa João Paulo II, em 1988, canonizou o padre André associando-lhe tantos outros mártires vietnamitas.

Lições / Propósitos

1) Coragem de dar a vida por Jesus Cristo e pelo Evangelho;
2) sacerdotes e leigos irmanados na mesma causa da fé e do martírio.

25 de novembro

SANTA CATARINA DE ALEXANDRIA
Virgem e mártir
DESPOSADA COM CRISTO

Biografia

Trata-se de uma das mais célebres mártires talvez dos princípios do século IV, mas a sua vida está envolta em lenda. Consta que era muito bela e que desde nova se desposou misticamente com o Senhor, apesar de a quererem casada. Verdade é que deu a vida por Jesus. Catarina tornou-se famosa também em Goa pois Afonso de Albuquerque conquistou a cidade a 25 de novembro de 1510, dia em que era celebrada esta santa, tendo-a escolhido para padroeira da cidade.

Lições / Propósitos

1) Coragem de dar a vida pelo Esposo Divino;
2) dar mais importância à beleza moral e espiritual do que à física.

26 de novembro

BEATO TIAGO ALBERIONE
Presbítero
FUNDADOR DA FAMÍLIA PAULISTA

Biografia

Tiago Alberione é um santo contemporâneo que de algum modo se antecipou aos tempos e ao próprio Concílio Vaticano II, com uma visão ampla da evangelização, ao estilo paulino, servindo-se de todos os meios, particularmente dos mais eficazes, como são os *media*.

Nasceu a 4 de abril de 1884 em San Lorenzo di Fossano (norte de Itália), de pais muito cristãos. Já desde pequeno manifestou vontade de ser padre e de facto entrou num seminário da diocese de Turim, mas acabou por sair e de novo entrar, desta vez no Seminário de Alba, depois de uma crise, talvez devido a leituras perniciosas. Passou em oração a viragem do século, na noite de 31 de dezembro de 1900, tendo recebido, segundo conta, uma «luz especial» para «fazer alguma coisa pelo Senhor e pelas pessoas do novo século».

Ordenado sacerdote em 1907, aos poucos concluiu que sozinho não conseguia realizar os seus ideais apostólicos, inspirados em São Paulo, servindo-se particularmente dos meios de comunicação social modernos. Assim, realizou uma série de fundações da Família Paulista: a Pia Sociedade de São Paulo, ramo masculino, e depois vários institutos femininos, como as Filhas de São Paulo, e ainda institutos seculares e associações leigas com diversas finalidades específicas, mas todas vocacionadas para o apostolado. Para todos os seus filhos e filhas desejou, antes de mais, «santidade de vida» e «pureza de doutrina», doutrina que se propagou sobretudo através da boa imprensa, tendo fundado várias revistas, sendo a mais conhecida a *Família Cristã*.

O seu zelo incansável vinha-lhe do amor entranhado a Jesus Cristo, «Caminho, Verdade e Vida», e ainda a Maria, evocada como Rainha dos Apóstolos, o caminho mais seguro para chegar a Jesus. A inspiração que teve de tomar como patrono do apostolado São Paulo também de algum modo é novidade, mais evidente após o Ano Paulino (2008-2009), declarado por Bento XVI nos dois mil anos do nascimento do Apóstolo dos gentios. São Paulo, se vivesse hoje, usaria certamente os meios de comunicação social clássicos (como a imprensa e a rádio) e os mais modernos (como a TV e a Internet) para difundir o Evangelho. Tais meios são ou podem ser os «novos púlpitos» ou os «altifalantes de Deus». Outra alavanca do seu apostolado foi sempre a oração, a que chamava «trabalhar com os joelhos».

Morreu já de idade avançada a 26 de novembro de 1971, sendo visitado por Paulo VI, que o admirava. João Paulo II beatificou-o em abril de 2003.

Lições / Propósitos

1) Sacerdote zeloso pelo Reino de Deus, servindo-se particularmente dos *media*;
2) centrado em Jesus Cristo, «Caminho, Verdade e Vida» e em Maria, Rainha dos Apóstolos;
3) inspirou-se em São Paulo e ainda na oração e na liturgia como alavancas apostólicas.

SANTO ANDRÉ
Apóstolo
«DEIXANDO TUDO, SEGUIRAM JESUS»

Biografia

Na versão do chamamento dos Apóstolos feita por São João, André, inicialmente discípulo do Batista, é o primeiro a ser chamado por Jesus e logo chama e apresenta o seu irmão, Pedro. Por isso a Igreja Oriental denomina-o de «o primeiro chamado» e tem-lhe grande veneração. Era pescador, juntamente com o irmão, em Betsaida. Para além do chamamento de André para Apóstolo, os evangelhos fazem mais algumas referências particulares à sua presença, fazendo dele um apresentador e intercessor junto a Jesus, apresentando alguns poucos pães para Ele os multiplicar ou pedindo-lhe para se mostrar aos gentios.

Segundo a Tradição, os dois irmãos morreram martirizados – crucificados – Pedro em Roma e André em Patras da Acaia (Grécia). André foi crucificado numa cruz em forma de X (que por isso ficou a chamar-se "cruz de Santo André"), tendo permanecido no suplício durante dois dias, anunciando Jesus até ao último momento. Ele teria avançado para a cruz dizendo: «Recebe-me, meu Mestre, meu Cristo, a quem amei desde que Vos conheci, a quem agora confesso. Recebei o meu espírito.» Oxalá que estes dois irmãos Apóstolos, símbolos das Igrejas Ocidental e Oriental, contribuam para a unidade das duas Igrejas irmãs.

Lições / Propósitos

1) Chamado pelo Senhor, responde generosamente a este apelo e, por sua vez, chama o seu irmão Pedro para seguir também Jesus e ambos serem «pescadores de homens»;
2) presta-se a fazer de intérprete e a interceder junto de Jesus para que a multidão fique saciada ou os gentios possam vê-l'O;
3) torna-se missionário e dá o último testemunho de amor ao Mestre morrendo crucificado como Ele.

Último Domingo do Tempo Comum

JESUS CRISTO, REI DO UNIVERSO
«SOU REI! O MEU REINO NÃO É DESTE MUNDO»

Reflexão

A festa de Cristo Rei encerra o ano litúrgico. Tem, por isso, uma dimensão escatológica e parusíaca: Ele há de vir de novo, no fim dos tempos, para julgar os vivos e os mortos e entregar o mundo ao Pai, que será tudo em todos. Ele é o Princípio e o Fim, o Alfa e o Ómega.

O Papa Pio XI instituiu esta festa em 1925 contra o laicismo e o ateísmo que continuam a grassar na nossa sociedade. Portugal vive mais esta festa depois que os nossos bispos ergueram em Almada um monumento a Cristo Rei, como cumprimento de uma promessa por Portugal não ter entrado na Segunda Guerra Mundial (1939-1945). Celebraram-se em 2009 os cinquenta anos da sua inauguração.

Algumas considerações sobre esta solenidade:

De que Reino se trata?
Falar de realeza em tempo de democracia pode soar a saudosismo palaciano ou a triunfalismo. Mas trata-se de uma rea-

leza de outra esfera, de outra dimensão: o reinado de Cristo é Servir! Ele mesmo disse que veio «não para ser servido mas para servir e dar a vida». O Seu Reino não é deste mundo. Reina desde a Cruz. Os reis e "príncipes" deste mundo (presidentes, primeiros-ministros, etc.) muitas vezes servem-se a si mesmos, são narcisistas, gostam do poder. Não é assim com Jesus, que Se sacrificou por nós e fez da Cruz o Seu trono. O cristão tem de tentar "reinar" ao jeito de Jesus: servindo, sacrificando-se pelos irmãos. «Não podemos servir a dois senhores» – a nós (ou ao mundo) e a Deus. Devemos aderir de alma e coração ao Reino de Deus que está em Jesus Cristo e na Sua Igreja e dentro de nós: «o Reino de Deus está dentro de vós!» «Eu sou Rei!» «O meu jugo é suave, e leve a minha carga.» «Venha a nós o vosso Reino!»

Qualidades (características) do Reino de Cristo:
O Prefácio da Missa de hoje aponta algumas: Reino de Verdade (num mundo de tanta mentira verbal e vital) e de Vida (num mundo cheio de morte: aborto, eutanásia, terrorismo, guerras, homicídios, suicídios...); Reino de Santidade e de Graça (entre tanto pecado e orgulho); Reino de Justiça (tanta injustiça feita aos pobres!), de Amor (tanto ódio, ressentimento e egoísmo!) e de Paz (entre tantas guerras e guerrilhas que começam dentro de nós e nas famílias). Outras características podiam inspirar-se nas bem-aventuranças.

«É preciso que Ele reine!», exclama São Paulo:
Um bom soldado deve estar ao lado do seu "general" e nunca lhe voltar as costas. É necessário combater com Ele e por Ele! Antigamente celebrava-se hoje a festa da Ação Católica. É preciso agir na sociedade. Ser sal e luz, num mundo insosso e às escuras. Mas muitos cristãos estão a dormir. Urge despertar. Todos à obra no apostolado, na evangelização, na ação sociocaritativa, no testemunho verbal e vital. É preciso que Ele reine! Só Ele deve reinar! Com os três poderes: legislativo (cuja Constituição é o Evangelho, e Ele o Mestre*)*, executivo (é Pastor, Servo), e judicial (é Juiz e Advogado universal dos direitos humanos – já vai fazendo justiça e há de fazer no fim dos tempos: «Vinde, benditos de meu Pai...»).

Lições / Propósitos

1) Reinar desde a Cruz, como Jesus;
2) estar mais disposto a servir do que a ser servido;
3) combater pela verdade, pela justiça, pelo amor, pela paz.

Citações

❑ «Jesus não diz: "o Meu Reino não é neste mundo", mas sim: "o Meu Reino não é deste mundo." Não diz: "o Meu reino não é aqui", mas sim: "o Meu reino não é daqui." Com efeito, o Seu Reino é aqui na Terra até ao fim dos séculos… Contudo, não é daqui, porque é peregrino no mundo.» (Santo Agostinho, *Comentários ao Evangelho de São João*)

❑ «Dois amores fizeram as duas cidades: o amor de si até ao desprezo de Deus, fez a cidade terrestre; o amor de Deus até ao desprezo de si, a celeste.» (Santo Agostinho, *A cidade de Deus*)

❑ «O Reino de Deus não pode associar-se com o Reino do pecado… Tenha Cristo em nós o seu trono.» (Orígenes)

1 de dezembro

BEATO CHARLES DE FOUCAULD
(Irmão Carlos de Jesus)
Presbítero e mártir
IRMÃO UNIVERSAL

Biografia

Conhecido como o «irmãozinho de Jesus», Charles nasceu em Estrasburgo (França), em 1858, e ficou órfão aos cinco anos, sendo educado pelo avô materno, que lhe fez todas as vontades. Por isso teve dificuldades de disciplina quando foi estudar num colégio dos jesuítas em Paris. Depois entrou numa escola militar, também sem grande sucesso, e continuou numa vida descomprometida e de prazer. Entretanto, o avô morreu e ele herdou uma grande fortuna, além do título de visconde, mas esbanjou tudo. Após ter combatido em África, tornou-se mais ajuizado. Enamorou-se por essas terras africanas e do Islão, estudou o árabe e procedeu ao levantamento geográfico de Marrocos, publicando depois um livro, que foi premiado.

Apesar de ter perdido praticamente a fé, não deixou de buscar a verdade e lançou o repto: «Meu Deus, se Tu existes, faz-me conhecer-Te!» Entretanto, conduzido por Deus («uma graça interior extremamente forte me puxava»), regressou à pátria e, com a ajuda da irmã e sobretudo de um sábio e santo sacerdote, padre Huvelin, que encontrou em Paris, voltou-se para Deus. Foi a sua conversão, em 1888, aos vinte e oito anos, sem meias-medidas: «Logo que acreditei que havia um Deus, compreendi que não podia fazer outra coisa senão viver para Ele. A minha vocação religiosa data da mesma hora que a minha fé.»

A exploração através de Marrocos tinha-lhe revelado o mundo muçulmano e a grandeza de Deus segundo o sentir do Islão, suscitando-lhe também a inquietação religiosa. O encontro com o padre Huvelin, que lhe revelou Jesus, filho de Deus, feito homem por nosso amor, falou até ao fundo da sua alma. A sua conversão foi um encontro pessoal com um Deus pessoal e vivo. Falou-lhe fundo particularmente uma frase do padre Huvelin: «Jesus em Nazaré tomou de tal modo o último lugar que nunca ninguém mais lho pôde tirar», descobrindo assim Jesus como o último dos pobres. Entretanto, empreendeu uma peregrinação à Terra Santa, onde descobriu o lado humano de Jesus, desde Belém, a Nazaré, a Jerusalém.

Em janeiro de 1890 entrou na Trapa de Nossa Senhora das Neves, em França, mas descobriu que não era esse o seu lugar, pois o amor de Jesus levava consigo o amor a todos os homens. Deixou a Trapa e foi a Roma estudar Teologia na Universidade Gregoriana, mas hesitou por humildade fazer-se sacerdote. Pôs-se novamente a caminho da Terra Santa, denominando-se irmão Carlos de Jesus. Foi aceite como criado em Nazaré num convento de Clarissas. Durante três anos aí se dedicou ao trabalho humilde, passando noites em adoração a Jesus na Eucaristia e meditando a Sagrada Escritura.

Depois de ouvir um sermão sobre o valor imenso da Santa Missa, aceitou finalmente ser sacerdote, ideia que ia recusando com receio que isso o afastasse de um Jesus pobre. Mas desejava ser «padre como Jesus, para as ovelhas sem pastor». Foi ordenado em 1901, com quarenta e três anos, sendo autorizado a viver no Sara, em Béni-Abbès, na Argélia. Celebrou Missa pela primeira vez no ermitério que ele mesmo construiu. Pouco tempo depois deslocou-se para Hoggar, zona ainda mais pobre, onde levantou a ermida de Tamanrasset, identificando-se totalmente com os Tuaregues, aprendendo a língua e publicando mesmo um dicionário. Desejou ser o irmãozinho de todos: «Quero habitar todos os habitantes cristãos, muçulmanos e judeus a olhar-me como um irmão, o irmão universal. Eles começam a chamar à casa "fraternidade" e isso é para mim consolador.» Viveu totalmente identificado com os que o rodeavam como "um deles". Escreveu a um amigo: «Creio que não há palavra do Evangelho que tenha feito em mim mais profunda impressão e tenha transformado tanto a minha vida como esta: "Tudo o que fizerdes a um destes pequeninos, é a mim que o fazeis.» Quer ser o irmão universal: «Ser o amigo de todos, bons e maus, ser o irmão universal.»

Resumiu assim o seu apostolado: «Imitação da vida escondida de Jesus em Nazaré, adoração do Santíssimo Sacramento, sacrificando-me e fazendo todo o bem possível aos irmãos. Quero dedicar todas as minhas obras ao Sagrado Coração de Jesus.» Desejava ardentemente partilhar com os seus irmãos tuaregues o seu conhecimento e amor a Jesus Cristo, mas sentia que ainda não era chegada a hora de O anunciar, procurando ser ele, no silêncio, «um Evangelho vivo». Procurou viver num despojamento total e na maior obscuridade. Não obstante, foi neste silêncio e isolamento que o seu coração se abriu mais a todo o Universo, rezando, por exemplo, concretamente pela conversão do Japão. Como ele mesmo escreveu, fez da salvação de todos os homens «a obra de toda a sua vida». Apesar de isolado no deserto, considerou-se sempre unido à Igreja, nutrindo para com ela um amor filial.

Já há muito que pensava em seguidores da sua vocação, idealizando Irmãozinhos e Irmãzinhas de Jesus para poder tornar-se ainda mais irmão universal, mas não chegou a ver realizada essa fundação durante a sua vida. Porém, passados alguns anos após a sua morte, o padre Voillaume partiu para o Sara com os primeiros Irmãozinhos de Jesus. Por sua vez, a irmã Madalena de Jesus fundou também no deserto a primeira fraternidade das Irmãzinhas de Jesus. Ambas as fraternidades, hoje espalhadas pelo mundo inteiro, procuram essencialmente a imitação de Jesus em Nazaré, como o fez o irmão Carlos, e vivem no meio dos pobres, iguais a eles, numa presença de amizade e identificação. Procuravam «gritar o Evangelho com toda a sua vida», abertos a todo o mundo, a todos querendo bem, com uma referência particular à «redenção do Islão».

Charles de Foucauld, o irmãozinho Carlos de Jesus, como gostava de chamar-se, morreu a 1 de dezembro (primeira sexta-feira) de 1916 em Tamanrasset, no deserto, sozinho, assassinado pelos seus amigos, num momento de pânico (a população tinha-se revoltado contra os franceses). Morreu no meio daqueles com quem se identificou e que o chamavam «o homem de Deus». Anos antes tinha escrito profeticamente: «Pensa que deves morrer mártir, despojado de tudo, estendido por terra, nu, irreconhecível, coberto de sangue e de feridas, violenta e dolorosamente morto, e deseja que isto aconteça ainda hoje.» E também: «Sê fiel em levar a tua cruz.» Como escreve um biógrafo, «morreu da maneira desejada, por morte violenta, recebida por amor, para salvação dos irmãos não cristãos da sua terra querida, a África».

Apesar da sua humildade e silêncio, brilha à face do mundo e da Igreja com as suas virtudes escondidas mas maravilhosas. Brilha nos seus seguidores – os Irmãozinhos de Jesus –, na sua total dedicação a Deus e aos irmãos mais pobres. Em 1927 foi aberto o processo da sua beatificação. Em 1983, João Paulo II considera-o exemplo de «santidade da vida quotidiana» e é beatificado pelo Papa Bento XVI a 13 de novembro de 2005. Deste exemplo bem necessita o novo século. Que ele obtenha um maior diálogo e compreensão entre cristãos e muçulmanos, e que o mundo islâmico deixe de ser foco de tensões e guerras.

Lições / Propósitos

1) Entrega total e generosa a Deus, abandonando-se como criança nas Suas mãos, procurando unicamente imitar a vida escondida de Jesus em Nazaré;
2) homem amigo de todos os homens, sobretudo dos mais pobres e esquecidos, com quem se identificou, feito Irmão Universal, no desejo de a todos salvar;
3) sacerdote humilde e contemplativo, adorador do Santíssimo Sacramento e amante da Sagrada Escritura, radicalmente entregue a Deus e aos irmãos, até à morte como mártir.

Oração

«Pai, ponho-me nas Tuas mãos!
Faz de mim o que quiseres;
seja o que for, eu Te agradeço.
Estou disposto a tudo; aceito tudo,
contanto que a Tua vontade
se faça em mim e em todas as criaturas.
Não desejo mais nada, Pai!
Confio-Te a minha alma;
dou-ta com todo o amor de que sou capaz,
porque Te amo e necessito dar-me, pôr-me nas Tuas mãos,
com uma infinita confiança,
porque Tu és o meu Pai.»

(CHARLES DE FOUCAULD, *Oração de abandono*)

1 de dezembro

BEATA MARIA CLARA
Virgem
FUNDADORA DE UMA BENEMÉRITA
CONGREGAÇÃO

Biografia

Maria Clara do Menino Jesus nasceu em 1843 na Amadora e foi batizada com o nome de Libânia Telles e Albuquerque. Cedo perdeu a mãe e o pai, acabando por entrar no Internato da Ajuda, destinado a órfãs de famílias nobres. Mais tarde sentiu-se chamada à vida religiosa e foi enviada em 1870 para o Instituto das Irmãs de Calais (França) para fazer o noviciado e para que mais tarde pudesse fundar uma congregação em Portugal, o que efetivamente aconteceu em 1871 (mais oficialmente em 1876) com a fundação da Congregação das Irmãs Franciscanas Hospitaleiras da Imaculada Conceição, instituto dedicado particularmente aos mais pobres. Muitas casas foram fundadas em Portugal continental e ainda no Ultramar.

A "Mãe Clara" (assim a chamavam) era simples e humilde, mas cheia de coragem e persistência. Seu lema era: «Se há bem a fazer, faça-se!» São dela ainda ditos como: «Nada acontece no mundo sem permissão divina», «Lembremo-nos do céu e essa esperança nos acalentará», «Como Deus é bom!»

Morreu em Lisboa a 1 de dezembro de 1899. Os seus restos mortais encontram-se na cripta da casa-mãe em Linda-a-Pastora (Oeiras). Foi beatificada em Lisboa, a 21 de maio de 2011, após lhe ter sido atribuído um milagre em benefício de uma senhora espanhola.

> **Lições / Propósitos**
> 1) Entrega da vida totalmente ao serviço de Deus e do próximo;
> 2) dedicação especial aos mais carenciados;
> 3) mulher simples e humilde, mas de grande determinação.

3 de dezembro

SÃO FRANCISCO XAVIER
Presbítero
GRANDE MISSIONÁRIO PADROEIRO DAS MISSÕES

Biografia

Francisco Xavier é um dos primeiros discípulos e companheiro de Inácio de Loiola. Apóstolo por excelência, podendo afirmar, como São Paulo: «Francisco, apóstolo de Jesus Cristo, por vontade de Deus...»

Nasceu a 7 de abril de 1506, no castelo de Xavier, perto de Pamplona (Navarra – Espanha). Estudou na Universidade de Paris, tornando-se professor. Aí conheceu um seu aluno, Inácio de Loiola, que por sua vez lhe dava lições de vida cristã, repetindo-lhe a frase evangélica: «Que vale ao homem ganhar todo o mundo, se perde a alma?...», até que Francisco se rendeu à Verdade, renunciou às suas ambições académicas e juntou-se ao primeiro grupo de jesuítas. Foi ordenado sacerdote em 1537, em Roma, onde se dedicou a obras de caridade. Foi enviado pelo Papa, em 1541, à Índia, ao serviço do rei português (antes tinha sonhado que levava um índio bem pesado às costas), desembarcando em Goa em 1542, após mais de um ano de viagem, onde serviu de enfermeiro e consolador numa peste que atacou a tripulação.

Sem um momento de descanso, percorreu o sul dessa grande nação, calcorreando milhares de quilómetros a pé até Ceilão, Malaca, Molucas, etc., pregando e batizando centenas de milhares de pessoas, famintas da Palavra de Deus («até os braços se lhe cansavam»), acompanhando a sua missão com diversos milagres (diz-se, por exemplo, que um caranguejo trouxe do fundo do mar o crucifixo que ele tinha perdido, para além de tantas curas e mesmo ressurreição de mortos) e com muitas consolações do Senhor.

Em 1549 esteve no Japão, tentando também evangelizar esse povo, porém com pouco sucesso, devido à língua e à renitência do povo. Mas não desanimou. Não bastava à sua alma apostólica e missionária tanta missão e sofrimento. Sonhou evangelizar também a imensa China, mas morreu abandonado na ilha de San-Choan, (em frente de Cantão, perto de Macau), na noite de 2 para 3 de dezembro de 1552, apenas com quarenta e seis anos, totalmente esgotado de forças por uma década de plenitude missionária, só explicável pela graça de Deus. A partir de Goa foram buscar o seu corpo que jaz numa urna (o corpo está incorrupto) na Catedral de Goa, venerada por cristãos e hindus. Foi proclamado padroeiro principal das Missões. Pio XII nomeou-o também patrono do Turismo.

Lições / Propósitos

1) Grande apóstolo e missionário de Jesus Cristo;
2) dedicado ao povo a quem pregava, procurando também remediar os seus males;
3) ambicioso como homem, mas mais ambicioso como sacerdote e missionário.

Citação

❏ «Muitos deixam de se fazer cristãos nestas terras (da Índia) por não haver quem se ocupe de tão santas obras (da pregação). Muitas vezes me vem ao pensamento ir aos colégios da Europa, levantando a voz como homem que perdeu o juízo, e principalmente à Universidade de Paris, falando na Sorbonne aos que têm mais letras do que vontade para se disporem a frutificar com elas. Quantas almas deixam de ir à glória e vão ao Inferno por negligência deles! E, se assim como vão estudando as letras, estudassem a conta que Deus Nosso Senhor lhes pedirá delas e do talento que lhes deu, muitos se moveriam a procurar, por meio dos Exercícios Espirituais, conhecer e sentir dentro de suas almas a vontade divina, conformando-se mais com ela do que com suas próprias afeições, dizendo: "Senhor, eis-me aqui; que quereis que eu faça?" Mandai-me para onde quiserdes e, se for preciso, até mesmo para a Índia.» (São Francisco Xavier, *Cartas a Santo Inácio*)

4 de dezembro

SÃO JOÃO DAMASCENO
Presbítero e doutor da Igreja
DEFENSOR DO CULTO DAS IMAGENS

Biografia

João Damasceno nasceu em Damasco (Síria), filho de pais ricos em dinheiro e boas obras, que gozavam de boa fama diante dos sarracenos que dominavam a região, chegando João a ser prefeito da cidade. Mas a certa altura renunciou a todas as honras e fez-se monge em Jerusalém, crescendo rapidamente nas virtudes, sobretudo na humildade, e sendo ordenado sacerdote. Homem de grande cultura teológica, pôs todo o seu saber ao serviço da evangelização direta e através de livros. Lutou sobretudo contra os iconoclastas (significa "destruidores de imagens"), que pretendiam banir todas as imagens de santos, defendendo ele o seu culto, pois as imagens reportam-nos ao representado.

João Damasceno foi o último dos padres gregos, tendo morrido por volta do ano de 750, quase centenário. A sua obra mais famosa foi traduzida para latim, em meados do século xii, com o título *De fide orthodoxa*, dando a conhecer a doutrina dos padres gregos no Ocidente, sendo muito citada por São Tomás de Aquino.

> **Lições / Propósitos**
>
> 1) Homem sábio mas de grande humildade;
> 2) evangelizador através da palavra e da escrita.

5 de dezembro

SÃO FRUTUOSO, SÃO MARTINHO e SÃO GERALDO
Bispos
PASTORES E MESTRES

Biografia

A Igreja reuniu na mesma comemoração os três santos que foram bispos de Braga, sendo patronos da arquidiocese, e grandes vultos históricos no noroeste da Península Ibérica em diversos séculos e provenientes de diversas nacionalidades.

São Frutuoso, de origem espanhola (Galiza), foi primeiro bispo de Dume antes de ser transferido para Braga, onde morreu em 665. Homem de grande santidade mas também de grande cultura, tendo fundado diversos mosteiros que irradiavam simultaneamente evangelização e civilização e ainda ação social, funcionando alguns como refúgios.

São Martinho nasceu na Panónia (Hungria) e foi viver para a Palestina. Daí veio para a Galiza, em meados do século VI, com a missão de evangelizar o noroeste da Península. Tornou-se depois bispo de Dume e de Braga, onde realizou dois concílios em 561 e 572. Foi o grande apóstolo dos suevos, que se converteram do arianismo ao catolicismo. Escreveu diversos livros versando as mais variadas matérias. Teve como grande modelo o seu homónimo São Martinho de Tours. Santo Isidoro elogia a sua fé e cultura. É autor de um opúsculo – *Fórmula de vida honesta* – contendo conselhos interessantes. Morreu em 579.

São Geraldo era um monge francês da Ordem de Cluny. Foi eleito bispo de Braga em 1095 ou 1096, quando se encontrava em Toledo ao serviço do bispo, tendo desenvolvido uma grande ação pastoral e evangelizadora, preocupando-se com o clero e com o povo simples. Faleceu durante uma visita apostólica a Bornes (Vila Pouca de Aguiar) a 5 de dezembro de 1108.

— *Lições / Propósitos* —
1) Bons pastores e grandes evangelizadores;
2) exemplos de oração e contemplação;
3) homens cultos e de grande capacidade de adaptação às diversas culturas.

6 de dezembro

SÃO NICOLAU
Bispo
SÁBIO, PASTOR E SANTO

Biografia

Poucos santos gozaram de tanta fama como São Nicolau, pois foi a partir dele que nasceu a figura do Pai Natal, sendo representado geralmente com presentes para as crianças na noite de Natal (é protetor da infância). Mas já antes dos países nórdicos e depois dos americanos o "explorarem" comercialmente, grandes santos tinham celebrado os seus méritos, como São João Crisóstomo ou São Boaventura, que lhe atribuem muitos milagres, como o de ter ressuscitado dois jovens que foram assassinados e metidos numa salgadeira (por isso é padroeiro dos estudantes), ou então por ter dado dinheiro para que três raparigas pudessem casar e não fossem entregues à má vida pelo pai, que não tinha dinheiro para as casar (Dante também se refere a esta lenda).

Nasceu por volta do ano de 270 na Lícia (atual Turquia), visitou a Tebaida, fundou e regeu um grande mosteiro, esteve preso algum tempo pela fé, vítima da perseguição de Diocleciano, e foi eleito bispo de Mira (Turquia). Participou no Concílio de Niceia. Morreu cerca do ano de 350. O seu culto desde cedo se estendeu no Oriente, tendo vindo para o Ocidente pelo século XI, quando as suas relíquias foram transladadas para Bari (Itália). É padroeiro de várias cidades italianas e de nações inteiras (Rússia e Grécia).

Lições / Propósitos

1) Bom pastor, sempre próximo do seu povo;
2) generoso para com os pobres e atribulados;
3) taumaturgo, sendo-lhe atribuídos muitos milagres.

7 de dezembro

SANTO AMBRÓSIO
Bispo e doutor da Igreja
SÁBIO, PASTOR E SANTO

Biografia

Ambrósio nasceu em Trêves, na Gália, onde o seu pai era prefeito, de uma família romana, por volta do ano de 339. Cedo a mãe enviuvou e regressou a Roma, onde Ambrósio estudou Direito. Era cônsul em Milão quando o povo o elegeu como bispo da cidade, sendo ainda simples catecúmeno. Rapidamente recebeu o Batismo e foi ordenado sacerdote e bispo, depois de ter distribuído os seus bens pelos pobres, a quem dedicava atenção especial, a ponto de Santo Agostinho dizer que às vezes não conseguia chegar até ele porque «um exército de necessitados» o rodeava. Ambrósio afirmava que «a Igreja nunca perde, quando ganha a caridade». Ao povo explicava também cada domingo a Palavra de Deus, defendendo-o da heresia ariana. Insistia no valor da castidade, elogiando de tal modo as virgens consagradas ao Senhor que algumas mães proibiam as filhas de irem ouvi-lo com medo de que fossem para o convento.

Foi exemplo acabado de pastor junto do povo, instruindo-o e animando-o nas dificuldades. Com os grandes era forte e com os fracos, manso e humilde. A sua doutrina e virtude impressionaram Santo Agostinho, que se converteu em grande parte graças a Ambrósio, que descreve como «piedoso, homem de Deus, afável, mestre da verdade» e que o batizou. Exerceu o seu apostolado sempre unido ao sucessor de Pedro, afirmando: «Onde está Pedro, está a Igreja.»

Morreu no Sábado Santo, 4 de abril de 397, mas como esta data coincide muitas vezes com a Semana Santa ou a semana de Páscoa, celebra-se a sua memória no aniversário da sua ordenação episcopal. Antes de falecer, segundo Santo Agostinho, teria afirmado: «Não vivi de modo que tenha vergonha de continuar a viver; mas não tenho medo de morrer, porque temos um Senhor que é bom.»

Lições / Propósitos

1) Bom pastor sempre próximo do seu povo, particularmente dos mais desfavorecidos, a quem recebia a toda a hora e a quem instruía na Palavra de Deus;
2) entusiasta defensor da vida consagrada a título especial a Deus, elogiando a virgindade por causa do Reino dos Céus;
3) homem manso e humilde, com os simples, mas forte diante dos poderosos, defendendo sempre os direitos da Igreja.
---

8 de dezembro

IMACULADA CONCEIÇÃO DA VIRGEM SANTA MARIA
TODA SOIS FORMOSA, Ó MARIA!

Reflexão

A solenidade da Imaculada Conceição é, juntamente com a Assunção da Virgem Maria (15 de agosto), a grande festa mariana, marcando o início desta criatura maravilhosa na sua passagem pela Terra. O fundamento é a Maternidade divina (1 de janeiro): porque foi chamada a ser Mãe do Verbo de Deus e disse o seu "sim" generoso, Maria nasceu Imaculada, preservada do pecado original, graças aos méritos antecipados do seu Filho, o Salvador. Maria é a ponte entre o Antigo e o Novo Testamento, é a Aurora de um novo dia, o pregão de um Tempo Novo. Por isso Ela é modelo e Senhora do Advento, sendo esta festa celebrada em pleno Advento, pois é Ela que nos traz o Salvador.

A festa da Conceição de Maria começou a celebrar-se no Oriente por volta do século VIII, ainda sem menção da Imaculada, mas no século XI já se fazia referência à Conceição Imaculada. Sempre a Igreja, ou o sentir comum dos fiéis, acreditou que Maria foi concebida sem pecado original, apesar das disputas entre teólogos. Mas só no dia 8 de dezembro de 1854 o Papa Pio IX definiu o Dogma:

> Declaramos, pronunciamos e definimos que a doutrina que sustenta que a Beatíssima Virgem Maria, no primeiro instante da sua Conceição, por graça e privilégio singular de Deus Todo-Poderoso e em vista dos merecimentos de Jesus Cristo Salvador do género humano, foi preservada e isenta de toda a mancha do pecado original, (doutrina que) foi revelada por Deus e como tal deve ser firme e constantemente querida por todos os fiéis.

A própria Virgem Maria, aparecendo em 1830 a Santa Catarina Labouré, na rue du Bac (Paris), já tinha preanunciado esta verdade, aparecendo rodeada com a inscrição: «Ó Maria concebida sem pecado, rogai por nós que recorremos a vós», jaculatória que se reza no terço. Em 1858, apenas quatro anos após a proclamação do dogma, Maria aparece em Lourdes e revela-se dizendo: «Eu sou a Imaculada Conceição.» Em Fátima, em 1917, apelida o seu Coração de "Imaculado" e garante que «por fim o meu Imaculado Coração triunfará».

A data de 8 de dezembro ficou ainda mais cara à Igreja pois foi neste dia, em 1965, que o Papa Paulo VI encerrou o Concílio Ecuménico Vaticano II. Também Portugal está muito ligado a esta solenidade e à devoção da Imaculada Conceição de Maria. Em 25 de março de 1646 o nosso rei, D. João IV, proclamou Nossa Senhora da Conceição de Vila Viçosa padroeira de Portugal. Posteriormente surgiu o grande Santuário da Senhora do Sameiro, em Braga, e depois o de Fátima, onde se venera o Coração Imaculado da Mãe de Deus.

Celebrando Maria, celebramos particularmente a Mulher, a Mãe (antigamente era o Dia da Mãe), as virgens. Mas esta festa tem algumas notas mais características, como a inocência original, sendo Maria o protótipo ou o paradigma de uma nova humanidade; a «Santa» por excelência, a «cheia de graça»; e ainda a luta entre o Bem e o Mal, entre a Luz e as trevas, entre Deus e o Diabo, sendo Maria a porta-bandeira nos grandes combates de Deus, sobretudo da pureza e inocência contra a luxúria e a maldade.

Lições / Propósitos

1) Conhecer, amar, invocar e imitar a Mãe Imaculada;
2) lutar contra o Mal, também representado por tanta luxúria e hedonismo, opondo-lhe a pureza e a inocência;
3) contemplar sempre Maria como modelo acabado de humanidade e de todas as virtudes.

11 de dezembro

SÃO DÂMASO
Papa
PROMOTOR DO CULTO DOS MÁRTIRES

Biografia

São Dâmaso nasceu na Península Ibérica (André de Resende defende mesmo que era de Guimarães) por volta do ano de 305. Foi sacerdote do clero de Roma e eleito Papa em 366, não sem polémica. Viveu tempos difíceis para a fé, tendo de reunir vários sínodos contra os cismáticos e hereges, defendendo sempre o primado de Roma. Encarregou São Jerónimo de traduzir a Bíblia para latim (Vulgata). Promoveu grandemente o culto dos mártires ornando os seus sepulcros, nas catacumbas, com versos da sua lavra (é conhecido como o "Papa das catacumbas"). Na chamada "cripta dos Papas", nas catacumbas de São Calisto, escreveu humildemente numa inscrição: «Aqui eu, Dâmaso, desejaria mandar sepultar os meus restos, mas tenho medo de perturbar as piedosas cinzas dos santos.» E de facto foi sepultado noutro local. Morreu em 384.

Lições / Propósitos

1) Sucessor de Pedro, defendeu sempre a ortodoxia da fé;
2) valorizou a Palavra de Deus mandando traduzir a Bíblia para latim;
3) promoveu o culto dos mártires, ornando as suas sepulturas com versos.

13 de dezembro

SANTA LUZIA
Virgem e mártir
BRILHE A VOSSA LUZ DIANTE DOS HOMENS

Biografia

Juntamente com Águeda, de quem era devota, Luzia ou Lúcia (que significa "luz") é natural da ilha de Sicília, tendo nascido em Siracusa, de família abastada. Fez-se cristã sem consentimento dos pais, distribuiu os seus bens pelos pobres e deve ter morrido mártir durante a perseguição de Diocleciano, pelo ano de 304, com cerca de vinte e três anos. Quiseram desonrá-la, mas sem sucesso; diz-se que foi salva miraculosamente, tornando-se extremamente pesada. Depois sujeitaram-na ao fogo, acabando por ser degolada. É invocada sobretudo como advogada da vista, pois supõe-se que, durante o martírio, lhe arrancaram os olhos. Cedo o seu culto chegou a Roma, que lhe dedicou muitas igrejas (cerca de trinta), e se espalhou por todo o Ocidente. O seu nome figura no Cânone Romano.

Lições / Propósitos

1) Fé e amor inabalável ao Senhor, consagrando-se a Ele quer na vida quer na morte;
2) coragem a toda a prova no martírio, tendo sofrido mil tormentos e tribulações;
3) dedicação generosa aos pobres e necessitados.

---

14 de dezembro

SÃO JOÃO DA CRUZ
Presbítero e doutor da Igreja
MÍSTICO, REFORMADOR E SOFREDOR

Biografia

São João da Cruz é inseparável de Santa Teresa, como dois irmãos, na mística e na reforma carmelitana, ajudando-se mutuamente na sua caminhada para Deus. Ela descreveu-o como «pequeno de estatura, mas muito grande aos olhos de Deus», «meio frade» no corpo, mas frade inteiro na alma. Também com isso a santa fazia humor. João um dia «vingou-se» pintando-a feia, mas ela desculpou-o: «Deus te perdoe!»

João nasceu em Fontiveros, perto de Ávila (Espanha), de uma família pobre, em 1542. Entrou na Ordem dos Carmelitas que mais tarde, a partir de 1567, data da sua ordenação sacerdotal, persuadido por Santa Teresa, viria a reformar, o que lhe valeu grande sofrimento e perseguições, mesmo a cadeia. Jesus tinha-lhe perguntado o que desejava d'Ele, ao que o santo respondeu: «Padecer, Senhor, e ser desprezado por causa de Vós.» Com esta experiência de sofrimento, tomou o nome de João da Cruz e enamorou-se dela, cantando a sua beleza unida à Cruz de Cristo, tudo transformando em amor: «Onde não há amor, ponde amor e recolhereis amor»; «ao entardecer da vida, seremos julgados sobre o amor». A Ordem do Carmo acabou por dar-lhe razão e confiar-lhe alguns cargos, chegando ele a presidir a um capítulo da sua ordem em Lisboa.

Escreveu diversas obras, mesmo de poesia, de grande valor místico e literário, como *Chama Viva de Amor*, *Subida do Monte Carmelo*, *Cântico Espiritual*. Apesar de o caminho para Deus ser estreito, e por isso poucos por lá querem transitar, fica o desafio: «Ó almas criadas e chamadas para estas grandezas sublimes, que fazeis? Em que vos entretendes? Oh miserável cegueira dos filhos de Adão, se continuam cegos para tanta luz e surdos para tão claras vozes!»

Morreu em Úbeda, Andaluzia, na madrugada de 14 de dezembro de 1591, consumido por tantos sofrimentos morais e físicos, devido a doença grave («estou-me consumindo em dores»), mas tudo transformando em amor e santidade.

Lições / Propósitos

1) Amor apaixonado a Jesus Cristo e à Sua Paixão, levando com amor a sua pesada cruz;
2) grande místico, gozando de experiências que só a Deus pertence outorgar;
3) diretor espiritual das almas, usando de grande prudência e sabedoria.

Citação

❑ «Por mais mistérios e maravilhas que tenham descoberto os santos doutores e entendido as almas santas neste estado (místico) de vida, o melhor fica-lhes por dizer e até por entender. Efetivamente, há muito que aprofundar em Cristo, porque Ele é como uma mina abundante com muitas cavidades cheias de tesouros. [...] Oh, se se acabasse de entender que não se pode chegar à espessura e sabedoria das riquezas de Deus, que são de muitas maneiras, senão entrando na espessura do padecer de muitas maneiras, pondo nisso a alma a sua consolação e desejo! E como a alma, que deveras deseja a sabedoria divina, deseja primeiro padecer, para entrar nela, pela espessura da Cruz. [...] Porque para entrar nas riquezas desta sabedoria, a porta é a Cruz, que é uma porta estreita, e desejar entrar por ela é de poucos; mas desejar os deleites a que se chega por ela, é de muitos.» (SÃO JOÃO DA CRUZ, *Cântico Espiritual*)

21 de dezembro

SÃO PEDRO CANÍSIO
Presbítero e doutor
GRANDE PREGADOR E ESCRITOR

Biografia

Pedro nasceu em 1521 em Nimega (Holanda) e estudou em Colónia e Lovaina. Entrou na Companhia de Jesus, recém-fundada, e foi ordenado sacerdote. Destinado como missionário para a Alemanha, trabalhou incansavelmente na defesa da fé, através da pregação e dos seus muitos escritos, entre os quais se destaca o Catecismo. Foi teólogo do Concílio de Trento, tendo defendido a ortodoxia da fé católica contra os protestantes.

Morreu em Friburgo (Suíça) em 1597. Pio XI canonizou-o em 1925 e declarou-o doutor da Igreja.

Lições / Propósitos

1) Missionário através da pregação, dos escritos e do exemplo da própria vida;
2) escritor fecundo de obras teológicas, sobretudo do Catecismo;
3) defensor da ortodoxia da fé contra os protestantes.

---

23 de dezembro

SÃO JOÃO DE KENTY
Presbítero
PÁROCO E PROFESSOR

Biografia

João nasceu em Kenty, perto de Cracóvia (Polónia), em 1390. Ordenado sacerdote, foi nomeado pároco e professor na Universidade de Cracóvia, juntando a ciência à virtude, sendo homem de grande piedade, oração, humildade, simplicidade e caridade para com o próximo, tornando-se modelo para os colegas e alunos. Morreu em 1473.

Lições / Propósitos

1) Homem de grande fé, oração, simplicidade e caridade;
2) pároco exemplar do seu povo, a quem instruía na fé e na ciência;
3) professor competente mas cheio de humildade.

José H. Barros de Oliveira

25 de dezembro

NATAL DO SENHOR
«O VERBO FEZ-SE CARNE E HABITOU ENTRE NÓS.»

Reflexão

O nascimento de Jesus é um facto histórico incontestável, de tal forma que a História passou a contar-se antes (a. C.) e depois de Cristo (d. C.). Apesar da sua historicidade, desconhecemos o ano, mês e dia exatos do nascimento do Salvador. Como os romanos celebravam no dia 25 de dezembro a festa do nascimento do Sol Invicto, quando o astro-rei, após o solstício de inverno, já se começava a levantar no horizonte, a Igreja decidiu celebrar também neste dia o nascimento do Sol da graça e da salvação que é Jesus Cristo. Quanto ao ano, na Alta Idade Média, um monge quis fazer coincidir a história romana com a cristã, mas enganou-se em alguns anos; assim, quando celebrámos o ano de 2000, isso corresponderia já ao ano de 2006, mais ou menos (por isso vamos uns anos atrasados em relação ao nascimento de Cristo). Mas nem isso, nem os pormenores do nascimento e infância de Jesus, narrados por Mateus e Lucas, são muito importantes; o facto determinante é saber e crer que num dado momento da História, «na plenitude dos tempos», como diz São Paulo (Gl 4,4), o próprio Filho de Deus, eterno como o Pai, se fez Homem para salvação de toda a humanidade. Por isso o Evangelho de São João começa: «No princípio era o Verbo... e o Verbo fez-Se carne e habitou entre nós!»

Natal é Festa:

festa de Deus, de toda a Santíssima Trindade;
festa da Mãe de Deus, Maria, que meditava todo este mistério no seu coração;
festa do Homem, que encontra a sua plenitude e modelo absoluto em Cristo;
festa da Família, que tem na família de Nazaré – Jesus, Maria e José – o modelo supremo;
festa dos Pobres: o filho de Deus nasceu pobre e foram os pobres pastores os primeiros a reconhecê-lo;
festa das Crianças, que no Menino têm o modelo mais absoluto de inocência e paz;
festa do Universo, que foi feito n'Ele (Verbo de Deus), por Ele e para Ele, como diz São Paulo.
Enfim, festa do Céu e da Terra.

Espiritualidade e programa de ação no Natal:

tempo de renascimento espiritual, de aprendermos a ser filhos de Deus;
tempo de imensa alegria: «Eis que vos anuncio uma grande alegria», afirmava o anjo;
tempo de paz interior e exterior, paz das consciências e entre os povos;
tempo de evangelização, de levar a Boa Notícia da manifestação de Deus a toda a humanidade;
tempo mariano por excelência, pois não há Natal sem Mãe e aqui a maternidade atingiu a plenitude da dignidade.

Lições / Propósitos

1) Amor: tudo no presépio é pequeno salvo o amor, a humildade e a simplicidade;
2) render-se para sempre a esse Menino que nasceu entre nós para nos cativar o coração;
3) em tempo de tantos presentes não esquecer a prenda para o Menino: o nosso coração.

José H. Barros de Oliveira

Domingo a seguir ao Natal

SAGRADA FAMÍLIA
JESUS, MARIA E JOSÉ
MODELO PERFEITO DE FAMÍLIA

Reflexão

O mistério da Encarnação passa-se no seio de uma família na qual Jesus viveu trinta anos, antes de iniciar a Sua vida pública. Embora a figura central seja sempre Jesus, Maria, Sua Mãe, e José, esposo da Virgem e protetor de Jesus, também são venerados e incluídos nesta celebração natalícia. O sentido principal desta festividade é apresentar a Família de Nazaré como modelo consumado ou protótipo de família, realçando ainda mais o Natal como a Festa da Família por excelência. Mas é ocasião também para refletir sobre a família humana.

Valor (importância e necessidade) da família: É a célula-base da sociedade, anterior à própria sociedade civil (e muito mais ao Estado), que é constituída por um conjunto de famílias. Atentar contra a família é tocar nos fundamentos do edifício social, pondo em risco a sua subsistência. À luz da fé, a família humana constitui-se à imagem da Família de Nazaré e ainda, como esta também, à imagem da Santíssima Trindade, Família eterna de Amor entre o Pai, o Filho e o Espírito Santo.

Diagnóstico (*sintomas, causas, inimigos, problemas*) da família de hoje: é um truísmo dizer que a família está em crise ou está doente. São muitos os sintomas desta doença, quer a nível do próprio casal (má preparação para o casamento, estragando ou brincando com o amor durante o namoro, atentados à fidelidade, adultério, falta de diálogo e, pior ainda, divórcio facilitado, casais homossexuais, aborto aprovado...), quer na relação com os filhos (reduzido número ou mesmo nenhum filho, má educação ou falta de meios para bem educar), quer a nível social (pouco apoio do Estado à maternidade, à educação, aos idosos; ao contrário, facilitação do divórcio e do aborto, trabalho da mulher/mãe fora de casa, desemprego, meios de comunicação social invasores e contaminadores do lar).

Consequências: infelicidade dos pais, dos filhos (crianças tristes e caprichosas, juventude desorientada), da sociedade em geral que corre perigo.

Terapia (remédios): conforme as causas mais determinantes da crise, assim deve ser aplicado o remédio. A nível de casal: mais compreensão e amor, mais diálogo e humildade; na relação com os filhos: mais compreensão e entreajuda de parte a parte – em muitos casos sai certo o provérbio: «filhos criados, trabalhos dobrados», por culpa de ambas as partes; em relação à sociedade e aos poderes políticos: mais apoio à família, sobretudo aos mais fracos como as crianças e os idosos, e menos atentados à família, como a aprovação e facilitação do aborto, do divórcio, das uniões de facto, dos casamentos homossexuais; a nível da Igreja: dar ainda mais apoio às famílias, ciente de que uma das causas da derrocada da família é a ausência de espiritualidade no lar, onde já não se reza nem se respeita a Lei de Deus.

— Lições / Propósitos

1) Família de Nazaré como modelo acabado de todas as famílias que a devem imitar;
2) tentem as mães imitar Maria, os pais José e os filhos Jesus;
3) exigir de todas as instituições públicas (escola, Estado, Igreja, meios de comunicação social, etc.) a promoção da família e que nunca ousem atentar contra ela.

José H. Barros de Oliveira

26 de dezembro

SANTO ESTÊVÃO
Mártir
CHEIO DE GRAÇA E DE FORTALEZA

Biografia

Estêvão (que significa "coroa") foi de facto coroado mártir, fazendo jus ao seu nome. Foi o primeiro dos «sete homens de boa reputação, cheios do Espírito Santo e de sabedoria», escolhidos pelos Apóstolos para o serviço das mesas (At 6,2-6). Ele mesmo era homem «cheio de fé e do Espírito Santo», «cheio de graça e de fortaleza» (At 6,8.10). Não limitou o seu diaconado ao serviço dos pobres, mas dedicou-se também à evangelização e a dar testemunho direto de Jesus Ressuscitado. Os Atos dos Apóstolos atribuem-lhe um discurso (At 7) que é uma primeira tentativa de interpretar o Antigo Testamento à luz do Novo.

Estêvão foi o primeiro mártir (protomártir) da Igreja nascente (precedido pelos Santos Inocentes, por João Batista e pelo próprio Jesus). Morreu cerca do ano de 36, em Jerusalém, lapidado (apedrejado), portanto uns três anos após Jesus, aceitando o seu martírio com as mesmas disposições do Mestre, perdoando aos carrascos, dirigindo-se a Jesus, que contemplava na glória do Pai: «Senhor Jesus, recebe o meu espírito.» Saulo, assistia e colaborava no seu martírio, mas pouco tempo depois converteu-se no grande Paulo, por intervenção direta de Jesus, mas também devido à oração e ao exemplo de Estêvão, como diz São Fulgêncio: «Onde entrou primeiro Estêvão, martirizado pelas pedras de Paulo, entrou depois Paulo, ajudado pelas orações de Estêvão.»

> *Lições / Propósitos*
>
> 1) Homem de grande fé, cheio de graça e do Espírito Santo;
> 2) homem de grande sabedoria e de fortaleza, disposto a dar generosamente a vida por Jesus, pela causa do Evangelho e pelos pobres;
> 3) homem do perdão, perdoando mesmo aos seus carrascos, a exemplo de Jesus;
> 4) exemplo de morte santa, contemplando antecipadamente a glória do Filho de Deus e entregando-Lhe o espírito: «adormeceu no Senhor»;
> 5) diácono exemplar, totalmente votado ao "serviço" dos pobres e da causa do Evangelho.

27 de dezembro

SÃO JOÃO
Apóstolo e evangelista
O DISCÍPULO PREDILETO

Biografia

João era filho do pescador Zebedeu, de Betsaida, e certamente de Salomé (que podia ser irmã de José e que mais tarde se consagrou ao serviço de Jesus e dos Apóstolos). Foi educado, com o seu irmão Tiago, o maior, na seita dos zelotas que pretendiam expulsar os romanos da Palestina à força (é denominado, com o irmão, Boanerges, «filho do trovão»). Fez-se discípulo de João Batista, que o encaminhou para Jesus. Por razões que só Jesus conhece (a que poderia não ser alheio o facto de ser o discípulo mais novo e virgem e talvez o mais simpático e generoso), escolheu-o para diversas missões e para estar com Ele, juntamente com Pedro e Tiago, nos momentos de maior glória (Tabor) e de maior sofrimento (Getsémani), confiando-

-lhe igualmente os segredos mais íntimos. A ele confiará também a Mãe, já do alto da Cruz (enquanto os outros fugiram, João ficou com Maria ao pé da Cruz), vivendo certamente com ela em Éfeso.

Os seus títulos principais, em relação aos outros Apóstolos são: o mais novo, o Apóstolo virgem, o "discípulo amado", o que reclinou a cabeça no peito do Mestre na Última Ceia, o único Apóstolo que permaneceu ao pé da Cruz e a quem Jesus entregou a própria Mãe, o que chegou primeiro ao sepulcro e, vendo-o vazio e o lençol enrolado, «viu e acreditou» na Ressurreição, enfim, o primeiro que reconheceu o Senhor ressuscitado («é o Senhor!»). É o evangelista mais teológico e místico.

João, com apoio de discípulos, é autor do Quarto Evangelho que apresenta uma visão diferente, mas convergente com os sinópticos, começando por contemplar o Verbo no seio de Deus mas que por amor e para nossa salvação se faz homem: «E o Verbo fez-Se carne e habitou entre nós.» O Espírito Santo é quem nos permite interpretar a história de Jesus à luz da fé («evangelho espiritual») e encontrar nele a vida eterna. Desde a primeira à última página voa alto a sua teologia e por isso é identificado com a "águia". É também autor do Apocalipse, último livro da Revelação, que conforta os cristãos perseguidos com a garantia da presença do Senhor e com a esperança da Sua última vinda. Escreveu ainda três cartas, sendo a primeira a mais importante, onde define Deus como "Amor".

Após longa vida apostólica e de tribulações, foi desterrado para a ilha de Patmos, vindo a falecer, não se sabe de que modo (há a tradição de que o meteram num caldeirão de azeite a ferver de onde teria saído ileso), no tempo de Trajano, muito avançado em idade, certamente já no início do século II, tendo deixado muitos discípulos (Policarpo, Inácio de Antioquia, Ireneu) a quem, segundo a Tradição, repetia obsessivamente o mandamento do Mestre («Amai-vos uns aos outros») ciente de que isso constituía a essência da vontade do Senhor.

> **Lições / Propósitos**
>
> 1) Discípulo fiel do Senhor, o «discípulo amado» que reclinou a cabeça no coração do Mestre e intuiu os segredos mais profundos do Senhor;
> 2) corajoso, mantém-se firme com Maria ao pé da Cruz e Jesus entrega-lhe (e nele a todos nós) a própria Mãe, que ele cuida, no resto da vida. Ensina-nos, por isso, a viver em intimidade com Maria;
> 3) testemunha da Ressurreição, correndo com Pedro, na manhã de Páscoa, ao sepulcro e vendo o sepulcro vazio: «Viu e acreditou.» Depois reconheceu Jesus quando parecia um fantasma a caminhar sobre as águas: «É o Senhor!»;
> 4) temperamento forte, sendo apelidado, juntamente com o irmão Tiago, de «filhos do trovão», mas depois rendeu-se à mansidão de Jesus e vivia obcecado com o Amor, o primeiro e único Mandamento;
> 5) grande teólogo, meditou toda a sua vida sobre a vida de Jesus, acabando por escrever o Quarto Evangelho e ainda o Apocalipse e três cartas.

28 de dezembro

SANTOS INOCENTES
Mártires
O CLAMOR DE TANTOS INOCENTES

Biografia

Ao venerar estas crianças, «flores dos mártires» (Santo Agostinho), que derramaram inocentemente o seu sangue por Cristo, antecipando e simbolizando a morte do «Cordeiro Inocente» por excelência, a Igreja pretende que saibamos também dar testemunho (mártir, em grego, significa "testemunha") de

Jesus Cristo, mesmo se fosse preciso derramar o sangue por Ele. Pretende ainda a Igreja recordar todos os inocentes que ao longo dos séculos, e hoje também, são sacrificados pela maldade humana, quer nas guerras e guerrilhas, quer na fome e na miséria, quer em tribunais injustos, quer na exploração da prostituição, mesmo de crianças, quer sobretudo os bebés mortos ainda no seio materno (aborto, aprovado em tantos países, como em Portugal, o que torna este crime ainda mais hediondo) ou depois de nascer (infanticídio, praticado ainda em alguns países).

O Concílio Vaticano II afirma que «o aborto e o infanticídio são crimes abomináveis.» (GS, n.º 51) Celebrando «o nascimento para o Céu das crianças que foram assassinadas por Herodes, o rei cruel» (São Cesário de Arles), a Igreja não esquece os "Herodes" que infelizmente continuam a existir e a sacrificar tantos inocentes. Os mártires inocentes que hoje celebramos foram talvez umas dezenas, enquanto em cada dia são sacrificados, de uma forma ou de outra, milhares. Só em abortos são massacrados talvez cinquenta milhões de bebés anualmente em todo o mundo, o que significaria cerca de 150 000 por dia...

Enfim, ainda em ambiente de Natal, esta celebração recorda-nos todo o sofrimento humano provocado e que tanto faz sofrer, particularmente as crianças, antes ou depois de nascer. Com elas particularmente se identifica o martírio de Jesus que só não se consumou em criança, às mãos do invejoso e ambicioso Herodes, porque os seus pais, avisados pelo Céu, fugiram para o Egito.

— Lições / Propósitos

1) Nunca se deixar dominar pela ambição, pelo ciúme ou pelo medo de perder o poder, como Herodes, para não cair na tentação de eliminar todos os potenciais concorrentes, sem olhar a meios, como aconteceu com tantos ditadores ao longo da História e acontece ainda hoje (as crianças são sempre as maiores vítimas das guerras, da fome, da liberalização do aborto...);
2) nunca fazer sofrer uma criança ou, pior ainda, sacrificá-la mesmo no seio materno (aborto), ao contrário, defendendo sempre a vida, sobretudo dos inocentes;
3) admirar o heroísmo de tantas crianças capazes já de se sacrificar pelos outros, como os pastorinhos de Fátima, beatos Francisco e Jacinta, que faziam sacrifícios pela conversão dos pecadores.

29 de dezembro

SÃO TOMÁS BECKET
Bispo e mártir
DEFENSOR DA LIBERDADE DA IGREJA

Biografia

Tomás Becket nasceu em Londres em 1120, de pais ricos, provenientes da Normandia, e chegou a ser chanceler do rei Henrique II de Inglaterra, tendo vindo a Paris rodeado de grande pompa. Nomeado arcebispo de Cantuária, renunciou ao cargo de chanceler, o que desgostou o rei, mais ainda quando o arcebispo se pôs do lado do Papa contra ele. Mas continuou a lutar incansavelmente pela liberdade da Igreja, o que lhe valeu o desterro em França, a prisão, e finalmente a morte, no ano de 1170, às mãos dos guardas reais que o abateram à espada.

José H. Barros de Oliveira

> *Lições / Propósitos*
>
> 1) Coragem inquebrantável, preferindo morrer a trair a sua consciência;
> 2) bispo sempre fiel ao Santo Padre.

31 de dezembro

SÃO SILVESTRE
Papa
DEFENSOR DA ORTODOXIA DA FÉ

Biografia

O Papa Silvestre I tem a honra de encerrar o ano civil, sendo o 31 de dezembro conhecido precisamente como Dia de São Silvestre. Foi eleito Papa em 314, um ano após o imperador Constantino ter concedido liberdade aos cristãos (Édito de Milão de 313), mas servindo-se em grande parte da Igreja, dada a personalidade pouco forte de Silvestre e a megalomania do imperador.

Acabadas as perseguições, a Igreja que saía das catacumbas tinha de se organizar e definir melhor a sua fé contra os erros e heresias dos donatistas e principalmente dos arianos (nome provindo do sacerdote Ário de Alexandria), que negavam a divindade de Cristo. Por isso, o Papa convocou o Concílio de Niceia, em 325, sendo o primeiro concílio ecuménico (universal) e que definiu o dogma da divindade de Cristo no Símbolo Niceno ou Credo.

Constantino, que se intitulava "o bispo dos bispos" e que teve lugar de honra no concílio, parte depois para Constantinopla, como nova capital do império, deixando o seu palácio de Latrão ao Papa e posteriormente a própria cidade de Roma. São Silvestre morreu em 335 e foi sepultado no Cemitério de Santa Priscila, na via Salária.

Lições / Propósitos

1) Defesa da sã doutrina contra as heresias do tempo;
2) boa colaboração entre o poder civil e o religioso.

Apêndice 1
A CAMINHO DOS ALTARES

4 de julho

BERNARDO DE VASCONCELOS
Religioso
JOVEM CORAJOSO NO SOFRIMENTO

Biografia

Bernardo de Vasconcelos nasceu a 7 de julho de 1902 de uma família distinta de São Romão do Corgo, Celorico da Beira. Depois do curso liceal, foi estudar Direito para Coimbra. Inicialmente sofreu uma certa desorientação, mas foi ajudado por uma associação católica e pelas Conferências Vicentinas, devotando-se de alma e coração aos pobres. Além do estudo, começou a dedicar-se às boas leituras e à oração, frequentando diariamente a Eucaristia. Na Sé Velha de Coimbra viram-no muitas vezes rezar, envolvido na capa de universitário. Por essa altura escreve:

> Sinto-me cada vez mais feliz e praza a Deus que eu possa vir a ser digno de tanta felicidade. Continuo a orientar a minha vida por um caminho austero e iluminado, conservando sempre bem arraigado o lema que tomei: «A renúncia é o caminho.» Conservo, com a graça de Deus, a mesma pureza de coração e também de ações.

Um retiro espiritual feito no Luso com outros colegas universitários, em 1923, marcou-o profundamente. No seu *Diário Espiritual* anotou: «Servir a Deus é o ideal mais alto, é o ideal único – é o ideal.» O sofrimento bateu-lhe à porta com uma doença grave, mas que suportou com serenidade e resignação. Entretanto encontrou-se com o doutor Manuel Cerejeira (futuro Patriarca de Lisboa), que era professor na Faculdade de Letras, e resolveu entrar na Ordem de São Bento. Despediu-se de Coimbra – os colegas vieram despedir-se dele à estação saudando-o em apoteose – e entrou no convento beneditino de Singeverga. Sentiu-se deliciado: «Este delicioso isolamento tem-me feito um bem incalculável à alma.» Pensou fazer-se sacerdote, mas renunciou por humildade e para o florescimento da ordem em Portugal.

Percorreu as casas da ordem em Portugal, Espanha e Bélgica, já a braços com uma tuberculose vertebral que lhe acarretou grande sofrimento, levando-o a sujeitar-se a várias intervenções cirúrgicas sem resultado (chamava a si mesmo «uma casa esburacada»), antes aumentando cada vez mais a sua cruz, que levou com grandeza de ânimo, unido à Cruz de Cristo:

> Estou nas mãos de Deus. Tenho sofrido bastante. Só com o auxílio d'Ele poderia suportar certas dores. Ele lá tem os seus desígnios. Uns são destinados para pregar, outros para orar, outros para sofrer. Neste tempo em que o mundo é atravessado por uma onda de despudor e de baixeza moral, é mais necessária a expiação e o desagravo.

E sofria com coragem e alegria, incutindo noutros doentes também a alegria. Num consultório do Porto, onde vinha tratar-se, chamavam-lhe «o frade santinho», segundo testemunho de um médico.

Morreu a 4 de julho de 1932, aos trinta anos, na Foz do Douro, suspirando: «Ó Santíssima, ó Santíssima Trindade! Não chorem, eu vou para o Céu! Jesus, Jesus, Jesus, eu sou todo de Jesus.» Em outubro de 1987 ficou concluído em Braga o processo diocesano em ordem à canonização. Mas o povo, desde a sua morte, já o venera como "santo".

> **Lições / Propósitos**
>
> 1) Jovem enamorado de Jesus Cristo, deixando tudo para O seguir;
> 2) exemplo de coragem no sofrimento, tudo aceitando em ato de reparação;
> 3) caridade, devotando-se generosamente ao serviço dos pobres.

16 de julho

PADRE AMÉRICO
Presbítero
RECOVEIRO DOS POBRES

Biografia

Embora a Igreja ainda não se tenha pronunciado definitivamente sobre a heroicidade das suas virtudes, decorre o processo da sua canonização e o povo já o elevou aos altares. Podemos por isso recordá-lo. Mais importante é imitá-lo, sobretudo na sua atenção e doação aos mais pobres, a começar pelas crianças.

Oitavo e último filho de uma família cristã abastada, nasceu Américo de Aguiar, em Galegos (Penafiel), a 23 de outubro de 1887. De pequeno teve o sonho de ser sacerdote, mas o pai não lho consentiu por o considerar demasiado folgazão. Estudou e veio trabalhar para o Porto e depois para Moçambique. Através de uma vida algo acidentada, foi compreendendo melhor os desígnios de Deus. Regressou a Portugal e entrou num mosteiro franciscano em Espanha, mas não era essa a sua vocação. Não conseguindo ingressar no Seminário do Porto, foi recebido no de Coimbra, sendo ordenado em 1929, realizando assim o seu sonho, ou a «martelada» que desde há muito sentia. Assinava sempre «Padre Américo!» (com uma exclamação, admirado de si mesmo e sentindo-se indigno). Escreveu: «A minha estrela andou encoberta anos e anos; porém, um dia o vento soprou; dissiparam-se as nuvens e a minha estrela brilhou como a dos Reis Magos.»

Foram os pobres o seu amor, como escreve, humilde mas contente: «Vendo os superiores que eu não servia para mais nada, mandaram-me tratar dos pobres. Foi o que eu quis ouvir. Era do que eu gostava.» Efetivamente, como era bastante doente, não lhe atribuíram uma paróquia, mas o bispo pediu-lhe esse serviço, confiando-lhe a Sopa dos Pobres, ao mesmo tempo que visitava famílias pobres e miseráveis. Feria-o particularmente a criança abandonada e organizou colónias de férias (Colónias do Campo), até que em 1939 se estabeleceu definitivamente com os seus rapazes em Miranda do Corvo. Nascia a primeira Casa do Gaiato em janeiro de 1940, seguindo-se outras como a de Paço de Sousa, em 1943, num antigo convento dos beneditinos. Tornou-se o "recoveiro dos pobres".

Em 1944, fundou o jornal *O Gaiato* para levar mais longe a sua mensagem e estímulo à caridade, onde ele mesmo escrevia num estilo muito pessoal, podendo ser considerado um literato do século xx. Muitos desses artigos foram coligidos em livros como *Pão dos Pobres, Obra da Rua, Isto é a Casa do Gaiato, Barredo, Ovo de Colombo, Viagens e doutrina*. E nasceram os Padres da Rua, para o acompanharem e continuarem a sua obra. Queria que a *Obra da Rua* fosse ao mesmo tempo uma denúncia incómoda, uma proposta de amor e um sinal de esperança. Para além do seu coração grande de padre, manifestou-se como grande pedagogo, desejando que a obra fosse «de rapazes, para rapazes e pelos rapazes».

Um professor de Coimbra considerou-o «o primeiro pedagogo de Portugal». Ele procurava a saúde dos rapazes, mas também que trabalhassem e rezassem, constituindo isso um «tríptico de beleza»: «Já tínhamos o hospital; agora a capela; as oficinas hão de vir. Tríptico de beleza. A formação completa do rapaz está aqui. Nós não queremos fazer santos, que isso é unicamente obra da graça, nem santinhos, que é obra de pieguice. Procuramos, sim, obter homens honestos», escrevia em *O Gaiato*. Quer os rapazes em ambiente familiar e não de caserna, livres, com a porta aberta:

> O padrão da obra é a família: vida familiar. Eis a escola natural da sólida formação do homem. [...] Havemos de ir às fontes, à origem, à primeira célula que apareceu na terra – a família. A lareira é uma universidade.

Acreditava até ao fundo nos rapazes, ciente de que «não há rapazes maus». Sabendo que não poderia contar com muitas ajudas, pensou que devia deitar mão da prata da casa, chegando assim ao lema lapidar: «Obra de rapazes, para rapazes e pelos rapazes.» E tudo com muito amor, que só o amor faz milagres: mesmo o rapaz mais rebelde e perdido «se percebe e sente que alguém no mundo o ama, quer amar também e é fiel». E sempre confiar nos rapazes: «Desejaria dizer a cada um quem ele é, quanto vale e o que pode.» Só um pai fala assim e por isso os seus filhos espirituais a ele se dirigem como "Pai Américo" (mas padre também já diz pai).

Foi sobretudo um homem de Deus, ciente de que não é possível o amor de Deus sem o amor bem concreto ao próximo, de todas as formas. Viveu para os mais necessitados, sobretudo crianças, esquecido de si, confiando sempre na Providência de Deus: «Ando por esse mundo sem norte nem programa, vivendo das tribulações de cada dia, sem me dar do que hei de comer nem do que hei de vestir – para que o nosso bom Deus faça tudo e eu nada.»

Para além de acolher nas casas do Gaiato as crianças mais em risco, procurou também, através do património dos pobres, construir casas minimamente dignas para os mais pobres, e recolheu na casa do Calvário, em Beire (Paredes), aqueles pobres e doentes incuráveis rejeitados pela sociedade, lixo do mundo mas que para ele eram tesouros:

> Chegou a hora de dar notícias de uma obra que há muito trazemos no peito, a saber: um abrigo onde possam morrer cristãmente legiões de inválidos sem morada certa. Vai-se-lhe dar o nome de *Calvário*. O Calvário! É um nome tirado do Evangelho. É o resumo de toda a economia da Redenção. Fazem hoje falta no mundo

estes nomes, estas ideias, estas obras humanas de sabor divino. [...] Procura-se tornar válido o inválido, para que esqueça e seja alegre. É uma obra de doentes, para doentes, pelos doentes.

Morreu a 16 de julho de 1957 num desastre de viação, indo ao volante um dos seus primeiros rapazes. No centenário do nascimento do Padre Américo, fundador da Obra da Rua, os bispos portugueses quiseram celebrá-lo com uma nota pastoral, realçando a sua obra generosa ao serviço dos mais pobres, particularmente das crianças e jovens em perigo. Nesse mesmo centenário, em 1987, foi introduzido na diocese do Porto o processo da sua canonização encerrado em 1995, tendo seguido para Roma. Oxalá em breve o possamos ver nos altares para maior exemplo de todos.

Em 2006, por ocasião dos cinquenta anos da sua morte, o conselho permanente da Conferência Episcopal Portuguesa publicou uma nota pastoral onde exalta a figura do padre Américo e a sua obra que, apesar das inevitáveis mudanças dos tempos e a «desejável melhoria de métodos» continua a prestar um serviço prestimoso à Igreja e à sociedade.

Lições / Propósitos

1) Total dedicação aos mais pobres, particularmente a todos os rapazes perdidos na rua;
2) grande pedagogo, fazendo com que os educandos fossem ao mesmo tempo educadores;
3) homem de Deus para ser também homem dos homens, fazendo que a sua obra do Gaiato e do Calvário se prolongasse através dos Padres da Rua.

Citações

❏ «Se primeiro não se dá de comer a quem tem fome, não acreditam nas nossas palavras e até deturpam as nossas intenções. O Evangelho entra pelo estômago. [...] É necessário que os ricos sejam menos ricos, para que os pobres sejam menos pobres.
Eu sou um pobre mortal, cheio de defeitos e alguns deles defeitos morais – que são aqueles que mais devoram e os que mais custam a sofrer – um pobre mortal a quem Deus deu a graça de amar aquilo que não

presta. Também deu a graça de já a mim, nesta missão difícil, virem-se juntar mais três sacerdotes, que somos hoje em Portugal, chamados os Padres da Rua. [...] Amamos aquilo que não presta. Somos farrapeiros, apanhamos farrapos. Trazem-nos para as nossas aldeias; plantamos, regamos. Deus dá o crescimento.» (Padre Américo, *Viagens*)

❏ «Eu sou um revolucionário pacífico, um pobre que sangra, um pai que chora, um português que ama. Revoluciono as massas para lhes dar a paz. Sangro pelos pobres, nossos irmãos, para os aliviar. Choro a sorte dos farrapões das ruas e quero restaurar o que a sociedade estragou. Amo a terra que me viu nascer e mais nada quero senão que ela se levante. E ninguém se levante sem levantar os prostrados.» (Padre Américo, *Autorretrato*).

1 de outubro

PADRE CRUZ
Presbítero
HOMEM DE DEUS E DOS POBRES

Biografia

Ainda em vida, as pessoas já lhe chamavam o «santo padre Cruz». Como os Atos dos Apóstolos dizem de Cristo, também ele «passou fazendo o bem» a todos.

Francisco Rodrigues da Cruz nasceu a 29 de julho de 1859, em Alcochete. Nasceu tão debilitado que tiveram de chamar um sacerdote a casa para o batizar de urgência. Os pais eram muito religiosos e praticantes e assim educaram os filhos. De facto, Francisco, depois dos primeiros estudos, partiu para Coimbra a cursar na Faculdade de Teologia, sendo ordenado sacerdote a 3 de junho de 1882. Deu aulas de Filosofia no Seminário de Santarém. Entretanto, a sua saúde debilitada levou-o a Lisboa.

Então foi proclamada a República e com ela a perseguição à Igreja, a começar pelos Jesuítas. Visitou muitos padres nas cadeias e protegeu o Santíssimo Sacramento em muitas igrejas abandonadas, para que não fosse profanado, ao mesmo tempo que se dedicou a outras obras de caridade.

Mas a sua atividade pastoral não se confinou a Lisboa, antes percorre praticamente todo o país, levando a mensagem do Evangelho e ao mesmo tempo o conforto a todos os que precisavam. Foi-lhe oferecido o cargo de cónego da Sé de Lisboa, mas recusou. No seu 80.º aniversário, celebrou Missa acolitado pelo cardeal Cerejeira e mais de uma centena de padres que lhe beijam as mãos. Em 1940, já com oitenta e um anos, realizou o sonho da sua vida: ser jesuíta. Não o tinha conseguido antes devido à sua saúde frágil. Continuou a sua missão de pregar, confessar, converter os pecadores, visitar cadeias e hospitais, consolar os pobres e os aflitos. Mesmo velhinho levou também essa missão à Madeira e aos Açores. Um dos seus lemas era «rezar até não poder mais» e na verdade, mesmo na rua, andava sempre com o terço na mão e com jaculatórias nos lábios. O seu amor a Deus levava-o a evitar todo o pecado: «Antes morrer do que cometer o mais leve pecado.» Era muito devoto do Sagrado Coração de Jesus e da Paixão do Senhor, chegando a derramar lágrimas quando fazia a Via-Sacra, uma das suas devoções prediletas. Amava também Maria, a Mãe de Deus, e ia frequentemente a Fátima.

O Padre Cruz foi um sacerdote à altura, derramando por toda a parte a graça e o perdão de Deus e a Palavra do Evangelho. Praticava o que ensinava aos colegas: «A nossa missão é confessar enquanto se apresentarem pecadores, pregar enquanto houver ouvintes, e rezar até já não se poder mais.» Teve a honra de confessar e dar a Primeira Comunhão à irmã Lúcia, em Fátima, e rezou com os pastorinhos o terço. Era simples e andava com os simples, mas também os intelectuais lhe vinham pedir conselho e perdão, como Leonardo Coimbra, que se confessou a ele e casou catolicamente por sua influência.

Contam-se muitos milagres na sua vida, como as partículas do sacrário multiplicarem-se para poder dar a comunhão a toda a gente; o comboio que parou porque o deitaram fora uma vez que não tinha dinheiro para pagar o bilhete, porque dava tudo aos pobres (a locomotiva só voltou a andar quando o deixaram de novo entrar – isto na linha do Tua para Bragança); o sentir se as crianças estavam batizadas ou não, etc. Mas o maior milagre era ele mesmo, a sua bondade para com todos, sobretudo para com os pobres, e o seu ardente amor a Deus.

Morreu no dia 1 de outubro de 1948, primeiro dia do mês do rosário e primeira sexta-feira, como tinha desejado, dada a sua devoção ao Coração de Jesus, sendo-lhe prestadas exéquias solenes na Sé de Lisboa, ficando sepultado no Cemitério de Benfica. Antes de morrer tinha manifestado desejos de celebrar a Santa Missa e ainda disse: «Que lindo dia!» Já tinha completado oitenta e nove anos e costumava recordar o provérbio: «Quem aos sessenta chegar e aos "machadinhos" (setentas) escapar, aos noventa irá parar.» Morreu em avançada idade e sobretudo em avançada santidade. Está pronto o processo para a sua beatificação, que o povo português aguarda com ansiedade, embora já o tenha canonizado.

Lições / Propósitos

1) Homem de Deus, de grande oração e devoção, particularmente ao Coração de Jesus e à Sua Paixão;
2) amigo de todos, mas dedicando particular atenção aos pobres que procurava socorrer de todas as formas;
3) evangelizador através da Palavra e da administração dos sacramentos, chamando os sacerdotes a fazer o mesmo;
4) peregrino por esse Portugal fora, a todos levando uma mensagem de alegria e de esperança.

Citação

❏ «Meu bom Jesus, qualquer pensamento que não é do Vosso agrado, nunca quero que me apareça nem demore na minha alma. [...] Desprezo para sempre as tentações e o tentador.» (Oração composta pelo Padre Cruz)

José H. Barros de Oliveira

❏ «Nada contra Deus, nada sem Deus, tudo por Deus. Meu bom Deus, sem Vós nada, convosco tudo, e tudo Vosso.» (Pensamentos do PADRE CRUZ)

❏ «O Padre Cruz foi um caminheiro gigante da nossa terra, percorrendo-a em todas as direções, no desejo de levar às almas luz, paz e esperança. E cada vez que passava, passava a caridade. Nem precisava sequer que os pobres se lhe dirigissem; tinha intuições carregadas de caridade e de delicadeza. Portugal inteiro tornou-se teatro de cenas da sua bondade.» (Um jornalista de Lisboa)

2 de novembro

SÍLVIA CARDOSO
Leiga
TODA DEVOTADA A DEUS E AO PRÓXIMO

Biografia

Sílvia Cardoso nasceu em Paços de Ferreira a 26 de julho de 1882, de pais muito cristãos. Quem lhe conferiu o Crisma foi D. António Barroso, bispo do Porto, sendo ela aluna no Colégio do Coração de Maria. Depois frequentou também o Colégio do Sardão das Irmãs Doroteias. Esteve noiva de um primo que, entretanto, faleceu. Decidiu então dedicar-se totalmente a fazer o bem, como Jesus. Começou por fundar creches para as crianças mais desamparadas, dedicou-se aos pobres e enfermos, e a todos os que mais precisavam de ajuda material ou espiritual. Não tinha horas para comer nem para descansar, só atenta aos outros, esquecida de si. Tanto trabalhava nas instituições como individualmente, indo visitar e ajudar quem a ela recorresse e precisasse. Apesar de ação intensa, não descuidava a oração. Encontrava força na Eucaristia diária.

A sua vida foi um hino à alegria de crer e de servir. Conciliava a impetuosidade de São Paulo com a suavidade de São João. Tinha uma personalidade forte e decidida, mas ao mesmo tempo era carinhosa e alegre. A alegria transbordante e contagiante provinha da sua intimidade com Deus.

Levou muitas pessoas, incluindo sacerdotes, a serem mais fiéis a Deus e converteu outros, como Guerra Junqueiro, que quebrou a sua descrença ouvindo-a falar. Este escritor, já muito doente, dizia à esposa: «Deixa-me falar com a Sra. D. Sílvia. Alegra-me! Faz-me bem! Não tenhas receio que não me canso.» E voltando-se para a visitante: «O que pode a fé! Conte-me. Certas dúvidas já se me vão desvanecendo. Quanto a admiro! Invejo a sua fé!» E o escritor poeta concluía: «É uma alma angélica. Exala graça. Irradia encanto, move-se em Deus.»

Outro descrente, Leonardo Coimbra, sentiu outrossim a sua influência. Tendo ido à casa de Exercícios Espirituais, na Gandra, fundada por D. Sílvia (fundou ainda muitas outras), voltou radiante de alegria, confidenciando: «Sinto uma paz como nunca conheci. Tenho a sensação palpável de que Deus se aproxima de mim. Em plena liberdade de consciência prestei formal adesão à doutrina do Evangelho e abjurei do meu passado sem Deus.» Por sua vez, Antero de Figueiredo escreveu a respeito dela: «Eis uma agitada alma de mulher, vivendo toda na freima de fazer o bem! Vibra nela o nervosismo espiritual de quem tem pressa de realizar uma grande missão para a qual a sua vida, por mais longa que seja, lhe parece curta: o amor dos desamparados.»

Faleceu a 2 de novembro de 1950. Ela já é "santa" diante do povo que serviu. Mas pode um dia subir aos altares. O cardeal Cerejeira dizia: «Um altar espera D. Sílvia, uma das almas mais extraordinárias do século no nosso país. Havia nela muita loucura dos santos. Amou de todo o coração a Deus, a Cristo, a Igreja, as almas; e não soube jamais pôr medida ao seu amor.» D. Agostinho, bispo do Porto, formulava um voto cheio de convicção: «Peçamos a Deus que glorifique esta sua serva, de maneira a ser proposta, para nosso exemplo, sobre os altares. Penso que isto acontecerá.» E o postulador desta causa, cónego Ângelo Alves, convenceu-se de que Sílvia Cardoso «chegará às honras dos altares». O seu processo de beatificação iniciou em 1984. Como ela, muitas outras almas há mais ou menos conhecidas ou desconhecidas. Uma outra grande apóstola e mística, com muitas parecenças com Sílvia, foi a francesa Madalena Delbrel, que morreu em 1964 também com fama de santidade. Sílvia lembra-nos também o Padre Américo e o Padre Cruz.

Lições / Propósitos

1) Mística na ação, conciliando uma vida de intensa atividade apostólica e caritativa com a intimidade com Deus a partir da oração diária;
2) evangelizadora, sobretudo através da obra ou das casas de retiros que fundou, tentando a todos ajudar espiritualmente, desde sacerdotes ao povo simples;
3) caridade fundada em Deus e no próximo, ajudando particularmente as crianças e os mais pobres.

Citação

❏ «Nosso Senhor bem sabe que a minha grande paixão é a vontade de Deus... o amor levado a todos sem jamais findar.
Sou conhecida dos que de mim se abeiram para lhes valer. Nada valho! Apenas sou um instrumento tosco nas mãos de Deus.
Aqui somos passageiros seguindo para a Pátria, onde espero, por mercê de Deus, ser para sempre daquele Coração que toda a minha vida encheu.» (SÍLVIA CARDOSO, *Pensamentos*)

Apêndice 2

SANTOS PADROEIROS

(Indicam-se apenas alguns, omitindo os padroeiros dos mártires, dos sacerdotes, das virgens, dos leigos, dos orantes, etc., por serem muitos. Omitem-se ainda os tradicionais protetores das diversas artes e ofícios, das diversas doenças e situações embaraçosas, dos animais, etc.). Citam-se tão-só alguns patronos dos:

Advogados: Santo Afonso Maria de Ligório, beato Luís Quattrocchi.

Anciãos: São Policarpo, Santo Antão, Santo Afonso Maria de Ligório.

Artistas (músicos): Santa Cecília, São Gregório Magno, São Francisco, Santo António, São João Bosco, beata Isabel da Trindade.

Convertidos: Santo Agostinho, Santo Anselmo, São Norberto, São Camilo de Lélis, irmão Carlos de Jesus.

Crianças e jovens: beatos Francisco e Jacinta, Santa Inês, Santa Maria Goretti, São Domingos Sávio, São Luís Gonzaga, Santo Estanislau Kostka, São João Berchmans, São Vicente, São Sebastião, São Carlos Luanga e companheiros, Santa Teresa do Menino Jesus, beata Isabel da Trindade, beato Isidoro Bakanja, beata Laura Vicunha, beata Teresa Bracco, beato Carlos Leisner, beato Pedro Frassati, beata Clara Badano, beato Amarite, São Filipe de Néri, São João Bosco.

Desportistas: beato Pedro Frassati, Clara Badano, São João Paulo II.

Diáconos: Santo Estêvão, São Lourenço, São Vicente.

Doentes (ver **Médicos, Enfermeiros**): Santa Isabel da Hungria, Santa Hedviges, São Camilo de Lélis, São Martinho de Porres, São Francisco, São João de Deus, São Paulo da Cruz, São Bento Menni, beato Luís Orione, beato Damião, Santa Teresa de Ávila, Santa Teresa de Lisieux, beata Isabel da Trindade, beata Clara Badano.

Ecologistas: São Francisco de Assis, São Martinho de Porres, beata Isabel da Trindade.

Educadores (cf. **Intelectuais**): Santa Teresa, São João da Cruz, Santo Inácio de Loiola, Santo Afonso Maria Ligório, São João Bosco, São Filipe de Néri, Santo António Maria Claret.

Educadores de seminários: São Vicente de Paulo, São João Eudes, São João Maria Vianney, Santo António Maria Claret.

Enfermeiros: São Rafael, São João de Deus, São Camilo de Lélis, São Martinho de Porres.

Esposas e mães: Nossa Senhora, Santa Mónica, Santa Hedviges, Santa Brígida, Santa Rita, Santa Isabel de Portugal, beata Joana Beretta, beata Maria Quattrocchi, beata Zélia Guérin.

Estudantes (cf. **Educadores, Intelectuais**): São Gregório Magno, São Jerónimo, Santo Alberto Magno, São Luís Gonzaga, Santa Teresa Benedita (Edith Stein), beatro Pedro Frassati.

Europa: São Bento, São Cirilo e São Metódio, Santa Catarina de Sena, Santa Brígida, Santa Teresa Benedita da Cruz (Edith Stein).

Família (cf. **Esposas e Mães**): Jesus, Maria e José, São Joaquim e Santa Ana, Santa Isabel de Portugal, Santa Isabel da

Hungria, beato Frederico Ozanam, beatos Luís e Maria Quatrocchi, beatos Luís e Zélia Martin.

Idosos: Santo Antão, São Policarpo, São Raimundo de Penhaforte, São João Paulo II.

Intelectuais (Cientistas): Santo Agostinho, São Tomás de Aquino, Santo Alberto Magno, Santo Anselmo, beato Pedro Ozanam, beato Pedro Frassati, São José Moscati, Santa Teresa Benedita da Cruz (Edith Stein).

Jornalistas (Escritores): São Gabriel, São Francisco de Sales, São João Bosco, Santo António Maria Claret, São Maximiliano Kolbe.

Médicos: São Lucas, São Rafael, São Cosme, São Brás, São Bento Menni, São João Moscati, São Ricardo Pampuri, beata Joana Beretta.

Missionários (Evangelizadores): São Francisco de Assis, São Francisco Xavier, São Domingos, Santo António, Santa Rosa de Lima, beato Inácio de Azevedo, São João de Brito, Santo Afonso Maria de Ligório, Santo António Maria Claret, Santa Teresa do Menino Jesus, Madre Teresa de Calcutá.

Noivos e casais (cf. **Família**): São Joaquim e Santa Ana, Santa Isabel da Hungria, beata Joana Beretta, beatos Luís e Maria Quattrocchi, beatos Luís e Zélia Martin.

Peregrinos (Turistas): São Francisco Xavier, São Teotónio, São Gonçalo de Amarante, Santa Brígida, Santo Inácio de Loiola, irmão Carlos de Jesus.

Pobres: São Martinho, Santo Ambrósio, São João Crisóstomo, São Francisco, Santa Clara, Santo António, Santa Isabel da Hungria, Santa Isabel de Portugal, Santa Hedviges, São João de Deus, beato Bartolomeu dos Mártires, São João Maria Vianney, beato Frederico Ozanam, São José Moscati, Padre Cruz, Padre Américo, D. Sílvia Cardoso.

Políticos (Diplomatas): São João Batista, São Gregório Magno, São Francisco, Santa Brígida, Santa Catarina de Sena, beato Nuno de Santa Maria, Santo António Maria Claret, beato João XXIII, São João Paulo II.

Trabalhadores: São José, São Paulo, São Pedro, beato Zeferino, irmão Carlos de Jesus, Madre Teresa de Calcutá.

FESTAS E SOLENIDADES

FESTAS CRISTOLÓGICAS (para além de todos os domingos)

Santíssimo Nome de Jesus (3 de janeiro)
Epifania do Senhor (domingo após o Ano Novo)
Batismo do Senhor (domingo após o dia 6 de janeiro)
Apresentação do Senhor (2 de fevereiro)
Cinco Chagas do Senhor (7 de fevereiro)
Anunciação do Senhor (25 de março)
Santíssimo Corpo e Sangue de Cristo (quinta-feira a seguir à Santíssima Trindade)
Sagrado Coração de Jesus (sexta-feira após a oitava do Corpo de Deus)
Transfiguração do Senhor (6 de agosto)
Exaltação da Santa Cruz (14 de setembro)
Jesus Cristo Rei do Universo (último domingo do Tempo Comum)
Natal do Senhor (25 de dezembro)
Sagrada Família (domingo a seguir ao Natal)

FESTAS MARIANAS

Santa Maria Mãe de Deus (1 de janeiro)
Apresentação do Senhor (2 de fevereiro)
Nossa Senhora de Lourdes (11 de fevereiro)
Anunciação do Senhor (25 de março)
Nossa Senhora de Fátima (13 de maio)
Visitação de Nossa Senhora (31 de maio)
Coração Imaculado de Maria (sábado a seguir ao Coração de Jesus)
Nossa Senhora do Carmo (16 de julho)
Dedicação da Basílica de Santa Maria (5 de agosto)
Assunção da Virgem Santa Maria (15 de agosto)

José H. Barros de Oliveira

Virgem Santa Maria, Rainha (22 de agosto)
Natividade da Virgem Santa Maria (8 de setembro)
Santíssimo Nome de Maria (12 de setembro)
Nossa Senhora das Dores (15 de setembro)
Nossa Senhora do Rosário (7 de outubro)
Apresentação de Nossa Senhora (21 de novembro)
Imaculada Conceição da Virgem Santa Maria (8 de dezembro)
Natal do Senhor (25 de dezembro)
Sagrada Família (domingo após o Natal)

ÍNDICE ALFABÉTICO

Afonso Maria de Ligório (1 de agosto)
Agostinho (28 de agosto)
Agostinho de Cantuária (27 de maio)
Agostinho Zao Rong (9 de julho)
Águeda (5 de fevereiro)
Alberto Magno (15 de novembro)
Alexandrina da Costa (13 de outubro)
Amaro (15 de janeiro)
Ambrósio (7 de dezembro)
André (30 de novembro)
André Dung-Lac e companheiros (24 de novembro)
André Kim e companheiros (20 de setembro)
Ângela Merici (27 de janeiro)
Anjo da Guarda de Portugal (10 de junho)
Anjos da Guarda (2 de outubro)
Anselmo (21 de abril)
Antão (17 de janeiro)
António de Lisboa (13 de junho)
António Maria Claret (24 de outubro)
António Maria Zacarias (5 de julho)
Atanásio (2 de maio)

Barnabé (11 de junho)
Bartolomeu (24 de agosto)
Bartolomeu dos Mártires (18 de julho)
Basílio e São Gregório (2 de janeiro)
Beatriz da Silva (17 de agosto)

Bento (11 de julho)
Bento Menni (24 de abril)
Bernardino de Sena (20 de maio)
Bernardo (20 de agosto)
Boaventura (15 de julho)
Bonifácio (5 de junho)
Brás (3 de fevereiro)
Brígida (23 de julho)
Bruno (6 de outubro)

Calisto (14 de outubro)
Camilo de Lélis (14 de julho)
Carlos de Jesus (1 de dezembro)
Carlos Borromeu (4 de novembro)
Carlos Lwanga e companheiros (3 de junho)
Casimiro (4 de março)
Catarina de Alexandria (25 de novembro)
Catarina de Sena (29 de abril)
Cátedra de São Pedro (22 de fevereiro)
Cecília (22 de novembro)
Charles de Foucauld (1 de dezembro)
Cipriano (16 de setembro)
Cirilo de Alexandria (27 de junho)
Cirilo de Jerusalém (18 de março)
Cirilo e São Metódio (14 de fevereiro)
Clara Badano (29 de outubro)
Clara de Assis (11 de agosto)
Clemente I (23 de novembro)
Columbano (23 de novembro)

Conversão de São Paulo (25 de janeiro)
Cosme e São Damião (26 de setembro)
Cristóvão Magallanes e companheiros (21 de maio)

Damião de Veuster (10 de maio)
Dâmaso (11 de dezembro)
Dedicação da Basílica de Santa Maria Maior (5 de agosto)
Dedicação da Basílica de Latrão (9 de novembro)
Dedicação das Basílicas de São Pedro e de São Paulo (18 de novembro)
Domingos de Gusmão (8 de agosto)
Domingos Sávio (6 de maio)

Efrém (9 de junho)
Escolástica (10 de fevereiro)
Estanislau (11 de abril)
Estêvão (26 de dezembro)
Estêvão de Hungria (16 de agosto)
Eusébio de Vercellis (2 de agosto)
Exaltação da Santa Cruz (14 de setembro)

Faustina Kowalska (5 de outubro)
Fiéis Defuntos (2 de novembro)
Fiel de Sigmaringa (24 de abril)
Filipe Néri (26 de maio)
Filipe e São Tiago (3 de maio)
Francisca Romana (9 de março)
Francisco de Assis (4 de outubro)
Francisco de Paula (2 de abril)
Francisco de Sales (24 de janeiro)
Francisco Xavier (3 de dezembro)
Francisco e Jacinta (20 de fevereiro)
Frederico Ozanam (9 de setembro)

Frutuoso, Martinho e Geraldo (5 de dezembro)

Gertrudes (16 de novembro)
Gonçalo de Amarante (10 de janeiro)
Gonçalo de Lagos (27 de outubro)
Gregório Magno (3 de setembro)

Hedviges (16 de outubro)
Henrique (13 de julho)
Hilário de Poitiers (13 de janeiro)

Inácio de Antioquia (17 de outubro)
Inácio de Azevedo e companheiros (17 de julho)
Inácio de Loiola (31 de julho)
Inês (21 de janeiro)
Ireneu (28 de junho)
Isabel da Hungria (17 de novembro)
Isabel de Portugal (4 de julho)
Isabel da Trindade (8 de novembro)
Isidoro (4 de abril)

Januário (19 de setembro)
Jerónimo (30 de setembro)
Joana Beretta (28 de abril)
Joana de Portugal (12 de maio)
Joana Francisca de Chantal (12 de agosto)
João Batista (24 de junho)
João Batista de la Salle (7 de abril)
João Bosco (31 de janeiro)
João Crisóstomo (13 de setembro)
João Damasceno (4 de dezembro)
João da Cruz (14 de dezembro)
João de Brébeuf e companheiros (19 de outubro)

João de Brito (4 de fevereiro)
João de Capistrano (23 de outubro)
João de Deus (8 de março)
João de Kenty (23 de dezembro)
João Diogo (3 de junho)
João Eudes (19 de agosto)
João Evangelista (27 de dezembro)
João Fisher e São Tomás Moro (22 de junho)
João Leonardo (9 de outubro)
João Maria Vianney (4 de agosto)
João I (18 de maio)
João XXIII (3 de junho)
João Paulo II (22 de outubro)
Joaquim e Santa Ana (26 de julho)
Jorge (23 de abril)
Josafat (12 de novembro)
José, Esposo de Maria (19 de março)
José Operário (1 de maio)
José Maria Escrivá (26 de junho)
José Moscati (16 de novembro)
Josefina Bakhita (8 de fevereiro)
Justino (1 de junho)

Leão Magno (10 de novembro)
Lourenço (10 de agosto)
Lourenço de Brindes (21 de julho)
Lucas (18 de outubro)
Luís da França (25 de agosto)
Luís Gonzaga (21 de junho)
Luís e Maria Quattrocchi (26 de agosto)
Luís Maria Grignion de Montfort (28 de abril)
Luís Martin e Zélia Guérin (19 de outubro)
Luzia (13 de dezembro)

Marcelino e São Pedro (2 de junho)

Marcos (25 de abril)
Margarida Maria Alacoque (16 de outubro)
Margarida da Escócia (16 de novembro)
Maria do Divino Coração (8 de junho)
Maria Goretti (6 de julho)
Maria Madalena (22 de julho)
Maria Madalena de Pazzi (25 de maio)
Marta (29 de julho)
Martinho (11 de novembro)
Martinho de Porres (3 de novembro)
Martinho I (13 de abril)
Mateus (21 de setembro)
Martírio de São João Batista (29 de agosto)
Matias (14 de maio)
Maximiliano Maria Kolbe (14 de agosto)
Miguel, São Gabriel e São Rafael (29 de setembro)
Mónica (27 de agosto)

Nicolau (6 de dezembro)
Norberto (6 de junho)
Nuno de Santa Maria (6 de novembro)

Patrício (17 de março)
Paulo (29 de junho)
Paulo da Cruz (19 de outubro)
Paulo Miki e companheiros (6 de fevereiro)
Paulo VI (26 de setembro)
Pedro (29 de junho)
Pedro Canísio (21 de dezembro)

Pedro Chanel (28 de abril)
Pedro Claver (9 de setembro)
Pedro Crisólogo (30 de julho)
Pedro Damião (21 de fevereiro)
Pedro Frassati (4 de julho)
Perpétua e Santa Felicidade (7 de março)
Pio V (30 de abril)
Pio X (21 de agosto)
Pio de Pietrelcina (23 de setembro)
Policarpo (23 de fevereiro)
Ponciano e Santo Hipólito (13 de agosto)
Primeiros Mártires da Igreja de Roma (30 de junho)

Raimundo de Penhaforte (7 de janeiro)
Ricardo Pampuri (1 de maio)
Rita de Cássia (22 de maio)
Roberto Belarmino (17 de setembro)
Romualdo (19 de junho)
Rosa de Lima (23 de agosto)

Sancha, Mafalda e Teresa (20 de junho)
Santos Fundadores dos Servitas (17 de fevereiro)

Santos Inocentes (28 de dezembro)
Sarbélio Makhluf (24 de julho)
Sebastião (20 de janeiro)
Silvestre (31 de dezembro)
Simão e São Judas (28 de outubro)
Sisto II (7 de agosto)

Teotónio (18 de fevereiro)
Teresa Benedita da Cruz (Edith Stein) (9 de agosto)
Teresa de Ávila (15 de outubro)
Teresa de Calcutá (5 de setembro)
Teresa do Menino Jesus (1 de outubro)
Tiago, o Maior (25 de julho)
Tiago Alberione (26 de novembro)
Timóteo e São Tito (26 de janeiro)
Todos os Santos (1 de novembro)
Tomás de Aquino (28 de janeiro)
Tomás Becket (29 de dezembro)
Tomé (3 de julho)
Turíbio de Mongrovejo (23 de março)

Venceslau (28 de setembro)
Vicente Mártir (22 de janeiro)
Vicente de Paulo (27 de setembro)
Vicente Ferrer (5 de abril)
Zeferino Malla (9 de agosto)

ÍNDICE LITÚRGICO

JANEIRO
1 **Santa Maria Mãe de Deus**
2 São Basílio e São Gregório
3 Santíssimo Nome de Jesus
 Epifania do Senhor
 Batismo do Senhor
7 São Raimundo de Penhaforte
10 Beato Gonçalo de Amarante
13 Santo Hilário de Poitiers
15 Santo Amaro
17 Santo Antão
20 São Sebastião
21 Santa Inês
22 São Vicente Mártir
24 São Francisco de Sales
25 Conversão de São Paulo
26 São Timóteo e São Tito
27 Santa Ângela Merici
28 São Tomás de Aquino
31 São João Bosco

FEVEREIRO
2 **Apresentação do Senhor**
3 São Brás
4 São João de Brito
5 Santa Águeda
6 São Paulo Miki e companheiros
7 Cinco Chagas do Senhor
8 Santa Josefina Bakhita
10 Santa Escolástica
11 Nossa Senhora de Lourdes
14 São Cirilo e São Metódio
17 Santos Fundadores dos Servitas
18 São Teotónio

20 Beatos Francisco e Jacinta
21 São Pedro Damião
22 Cátedra de São Pedro
23 São Policarpo

MARÇO
4 São Casimiro
7 Santa Perpétua e Santa Felicidade
8 São João de Deus
9 Santa Francisca Romana
17 São Patrício
18 São Cirilo de Jerusalém
19 **São José, Esposo de Maria**
23 São Turíbio de Mongrovejo
25 **Anunciação do Senhor**

ABRIL
2 São Francisco de Paula
4 Santo Isidoro
5 São Vicente Ferrer
7 São João Batista de la Salle
11 Santo Estanislau
13 São Martinho I
21 Santo Anselmo
23 São Jorge
24 São Fiel de Sigmaringa
24 São Bento Menni
25 São Marcos
28 São Luís Maria Grignion de Montfort
28 São Pedro Chanel
28 Santa Joana Beretta
29 Santa Catarina de Sena
30 São Pio V

MAIO
1 São José Operário
1 São Ricardo Pampuri
2 Santo Atanásio
3 São Filipe e São Tiago
6 São Domingos Sávio
10 São Damião de Veuster
12 Beata Joana de Portugal
13 Nossa Senhora de Fátima
14 São Matias
18 São João I
20 São Bernardino de Sena
21 São Cristóvão Magallanes e companheiros
22 Santa Rita de Cássia
25 Santa Maria Madalena de Pazzi
26 São Filipe Néri
27 Santo Agostinho de Cantuária
31 **Visitação de Nossa Senhora**
  Santíssimo Corpo e Sangue de Cristo
  Sagrado Coração de Jesus
  Coração Imaculado de Maria

JUNHO
1 São Justino
2 São Marcelino e São Pedro
3 São Carlos Lwanga e companheiros
3 São João Diogo
3 Beato João XXIII
5 São Bonifácio
6 São Norberto
8 Beata Maria do Divino Coração
9 Santo Efrém
10 Santo Anjo da Guarda de Portugal
11 São Barnabé
13 Santo António de Lisboa
19 São Romualdo
20 Beatas Sancha, Mafalda e Teresa
21 São Luís Gonzaga
22 São João Fisher e São Tomás Moro
24 **São João Batista**
26 São José Maria Escrivá
27 São Cirilo de Alexandria
28 Santo Ireneu
29 **São Pedro e São Paulo**
30 Primeiros Mártires da Igreja de Roma

JULHO
3 São Tomé
4 Santa Isabel de Portugal
4 Beato Pedro Frassati
5 Santo António Maria Zacarias
6 Santa Maria Goretti
9 Santo Agostinho Zao Rong
11 São Bento
13 Santo Henrique
14 São Camilo de Lélis
15 São Boaventura
16 Nossa Senhora do Carmo
17 Beato Inácio de Azevedo e companheiros
18 Beato Bartolomeu dos Mártires
21 São Lourenço de Brindes
22 Santa Maria Madalena
23 Santa Brígida
24 São Sarbélio Makhluf
25 São Tiago, o Maior
26 São Joaquim e Santa Ana
29 Santa Marta
30 São Pedro Crisólogo
31 Santo Inácio de Loiola

AGOSTO
1 Santo Afonso Maria de Ligório
2 São Eusébio de Vercelli
4 São João Maria Vianney

5 Dedicação da Basílica de Santa Maria Maior
6 **Transfiguração do Senhor**
7 São Sisto II
8 São Domingos de Gusmão
9 Santa Teresa Benedita da Cruz
9 Beato Zeferino Malla
10 São Lourenço
11 Santa Clara
12 Santa Joana Francisca de Chantal
13 São Ponciano e Santo Hipólito
14 São Maximiliano Maria Kolbe
15 **Assunção da Virgem Santa Maria**
16 Santo Estêvão da Hungria
17 Santa Beatriz da Silva
19 São João Eudes
20 São Bernardo
21 São Pio X
22 Virgem Santa Maria, Rainha
23 Santa Rosa de Lima
24 São Bartolomeu
25 São Luís de França
26 Beatos Luís e Maria Quattrocchi
27 Santa Mónica
28 Santo Agostinho
29 Martírio de São João Batista

SETEMBRO
3 São Gregório Magno
5 Beata Teresa de Calcutá
8 Natividade da Virgem Santa Maria
9 São Pedro Claver
9 Beato Frederico Ozanam
12 Santíssimo Nome de Maria
13 São João Crisóstomo
14 **Exaltação da Santa Cruz**
15 Nossa Senhora das Dores
16 São Cipriano
17 São Roberto Belarmino
19 São Januário

20 Santo André Kim e companheiros
21 São Mateus
23 São Pio de Pietrelcina
26 São Cosme e São Damião
26 Beato Paulo VI
27 São Vicente de Paulo
28 São Venceslau
29 São Miguel, São Gabriel, São Rafael
30 São Jerónimo

OUTUBRO
1 Santa Teresa do Menino Jesus
2 Santos Anjos da Guarda
4 São Francisco de Assis
5 Santa Faustina Kowalska
6 São Bruno
7 Nossa Senhora do Rosário
9 São João Leonardo
13 Beata Alexandrina da Costa
14 São Calisto
15 Santa Teresa de Ávila
16 Santa Margarida Maria Alacoque
16 Santa Hedviges
17 Santo Inácio de Antioquia
18 São Lucas
19 São Paulo da Cruz
19 São João de Brébeuf e companheiros
19 Beatos Luís Martin e Zélia Guérin
22 São João Paulo II
23 São João de Capistrano
24 Santo António Maria Claret
27 São Gonçalo de Lagos
28 São Simão e São Judas
29 Beata Clara Badano

NOVEMBRO
1 **Solenidade de Todos os Santos**

2 Comemoração dos Fiéis Defuntos
3 São Martinho de Porres
4 São Carlos Borromeu
6 São Nuno de Santa Maria
8 Beata Isabel da Trindade
9 Dedicação da Basílica de Latrão
10 São Leão Magno
11 São Martinho
12 São Josafat
15 Santo Alberto Magno
16 Santa Gertrudes
16 Santa Margarida da Escócia
16 São José Moscati
17 Santa Isabel da Hungria
18 Dedicação das Basílicas de São Pedro e de São Paulo
21 Apresentação de Nossa Senhora
22 Santa Cecília
23 São Clemente I
23 São Columbano
24 Santo André Dung-Lac e companheiros
25 Santa Catarina de Alexandria
26 Beato Tiago Alberione
30 Santo André
Jesus Cristo, Rei do Universo

DEZEMBRO
1 Beato Charles de Foucauld
3 São Francisco Xavier
4 São João Damasceno
5 São Frutuoso, São Martinho e São Geraldo
6 São Nicolau
7 Santo Ambrósio
8 Imaculada Conceição da Virgem Maria
11 São Dâmaso
13 Santa Luzia
14 São João da Cruz
21 São Pedro Canísio
23 São João de Kenty
25 Natal do Senhor
Sagrada Família Jesus, Maria e José
26 Santo Estêvão
27 São João Evangelista
28 Santos Inocentes
29 São Tomás Becket
31 São Silvestre

ÍNDICE GERAL

Santos ao ritmo da Liturgia 7

Santos ao longo do ano
(de 1 de janeiro a 31 de dezembro) 13

Apêndice 1 – A caminho dos altares
Bernardo de Vasconcelos (4 de julho) 419
Padre Américo (16 de julho) 421
Padre Cruz (1 de outubro) 425
Sílvia Cardoso (2 de novembro) 428

Apêndice 2
Santos padroeiros 431
Festas e solenidades 435
Índice alfabético 437

Índice litúrgico (de 1 de janeiro a 31 de dezembro) 441